中國歷代墨寶

[台湾商务印书馆学术经典]

中国历代思想家

现代

（三）

主编：
台湾中华文化总会
王寿南

九州出版社 JIUZHOUPRESS | 全国百佳图书出版单位

目　录

胡适

杨承彬　著

目　录

一、我的了解

了解一位伟大人物的思想言行，并不是很简单的事：古代的，资料难觅，且不易深入，现代的，识者众多，颇难以下笔。胡适博士是二十世纪举世知名的学者与思想家，盖棺只不过二十余年，和他同一时代的人，同窗、好友、学生，大多健在，至于那些未能及门领教而衷心仰慕他的青年或长一辈的人，更不计其数！笔者和胡先生无一面之缘，论年岁，连“学生”的分儿也攀不上，只不过是挤在那千千万万景仰他的人群当中，对先生的道德学问心生一份崇敬而已。所以，按理我实在没有资格来撰述这位名闻中外伟大学人的思想。

也许一种对先生崇敬心理的驱使，笔者就平日所读过他的著作和心得，从一九六三年开始着手研究“胡适思想”的工作，经三年有余，先后完成了有关先生的教育思想、哲学思想及政治思想等三本稿子，各约十万字。当时只是本着一种满足求知欲与发古探幽的想法，多方了解一点这位学人的贡献和影响，并没想到公开发表，但于一九六六年商务印书馆计划编印《人人文库》时，蒙岫老垂爱，把拙著《胡适哲学思想》一稿，列入文库首期内出版。一九六七年又承“中国学术著作出版奖助委员会”的资助，印行了《胡适的政治思想》一书，而教育思想的稿本，自感还需要充实，当时尚未付梓。不过在这两本小书出版以后，接到一些前辈或是青年朋友的鼓励和指教，受益不少，也或许使我再有勇气接下这次写这篇文章的工作来。

笔者从这一系列研究过程中，发现颇多，更进一步领会到胡先生的为人、治学，以及他所给予这一代学术界、青年们的广泛影响，尤其他以一介“书生报国”的宗旨而为自己国家所付出的心血与贡献。胡先生，可以称得上是在平凡中而伟大！诚如林语堂先生所说：“胡适的确是个了不起的人。他启迪了当代人士的思想，也为他们的子孙树立楷模。”

我们知道，胡适博士出生在清代末季，一个专制和民主交替的边缘，也正是中国环境不安而思想极不稳定的时代——旧思想根深柢固，一时无法转变，而新观念也难以即刻为一般人所接收，何去何从，莫衷一是。一九一七年，先生自美学成回国后，领导学术界的知识分子，毅然担起历史的任务，推展新文化改革运动，以“民主”与“科学”两大号召为运动的中心目标，最显著的事实也就是民主思想的传播和科学方法的提倡，尤以改革国语文（白话文与白话文学）一事，给我国普及教育方面留下不可磨灭的贡献。毛子水先生曾这样说：“在胡先生思想方法的成果中，对于我们现代生活影响最大的，莫过于提倡白话文一事，他在一九一七年一月一日在《新青年》发表《文学改良刍议》一文，……乃是我国文学史和教育史上开纪元的大文章。”不过，先生鼓吹新思想新方法，和启示人们建立新的人生态度，也许由于有时披肝沥胆、坦率直陈，有时据理力争、言词过激，难免招致误会，毕其一生，虽然誉满天下，但谤亦随之，长眠之后仍是余波未已。可是胡适毕竟是一位了不起的思想家，和一位具有高度热忱的爱国学人，尽管他“一生所遭受的恶毒批评和攻讦，几乎比任何人多”（引林语堂先生的话），并无碍他那平凡中的伟大。我们从先生浩瀚的言论著述当中，字里行间，处处都充满着爱国家、爱人群的热情，他无时无刻不为国家的进步设想；为了真理，为了自由，他反对极权，反对奴役，曾以极锋锐的文字给予侵略者日本军阀当头棒喝。总之，胡先生的主张和他一生所努力的目标，无一不是忠于自己的国家民族的；每逢国家受到外人的侮辱或破坏的时候，他总是面对敌人，立刻用言论或行动起来辩护与反抗，那种热忱和勇气，可说不后于任何人。因此，我们认为：胡先生的人格，是值得推崇的；胡先生的思想，是值得阐扬的!

下述四章，仅就先生的生平略历、哲学思想、教育思想及政治思想，作一介述。但笔者仍感了解有限，挂一漏万，在所难免，尚请先进贤达，不吝指正。

二、生平略历

胡先生，名适，字适之。安徽省绩溪县人。生在公元一八九一年，殁于一九六二年，享寿七十一岁。

一九六三年，毛子水教授曾为《绩溪县志》写了一篇《胡适传》，后来收在《传记文学丛书》里面。这篇文字虽然不算长，但完整而深入，举凡有关胡先生的家世、求学、治学等事功言行，重要部分要说的都说了。笔者在同年着手研究胡适博士的教育思想时，也曾在全稿之首，写了一篇胡先生的生平略历，不过那是用编年的方式写的，从出生到逝世，按年代记述先生的重要事迹，如家世、读书、治学，以及为国家民族所做的贡献等。现在仍拟以我写的这篇年谱为蓝本，并参考毛先生的文章，取长补短，有系统的叙述于下：

光绪十七年（一八九一年），十二月十七日（农历十一月十七日），先生诞生于上海大东门外他父母的寓所。原籍本是安徽绩溪，后迁居于上海。父铁花先生，为饱学之士，任官清廷。母冯氏，名顺弟，很贤惠，结婚时小于铁花先生三十岁，但夫妻相敬如宾，生活美满；先生出生后，其母相夫教子，管束颇严。先生后来的成就，得利于母教者很多，适之先生曾说："我的恩师，就是我的慈母。"又说："我母亲管束我最严，她是慈母兼任严父。"他更进一步指出："母亲待人最仁慈，最温和，从来没有一句伤人感情的话。……我在我母亲的教训之下住了九年，受了她的极大极深的影响。……如果我学得了一丝一毫的好脾气，如果我学得了一点点待人接物的和气，如果我能宽恕人、体谅人——我都得感谢我的慈母。"这一段话，使我们知道先生的为人，他生平是那样平易近人，肯替人着想，实在是幼年间得益于母教很深。

光绪十八年（一八九二年）二月，铁花先生被台湾巡抚邵友濂奏调，奉命来台湾任职。次年，先生刚满一岁多，于二月二十六日（一八九三年四月十二日）就随他的母亲从上海迁居到台南，这是适之先生和台湾关系的开始。年底，父亲转调台东直隶州的知州，于是全家又迁到台东，在那里住了一年。

光绪二十年（一八九四年），这年正是甲午，中日战争爆发，台湾情势紧张，铁花先生便计划把家眷送回原籍。

光绪二十一年（一八九五年）正月，先生和他的母亲，离台转上海，二月回到绩溪故乡。但不久因清廷败给日本，割让了台湾，铁花先生被困在台东，饷源断绝，满怀忧愤，而且患了严重的脚气病，足不成行，后获刘永福将军的帮助，那年六月辗转厦门，不幸于七月三日就死在客乡！当时适之先生只有三岁零八个月，便已成为半伶仃的孩子了。

铁花先生逝世的时候，这个三岁多的幼儿，已经认得七百多个方块字了，他母亲冯氏夫人也才二十三岁，便在极艰苦的环境之下，承担起生活和教子的责任。据适之先生在他《自述》里写道："我小时也很得我父亲的钟爱，不满三岁时，他就把教我母亲的红纸方字教我认。父亲作教师，母亲便在旁做助教。……我父亲在临死之前两个多月，写了几张遗嘱，……给我母亲的遗嘱上说：穈儿（我的名字叫嗣穈）天资颇聪明，应该令他读书。给我的遗嘱也教我努力读书上进。这寥寥几句话在我的一生很有重大的影响。"不过先生自称在思想方面没有得到父亲的多少影响，他说："我父亲死的太早，我离开他时，还只是三岁小孩，所以我完全不曾受着他的思想的直接影响。"但他承认他父亲留下一些"理学"书籍，倒是后来给予他的濡染颇深，先生所谓受了一点"理学的遗风"就是指这个。

才满三岁零几个月，他母亲便把他送到四叔介如先生的学堂里去读书，当时先生又小而又体弱，可是他说还不算是"最低级的学生"，因为他已认得将近一千个字了。在那几年中，他读了不少中国古书，据适之先生的忆述：

第一部书是他父亲编的一部四言韵文叫做《学为人诗》。

第二部书也是他父亲编的一部四言韵文名叫《原学》，是一部叙述哲理的书。

第三部书叫做《律诗六钞》，完全是古诗。

第四部书以下，有《孝经》、《朱子小学》、《论语》、《孟子》、《大学》、《中庸》、《诗经》、《易经》、《礼记》等。

而且先生所读的书，都是"每读一字，须讲一字的意思；每读一句，须讲一句的意思"。在那种"只背死书不开讲"的时代，是很难得的事！

就上述先生所受的开蒙教育来看，几年当中读了那么多经书，已知他在国学方面打下了良好的根底，自然也是由于先生天资就好，不费太多的力气。如果我们用现代的眼光来衡量，那些艰深费解的教材，加在一个身心发育尚未成熟的幼童身上，未免够重了。

光绪二十六年（一九〇〇年），先生九岁，这一年可说是他“白话文思想的启蒙年”。有一天，他在他四叔学塾后边一间小屋里玩，偶然间在废纸堆里发现了一本破书，于是引起他的好奇，先生回忆说：“这一本破书忽然为我开辟了一个新天地，忽然在我儿童生活史上打开了一个新鲜的世界！”这就如同牛顿发现苹果坠地的故事一样，一本“破书”便启开了他的思想之门，给后来他的国语文改革运动打开一条通路。据适之先生说，那本破书就是《水浒传》。从那时起，便引起他读小说的兴趣，还到处借小说，收藏小说，像《红楼梦》、《儒林外史》、《聊斋志异》、《双珠凤》、《七剑十三侠》等书。到他离开家乡时，已经看过三十多部小说了，差不多成了一位“小说迷”。在那些小说里面，不但满足先生的求知欲，同时在文字训练方面获得很大的帮助，先生曾说：“我在不知不觉之中得了不少白话散文的训练，在十几年后于我很有用处。”又说：“看小说还有一桩绝大的好处，就是帮助我把文字弄通了。”所以后来当他在一九一九、二〇年间提倡国语文教育改革时，主张中学的国语文教材，要学生读小说，选一些“干净的”小说给学生阅读，确有他的理由。

光绪二十八年（一九〇二年），十一岁，开始读中国的史书。最初，先生选阅《御批通鉴辑览》，但他二哥绍之先生不赞成，劝他读《资治通鉴》，于是他就点读《通鉴》了，自己说这是他“研究史学的第一步”。正因为读了这本史书，无意中便产生了“无神论”的思想，他说：“谁也想不到司马光的《资治通鉴》竟会大大的影响我的宗教信仰，竟会使我变成一个无神论者。”何以《资治通鉴》对胡适会发生那样的影响？因为《通鉴》第一百三十六卷记范缜（齐梁时代人）的一段事里说："缜著《神灭论》，以为'形者神之质，神者形之用也。神之于形，犹利之于刀也。未闻刀没而利存，岂容形亡而神在哉？'此论出，朝野喧哗，难之，终不能屈。"先生又曾读过司马光的一段家训，其中有论地狱的，"曰：形既朽灭，神亦飘散，虽有剉烧舂磨，亦无所施"。因此，便动摇了他对鬼神的看法，他说："司马光的话教我不信地狱，范缜的话使我更进一步，就走上了无鬼神的路。……从此以后，我不知不觉的成了一个无鬼无神的人。"

先生在家乡受教育直到光绪三十年，这九年（一八九五——一九〇四年）可算一个阶段。在这期间，我们知道先生除了打下良好的国学基础之外，并且看出他一些思想的方向，即如爱好白话文学和无神主义，这两种事实，可以说决定了适之先生的一生。同时，在做人方面，也有很好的教养，这些都该归功于他的慈母冯太夫人的严格督促。先生在他《先母行述》一文里曾说："先君遗命必令适读书。先母督责至严，每日天未明即推适披衣坐，为缕述先君道德事业，言：'我一生只知有此一个完全的人，汝将来做人总要学尔老子。'天明，即令适着衣上早学。九年如一日，未尝以独子有所溺爱也。"于此可见。

光绪三十年（一九〇四年），十三岁。这年春天，先生跟随他的三哥到上海进了梅溪学堂念书。该校原由梅溪书院所改，是先生的父亲生前好友张焕纶先生创办的，据适之先生说，张先生是提倡新教育最早的人，他的宗旨只是一句话："千万不要仅仅做个自了汉。"这句话使先生的印象极为深刻，如果说对他有所启示，那便是不屈不挠，一生奋斗进取的精神！

梅溪学堂相当于现在的初中程度，但课程只有国文、算学、英文三种。先生因为天资高，而且先已有很好的根底，所以不到一年便升了好几班，尤其国文深受器重。

光绪三十一年（一九〇五年），十四岁，进了澄衷学堂。澄衷的学科比较完备，除国、英、数之外，还有物理化学、博物、图画等科。共分十二班，拿今日的学制相较，前六班相当初中，后六班则类似小学；先生最初编到第五班，不到半年便升到第三班，第二年又升入第二班。考试成绩常列第一，所以大约一年里便跳了四班。在澄衷学堂短短一年半中，他的思想有两方面的新发展：一是进化观念；二是思想自由。据先生说，他受两个人的影响极大。第一位是教他国文的杨千里先生，这人头脑很新，主张言论自由，曾叫胡先生阅读严复译本《天演论》，先生曾说："这是我第一次读《天演论》，高兴的很。"因为当时正是达尔文、赫胥黎一般人所谓"物竞天择，适者生存"的进化论调风靡全球之际，一般青年人极容易接受。胡先生一读这本书，便多少受了那种思想的影响，况且他早已产生了"无神论"的观念，所以和《天演论》者的主张似乎不谋而合，他的"胡适"和"适之"等名号，也就是在这个时候取的。（按：先生本名胡洪骍，他的二哥绍之先生便用"适者生存"的"适"字，给他取名适之；先生后来发表文章偶然用胡适做笔名，直到一九一〇年才正式作为大号。）

第二位影响他的就是梁启超先生。自康梁变法失败以后，知识分子多已觉醒，加之国父孙中山先生的鼓吹革命，新思想便深入青年们的脑海。当时梁先生的文章，对于青年学生有很大的吸引力，适之先生说："我个人受了梁先生无穷的恩惠。……第一是他的《新民说》，第二是他的《中国学术思想变迁之大势》。……《新民说》诸篇给我开辟了一个新世界，使我彻底相信中国之外还有很高的民族，很高的文化，《中国学术思想变迁之大势》，也给我开辟了一个新世界，使我知道四书五经之外中国还有学术思想。"先生后来鼓吹西方文化，要国人反省，并学习人家的长处，莫非就是从这里扎下的根？

此外，在这段期间他开始读宋明理学著作，第一部书是朱子的《近思录》，其中“学原于思”一句话，启发了他对思想方法的注意。先生在他的自述里说：“我后来的思想走上了赫胥黎和杜威的路上去，也正是因为我从十几岁时就那样十分看重思想方法了。”同时，先生也读了一些课外的译著，像是严复译的《群己权界论》一书，这本书使他认识了自由的真谛。

总之，先生从进学校受教育到澄衷学堂的一段，他的思想可说已造成他一生思想的雏形，主要者诸如白话文学、无神主义、进化论、思想自由及思想方法等，都是在那段时期启蒙的，这些对于后来我国思想界都发生了相当的影响。

光绪三十二年（一九〇六年）暑期，考取上海有名的中国公学，这时适之先生十五岁。中国公学的程度很高，学生也很大，只是先生最小，大家都把他看做小弟弟。学生颇为复杂，据先生说：有的穿和服拖着木屐，有的戴老花眼镜捧着水烟袋；教员也有日本人，上课还要同学翻译。而且在那般教员和同学里面，有不少是革命党，因为当初创办的人都有革命思想，想在学校里试行一种民主制度，目的在于“以大公无我之心，行共和之法”（这是一位革命烈士姚弘业先生的遗言）。但先生说他在公学三年多，始终没有人劝他加入革命党，这一点也似乎决定了他的一生——没有参加过任何政党。

先生入学不久，便参加了一个刊物编辑的工作，这刊物叫做《竞业旬报》，它的宗旨：(1) 振兴教育，(2) 提倡民气，(3) 改良社会，(4) 主张自治。实际上就是一个鼓吹革命思想的刊物，从各项宗旨看，便涵蕴了一些革命主张。《旬报》自一九〇六年出版第一期，里面曾发表了他生平第一篇白话文字的《地理学》一文，后来连续又写了几篇，都是白话的，他说：“我做了一个月的白话文，胆子大起来了，忽然决心做一部长篇的章回小说。小说的题目叫做

《真如岛》，用意是破除迷信，开通民智。”这篇富于教育意义的文字，可能是他那“无神无鬼”思想的投射罢！《旬报》共出了四十期，从第十四期到三十八期，先生主编，他的文章也最多，用的笔名不等，例如“期自胜生”（取《老子》“自胜者强”之意）、“铁儿”、“胡适”、“适”、“适之”等等。这段期间，由于发表许多文章，遂使他的思想渐趋成熟，同时也给了他一个文字训练的绝好机会。尤其是白话文的训练，适之先生说：“白话文从此成了我的一种工具。七八年之后，这件工具使我能够在中国文学革命的运动里做一个开路的工人。”就在这段期间，先生由于脚气病休养的时候，忽然对作诗发生了兴趣，从此不断习作、钻研与发表，使他“走上了文学史的路”（笔者按：先生后来所著《白话文学史》，也可算是一本白话诗史）。光绪三十四年（一九〇八年），十七岁，中国新公学时代。新公学是由中国公学改组而成，原因曾闹了一次风潮，学生大多数退出老公学，于是另组织了这个新公学。胡先生说他虽然换了三个学堂，可是始终没有领到一张毕业证书，又说他当时家境不太好，没有太多的钱来供他完成学业，所以在中国公学阶段靠编辑《竞业旬报》赚几个钱自给自足，可见先生是个苦学成功的人。可是到了新公学他的运气似乎有了转机，被聘为英文教员，每天教六小时的课，拿一点钟点费，这时他还是不满十七岁的孩子啊！先生的英文基础有那样好，据他说是在中国公学得力于两位先生：一位是姚康侯，一位就是王云五先生。因为他们教学严谨，并注意文法的分析，使他受益很多；胡先生后来鼓吹“文学革命”而注重文法学，这也算是一个起点。

从一九〇四到一九〇九年底止，五个整年是先生受教育的第二个阶段，在这阶段他的普通知识可说已经稳固了，而且在文学素养方面竟超乎一般水平之上。许多他后来的思想，到这时几乎已经定型了，一如先生所说：“我很诧异的是有一些思想后来成为我的重要出发点的，在那十七八岁的时期已有了很明白的倾向了。”如果我们从前述那些事实看，先生的话是不错的。从而我们觉得一个不满十八岁的少年，就有那样的成就，——一则说明他的天赋优厚，二则说明他的努力不懈，他充分利用了每一分秒的时间；他后来在学术上和事业上的成功，并非偶然的！

宣统二年（一九一〇年），先生十九岁。这年是举办官费留学考试第二年，先生应试考取留美，国文得一百分，从此“胡适”的名字便正式起用了。一九一〇年八月到了美国，入康南耳大学农学院，当时读的是农科，后来改习文科。

宣统三年（一九一一年），我们从他的《留学日记》（原名《藏晖室札记》）里可见，这年因为阅读达尔文的《物种由来》（*Origin of Species*），使他对于进化论有更进一步的认识。同时，在这年五月完成一本《诗三百篇言字解》的稿子，可以说是先生用新方法研析古书的开始；又在八月里写成了五六千字的《康南耳传》。由此可知先生用功之勤与早期在文字写作上的造诣。

一九一二年，远在海外的胡适之先生，遽生怀念祖国的心情，在十月十日他日记里这样说：“今日为我国大革命周年之纪念，天雨蒙笼，秋风萧瑟，客子眷顾，永怀故国，百感都集。欲作一诗写吾悠悠之思，而苦不得暇。”不久，有一天晚间读书，忽然想发起一个“政治研究会”，以便“使吾国学生得研究世界政治”。这是先生对政治活动发生兴趣的开端。

一九一三年五月，先生被选为世界学生会会长。这时他才二十二岁，就拥有这样的荣衔，也足见先生当时不但书读得好，而且领导才华也是出众的。

一九一四年，从这年起，先生在美国鼓吹大同思想，曾做过很多次的演说，迭受好评。例如本年五月十日在 Syracuse 讲“What Cosmopolitanism Means of Me”（《大同主义于我》），完了后，主席富利克教授（Prof. Flick）对先生的评论是："生平所闻最佳演说之一"。又一次在世界学生会演说，讲《世界和平与种族界限》（按：先生卸去会长职务时所做演说），当天绮色佳（Itheca）的晚报显著刊登。

一九一五年九月二十一日，先生转哥伦比亚大学攻读哲学，初见当代哲学家杜威博士（Dr. John Dewey, 1859–1952），日记里说："某日，大学藏书楼前有街心演说会，招众人往赴之。余遂往观之。有男女数人相继演说，亦都不恶。余忽见人丛中有杜威先生，为哥伦比亚大学哲学教长，而此邦哲学界第一人也。"后来先生受业于杜威，从这个时候起，用心研读杜威的著作，并且写英文提要，先生曾说："从此以后，实验主义成了我的生活和思想的一个向导，成了我自己的哲学基础。"由此可见，杜威博士的思想学说，对于胡适博士的影响是何等的大！

一九一六年二月，先生致友人梅光迪先生的一封信，曾讨论"文学改良"问题，大意是批评中国文学"徒有形式而无精神，徒有文而无质，徒有铿锵之韵，貌似之辞而已"。要想挽救这种弊害，他认为应该："第一、须言之有物；第二、须讲文法；第三、当用'文之文字'时，不可避之。三者皆以质救文之弊也。"后来在八月又写给朱经农先生的信里也曾谈到这些，他说："新文学之要点，约有八事：(1) 不用典；(2) 不用陈套语；(3) 不讲对仗；(4) 不避俗字俗语；(5) 须讲求文法——以上为形式的方面。(6) 不作无病之呻吟；(7) 不摹仿古人；(8) 须言之有物。——以上为精神（内容）的方面。"总之，这一两年当中，先生致力于改革国语文的抱负越来越明显，行动也一天比一天积极；他同他的同学、好友曾多次讨论这个问题，不管是赞成的或是反对的，对先生来说，都有鼓励的作用。他把一些成熟的意见经过整理写了一篇《文学改良刍议》，后来寄回国内，在《新青年》杂志二卷五期上发表了。于是，这篇文章便给中国文字与文学史上启开了新页。

一九一七年，二十六岁。五月三日，先生在哥大完成了博士论文，题目是《中国古代哲学方法之进化史》(A Study of The Development of Logical Method in Acient China)，约九万字，费时九个月才写成。五月二十二日举行博士学位最后考试，有六位教授主试，他们是：John Dewey, D. S. Miller, W. P. Montague, W. T. Bush, Frederich Hirth, W. F. Cooley。这些位学者都是美国当代知名之士、哲学家和教育家。经两个半钟头的口试，先生通过这最后一关而获得哲学博士。“七年留学生活，于此作一结束。”六月九日，先生离开纽约，在他所谓“第二故乡”的绮色佳小住几天后，二十一日上船，乘日本皇后号经由日本于七月十日返国。

这七年的留学生活，算是先生受教育的第三个阶段，同时也是他学生生活的最后一个阶段。我们从他《留学日记》的记载，可以叙述的事情很多，除了他勤于治学之外，他那超人的智慧与卓越的才华，也都展现出来，而且先生的思想已臻成熟，各种主张也有了显著而具体的趋向。例如提倡白话文学、鼓吹人道主义与世界大同，以及宣扬自由平等和民主社会政治等等，为这些他都曾下过很大的工夫，有无数次的讲演，和写了不少的文章，无论在国外或是寄回国内刊物上发表，有的曾对当时提供一些国是意见，弥足珍贵！

一九一七年九月，受聘北京大学文科教授。十二月返回绩溪老家，和江冬秀女士完婚。家庭、事业，从这里可算是个起点。

一九一八年冬，先生的母亲冯太夫人病逝，临终时先生和夫人正在北京，闻电即刻奔丧，抱憾不已。先生在他《先母行述》一文里曾感伤地说：“生未能养，病未能侍，毕世劬劳未能丝毫分任，生死永诀乃亦未能一面。平生惨痛，何以如此！”从一九〇六年到回国止，母子分别了十一年，其间只有短暂的团聚；这位母亲二十三岁开始守寡，在“十分痛苦”的生活里，又过了二十三年，等到儿子成人，正要接受一点奉养时，她仅以四十六岁的年龄撒手去了，怎不令适之先生抱憾呢！

这一两年，胡先生发表了不少重要著作，诸如《文学改良刍议》、《历史的文学观念论》、《建设的文学革命论》、《文学进化观念与戏剧改良》、《美国的妇女》及《易卜生主义》等。对于后来国语文学改革运动和自由平等观念的启示，都有很积极的作用。

一九一九年，对胡适来讲，这是一个重要年，因为第一、这年发生了“五四运动”，先生所鼓吹的“文学革命”（白话文运动）在这时期到达最高潮，届于成功；第二、他的恩师杜威博士来华讲学，传播实验主义的教育思想与科学方法，先生曾给他担任翻译，在中国两年零两个月当中，走遍中国十一个省份，讲稿出了十几版，对于学术界教育界留下深远的影响。诚如适之先生所说：“自从中国与西洋文化接触以来，没有一个外国学者在中国思想界的影响有杜威先生这样大的。”先生的《实验主义》一文就是在这年发表的，把所谓杜威思想作了很清晰简要的介绍。此外，一本重要著作《中国哲学史大纲》（卷上），也由商务印书馆出版了，书稿写成仅仅花了一年时间。据毛子水先生说：“一个初教书的人，在一年里边写出这样一部大书，实在是一件极不容易的事情。蔡元培先生在他这书所写的序中称先生为‘心灵手敏’，固然不错，但先生当日的专心致志，亦就可以想见了。”只是我们觉得可惜的，而先生自己也常引以为咎的，是始终没能够完成全部的中国哲学史。

一九二〇年，教育部颁布中小学课程标准，规定中小学课程采用“白话文”，编订“国语教科书”，逐年实施。先生欣见他的主张得以具体实现，提倡尤力，陆续在《新青年》杂志上，发表了《中学国文的教授》、《新思潮的意义》、《国语文法概论》及《非个人主义的新生活》等，都是对教育方面很有贡献的论著。

一九二一年，先生三十岁。七月杜威博士返回美国。先生发表

《杜威先生与中国》及《清代学者的治学方法》等文章；此外，自九年七月到本年十一月，写成了《水浒传考证》与《红楼梦考证》两篇历史考据性的文字，这些都是关于阐扬科学方法及其在学术上的应用方面的。

一九二二年，我国改革学制，实行美国式的所谓“六、三、三”新学制，并规定国民学校教科书一律采用“国语”。这年先生发表了《国语文法的确定法》和《再论中学的国文教学》等文，提供国语文教学的教师和学生们一些正确的方法。

一九二三年到一九二五年，先生有几篇教育性的文字在这期间发表，如《科学与人生观序》、《读书》及《爱国运动与求学》等，对于青年学生很有启发和指导的作用。

一九二六年七月，先生赴欧美考察，先经俄国、德国、法国而转英，在伦敦住了一段较长时间，除读书写作以外，并应邀到各大学讲演，备受欢迎。次年初，由英乘船转往美国。

一九二七年，四月中，先生自美启程回国，曾在日本稍事逗留，五月底到上海。找了房子住下来，埋头写作，长篇论著《戴东原的哲学》就是这年出版的，另外还作了很多考证的文章。

一九二八年二月，上海光华大学和东吴大学法学院，聘请先生担任哲学讲座。继被蔡元培、王云五诸先生的推荐，四月三十日，就任他的母校——中国公学的校长。这年三月《新月月刊》问世，先生出版了他的《白话文学史》(上卷)，这本书在当时来说，也是空前的，为他所提倡的白话文学找出有力的历史证据。又发表了一篇《治学的方法与材料》，为一般研究学问的人，提供了最具体而切实的现代方法。

一九二九年，先生被推为中华文化教育基金董事会的董事。这年主要论著有《新文化运动与国民党》、《慈幼的问题》及《荷泽大师神会传》等。

一九三〇年，五月辞卸中国公学校长职务，十一月底偕眷离开上海，赴北平就任北京大学文学院院长。在离开上海前的这一年，写成了哲学论著《淮南王书》稿子；另有《我们走那条路？》、《神会和尚遗集序》及《介绍我自己的思想》等文发表。从最后这篇文字里，清楚地可以看出先生的思想渊源和他的主张，尤其对于国家、文化以及青年教育的关心。

一九三一年，先生四十岁。九一八事变起，日本军阀入侵我国东三省，从此以后数年中，先生发表很多关于国是建议与声讨日本侵略行为的文稿，大部分刊载在《独立评论》杂志上。先生那种知无不言，言无不尽的坦率性格，和满腔的爱国热情，充分溢于文表。

一九三二年，先生担任《独立评论》周刊的主编，同年在该刊发表《宪政问题》、《中国政治出路的讨论》、《统一的路》、《惨痛的回忆与反省》及《赠与今年的大学毕业生》等文，都是一时说论及激发爱国思想的宏文。

一九三三年，《四十自述》出版（按：本书共七篇，前六篇是分次在《新月》杂志上刊登的，从一九三〇年已开始动笔了；最后一篇是一九三三年补写的。由亚东图书馆印行。一九五四年台北的远东图书公司重印）。

这年元旦，先生发表《国民参政会应该如何组织》，其后有《国联报告与建议案的述评》、《全国震惊以后和日本人应该醒醒了》及《世界新形势里的中国外交方针》等政论。

一九三四年，发表《信心与反省》、《再论信心与反省》及《三论信心与反省》；又在双十节发表《悲观浪声的乐观》专论；另有教育方面的论文《所谓中小学文言运动》、《教育破产的救济方法还是教育》等。

一九三五年，先生膺选中央研究院评议员。这年出版《胡适论学近著》（商务印行）；发表《从民主与独裁的讨论里求得一个共同政治信仰》、《政制改革的大路》、《敬告日本国民》、《为学生运动进一言》及《再论学生运动》等文。

一九三七年七月七日，日本军阀发动卢沟桥事件，全面抗战爆发。适之先生离开北平赴庐山参加“庐山谈话会”，商讨国事，提供很多政策性意见。继飞南京，面谒蒋委员长陈述抗日之策并为华北数所国立大学南迁事献议，均获最高当局采纳。嗣于九月受命赴美，到各处演说或与该国朝野人士连系，以宣传我国抗战之意义，并力促民主世界加强团结。

一九三八年秋，先生转赴英国继做国民外交活动；九月到瑞士，就在同月十七日奉到政府命令出任驻美全权大使。先生于是由欧转美，赴华盛顿就职，十月二十八日向罗斯福总统呈递国书。这时先生四十七岁。

一九四一年十二月八日，日本偷袭珍珠港，美国对日宣战，并和中国协同御敌，并肩作战。

一九四二年九月，先生离开大使职位。在任内整四个年里，以其崇高的学术地位，很受到美国朝野的敬重，而且时常旅游各地向许多民间团体演说，获取广大美国人民对我国的同情与支持。由于先生一向“以天下为己任”，在这期间，其忧国忧民之心，可以想见，也许如此，心脏病便开始和他结上缘了！

一九四三年，先生受聘为美国国会图书馆东方部的名誉顾问，这个职务使他很便利的看了许多珍贵的中国古书。

一九四五年三月，国民政府发表先生为出席旧金山联合国会议的代表。六月，被任命为国立北京大学校长，在没到校前暂由傅斯年先生代理。十一月，联合国教科文组织在伦敦开会，先生担任中国代表团的首席代表。这年八月，日本宣布投降，抗战胜利，国土全面光复。

一九四六年七月，先生由美返国，稍事休息后，随即到北大接事。十一月，被选为国民大会制宪代表，开会时并被推为主席。先生一向提倡民主，热心宪政，这次的任务，心里十分欣慰，确可以使他有实现理想的机会了；先生的理想，就是使中华民国成为世界上一个和平、民主与自由独立的国家！

一九四七年四月，被选为第一届国民大会代表，开会时并担任大会主席团主席。九月，发表他那毕生努力要实现“一个梦想”的“争取学术独立的十年计划”，可是这个计划，不久便搁置下来了，一如他的中国哲学史，成为想做而未完成的工作。

一九四八年，先生被选为中央研究院的院士，在南京举行第一次院士会议，据李先闻先生说：“似乎在那一次会议中，发言最多的是傅斯年与胡适之先生两位。”这年十二月，当北平被共军围城的时候，先生曾以“苦撑待变”四字勉励华北军民。

适之先生担任北大校长两年多，除了出席国家的重要会议外，便致力于著作，例如《水经注》的研究等等。此外，针对共产世界与国内共产党，发表了一些政治性的文章，如《眼前两个世界的明朗化》、《两种根本不同的政党》、《我们必须选择我们的方向》、《眼前世界文化的趋向》及《国际形势里的两个问题》等。

一九四九年三月，先生来台，曾在台北中山堂公开演讲，题为《中国文化上的自由传统》，听众踊跃，座无虚空。不久乘船赴美，住纽约休养，再度从事讲学和研究工作。

一九五二年十一月及一九五四年二月，先后两次返台，除后者因出席“国民大会”①* 开会外，曾到各学术机构讲演中西文化思想、杜威哲学、治学方法等，甚得学术界和青年学生的爱戴。

一九五七年，在美国养病，二月间曾施行溃疡割治手术，身体渐弱。十一月，中研院第三届评议会改选院长，先生当选，并经

---

* 以下相关机构等，简体版加以引号。

“总统”任命发表。

一九五八年四月八日，先生由美回国，松山机场挤满欢迎的人潮，场面热烈。十日，就任院长，时年六十七岁。六月，因中华教育文化基金会开会赴美，并于便中访问中外学人，交换发展我国科学意见。十一月回国。先生依据吴大猷先生的建议，所拟“长期发展科学”的计划，获得美国政府支持，非常欣慰。

一九五九年二月，我“政府”成立“国家长期发展科学委员会”，先生任主委，“教育部长”（当时是故梅贻琦博士）兼副主委；委员有王世杰、李济、李熙谋、钱思亮、李先闻及杨树人诸先生。适之先生曾就这个发展科学的组织发表他的感想说：“这件百年大计在最艰难的环境里有一点细微的开始。”又说：“这是一个起点，一个有希望的起点。……我们应该感觉古人说的‘任重而道远’五个字的意义。”这是他在晚年，以衰弱之身，尚且肩负起重任想为教育文化，建立一个久远的发展大计，令人敬佩！

一九六〇年三月，因心脏病住进台大医院休养，不久即康复。七月，出席在美国西雅图的华盛顿大学中美学术合作会议。在这次会议上，先生发表了一篇重要的演说，题目叫做《中国的传统和将来》（The Chinese Tradition and the Future），给与会人士的印象很深刻。不久又在华盛顿出席中华教育文化基金会的会议，便中还为公务奔走出力，非常辛劳。十月，又急忙赶回台北。

一九六一年二月，旧病复发，再入台大医院疗养，四月出院，继续他那发展科学的工作，可是先生的体力越来越差了。

一九六二年二月二十四日，中研院举行第五次院士会议，先生主持会议，选出六位新院士，心情很愉快。讵料在下午六时酒会结束时，心脏病突发，回天乏术，随之也结束了他的人生旅程，享年七十一岁。一代学人，自由的斗士，伟大的爱国者，从此便和大家永别了。在《胡适文选》的封面处印有先生题的顾亭林五十生日的两句话："远路不须愁日暮，老年终自望河清。"读来不胜发人深思！

当这位爱国学人的遗容在殡仪馆供大家瞻仰的时候，往祭者络绎不绝，包括各阶层各方面人士，尤其青年学生最多；发引之日，人山人海，数十万人的行列，从台北到南港十六公里之间，沿途都是人潮，并搭有祭棚，同表哀悼，有些青年泣不成声，那种动人的场面，对于一位从事学术工作的人来讲，也可算是空前了。一九七三年十二月，坐落在南港胡适博士墓地四周的新建胡适公园完成，占地约一公顷半，风景优美，花草芬芳，并有亭台、喷泉点缀其间，使这位名满海内外的学者，长眠在这里，供后人凭吊和追忆。再者，先生逝世以后，中研院为纪念他的嘉言懿行，特以先生生前住所，整修成为一座胡适纪念馆，他的书房、卧室保持原状，遗物、著作、手稿、照片等陈列在廊厅，供人们随时瞻览。

适之先生为人正直不阿，胸襟豁达；宽容和蔼，平易近人。为真理而不屈，毁誉不计；见邪恶必反击，贯彻始终。这也就是他生平待人处世的原则，以及对学术、对文化、对社会与对国家贡献其心力的写照。

先生除了在国内对学术思想方面有重大贡献外，并享誉国际，讲学遍及亚洲与欧美，曾获各国著名大学荣誉博士学位达三十五次（根据香港《独立论坛》发表的统计），真是世所罕见！

先生一生为人所批评的是他曾主张所谓"全盘西化"，但从他的所言所行，却无不合乎中国固有伦理：先生忠于国，孝于亲；以仁爱为怀，发扬恕道；和朋友守信，主持正义；倡人道主义，一向主张和平而反对暴力。当先生逝世的时候，蒋中正"总统"挽曰："新文化中旧道德的楷模，旧伦理中新思想的师表"，对于这位学人来说，是再中肯没有了。

先生自幼勤勉好学，及长，研习中外典籍，博览群书，且喜写作。举凡政治、社会、哲学、科学及教育文化等，无不涉猎，并留心实际社会现象，发现问题，随时将心得或意见，用文字表达出来。所以先生生平发表的言论非常之多，可称得是著作等身了，事实上，何止“等身”！从先生在中国公学读书期间主编《竞业旬报》发表文章开始，直到他逝世为止，没有人能够正确统计出先生究竟写了多少文字，有多少篇论文或讲演词，包括中文的和外文的。我们知道的，专著如《中国古代哲学史》、《白话文学史》、《淮南王书》、《戴东原的哲学》、《留学日记》、《四十自述》、《国语文法概论》、《中国的文艺复兴》（英文，一九三三，纽约布鲁克林学院印行）、《中国中古思想小史》（手稿印行）、《水经注》（手稿印行）等。其他论文、演说、诗篇、游记，以及书函等、先后发表在国内外著名刊物，如《留美学生季刊》、《新青年》、《努力周报》、《东方杂志》、《国闻周报》、《新月月刊》、《独立时论》、《独立评论》、《自由中国》等等，有些重要文字足以匡正社会人心或启迪青年理想的，或对于研究学问有帮助的，大多收在《胡适文存》、《胡适文选》或《胡适论学近著》各书里面，不下两百万言。若论先生对于世人深远的影响，从他一生著述的广阔流传，也就可见一斑，足资印证了。

三、哲学思想

胡适早年毕业于美国哥伦比亚大学哲学系，获哲学博士学位。早在一九一五年入该校时即曾立下誓愿：“自今以往，当摒绝万事专治哲学，中西兼治，此吾所择业也。”而当一九一八年他的《中国古代哲学史大纲》问世，北大校长蔡元培先生为他写序，赞曰："适之先生生于世传‘汉学’的绩溪胡氏，禀有‘汉学’遗传性；虽自幼进新式的学校，还能自修‘汉学’，至今不辍；又在美国留学的时候，兼治文学、哲学，于西洋哲学史是很有心得的。”由此可见，适之先生的出身、事业便是哲学，是一位不折不扣的哲学家。不过论者往往认为胡适没有专门的学问，此话未必尽然，持怀疑态度的人，或未深入了解胡先生的思想。在哲学专著方面，如《中国古代哲学史》、《淮南王书》及《戴东原的哲学》三书，可以称得上是几本够水平的名著，不但使成系统，而且独有创见。只是一般人评论以及他个人也感觉始终没有写出一部完整的中国哲学史，是一件颇为遗憾的事！适之先生的治学态度，既注重专精，也注重广博，常说：“为学要如金字塔，又能广大又能高。”试观他对一些白话小说、墨学、禅学、《水经注》、实验主义，以及中西历史人物的研究与考证，都是非常深入的，甚至有些近乎钻牛角尖，这是他的“专精”之处。如就先生的整个言论看，又极其庞杂，举凡历史、文学、政治、教育、宗教等，无不涉猎，而且认识深刻，各有其见解，这又是他的“广博”之处。一个人以短暂的有生之年，做学问既欲专精就难兼广博，广博即不易专精，胡适兼而有之，实无愧其名满中外，被誉之为一代学人了。

若论适之先生的哲学思想，正要从他给哲学下的定义去搜寻，先生说：“凡研究人生切要的问题从根本上着想要寻一个根本的解决，这种学问叫做哲学。”何谓“人生切要的问题？”先生举“行为的善恶”为例，甚么叫做善，甚么叫做恶；善或恶是怎么得来的；我们怎样分辨善恶；以及善恶与利害的关系等问题。不过因为“人生切要的问题”不止一个，除了善恶问题之外，应该还有许多，如依适之先生的分类，可有下面六个方面，就是：

(1) 天地万物怎样来的。(宇宙论)

(2) 知识思想的范围、作用及方法。(名学及知识论)

(3) 人生在世应该如何行为。(人生哲学)

(4) 怎样方可使人有知识，能思想，行善去恶。(教育哲学)

(5) 社会国家应该如何组织，如何管理。(政治哲学)

(6) 人生究竟有何归宿。(宗教哲学)

笔者就这六大范围，来介绍他的思想，概分“宇宙观”、“人生观”、“知识论”及“宗教哲学”;关于“教育哲学”与“政治哲学”，在后面另以专章——教育思想、政治思想作较深入的探讨。

1. 宇宙观

说起胡适之先生的宇宙观，不能不涉及两种思想：近世的进化论和实验主义。先生在所著《介绍我自己的思想》一文里曾说：“达尔文的生物演化学说给了我们一个大教训：就是教我们了解生物进化，无论是自然的演变，或是人为的选择，都由于一点一滴的变异。”又在他的《留学日记》自序里提到，说：“实验主义成了我生活和思想的一个向导，成了我自己的哲学基础。”由此可见，受这两大思潮的影响很大。

无论进化主义或是实验主义，他们对于宇宙的看法，只承认那“一点一滴”的进化或变异，而否定“主宰论”者那所谓“超自然的”或是“有意志的”天帝观念;他们事事讲求“事实”，抱持“存疑”态度，口口声声喊着“拿证据来”！胡适称之为“思想上的大革命”。因此，我们知道进化主义与实验主义者，既不承认在现象世界之外另有一个不变的真理——“实在”、“万有”或“神”的世界，——他们所谓“虚空的世界”，自然不注重宇宙“本体”的探讨，而只重视“现象”的演化历程，并假以实证科学的方法来加以解说。综其观念，不外下列两端：

(一)宇宙由自然演进而来

自近代科学发达之后，自然主义的色彩逐渐向人类渲染浸蚀，人们已开始对过去有关宇宙种种假设发生怀疑，到了达尔文，便大胆地向“主宰论”宣战，揭开了万物生成进化的谜底。适之先生说：“达尔文的主要观念是：‘物类起于自然的选择，起于生存竞争里最适宜的种族的保存。’……在哲学史上，这个观念是一个革命的观念。”又说：“根据于一切科学，叫人知道宇宙及其中万物的运行变迁是自然的，自己如此的——正用不着什么超自然的主宰或造物者。”从这两段话里可以知道他对宇宙根本的看法，宇宙万物的生成变化是自然演进而来，不承认由一位“主宰”所创造，因此，先生毕生所奉行的无神主义，也从这种宇宙观里得到印证。

(二)宇宙不断在变动中

宇宙的化生既是循着自然的法则而演进，就已经承认了宇宙万象无时无刻不在变动的过程中，而不是常住不变的。《易经》指天地“周行而不殆”，孔子站在“川上”说：“逝者如斯夫，不舍昼夜。”都是说明这个“动”“变”的宇宙的道理。适之先生在他《中国古代哲学史》里曾说：“天地万物不是一成不变的，都是时时刻刻在那里变化的。”在讨论达尔文“演化论的哲学”时更说：“三百年来的科学进步，居然给我们一个变的宇宙观了。”于此可见先生已肯定“变”的宇宙的事实，并且，确认宇宙万物既是时刻在变，“那就用不着一个有意志的主宰来计划规定”，“也用不着什么灵魂，或精神元素等等”。虽然适之先生很少直截了当表白过自己的“宇宙观”是什么，但从这些话看，概可确定他对宇宙的见解。

无论说演进、进化或是变动，都归结在一个“变”的概念上，但变的步骤与现象，有“渐变”和“突变”之别，先生的观念如何，且看下面几段话："无论是自然的演变，或是人为的选择，都是由于一点一滴的变异，所以是一种很复杂的现象，决没有一个简单的目的地可以一步跳到，更不会有一步跳到之后可以一成不变。"这段话可有三层意思：第一、宇宙一切现象的演变，是"一点一滴"造成的，换句话说，就是逐渐发生的；第二、演变的情形极其复杂，不可能像踢球似的一蹴即到，也就是说，不是"突变"的；第三、在变化的过程中，没有一个终止的目的可言，它是永远不停地变化。由此也可见，先生不是一个"目的论"者，而是一个不折不扣的"进化论"信徒；适之先生这个进化的宇宙观，尚解释到人世现象方面，譬如他说："文明不是垄断造成的，是一点一滴造成的。进化不是一晚上笼统进化的，是一点一滴的进化的。"这说明社会文明的进化是渐渐来的，非一朝一夕所能造成。他以此观点更进一层批判说："辩证法的哲学本来也是生物学发达以前的一种进化理论；依他本身的理论，这个一正一反相毁相成的阶段应该永远不断呈现。但狭义的共产主义者却似乎忘了这个原则，所以武断的虚悬一个共产共有的理想境界，以为可以用阶级斗争的方法一蹴即到，既到之后又可以用一阶级专政方法把持不变。这样的化复杂为简单，这样的根本否定演变的继续便是十足的达尔文以前的武断思想，比那顽固的海格尔更顽固了。"（笔者按：共产主义的"唯物史观"与"唯物辩证法"乃脱胎于海格尔的"辩证的"逻辑公式，认为宇宙间一切现象都循既定的"正"、"反"及"合"的一种历程而发展而进化。适之先生认为海氏这种哲学理论已经是很武断的了，而今共产主义应用这般理论，解说历史及社会政治，就是他所谓"垄断"的、"笼统"的，违反了进化的事实！）

总之，宇宙的运行，生物的成长，都是不断的演进、变化的，而且是循序渐进、一点一滴造成的；没有一件事物是"一蹴即到"或"把持不变"的。同理可知，世间文明之发展和社会的进步，也都是如此的。

2. 人生观

“人生观是一个人对于宇宙万物和人类的见解。”这是胡适之先生给“人生观”三字所下的定义。这可以说是一种广义的人生观，似乎也包含了“宇宙观”在内；如单就人生境界而言，“人生观是一个人对于人生的态度。每个人都有每个人自己的人生观。”所以张三有张三的人生观，李四有李四的人生观。有的人以“自我”为中心，处处为自己打算，这便是杨朱式的人生观，所谓“拔一毛而利天下不为”者是；有的人“以天下为己任”，厚人薄己，“兼天下而爱之”，这是墨翟式的人生观，所谓“摩顶放踵，利天下者为之”。也有的人以人生短暂，苦海无边，由是消极颓唐，悲观厌世，无法迁就现实，这属于叔本华氏的人生观；更有的人不但不愿迁就现实，且欲超越现实，轻今世修来世，把一切寄托到另一境界去——所谓“极乐国”或“天堂乐园”，这便是宗教型的如佛教、基督教——的人生观。相反的，也有的人独以现世为人生追求的理想，不相信有所谓“超越的世界”，认事在人为，人定胜天；其抱负，恒以“仁”为己任，推己及人，由“个人的我”到“社会的我”，利己与利他的观念兼而有之。这类人多积极进取，乐观奋斗，并富于创造精神，这可说是一种“创造”的人生观。就上述来看，可知人生观各有不同，故哲学家探讨人生，亦各有主张，遂在人生哲学方面有各种思想派别，如利己主义与利他主义；现实主义与理想主义；乐观主义与悲观主义；入世主义与出世主义等。

胡适博士所提倡的人生观，是利己兼有利他的，是现实与入世的，尤其是乐观、进取与创造的！兹就他所说，可归纳为三点，即个人主义人生观、革命的人生观及科学的人生观。试分述之：

（一）个人主义人生观

“个人主义”这个名词，如就我国的哲学思想来解释，它就是杨朱式的“为我主义”，所谓“人人不损一毫，人人不利天下”的思想。这种个人主义，胡先生称之为“假的个人主义”，他曾说：“假的个人主义，就是为我主义，他的性质是自私自利，……只顾自己的利益，不管群众的利益。”什么是真的个人主义？先生说：“真的个人主义，就是个性主义，他的特性有两种：一是独立思想，不肯把别人的耳朵当耳朵，不肯把别人的眼睛当自己的眼睛，不肯把别人的脑力当自己的脑力；二是个人对于自己思想信仰的结果要负完全责任，不怕权威，不怕监禁杀身，只认得真理，不认得个人的利害。”简单来说，前者是自私自利的个人主义，而后者是有独立思想、独立人格，威武不屈，为真理不论成败，不计利害的！先生赞成后者，他说：“杜威先生极力反对前一种假的个人主义，主张后一种真的个人主义。这是我们都赞成的。”并且指出，假的个人主义是“避世的”，它“不是奋斗”的，在现代并不需要；现代青年应有建立一种所谓“非个人主义的新生活”。这个“非个人主义”，也就是“真的个人主义”：能独立思想，独立判断，不逃避现实，不和社会脱节，为真理不让步，为真理奋斗到底。有这样的人生态度，便是“新生活”的境界。

适之先生更进一步叫人们确立一个“健全的个人主义人生观”，甚么是“健全的个人主义人生观”？他引用挪威学者易卜生（Henrik Ibsen, 1828–1906）的一段话：“最期望于你的，只有一句话，……你要想有益于社会，最好的法子莫如把你自己这块材料铸造成器。”先生说：“易卜生这段话，便是最健全的个人主义，一个人应把自己培养成器，使自己有了足够的知识、能力与情感之后，才能再去为别人。”他并且说：“一个人在最初的时候应该为自己，在为自己有余的时候，就该为别人，而且不可不为别人。”这也就是我国儒家“推己及人”的道理。易卜生主张“救出自己”，有所谓“真实的为我，便是最有益的为人”。先生以为“这种‘为我主义’其实是最有价值的利人主义”。从上述看，虽然这种个人主义是强调了“我”的重要，但并非是我行我素、自私自利的“我”，而是一种利己亦复利人，与社会人群息息相关的“我”——是“最健全的个人主义”，换句话说，它是一种“真的个人主义”。适之先生认为近代欧洲有这种个人主义的观念，所以产生了今日的文明；他一向主张，要青年们独立思想，不为成见所束缚，不为时髦所引诱，更不要被别人牵着鼻子走，为真理不屈不挠，奋斗到底。正是说明他所抱持的所谓“最健全的个人主义”的一种人生哲学。

（二）革命的人生观

在胡适《留学日记》里有这样几句话：“天下那有这样蠢才，不爱活泼泼的美人，却去抱冷冰冰的冢中枯骨！”从这字里行间便可看出适之先生一种“革命的”思想和他的人生观了。先生毕生，无论思想言行、治学治事，都充分表现着革新、创造、乐观、奋斗的特征，直到他咽掉最后一口气之前，仍在讲台上以极具信心和兴奋的神情大谈发展科学之道，与创造国家文明前程的远景呢！

适之先生常对社会的陈腐，乃至政治上的积弊加以无情的抨击，以图发掘病因，对症下药，造就新环境新风气。他曾说：“人生的大病在于不肯睁开眼睛来看世间的真实现状。……若要病好，须先认有病；若要政治好，须先认现今的政治实在不好；若要社会改良，须先知道现今的社会实在是男盗女娼的社会！”这是一九一八年他写《易卜生主义》时所说的。早在一九一六年间，他对当时政治就有这种的评论：“吾尝以为今日国事坏败，不可收拾，决非剜肉补疮所能收效。要须打定主义，从根本上下手，努力造因，犹有死灰复燃之一日。”怎样“从根本上下手”？先生具体地指出，要想改革社会、创新政治，不可“姑息苟安”，必须认作它（陈腐的、不合理及不合时代的政治）已死，然后“拔本清源”，“斩草除根”，予以彻底清除，来创造所谓“新因”，开拓新的环境。不过革新政治与社会现状，往往会遭遇阻力，即所谓“旧势力”的反对，适之先生以坚定的口气警告说：“我们对于反对的旧势力，应该正当的奋斗，不可退缩。我们的方针是：奋斗的结果，要使社会的旧势力不能不让我们；切不可先就偃旗息鼓退出现社会去，把这个社会双手让给旧势力。”他又在所著《易卜生主义》一文里提示说：“这个个人主义的人生观，一面教我们学娜拉，要努力自己铸造个人；一面教我们学斯托曼医生，要特立独行敢说老实话，敢向恶势力作战。”（笔者按：娜拉、斯托曼医生是易卜生所写剧本里的两位主角。）我们就胡先生的这些意见来看，实在可以证明他的人生观是革命的！先生的人生观如此，所以他一生的奋斗亦复如此；他对于任何艰难或挫败，一向持乐观态度，从不气馁，一如他写的诗句：“丈夫志奇伟，艰巨安足齿？盘根与错节，所以见奇士。处世如临阵，无勇非孝子。虽三北何伤？一战待雪耻。……”所表现的精神一样。适之先生自称这种人生态度为“乐观的哲学”；乐观、奋斗，不向困难或失败低头，也就是一种革命精神！

(三)科学的人生观

先生承受了中国程朱一派“即物穷理”与西方赫胥黎、杜威等学者思想的影响，毕生提倡科学，最重要的是科学方法（或曰“思想方法”）的应用。他主张人们要建立一个科学的人生观，要信仰科学，唯如此才能够“革故更新”，实现人生真正的理想。

适之先生曾认为“人类的人生观，总该有一个最低限度的一致的可能。”但以何种人生观来求得“最低限度的一致”？他说：“拿今日科学家平心静气地，破除成见地，共同承认的‘科学的人生观’来做人生观的最低限度的一致。”就这段话看，信仰“科学”首应破除“成见”，先生曾说：“我们的真正敌人是‘成见’，是‘不思想’。我们向旧思想和旧信仰作战，其实只是很诚恳地请求旧思想和旧信仰势力之下的朋友们起来向‘成见’和‘不思想’作战。”凡事存有“成见”，便不容易进步；“不思想”，就是无知。杜威先生在他所著《民主主义与教育》一书里曾说：“无知使人易受流行的错误的成见所诱惑，……有了这种成见，是知识的更大仇敌，比无知还要厉害。”所以胡适之先生一再大声疾呼要“向旧思想和旧信仰作战”，而力主建立新思想与新信仰，也就是科学思想和科学的人生态度。因为，科学的精神是要撇开成见，清除无知，尊重事实，只求真理；凡事抱存疑，只问证据，一切学理一切信仰，都看做是待证的假设。具有这种精神、这种态度，便是所谓“科学的人生观”的真正涵义。

胡先生以为中国人受旧思想旧信仰的影响很深，人们的人生观还不曾和“科学”见面，所以在当时他曾严厉地批评说：“我们只有做官发财的人生观，只有靠天吃饭的人生观，只有求神问卜的人生观，只有安士全书的人生观，只有太上感应篇的人生观。”因为这些人生观所代表的，是“成见”、“无知”及“自私自利”；国势之衰，民族之弱，莫不由此而生。而所谓“科学的人生观”之建立，就是要祛除弊端，改造思想，俾国民都有新观念，国家迈入科学的康庄大道，其用心可知。

3. 宗教观

适之先生在他《介绍我自己的思想》一文里指出：“《科学与人生观序》、《不朽》、《易卜生主义》，这三篇代表我的人生观，代表我的宗教。”在前一节里，笔者要略介绍他的人生哲学：健全的个人主义人生观、革命的人生观及科学的人生观，前二者代表《易卜生主义》里的思想，后者便是《科学与人生观序》里一部分重要意思。现在要谈一谈他的《不朽》——一种非神非鬼、以“人”为本位和以“现世”为领域的宗教哲学。

(一)从“无鬼”、“无神”说起

我们知道，胡适之先生一向是一个无神主义者，而且对于宗教的态度，有他特别的见解；在他脑子里，只有“无鬼”、“无神”的观念，看不到一点点“神”或“上帝”的影子。先生从幼年起就已经不相信鬼神，在早期发表的文字里斑斑可考。《四十自述》里提到他自幼就不相信鬼神，先生说：“我在十一二岁便已变成了一个无神论者。”又说：“司马光的话教我不信地狱，范缜的话使我更进一步，就走上了无鬼神的路。”（笔者按：适之先生大约十一岁左右，就已开始阅读史书，第一步是点读司马光的《资治通鉴》，其中有一卷记齐梁时代人范缜反对佛教的故事，于是这两位古人对他影响非常大，直可说决定了一生。）先生曾追述道：“有一天，我正在温习朱子的《小学》，念到了一段司马温公的家训，其中有论地狱的话说：形既朽灭，神亦飘散，虽有挫烧舂磨，亦无所施。我重读了这几句话，忽然高兴的直跳起来。《目莲救母》、《玉历钞传》等书里的地狱惨状，都呈现在我的眼前，但我觉得都不怕了。”事实上，司马光是受了范缜的影响，《梁书》记载范缜著《神灭论》，有云：“形者神之质，神者形之用也。神之于形，犹利之于刀。未闻刀没而利存，岂容形亡而神在哉？”这意思是指一个人有“形”有“神”，换言之就是肉体与灵魂，如果肉体已死，那么灵魂自亦不存在了；由此佛教的轮回再世和现代西方宗教的“灵魂不朽”之说，都被他这几句话否定了。所以胡先生便说：“他和司马光的神灭论教我不怕地狱；他的无因无果论教我不怕轮回。我喜欢他们的话，因为他们教我不怕。我信服他们的话，因为他们教我不怕。”由此可见，适之先生的无神主义以及破除迷信的主张，根源于此，加之西方如达尔文、赫胥黎等人的进化天演之论，更坚定了他这一无鬼无神的信念。

关于先生最早发表“无鬼神”的文章，是在他读中国公学的时代，年龄大约十六七岁。中国公学的学生们创办了一个刊物叫做《竞业旬报》（此《旬报》在台湾所能找到的仅有五期，藏于党史会），在第二十五期里有一篇文章题目是《无神丛话》（笔名适之），篇幅很长，分刊了几期，其中一段是这样写的：“……宋儒持无鬼之论者甚多。司马温公攻之尤力。其论地狱也谓‘人既死，则形既朽，神亦飘散，虽有挫烧舂磨，亦无所施。’此言至直切了当。世人所以迷信神权者，正以不能辨析‘形’与‘神’之关系耳。幼时禀受社会感化，亦尝膜拜神佛，及读温公此论，已瞿然动矣。后读《资治通鉴》，范缜之言曰‘神之于形，犹利之于刀，未闻刀没而利存。岂容形亡而神在哉？’始知温公此言，盖本于此。此言何等痛快，何等爽利。区区二十四字，鄙人毕生不敢忘。年来持无鬼论，亦以此论为根据。而世人梦梦，都无一悟。哓哓吾口，正不知收效如何耳。”《旬报》第二十八期，先生有一篇社论（原文“社说”），题目是《论毁除神佛》，写道：“神佛是泥水匠塑的。若是神佛有灵，这木匠泥水匠可不要更灵了么。”“人在则精神在。人死精神也飘散了。世间断没有鬼。所以世间更没有神佛。”“我们堂堂地做人，怎能低头去求那泥塑木雕的菩萨，去求那已死的死人。岂不可耻。”我们仅仅从这几段文字所见，适之先生在那个年龄、那种时代，而有这种思想、这样洗练有力的文字，绝非一般少年所能比拟。由于他自幼就已不信鬼神，所以后来提倡破除迷信、改革礼俗等等，均基如此，而且一生不渝。

关于西方宗教坚信“上帝存在”一个问题，适之先生根本予以否定。他说：“一个无罪的人站在树下，触电而死，难道你相信那是上帝有意杀了他吗？有许多人竟能相信，我不相信，我不能信，故不信。”口吻是如此的肯定！他认为“宗教”都是由“人”造出来的，因为“宗教家要人行善，又怕人不肯行善，故造出一种人生行为的监督，或是上帝，或是鬼神，多可用来做人生道德的裁制力”。既然“上帝”是由人所创造，那么宗教便不值得信仰了，这是胡适不信宗教的根本理由；但他对于耶稣还是时常提到而背加推崇——崇敬他的人格而非“神化”，崇敬他的事功而非他的宗教。

(二) 现代宗教的特色

适之先生在他所著《我们对于西洋近代文明的态度》一文里曾就“宗教”问题提出一个新的解释，他认为现代宗教是：(1) 理智化的宗教，(2) 人化的宗教，(3) 社会化的道德的宗教。先生以为这是现代“新宗教”的三个特色，并且注加解释，笔者就其要旨，大概说来，所谓“理智化”，就是事事“存疑”，“拿证据来”！所谓“人化”，是说“信任天不如信任人，靠上帝不如靠自己”，我们不须妄想一个“天堂净土”，只求在这世界建造一个“人的乐园”就够了。至于“社会化的道德的宗教”，涵意就是扩大“同情心”，为人群造最大的幸福。他在一九二八年六月《祝贺女青年会》一篇讲词里曾说：“我们生在这个时代，大概都能明白宗教的最高表现是给人群尽力。社会服务便是宗教。……谋个人灵魂的超度，希冀天堂的快乐，都是自私自利的宗教。尽人群的幸福，那才是真宗教。”胡先生把宗教“理智化”、“人化”和“社会化”了，是思想上的一大进步：从出世走到入世，从消极的信仰走向积极的创造！

(三) 论“不朽”

最后我们讨论到适之先生的“不朽”哲学，和他自己所奉行的“宗教”。

第一个问题，甚么是不朽？他引用中国的古训说：“春秋时人叔孙豹：‘死而不朽’，以为立德、立功、立言，是三不朽。”“‘德’是个人人格的价值，像墨翟、耶稣一类的人，一生刻意孤行，精诚勇猛，使当时的敬爱信仰，使千百年后的想念崇拜。‘功’便是事业，……替天下后世的人种无量幸福的种子。这便是立功的不朽。'言'便是语言著作，……或是创出一种新哲学，或是发明了一种新学说，或在当时发生思想的革命，或在后世影响无穷。这便是立言的不朽。"总之，这种"不朽"的观念，是指"人"在世间所创造的人格、事业，以及那有存在价值的言论，而非一般宗教所说人在死后"灵魂"的不朽。

第二个问题，灵魂是否不朽？胡先生对这个问题根本予以否定，他驳斥说："宗教家往往说灵魂不灭，死后须受末日的裁判：做好事的享受天堂的快乐，做恶事的要受地狱的苦痛。这种说法，几千年来不但受了愚夫愚妇的迷信，居然还受了许多学者的信仰。但是古今来也有许多学者对于灵魂是否可离形体而存在的问题，不能不发生疑问。""……即如耶稣是上帝的儿子，他的神灵永远存在；我们正用不着驳这种无凭的神话，只说耶稣的人格、事业和教训都可以不朽，又何必说那些无谓的神话呢？"胡先生的看法由此可见，他以存疑主义、实验主义的观点来衡量一切事物，自然把无法证明的"玄虚"问题或是理论，加以否认。归根结底，他坚信德、功、言三种不朽才是"实在"的，要比那"灵魂不灭"更靠得住。

第三个问题，最后谈一谈适之先生"社会不朽论"——他自己真正信仰的所谓"宗教"。

除了前述我国"三不朽"的理论外，先生提出一个"社会不朽"的观念，西德哲人莱布尼兹（G. W. Leibniz, 1646–1716）曾主张此，适之先生系受莱氏的影响，并发扬光大，建立了他自己的一种哲学。关于"社会不朽论"的涵义，从先生下述一段话里，我们可以知其梗概，他说："我这个'社会不朽论'的大旨：我这个'小我'不是独立存在的，是和无数量小我有直接或间接的交互关系；是我社会的全体和世界的全体都有互为影响的关系的；是和社会世界的过去和未来都有关系的。种种从前的因，种种现在无数'小我'和无数他种势力所造成的因，都成了我这个‘小我’的一部分。我这个‘小我’，加上了种种从前的因，又加上了种种现在的因，传递下去，又要造成无数将来的‘小我’。这种种过去的‘小我’，和种种现在的‘小我’，和种种将来无穷的‘小我’，一代传一代，一点加一滴；一线相传，连绵不断；一水奔流，滔滔不绝：——这便是一个‘大我’。”从这些翻来覆去的话里，我们可了解其中两点重要意思：第一、所谓“小我”，当然是指“个人”而言，个人是和社会全体分子发生密切的关系，不管是过去的、现在的乃至未来的；不管是甲社会、乙社会或是丙社会……各个社会。第二、以因果关系言，又每个“小我”都含有过去无数的“因”在里面，而现在的各个“小我”，除了互有因果关系外，同时也成了将来无数“小我”的“因”。换句话说，“因”就是“影响”，个人的一切，是受过去的影响，受现在的影响，大家互相影响；这过去的现在的种种影响，又传之于后世，造成无穷尽的影响。这种连绵不绝传递影响的是甚么呢？就是适之先生所说的“大我”，也就是社会。所以说：“小我是会消灭的，大我是永远不灭的；小我是有死，大我是永远，永远不朽的。”这就是胡先生的“社会不朽论”的基本观念，并以此作为他的信仰，他坚信“个人造成历史，历史造成个人”及“个人造成社会，社会造成个人”；除开“人”与“社会”之外，甚么都不相信，所以他否定了“上帝存在”、“灵魂不朽”及“天堂地狱”之说。他强调“死灭是一切生物的普遍现象，不足怕，不足惜。但个人自有他的不死不灭的部分：他的一切作为，一切功德罪恶，一切语言行事，无论大小，无论善恶，无论是非，都在那大我上留下不能磨灭的结果和影响”。因其如此，所以我们现在“对于那永远不朽的‘大我’的无穷过去，须负重大的责任；对于那永远不朽的‘大我’的无穷未来，也须负重大的责任”。胡先生一再阐释他这个“宗教的教旨”，简言之无非叫人对于社会——过去现在和未来——“负重大的责任”。他曾指出：“流芳百世固然不朽，遗臭万年也可以不朽”，所以我们的一言一行一举一动都要负责任，顾到对那“大我的无穷未来”的影响；多做有益于社会的好事，不做有害于人群的坏事。佛门有云：“广结善缘”，可以永生；而适之先生常说：“士不可以不弘毅，任重而道远。”（引曾子语）亦即谓为千秋万世“负大责任”的意思，个人如能善尽责任，就可随社会而不朽。所以最后的结论是：“为全种万世而生活”就是宗教，就是最高的宗教。

在此，笔者愿再引述一篇论文，进一步了解适之先生这个“不朽”观念的论据。在一九四五年，先生曾应美国哈佛大学神学院的邀请，主持一次所谓“讨论有关灵魂问题”的讲演，他的讲题是：《中国思想里的不朽观念》（原文为“The Concept of Immortality in Chinese Thought”），是一篇极富学术性而且论点客观的讲词（全文由杨君实先生译成中文刊于《“中央研究院”史语所集刊》第卅四册）。这篇文字，是用历史的方法，引证中国先哲言论，从商周到明代，包括了儒、墨、道各家对于“鬼”、“神”以及“灵魂”的看法。最后提出两条结论，先生认为：第一、中国文化和哲学的传统，由于素来偏重人道主义和理性主义，所以哲学家便不大认真关于死后生活和神鬼的问题；第二，就中国的知识分子来说，并非完全没有不朽的观念，但这个“不朽”，并不是灵魂的不朽，而是德（Worth）、业（Work）、言（Words）的不朽，即所谓“三不朽”（三 W）。适之先生且指出中国“三不朽”的学说“可以得到一种现代的和科学的意义”，这个意义就是它的“民主化”或“社会化”——或善或恶，或好或坏，都会对社会人群留下影响而永存不朽。换言之，也就是“大我”的不朽。这样的“不朽”的哲学，便是胡适的宗教观，和社会观。

适之先生的哲学思想，除了前述宇宙观、人生观、宗教观之外，尚应介绍他的知识论（认识或“思想的方法”）乃至道德论等，因

涉猎广泛，限于篇幅，不拟在此一一赘述。（详见拙著《胡适的哲学思想》一书，台湾商务印书馆出版）

四、教育思想

1. 教育思想的本质

一九一〇年，适之先生赴美深造共达七年，曾直接承受当代哲学家及教育家杜威博士（Dr. J. Dewey）的教益，而且领会颇深。他在《留学日记》的自序里说过："我在一九一五年的暑假中，发愤尽读杜威先生的著作，做有详细的英文提要，……从此以后，实验主义成了我的生活和思想的一个向导，成了我自己的哲学思想。"笔者在前章介绍先生的哲学思想时，曾提到他受西方学者杜威等人的影响，而杜氏的教育学说也对他影响很大，尤以一九一九年杜威来华讲学，宣传现代教育思想，两年多走遍十数省讲演，胡先生跟从笔记和担任翻译，其后对我教育界影响极深，教育方面的改革也因此而起，一九二二年实施"新学制"就是一例。

杜威教育哲学立基于民主与科学两大基础之上，也可说是他的教育思想的本质，其教育名著《民主主义与教育》（*Democracy and Education*）一书的序文里曾说："这书所述的哲学，是把民主主义的演进，与科学上'实验方法'的发展，生物学上'进化的观念'

及‘工业改造’彼此互相联络贯串起来；并要把他们在教育材料和方法上所发生的变化，一一指出。”（参见商务译本）这意思是说把民主主义思想和实验主义的科学方法融为一体，而从教育方面来观察与批判它们所产生的效果。

杜威博士教育学说的中心观念，认定：

教育即生活（Education is Life）

教育即生长（Education is Growth）

教育即经验的继续改造（Education is The Continual Construction of Experience）

这三条定义其实只是一句话：“教育即生活”，因为“生活”可以说是“经验的全部历程”。胡适之在他所著《实验主义》一文里曾解释说：“生活即是应付人生四周的境地；即是改变所接触的事物，使有害的变为无害的，使无害的变为有益的。这种活动是人生不能免的，从婴儿长大，从长成到老死，都免不了这种活动。这种活动各有教育的作用，因为每一种活动即是增添一点经验，即是‘学’了一种学问。”这段解释，广义的包涵了上述中心概念——教育就是生活、生长和经验的不断改变。吾人求知，在于充实生活，帮助生长，与增加新经验，俗语说：“活到老，学到老”，“不经一事，不长一智”，所以知识思想或经验，不外是人生应付环境的工具而已；由于人随时都要应付环境而生存，知识经验也就成为生活随时所必需，从过程上来看，既是生活，亦是教育。

是故“学校”就是一种社会生活，凡是能使儿童将来得享受人类的遗产和运用他自己的能力为群体谋福利的种种势力，都集合在里面；另一方面，学校里的学业须和学校以外的生活连在一起。杜威先生曾说：“学校那个小的社会，应该充满了历史、科学和艺术的精神。离开校门以后，每个学生都该充满了服务的热情，自治的习惯。能够如此，则我们可以获得最确实最深远的保证，使我们的大社会，优良美好，和睦融洽。”这种“实用”的教育观念和学校制度，为现代生活所必需，学校生活与大社会的生活密切连接在一起；学生所学的能够随时适应新环境，用他们的思想能力，解决各种可能遇到的疑难问题。所以学校里的“教材”内容，应以社会生活为中心，全部课程亦即“人生的全部经验”，使儿童明了人与自然的关系、个人与社会的关系。在教学活动中，最重要的：第一是培养学生智能的个性，所谓“智能的个性”，就是“独立思想，独立观察，独立判断的能力”；学校教材乃至教师的指导，都应以发展儿童“智能的个性”为中心，注意儿童的兴趣，因为兴趣就是智能发生的信号。第二是养成共同活动的观念和习惯，所谓“共同活动”，就是对于社会事业和群众关系的兴趣。杜威先生曾说：“民主主义的社会所需要的一种社会生活，是要使得各种利益都由各个分子共同参与；是要特别注重进步或改进。”又说：“民主主义的特性，是要使得共同参与的事业面积增广，是要使得个人的种种能力更得自由。”怎样达成这种种目标，便是民主主义教育学所讨论的实质问题。

教育既是发展儿童“智能的个性”为第一任务，则思想方法这个问题在教育里面同样受到重视。实验主义（Pragmatism）提供给我们一种思想方法的训练计划，它是融会了哲学上的进化主义（Evolutionism）、存疑主义（Agnosticism）以及科学上的实证主义（Positivism）等观念与态度，而成为一个有体系的思维方法，教我们怎样存疑，怎样假设，和怎样实验。其步骤为：（1）疑难境地，（2）指定疑难之点，（3）提出假设，（4）确定哪种假设是实用的，（5）求证。当我们遇到困难问题，思想便开始进行，循此步骤，直到把那问题解决为止。适之先生告诉我们，每一种知识学理都不能完全信任，都应看作是“待证的假设”，需要经过验证以后才能成为真正的知识学理；这是科学的思想方法，在启发智能与培养独立思想方面，极其重要！胡适一生教育学生养成独立思考独立判断的能力，和他自己做学问，都重视这种思想方法的应用，他常常提到“大胆假设，小心求证”两句话，就是代表科学的、实证的一种思维过程。

2. 国语文改革运动

在教育上值得大书特书的，是胡适之先生提倡的改革国语文及国语文学，换言之就是“白话文”运动。这个运动的历史过程，大体可分为三个阶段：第一个阶段是从一九〇六年到一九一〇年，先生在上中学时期就已开始致力于白话文学的工作，中国公学创办《竞业旬报》，创刊号里，发表了他的第一篇白话文。适之先生说：“‘国语’一个目标，层见于《竞业旬报》的第一期，可算是提倡最早的了。”“……这篇文字是我的第一篇白话文字。”以后在该刊上继续发表白话散文、议论文及小说等很多，主张破除迷信的长篇章回小说《真如岛》，可说是他著述中最早而且绝无仅有的一篇以小说体裁写成的通俗文学作品。第二个阶段是从一九一〇年到一九一九年，先生赴美留学到五四运动。在这九年当中，他发表了很多关于提倡改革国语文的主张，这些主张都记载到他的《留学日记》和其他著述里面，促使大家重视中国文字的改革运动。最主要的，是提示国人对于中国语文历史的认识与应用，以及积极改革的途径；他认为文言文是“退化的”、“半死的”的文字，而主张应由“进化的”、“活的”白话文来代替，因为白话文字与白话文学才是教育上最有力的工具。同时，在教学方法上他也曾提出了具体的见解，在一九一五年夏东美中国学生会上，先生曾以《如何可使吾国文言易于教授》为题发表论文，大意是“汉文”之不易普及，在于教学方法有问题，先生以为旧的教学法约有四弊：(1) 汉文乃半死文字，不当以教活文之法教之；(2) 汉文乃视官文字，非听官文字，既不能传声，又不能达意；(3) 吾国文本有文法，但教的人不重视，现在应将文法学列为必修学科；(4) 吾国向不用文字符号，致文字不易普及；应采规定符号，以求文法便于了解，意义便于明确。以上这个检讨和主张，可以说是胡先生后来致力国语文改革运动的中心目标——鼓吹白话文，提倡应用国语文法和新式标点符号。一九一七年，先生的第一篇最具影响力的文章《文学改良刍议》发表，它代表他多年来鼓吹改革国语文的中心思想和具体的主张，也可说是一份"文学革命"的宣言书；继之又发表多篇文章，大多是提倡白话文的议论，一时兴起波澜，同情者日众，在北京学界的酝酿之下，遂成了一股日益壮大的运动，势不可遏。

一九一九年，随着"五四"和"六三"的学生爱国运动，国语文改革迈入成功之路，笔者以为这可算是第三个阶段。根据适之先生的估计，在这一年当中，至少有四百多种小报都以"白话文"发表文章，到一九二〇年，国内的几个著名的报纸杂志，也渐渐地在改变——社论、议论或是报导，也都出现白话文字了。先生说："从此以后，白话文成了全国流行的文字。"在那一年，教育部正式颁布了国民学校的教科书改用"国语"的命令，订定国语课程，逐步实施，而给中国教育史上写下了新的一页；先生所倡导的白话文运动，由私人的鼓吹而变成政府明令全国实施，虽不完全是他个人的功劳，但他的理想也可说得以具体实现了。适之先生认为这是中国教育史上的一件大事，由于教育工具的改良，把中国教育提早了二十年。由此可见，这一个阶段——五四运动以后，全国国民教育"改用国语"教学，逐步推广，可说是国语文改革运动的重大成就！

其次，谈到适之先生提倡白话文，他主要的主张可归纳成下列三点：

(一) 语言文字主要者是表达情意、传授经验的东西，"文言文"

可读而听不懂，不易使人直接了解，成了一种“既不能传声又不能达意的文字”，故不能作为普及教育的工具。“白话文”既可读又能懂，先生说：“今日所需，乃是一种可读、可听、可讲、可记的言语”，以适应时代需要。

(二) 根据语言文字历史的进化，如果一种语言文字在“应用能力”方面减少，便要退化；反之，它的“应用能力”增加，便是进化。文言文的应用能力已不能供今日文明进步时代之所需，成了退化的文字，而白话文可为广大的群众所利用，所以它是进化的文字；退化的文字是“半死的”的文字，而进化的文字才是“活的”文字。

(三) 国语文的教学方法应多研究改进。适之先生当时认为教法不如理想，所以在一九二〇年到一九二二年曾先后提出关于课程、教材和教法的改进意见，大要是：(1) 国语文的教学目标，应使人人能用国语（指“白话”）自由发表思想，能看平易的古文书籍（包括历史书和文学书）；(2) 国语文的课程安排，低年级以国语为主，高年级兼授古文，但在国语普及之后，应逐步减少古文的分量；(3) 国语文的教材内容，应多选白话通俗小说、戏剧，和现代学者的议论文或学术文，并增加文法学；(4) 国语教学要灵活运用，除了讲演以外，须经常讨论，让学生自由发表，戏剧可以表演方式以诱导学生兴趣；古文必须多予讲解、讨论，指定阅读书籍使学生真能融会贯通。以上这四点原则性的意见，在于活用教学方法，使教者和学者都能自由运用，随时变换教材，以免流于呆板；并利用各种不同的方法，提高学生学习兴趣，例如讨论、表演等，不但使学生发生兴趣，而且还可以启发他们的才智能力。这些主张，是“活的”教学方法的应用，为现代教育所必需。

3. 科学教育

胡适之先生毕生提倡“民主”与“科学”，已略见本文前述。在教育上的应用，民主教育在于启发学生的自由思想、独立断判，与创造的智慧和能力；科学教育在于养成学生具有一种科学的精神与态度，并知运用科学的方法获取知识与经验，进而改良社会，创造文明。现在分为四点来叙述先生的科学教育思想：

(一)科学的精神

科学是一种有组织有系统的知识，它是经过所谓“逻辑上的秩序”推演乃至实验而获得。所以要获得科学的知识，最基本的须有一种科学的精神，甚么是科学的精神？先生告诉我们说：“科学的精神在于寻求事实，寻求真理。”又说：“西洋近代文明的精神方面的第一特色是科学。科学的根本精神在于求真理。”不过“真理”不易求得，需要一点一滴的去寻求，先生认为“一丝一毫不放过，一铢一两的积起来。这是求真理的唯一法门。”可见他提倡科学，特别要人注重那一点一滴的事实，日积月累，努力不懈；即使失败了，也不要气馁，先生曾说：“一次完全失败，何妨再来？若一次失败，便期期以为不可，此岂科学的精神所许乎？”大科学家爱迪生说过：“一分天才，九十九分努力。……我从来不许我在任何情形之下感到失望。我记得，我们为了一个问题做了几千次实验，还没有能够解决那个问题。……只要我们确已尽了我们最大的思考与工作的努力，我们往往可以从失败里学到不少的东西。”（见一九六一年为纪念爱迪生一百一十三周年诞辰胡适一篇专题演讲，载于《爱迪生诞辰纪念特刊》）爱迪生的启示，也正是我们最值得效法的一种科学的精神！

（二）科学的态度

“科学的态度只是一句话：拿证据来！”这是胡先生常常讲的。更具体地说：“科学态度在于撇开成见，搁起感情，只认识事实，只跟着证据走。”

胡先生的人生观和他一生的治学态度，从不相信没有“证据”的事物，《中庸》所谓“无征则不信”；他教人凡事抱怀疑态度，只重那客观的事实，而不要轻易接受某一思想学说。先生曾郑重地说：“科学只要求一切信仰禁得起理智的评判，须要有充分的证据。凡没有充分证据的，只可存疑，不足信仰。”

十九世纪达尔文和赫胥黎（Huxley, 1825–1895）倡进化之说，打破了前人“神造宇宙”的观念，而主张凡事须存疑，赫氏曾说过，“凡没充分证据的，只可存疑，不当信仰”。这就是赫胥黎的存疑主义（Agnosticism），其影响于二十世纪的哲学很大，尤其美国一派的实验主义哲学。适之先生曾指出：“自从这个‘拿证据来’的喊声传出之后，世界的哲学思想就不能不起一个根本的革命，——哲学方法上的大革命。于是十九世纪前的哲学的实证主义(Positivism)就一变而为十九世纪末年的实验主义（Pragmatism）了。”存疑主义和实验主义，对于先生影响至深，他在他《介绍我自己的思想》一文里曾明白地告诉我们：“我的思想受两个人的影响最大：一个是赫胥黎，一个是杜威先生。赫胥黎教我怎样怀疑，教我不信任一切没有充分证据的东西。……”他生平以“大胆的假设，小心的求证”十个字来勉励自己与教育青年，作为思想及求知的依据；这两句话，也就是适之先生一再所提倡的那科学的方法和科学的态度。

（三）科学的目的

先生以为发展科学技术在于谋求人类生活的改善，增进幸福的生活，他在《眼前世界文化的趋向》一文里曾指出现在世界文化共同的理想目标共有三个，第一个就是“用科学的成果解除人类的痛苦，增进人生的幸福”。并说："因为科学可以减除人类的痛苦，提高人生的幸福，所以现代世界文化的第一个理想目标是充分发展科学，充分利用科学，充分利用科学的成果来改善人们的生活。”先生以为这正是我们发展科学教育所需要的最重要和最正确的目的。他不主张科学用之于发展“战争武器”方面，以为那是因某种情势一种“非正常的”偶然需要，而“正常”的需要是用以改善生活，也才是我们应该走的方向。

适之先生主张救中国要在发展科学技术一途上找出路，而且科学技术又须融之于高度的学术教育里求改良求进步；他晚年还抱着极大的信心和满腔热血回来主持中研院，并筹办“长期发展科学委员会”以谋远程的科技之研究与推广，其用心可知。一九六一年一月二十九日他在一次讲演里曾指出长期发展是一个“百年大计”，先生说："这是一个起点，一个有希望的起点。”他的语气充满了信心，也充满了希望！虽然不久他仍怀着乐观的心情遽然逝世，但已为我国的科学教育打下了根底，迄今已深入到教育文化的各个层面，滋长壮大。

(四)科学的方法

甚么是科学的方法？适之先生说："科学的方法，说来其实很简单，只不过‘尊重事实，尊重证据’。在应用上，科学的方法只不过‘大胆的假设，小心的求证’。”

先生毕生提倡科学，最主要的是教育青年懂得应用科学方法去做学问，去追求真理；换句话说，就是如何运用思想，因为科学的方法，也就是思想的方法，是人类思想活动的法则，与创造经验的工具。在应用上，适之先生极力推崇他的业师杜威博士的《思维术》(*How we think*)一书所提供的——思想方法五步骤：

第一，思想的起点是一种疑难境地。先生说："有了疑难问题，便定了思想的目的；这个目的便是如何解决这个困难。”可见“疑难问题”是一切思想的开端。

第二，指定疑难之点究竟在什么地方。这一步非常重要，因为如前所说“有了疑难问题，便定了思想的目的”，所以我们对于这个疑难问题，必须有正确的认识；换言之，就是要找出这个疑难之点究在何处，否则无从思想。

第三，提出各种假定的解决方法。也就是科学实验上所谓的“假设”。依杜威博士的意思，假设的基础须建筑在人生的经验活动之上，适之先生也说：“思想的真正训练，是要使人有真切的经验来做假设的来源。”这种“假设”，才真正能解决困难问题。当我们遇到困难问题时，尽管可以提出种种假定的解决方法，而且尽可以“大胆的假设”，一一做实验。

第四，决定哪一种假设是适用的解决。就是把每一种假设所涵的结果，一一想出来，看哪一个能解决这个疑难问题。实验主义者，处处讲“实用”、讲“效果”，故凡一种假设或理论，都要经过一番批判，用实用和效果来衡量它是否有价值，是否能解决问题，这是科学实验应有的态度。胡先生引用杜威的话说：“人生实际的事业，处处是实用的，处处用效果来证实理论，可以养成我们用效果来评判假设的能力，可以养成我们实验的态度。”

第五，证明这种解决能够使人信用或不信用。这是最后一步“求证”的工作，具体地说，就是对于那种种的假设，必须有实际的证明，才可以使人信用。适之先生常说：“拿证据来”！或“撇开成见，实事求是，只跟着证据走”。所以这思想方法的最后一步，就是要“证据”，证明它能否发生实际的效果，而使人相信。先生在他《水浒传考证》一文里曾这样说：“我要教人疑而后信，考而后信，有充分证据而后信。”在求证中，又必须审慎从事，运用思想，做到疏而不漏，此所谓“小心的求证”。

以上这五个步骤，是实验主义科学的方法，换句话说，就是吾人思维活动的过程；一切知识、一切学理，都是经由这一过程而产生、而确立，在实验主义者看来，唯有经过验证的知识才是真知，也唯有经得起实验的真理才是真理。适之先生毕生提倡科学，最主要的是教育青年懂得科学的方法，用实验的科学方法，去求真理、做学问，他那常常喊在口边的"大胆的假设，小心的求证"两句话，可以说是上述科学方法在实验过程里面的重要原理。

4. 学校教育

(一) 普及中小学教育

早在一九三二年，适之先生即曾提倡普及义务教育。当时他检讨中国教育之所以不发达，而致一般人士高喊"教育破产"，一方面是因为办教育的人没有信心，最主要的还是教育不能普及。他说："教育所以'破产'，都因为教育太少了，太不够了。……根本的救济在于教育普及，使个个学龄儿童都得受义务的（不用花钱的）小学教育；使人人都感觉那一点点的小学并不是某种特殊阶级的表记，不过是个'人'必需的东西——和吃饭睡觉吸空气一样的必需的东西。"这是指初等教育应该实施"义务教育"，使教育普及，否则上层的教育也必然办不好。先生进一步指出："今日中等教育与高等教育所以还办不好，基本的原因还在于学生的来源太狭，在于下层的教育基础太窄太小。"是故"欲要救济教育的失败，根本的方法只有用全力扩大那个下层的基础，就是要下决心在最短年限内做到初等义务教育的普及，国家与社会在今日必须拼命扩充初等义务教育"。在当时我国的国民教育，较之世界各文明先进国家为差，而和今日台湾教育的发达情形不成比例，以一九三一年为准，据统计，当时实施四年义务教育，全国就学儿童为一千一百七十多万人，若以全国总人口来比较，实在并不普及。但今日台湾地区，学龄儿童就学率高达百分之九十九，已为世界之冠，而且自国民小学六年已延长到国民中学共为九年的义务教育，确可说是“今非昔比”了！四十年前胡适之先生便大声疾呼地倡导普及义务教育，建议扩大下层的教育基础，视为“救济教育”的根本之策，其见解亦诚可贵。再者，“因为小学教育不普及，所以中等教育便成了极少数人家子弟的专利品，大学教育更不用说了”。所谓“成了极少数人家子弟的专利品”，不外二意：一指“学生的来源太狭”；二为具有升学能力的人才能受教育，如此教育便属于少数人所有，有悖“机会均等”的原则。所以先生对于“升学”问题，曾有这样的评论：“今日大多数升学的青年，不一定都是应该升学的，只因为他们的父兄有送子弟升学的财力，或者因为他们的父兄有了‘将本求利’的心思，勉力借贷供给他们升学的。”这是在四十年前先生已有这样的见解，直到今天这种“升学”的社会心理仍然存在，结果是造成一窝蜂的升学竞争，大量造就出来的人才，学非所用，形成教育投资的浪费。另一方面，适之先生却主张“用助学金和免费的制度，从那绝大多数的青年学生里，选拔那些真有求知识的天才的人去升学”。他的意思是指为贫苦无力升学的优秀青年开一条出路，以免埋没一些应该升学深造的人才。

适之先生也曾注意到职业教育的问题，早在一九一八年他写了一篇《归国杂谈》，文中对当时教育有这样一段评斥，他说：“现在的人都说教育可以救种种的弊病，但是依我看来，中国的教育，不但不能救亡，简直可以亡国。……所以我在内地常说：‘列位办学堂，尽不必问教育部规程是什么，须先问这块地方最需要的是什么。’譬如我们这里最需要的是农家常识，蚕桑常识，商业常识……”我们不管他的语气怎样，但可知先生的见解是很正确的，这种因地制宜的职业教育观，仍是今日所需要的。先生考察到当时教育（按指中等教育）和社会脱了节，以致培养出来的学生，升不上学便成了废人，不啻是浪费了人才。所以他坦率地指出：“如今中学堂毕业的人才，高又高不得，低又低不得，竟成了一种无能的游民。这都是由于学校里所教的功课，和社会上的需要无关系。……社会所需要的是做事的人士，学堂所造成的是不会做事又不肯做事的人才，这种教育不是亡国的教育吗？”由此可见，先生特别主张教育应与社会需要相配合，注重“实用”的职业教育，使能学以致用，人尽其才。我们今日的教育，尤其需要这种观念与计划，配合国家经建发展，必须树立社会大众的职教观念，以消除盲目的“升学主义”。胡适之先生在当时即有这种主张，确有见地。

（二）提高大学教育水平

在高等教育方面，胡先生侧重在大学教育，从他所发表的言论来看，对于大学教育的主张，不外两点：一是充实大学的师资和设备，达到较高的水平；二是发挥“学术独立”的精神，真正能做到学术救国。这两点可以说是先生以其大半生的精力所努力的及所期待实现的大事！

早在一九一五年先生尚在美国读书时，就已产生了这种思想——希望中国能有几所够水平的大学，和国际上各一流大学齐眉并列。他曾表示：“吾他日能见中国有一国家的大学可比此邦之哈佛、英国的康桥牛津、德之柏林、法之巴黎，吾死瞑目矣。”由这短短几句话里，也可见先生希望之殷切。可是当他回国以后，看到国内的大学多不够理想，便很失望；后来曾在《信心与反省》一文里慷慨陈词，他指称：“一个国家有五千年的历史，而没有一个四十年的大学，甚至于没有一个真正完备的大学，这是最大的耻辱！”因为大学是培养优秀人才之所，尤其是领导人才，他认为“在近代的欧洲差不多全靠那些训练领袖人才的大学。欧洲之有今日的灿烂文化，差不多全是中古时代留下的几十个大学的功劳”。由此可见，无论造就人才，提高民族文化，非有设备完善的大学不可！适之先生的“学术独立十年计划”，就是在这一概念之下产生的，他亟思把中国的高等教育水平，办得与欧美并驾齐驱。

所谓“学术独立”，先生以为需要具有四个条件：(1) 世界现代学术的基本训练，中国自己应该有大学可以充分担负，不必向外国去寻求；(2) 受了基本训练的人才，在国内应该有设备够用与师资良好的地方，可以继续做专门的科学研究；(3) 本国需要解决的科学问题、工业问题、医药与公共卫生问题、国防工业问题等等，在国内应该有适宜的专门人才与研究机构可以帮助社会国家寻求得解决。(4) 对于现代世界的学术，本国的学人与研究机关应该能和世界各国的学人与研究机关分工合作，共同担负人类与学术进展的责任。根据这个理想，他具体地提出了发展“大学教育的十年计划”的建议，希望“在十年之内，集中国家的最大力量，培植五个到十个成绩最好的大学，使他们尽力发展他们的研究工作，使他们成为第一流的学术中心，使他们成为国家学术独立的根据地”。并且把这个十年计划的实施，订定为两个阶段：第一个阶段五年，先培植起五个大学，用国家的财力把它们办得够水平以后，再发展第二阶段的五个大学；计划在十年以内发展成十个第一流的大学。不过适之先生认为除了这十个被挑选培植的大学以外，其余的国立大学和独立学院，政府也应该充分增加他们的经费和设备，使他们有继续发展的机会，成为全国最好的大学。对于私立大学与独立学院，应该给他们适当的补助，能够办得有成绩；并主张在十年计划里发展的十个学校，私立学校也应同样地有被挑选的机会，而选择的标准：人才、设备及研究成绩并重。

其次，先生认为这个“学术独立十年计划”应该包括大学教育制度的革新，他说：“今后中国的大学教育应该朝着研究院的方向去发展。凡能训练研究工作的人才的，凡有教授与研究生做独立的科学研究的，才是真正的大学。凡只能完成四年本科教育的，尽管有十院七八十系，都不算是将来的最高学府。”由这一新的观念新的解释，他建议应修正现行的大学制度，以增加学术机关的自由与责任；对于博士学位的授予，需要从严，政府应就办理研究所五年以上并卓有成绩的大学或独立学院，得招收博士班研究生，其候选人的论文，由学校自行审核并授予博士学位。如此不但提高了大学研究所的尊严与学术地位，同时也可以“减少出洋镀金的社会心理”，国内设有完善的研究所，授予硕士及博士学位，自然会使一些有志深造的青年不必一定要到外国去留学，因之一部分人才也不至于流到外国为人所用了。

上述只是胡先生“争取学术独立十年计划”的大要。这篇文字发表于一九四七年九月，当时先生正担任国立北京大学校长。照先生的统计，当时全国有二十八个国立大学，十八个国立学院，二十个私立大学，十三个省立学院，二十一个私立学院，共计一百个；此外尚有四十八个公私立专科学校。他很希望逐步使这些公私立大学走向所谓“学术独立”的途径，成为够水平的高等学府，培养出真正可用的人才。适之先生强调说：“学术的发达，人才是第一要件。我们必须集中第一流的人才，替他们造成最适宜的工作条件，使他们可以自己做研究，使他们可以替全国训练将来的师资与工作人员。”最后他又以很坚定的口气说：“所以我深信，用国家的大力来造成五个十个第一流大学，一定可以在短期内做到学术独立的地位。我深信，只有这样集中人才，集中设备，……只有这一个方法可以使我们这个国家走上学术独立的路。”（笔者按：胡先生所说“学术独立”是指中国的学术可以独立研究。我们的人才可以不必完全依赖外国学府给我们培养；国内有些人士以为胡适鼓吹学术机关独立，脱离社会、脱离国家的政策，这种看法纯系一种误会。）

适之先生的构想，虽然当时也曾受到政府的重视，但因局势动荡不安而搁置；一九四八年底，先生暨夫人由南京到了台北，小住一时旋即去了美国。一九五八年，回来就任中研院院长，复拟订“长期发展科学”的计划，受到政府支持，遂成立“国家长期发展科学委员会”，适之先生并兼这个会的主任委员。这是一个实质的工作推动机构，它的工作要项包括了充实大学优良师资和设备，设置学术研究中心及发展研究所，鼓励教师进修与科学研究等。笔者以为这是先生那个“争取学术独立十年计划”的延续，而且获得了实现；该委员会自成立以来，将近二十年（中经改名为“国家科学委员会”），在台湾，对于提高大学、学院及学术机关的学术研究，人才培养，发生了很大的效果，而对于普及中小学科学教育方面，也有深远的影响。这何仅是一个发展学术的“十年计划”，直可说它是建设国家文化的“百年大计”！

五、政治思想

胡适之先生，毕生鼓吹民主与科学，致力于学术的研究，虽然在他一生当中，实际参加政治工作无多，可是他所发表的有关政治的言论却不少，在中国公学时代、留学时代，已对于政治发生兴趣，曾有过不少讨论或主张；尤其当三十年代，在他所创办的《独立评论》里，那上百篇的文字，所谈几乎无一不与政治有关。而他对于政治的认识，不亚于任何政治学者，关心政治的程度，也不逊于任何从事政治工作的人，诚如王世杰先生曾说的，“从政治人格来说，胡适之先生是一个最进步的爱国主义者，他最关心政治问题，他的关心高于一般实际从事政治工作的人，……他评论政治或参加政治工作，最富于责任心，也最有勇气。他是一个绝对临难不苟和见危受命的人。”（见一九六二年三月一日《中央日报》）从王先生这段话里，我们不但知道适之先生关心政治的程度，同时也可见他的政治人格是那样的伟大！关于他的政治哲学与政治主张，归纳起来，重要的可有下述几个方面。

1. 世界主义

(一) 何谓世界主义

胡适博士在美国留学期间，就曾竭力鼓吹这种思想，或作演说，或发表文章，或组织学会公开讨论有关这类问题。对于“世界主义”的概念，虽无明确的给它下一定义，但就他一篇名《人群之推广》的讲演里可见其大要，先生说：“自一家而至一族一乡，自一乡一邑一国，今人至于国而止，不知国之外更有人类，更有世界，稍进一步，即跻大同之域。至于国而止，是自画也。”这种“跻于大同之域”的观念，就是世界主义。不过先生在演说，发表文章或讨论时，有时用“世界主义”一名词，但也有时用“大同主义”或“世界大同主义”；在英文里，统统叫它“Cosmopolitanism”。

在中国，大同主义思想，阐释得最为具体的首推孔子，《礼运》里论“大同”的一段话，是大家所公认的最理想的政治原则，中山先生特别推崇这个思想，曾说大同主义是“人类进化之目的”；“化现在之痛苦世界而为极乐之天堂者是也”（见《孙文学说》第四章）。并且采“天下为公”一句话作为革命奋斗的目标；以“世界大同”作为“三民主义”最终的理想。

现代所解释的世界主义是什么呢？根据麦克米伦《社会科学百科全书》：

世界主义是主张个人以其眷恋故乡和类似亲属关系的态度来对世界，把它看成更大或更高于祖国观念的一种心理状态。

又《大英百科全书》的解释是：

世界主义者属于一种世界公民，他的同情、利益，和文化，不限于自己的人种或国家的一种观念者是。

国父中山先生也有相似的看法，他说：

“不分夷狄华夏，就是世界主义。”（《民生主义》第三讲）这是就个人对于世界主义应有的一种心理或观念而言。如就组织或制度方面讲，又有所谓“国际主义”（Internationalism）。国际主义一名，是英国学者边沁（Jeremy Bentham, 1748–1832）所创；同时他也是英国功利主义（Utilitarianism）的鼓吹者，所以他认为“假若人类都能贯彻地追求快乐，世界上的快乐愈多，这世界也就更好了。假如人类中有十分之一，贯彻地追求痛苦，那就足以把我们的世界变成了地狱！”（参看“国立”编译馆编著《西洋政治思想史》）至于怎样来增加快乐避免痛苦，他的意思是要促进一种“国际间的共同事务”之实现。因此，关于国际主义的含义，简单来说：“国际主义是认为各国的广泛合作，以增进人类幸福，并保障世界和平的一种主张。”（陈中行《现代国际问题辞典》）各国怎样来“广泛合作”，这就要在组织上制度上求得实现，一如今日国际间种种有关共同利益的政治的或经济的组织机构，都是向着这一目标走。由此可见，所谓“国际主义”，实际上只是世界主义的另一名称而已。

综上所述，无论说世界主义、大同主义，或说国际主义，都不外是打破国家及民族界限，促进人类共同了解，建立人类共同利益，以全世界为本位的一种思想。胡适之先生所提倡的世界主义或大同主义思想，也就是以上述这些内涵为其奋斗目标的。

(二)国家主义与世界主义

适之先生虽然鼓吹世界主义思想，倡推广人群之说，破除民族间之成见，以“跻于大同之域”。可是他并不主张叫大家放弃国家本位而盲目地追求世界大同境界。他早在一九一二年就曾说：“忽念及罗马所以衰亡，亦以统一过久，人有天下思想而无国家观念，与吾国十年前同一病也。罗马先哲如 Epictetus and Mareus, Aurelius 皆倡世界大同主义，虽其说未可厚非，然其影响所及，乃至见灭于戎狄，可念也。又耶教亦持天下一家之说，尊帝为父不尊崇当日之国家，亦罗马衰亡之一原因也。（注：吾作此言，并非毁耶，实是当日实情。后世之耶稣教始知有国家，其在当日，则但知有教宗耳。)”这是他从历史上分析中古罗马之所以衰亡，是因为人们“有天下思想”，“但知有教宗”，“而无国家观念”的关系。复在一九一三年四月里，他的一篇日记里（题为《国家与世界》）又说：“吾今年正月曾演说吾之世界观念，以为今日之世界主义，非复如古代 Cynicus and Stoics 哲学家所持之说，其所期望在于为世界之人（A Citizen of the World）而不认为某国之人。今人所持之世界主义则大异于是。今日稍有知识之人莫不知爱其国。故吾之世界观念之界说曰：‘世界主义者，爱国主义而柔之以人道主义也。’”这最后几句话，可真正代表适之先生的世界主义思想，一种以“爱国主义”与“人道主义”做基石的世界主义。先生并举大诗人邓耐生（Tennyson）的话以证其说，邓氏有诗云：“彼爱其祖国最挚者，乃真世界之公民也。”（That Man’s the best Cosmopolite loves his native country best.–Hands all Round)。

不过，近代以来，由于民族国家的纷纷出现，国家之间相互竞存，于是一部分民族国家，把人民的权利集中在国家统治者的手里；

一方面领导者（包括思想家）利用民族主义与爱国主义的狂热，走向征服世界之路。胡适之先生认为这是一种“狭义的国家主义”观念。这种违反“人道主义”的观念与行为，实在是世界大同主义发展上的一大障碍。

适之先生认为此种狭隘的国家主义的产生，是哲人们放纵思想的结果。他在一封寄友人郑莱的信里曾这样说：“思想常不能为人类所控制，凡人和哲人也都随思想而走。……我们一向放纵思想自由奔放，于是造成了世界上种种不幸的祸害，就以国家主义来说吧，就是放纵思想的结果。”由此结果，遂产生了十九世纪之后一种“狂热的爱国主义”等思想所上演的悲剧，当年德意志帝国的国歌“德意志兮！德意志兮！凌驾万邦”（Deutschland Deutschland, über alles.）就是这种思想的具体印证。

胡先生且提到十九世纪后期，德国出了一位思想很激进的学者，这人就是“强权主义”者尼采（F. W. Nietzsche, 1844–1900）。尼氏以达尔文（C. R. Darwin）的“优胜劣败，适者生存”的进化公式为其立论中心，倡“权力意志”说与“超人的伦理观”。他的思想大要如下：

人生的目的不独在于生存，而在于得权力（The Will to Power）而超人。人类之目的在于造成一种超人社会（Superman）。超人者，强人也。其弱者皆在淘汰之列，歼除之，推夷之，毋使有噍类。世界者，强有力之世界也。今日之所谓道德、法律、慈悲、和平，皆所以捍卫弱者，不令为强者所推夷，皆人道之大贱也。

这种骇世论调，无与伦比，适之先生称它是极端的强权主义（The Philosophy of Force）。并批评说：“自尼采之说出，而世界乃有无道德之伦理学说，尼氏为近代文豪，其笔力雄健无敌，以无敌之笔锋，发骇世之危言，宜其倾倒一世——然其遗毒乃不胜言矣。”果尔！其后法西斯主义者墨索里尼、希特勒等流，都不外是这种所谓“超人”思想下的产物，其“遗毒”当为举世所共见。

适之先生在留学期间，虽然还没看到后来的事，可是当时已认这种狭义的国家主义将为害人类，有碍于大同思想的推广。他在一九一四年十月二十六日以《国家主义与世界主义》为题在日记里记道："今之大患，在于一种狭义的国家主义，以为我之国须凌驾他人之国，我之种须凌驾他人之种。……凡可达此自私自利之目的者，虽灭人之国，歼人之种，非所恤也。凡国中人与人之间之所谓道德、法律、公理、是非、慈爱、和平者，至国与国交涉，则一律置之脑后，以为国与国之间强权即公理耳。所谓‘国际大法’四字，即弱肉强食是也。……此真今日之大患。吾辈醉心大同主义者不可不自根本着手。根本为何？——一种世界的国家主义是也。”先生所提出的这个“世界的国家主义”，便把国家主义和世界主义两种观念合而为一：只追求世界主义的理想而舍弃国家本位不可；只迷信于国家主义——自己国家民族地位的崇高而忽略了“国家之上更有一更大目的”，民族之外尚有其他的民族，也是不许可的。适之先生这个折衷的观念，无疑是基于他那“爱国主义而柔之以人道主义”的世界观而来的，如果以我国“推己及人”的“恕”道思想来解释，是再恰当也没有了。

2. 和平主义

和平主义的思想运动，通常说来，是建立在两项基本原则的基础之上：一项是积极的以各种方式包括政治的经济的以及文化的，增进人类共同的了解与幸福；一项是消极的以各种方式，提高人类在意识上的自觉，减少冲突，防止战祸，使国与国、民族与民族，和平共处。世界大同的目标，也不外乎经由这条路才能得以实现。

适之先生所倡导的和平主义思想，便是基于以上这两项基本原则；有曰“人道主义”、“不争主义”以及“非战主义”。试分三点来说明：

(一) 人道主义

适之先生的世界主义思想，他自认他的世界观是奠立在“人道主义”与“爱国主义”的基础之上；而世界主义的具体实现，是人类间那“和无寡”、“安无倾”的状态。故想要倡导和平主义，使人类得到真正的和平，也非要激发人道主义的观念不为功。

中国的圣人曾以“人”字来解释“仁”的涵义，有曰：“仁者人也。”所以儒家以“仁”为中心的政治哲学、伦理哲学，人们往往也称之为“人本主义”或是“仁本主义”。这种“仁”的政治哲学，先圣先贤说得极多，要言之，就是“己所不欲，勿施于人”、“己立立人，己达达人”的“恕”道思想。适之先生所主张的人道主义，其实就是这种“仁道”和“恕道”的政治哲学。“人道”的反面是“兽道”，是强权、是夺取，及一切违反公理戕贼人性的思想和作为；人世之混浊，生民之涂炭，莫不由此！适之先生在他一九一四年十二月二十六日的一篇日记里即曾写道：“今世界之大患为何？曰：非人道之主义是已，强权主义是已。弱肉强食，禽兽之道非人道也。以禽兽之道为人道，故成今日之世界。”盖世界大战起，强权纵横于世，真理汩没，先生有所感而发。他提出的救世原则就是人道主义，他说：“救世之道无他，以人道易兽道而已矣，以公理易强权而已矣。”并且指出：“今之持强权之说者，以为此天演公理也。不知‘天择’之上尚有‘人择’。天地不仁，故弱肉强食。而人择不然。人也者，可以胜天者也。吾人养老而济弱，扶创而治疾，不以其为老弱残疾而淘汰之也，此人之仁也。”很多人都知道适之先生的思想，是受了进化论的影响很深，不过我们认为：

他在科学观念方面是极端赞成进化论的；但在政治思想方面又不赞成“天演公理”的思想，从上面一段话里可见，而在其他地方也有过同样的论述。因为强权主义者盲目地崇信“优胜劣败”、“物竞天择”的天演公式，所以造成“弱肉强食”，给人类带来无限的悲惨命运，这是兽道，绝对违反人道主义的。所以他呼吁“以人道易兽道”，提出一个“人择”来，要人相信“人定胜天”的道理；并且，国与国间要“力持人道主义”，“鼓吹国际道德”，他认为这是“七年之病，求三年之艾”的方法，也是迈向大同世界的正确途径。

至于如何用具体的事实来表现这个人道主义，而致世界于大同呢？按适之先生的意思，从“文化”的角度看，似乎已经表现了很多的成果。他在《眼前世界文化的趋向》一篇文章里曾说：“自从轮船与火车出来之后，世界上的距离一天天的缩短，地球一天天缩小，人类一天天接近。……这些重要的交通工具，在一百年之内，把地面更缩小，把种种自然的阻隔都打破了，使各地的货物可以流通，使东西南北的人可以往来交通，使各色各样的风俗习惯，信仰思想，都可以彼此接触，彼此了解，彼此交换。这一百多年，民族交通，文化交流的结果，已经渐渐的造成了一种混同的世界、文化。”先生在该文最后，还提出三点更积极的办法，来作为人类共同奋斗的“理想目标”，大意是：

(1) 用科学的成绩解除人类的痛苦，增进人类的幸福。

(2) 用社会化的经济制度来提高人类的生活，提高人类的生活程度。

(3) 用民主的政治制度来解放人类的思想，发展人类的才能，造成自由独立的人格。

这三点主张，就是以“仁”、“恕”为出发点的这个人道主义思想的具体表现。胡先生毕生在言行方面致力的目标，不外于此。

(二) 不争主义

若要人间彼此和平相处，就必须避免冲突，消除争夺；倡导这一方面思想的，又有所谓“不争主义”(Non–resistance)。

“不争”是我国道家的思想，最早老子提倡最为积极，“天道”、“无为”与“不争”同是他思想的三个主要部分。老子的《道德经》里说：

夫惟不争，故天下莫能与之争。

上善若水，水利万物而不争。天下莫柔弱如水，而攻坚强者莫之能胜，以其无以易之。弱之胜强，柔之胜刚，天下莫不知，莫能行。

这是老子的不争主义最主要的几点理论。他以“水”为喻，来说明以柔克刚与以弱胜强的道理，此所谓“天下之至柔，驰骋天下之至坚”、“不争而善胜”。在西方，主张不争的，要算是耶稣最为积极了，耶稣告诉门徒说：

人则告汝矣，曰，抉而（按：“而”同“尔”）目者，而亦抉其目；拔汝齿者，汝亦拔其齿。我则诏汝曰，毋报怨也。人有披而右颊者，以左颊就之；人有讼汝而夺汝裳者，以汝衣拜与之；人有强汝行一里者，且与行三里焉。

耶稣这种观念，是最彻底的不争主义；他被犹太人诬告而判钉十字架极刑，尚且祈祷上帝宽恕敌人无知，这是常人难能做到的一种精神。

适之先生针对上述这两位先圣的思想而发感叹地说：“此二圣之言也。今之人则不然。其言曰弱肉强食，曰强权即公理，曰竞争者，天演之公理也，曰世界者，强有力之世界也。此一是非也，彼亦一是非也，古今人之间果是而谁非邪？”先生慨乎当世以强权为公理，颠倒是非，才弄得世界战祸连年，弱者横遭摧残。所以他毅然投身于和平团体，提倡“人道”，主张“不争”。一九一五年一月二十三日的日记里曾写道：“下午访韦莲女士于其寓，纵谈极欢。……余告女士以近来已决心主张不争主义（Non–resistance），决心投身世界和平团体，作求三年之艾之计。”从此“不争主义”便成了先生思想的一部分。

不过，这个“不争主义”，也有人释之谓“不抵抗主义”，其含义显示一种怯懦、退缩与精神投降。胡适之先生主张的“不争”，自有其一层解说，他举例而言：“孔子困于匡，厄于陈蔡而不拒；耶稣钉死十字架而不怨；老氏不报怨；此大勇也。其勇在骨，其勇在神。”真正“不争”的精神，表现在像这样一种“大勇”上，不是平常人所能做到！一种在较为可能的解释，如在先生一九一六年参加国际睦谊会的一篇得奖论文里所说“不争主义的定义，正如杜威所指示的是‘在一定情况下，消极的抵抗较公然的抵抗为有效。’”故又可称之为“有效的抗争”（Effective resistance），西方学者多持这种论调。他且指出：“‘不争’并非一时权宜之计，而是出自个人意志（而非需要）的合理态度。我相信想救世界，非循这一已被人遗忘的真理不为功。”由上述看来，适之先生提倡“不争”，并非显示他含有怯懦、退缩，甚或投降的心理，而是为通往“和平”之路；有时需要一时“权宜”之计，所作一时的容忍，“在一定情况之下消极的抵抗”，他名之曰“道义的抗争”（Ethical resistance），或“道义的抗拒主义”。

胡适之先生的“不争”思想，可以说最早承受我国道家的影响很深；嗣于留学期间，正值第一次欧战起，由于他目睹世界强权争横的现象，而自他内心里泛起一种反动，所以力倡不争主义。但我们也可以看出，先生的思想发展有几个阶段：第一个阶段他是完全主张“不抵抗主义”；第二个阶段提出来所谓“道义的抵抗主义”，较前者略有修正了。第三个阶段是什么呢？说起来这是后来的事，当一九三六年他给他的《藏晖室札记》撰序的时候曾有如下两段话，先生说：“……又如我的世界主义，非战主义，不抵抗主义，……都随时记在札记里，这些札记就是我自己对于这些问题的思想的草稿。”又说：“我近年已抛弃我的不抵抗主义的和平论了，但我完全保存了札记里我的极端不抵抗主义的许多理论。”这个大转变，我们推测不外是因为日本帝国主义军阀自一九三一年发动九一八事变后，得寸进尺地向中国进行勒索与侵略，先生受了很大的刺激。他曾对于侵略者提出过很多的建议和警告，但所换来的恰恰相反，在失望之下，所以便放弃了他先前认为是“真理”的不争主义思想。这些都从那几年他在《独立评论》所发表的有关政论里充分表现出来；而且爱国之心也尽然流露在每一字里行间。

（三）非战主义

我们知道，适之先生很推崇墨子的思想，尤其“兼爱”与“非攻”之说；先生主张的“非战”，也就是墨子的“非攻”。所谓“非战主义”者就是反战的思想，包括反侵略、反扩充军备及弭兵政策等。对于这些问题，他曾提出过一些意见，兹就其重要主张作一介绍。

不争与反战，名词各异，其实是一回事，只是后者较前者涵义上更明确更积极，而使“不争”的思想具体化而已。

适之先生一向是反对炫耀武力的，早在一九一四年十月七日他的日记里，对于“武力”问题就曾提出过如下的见解：“兵者，凶器，不得已而用之。用之而有名，用之而得其道，则当嘉许之。用之而不得其道，好战以逞，以凌弱欺寡，以攻城略地之，则罪戾也。”他的意思，并非主张完全不要武力，而是应该在适当的情况下使用武力；切不可拿它来“凌弱欺寡”，发动战争。基于这一观念，所以先生认为凡是主张增加军备的，必会增加人类间的相互“疑惧”，有导致战争的危险。当日本军阀发动“九一八”事变占据我国东北之后，一九三五年十月他发表《敬告日本国民》一文里曾说：“武力造成的国际新局势，只能用更大的武力去维持，所以军备必须无限制的扩充；而无限制的军备扩充，这足以增加国际上的疑忌，因而引起全世界的军备竞赛，也许终久还要引起国际的大战祸。”果然，不到两年日本在中国又发动了卢沟桥事变；四年后第二次欧洲大战起；六年后日本横越太平洋偷袭了珍珠港。这足证明适之先生看法的正确，具有先见之明。

其次，适之先生对于世界上武力竞赛有更进一步的见解，他在他“Is There a Substitute for Force in International Relation”一文里曾说：“世界困扰的主因不是有武力，而是没有武力之故。当今的武力是人类有史以来最大的武力，结果是造成势均力敌的僵局。有武力吗？为什么没有武力呢？因为武力已经耗尽。”更进一步解释道：“武力一向是用来制造另外一个敌对武力的工具，以致把武力的本身掩蔽了。在目前情况下，武力是用来抵制武力的，在相互抵制下消失，结果完全是一种浪费和徒然。”这就是他说“没有武力”的理由。不过在通常说来，在这种状态之下，常会维持暂时的和平，但不是根本的解决。那么如何求得根本的解决呢？我们从他前后的言论中，归纳起来，可有两点：

第一，发扬人道主义。适之先生在《论充足的国防》一文里指出：“增军备，非根本之计也；根本之计，在于增进世界各国之人道主义。”用人道主义来化除强权主义，在他看来，这要靠“教育”，靠“文化”的力量，借它们以启发国际道德和沟通人类观念。他曾以东方国家为例说：“东方文明古国，他日有所贡献于世界，当在文物风教，而不在武力。”东方文明古国当以中国为例，先圣先贤们多以“仁”、“恕”为本，不主张用武力欺凌弱小；而广布教化，使他们心悦诚服，自动来归，所谓“柔远人”者是。适之先生毕生致力于文教工作，鼓吹和平，理想也多半向这一方面走。

第二，有效地管理武力。为了避免武力竞赛的浪费，所以他提出几点原则性的建议：

（1）为了要武力，因此必须在共同目标下加以组织、管理和指导。

（2）依法管理政府就是武力有组织的例证。

（3）有组织的武力，能避免浪费而获得功效。

（4）为了有服膺国际法和维护国际和平而组织各国的武力。

这四点原则，第一和第三是说武力既为各国“自卫”所不可避免，但须有组织，加强管理，不可随意增加军备。第二是说武力是否可能作有效的组织与管理，其权力在于政府；如果人民订定法律有效的管理政府，例如限制增兵，控制军备预算等，问题即可解决，至少在民主国家是可以做得到的。最后一点，如英哲罗素所主张的“世界政府”（见罗素著《世界之新希望》一书），由它来组织和管理各国的武力，使这支“集体性”的武力用在维护和平而不是欺凌弱小。如此，世界和平庶几可有厚望。

3. 自由与民主

·自由论

(一) 自由

自由（Liberty; Freedom）是人生过程里的无价之宝，是人人想尽办法要得到的东西。它给人类带来了无限的幸福：但为争取它，在历史当中又不知经过了多少艰难和牺牲了多少生命！“给我自由，否则给我死。”（Give me liberty, or give me death）或“不自由毋宁死”等语，正是它可贵之处最好的说明。

胡适之先生一生为自由民主而奋斗，正如程天放先生所说的，“他鼓吹民主自由几十年如一日，不论环境如何艰难，他决不屈服，决不放弃他的信念。”（见《我所最亲炙的胡适之先生》一文）因有“自由导师”与“民主斗士”之誉。先生认为“自由”无论在个人或社会国家，是最宝贵的东西，不能缺少它。在《易卜生主义》一文里说：“社会国家没有自由独立的人格，如同酒里少了酒曲，面包里少了酵，人身上少了脑筋；那种社会国家决没有改良进步的希望。”自由的价值就在这里。毛子水先生说得好，“自由是人类文明进步的原动力。”这话一点也不错。从历史上看，中国先秦因为思想自由，所以产生了伟大的学术；希腊在文化史上能够占西方之领导地位的，亦因思想自由之所致。尤其自文艺复兴以后，西方的文明一日千里，无论在政治上、经济上以及自然科学上的种种成就，归根结底，可以说都是“自由”所赐，非笔墨所能尽述。

自由既然如此可贵，那么自由究竟是一个什么东西呢？实际上“自由”二字只不过一个抽象的概念，而其可贵之处，是在于它所表现的“实质”上的意义。有关“自由”的界说，古今中外学者的解释，不知凡几，据英国政治学者勒斯（Sir J. Lewis）在所著 *Use and Abuse of Political Terms* 一书中，就曾指出“自由有两百以上的定义”。不过胡适之先生却深入浅出地给它下了一个这样的定义：“‘自由’在中国古文里的意见是‘由于自己’，就是‘不由于外力’。在欧洲文字里，‘自由’含有‘解放’之意，是从外力裁判之下解放出来。中国禅宗和尚爱说‘治病解缚’。自由在历史上意义是‘解缚’。解除了束缚，方才可以自由自在。”

从这个定义看，所谓“由于自己”或“不由于外力”，就是西方学者所说的“没有强制的状态”（Absence of Restraint）：无论人与人，团体与个人，团体与团体的相互关系，都没有强制的状态。例如个人的信仰不受任何人或团体的干涉，就可说是信仰自由；企业活动不受统制，就可说是经济自由或自由的经济；一国的国民不受任何其他的国家统治，或国家不成为某一国家的附庸，这便叫做国家的自由。这都是一种“没有强制的状态”，换句话说，就是“由于自己”、“不由于外力”。其次自由含有“解放”之意，“Liberation”是“从外力裁制之下解放出来”，就是解除束缚，换句话说，也就是脱离开“强制的状态”的意思。这个意思是在既有“强制”的情况之下所引用，例如近世以来，发生的文艺运动、宗教改革、民权革命，以及一连串的民族独立运动或战争等，一言以蔽之，都可说是一种“解放”的行为。所以适之先生曾说：“自由主义在历史上有解除束缚的作用。”如从以上的解释来看，便简单而具体，是人人易懂的道理。

(二)自由与平等

自由与平等好像是一剑的双刃，两者互为关联，失一而不可；有自由而无平等，不算是真自由；有平等而无自由，也不算是真平等。所以自由和平等，在政治的意义上，应是不可分的，政治学者讨论自由多含有平等的精神在内；而许多民族革命、政治革命，也都是争自由争平等两者并行的革命。适之先生曾以法国大革命的口号——“自由、平等、博爱”来说明近代人类争取自由平等的事实，他说：“自由、平等、博爱，成了十八世纪的革命口号。美国的革命，法国的革命，一八四八年全欧洲的革命运动，一八六三年的南北美战争，都是这三大主义旗帜之下的大革命。美国的宪法，法国的宪法，以至于南美洲诸国的宪法，都是受了这三大主义的绝大影响。”并且指出：“旧阶级的打倒，专制政体的推翻，法律之下人人平等的观念的普遍，‘信仰、思想、言论、出版’几大自由的保障的实行，普及教育的实施，妇女的解放，女权的运动，妇女参政的实现……都是这个新宗教新道德的实际的表现。”我国韩愈的《原道》里解释“博爱之谓仁”。盖自由平等的实现，必建立在博爱（仁）的基础之上，基于它的精神而促成人与人之间相对待的良好关系；我们常说争自由争平等，但很少说争博爱，争得真正的自由平等，博爱自然在其中。自由平等与博爱的运动史实，适之先生称它们是近代的“新宗教”、“新道德”运动，而且许多事实，“都是这个新宗教新道德的实际的表现”。由此也可见先生对于“自由”、“平等”的精神和价值，所信仰的程度之深！

然而近代以来法儒鲁索（J. J. Rousseau）等人所倡“人生而自由”、“人生而平等”之说，胡先生并不赞同。早在一九一四年尚在美国留学的时候就曾表示过他的看法，在他日记里写道：“……何谓‘人生而自由’（Lihomme est né Libre–Rousseau），果尔，则初生之婴孩亦自由矣。又曰：‘人生而平等’，此亦大谬，人生有贤愚能否，有生而癫狂者，神经钝废者，有生具慧贤者，又安得谓平等也？”继而解释自由与平等的真谛，他说：“今之所谓自由者，一人之自由，以他人之自由为界；但不侵越此界，则个人得随所欲为。然有时并此项自亦不可得。如饮酒，未能侵犯他人之自由也，而今人皆知饮酒足以戕身；戕贼之身，对社会为失才，对子孙为弱种，故有倡禁酒之说者，不得以自由为口实也。今所谓平等之说者，非人生而平等也。人虽有智愚能不能，而其为人则一也，故处法律之下则平等。夫云法律之下，则人为而非天生明矣。”先生这种看法，不外有两层意思：

（1）是主张有界限的自由。论及“自由”一段时，持英哲弥勒（John S. Mill）之说，“以不侵越他人的自由为界限”；而且强调个人和社会的关系，种种因个人自由而侵越到社会范围的，都不得以“自由”为口实。

（2）“平等”出自人为而非天赋。因为人生来种类不齐，有智愚贤不肖之别，无法求得平等。而所谓“平等”者纯属“人为”的现象，所以说“在法律之前人人平等”：不分种族、性别、老幼、职业及贫富。真正的平等便是在这个大前提之下实现出来，而非基于天赋。

这些观念，虽代表适之先生的早期的思想，可是最终也并未看到他有什么改变。如从政治的观点看，无论就理论上或事实上，人类所应有权利——自由或平等，都不应该随所欲为漫无范围的。一般政治学者咸认人与人之间的自由，基于相互尊重和谅解；个人与团体（小者社团大至国家）是基于一种“同意”或者“契约”，使之恰到好处，某一方自由权利过多都不可。而平等基于一个“人”的立场，所有的人——无论是白人、黑人、中国人、外国人、北方人、南方人，都应该是平等的。可是人有良莠，品类不齐，而其发展各自不同，差别很大，有优与劣、富与贫、权贵与卑贱等等之别，所以说“在法律之前人人平等”。

(三)自由主义

适之先生爱自由，而且毕生鼓吹自由，最显著的如提倡思想自由、言论自由及学术自由，所以人多称他是一位自由主义者。沈刚伯先生更曾说他是“集中国、希腊、和近代欧美各自由主义之大成”。（见《我认识到的胡适之先生》一文）陶希圣先生并称誉他的“自由主义乃是三民主义的友军”。（见《胡适之先生二三事》一文）适之先生也并不否认他是一个自由主义者，因为自由主义主张人要有独立的判断、自由的思想，它会带给社会发展和进步；因为自由主义最反对一切不自由的思想或制度，这些都是自由主义所打击的对象。胡先生对于“自由主义”曾发表过专文（一九五〇年二月由“自由中国社”出版，书名《我们必须选择我们的方向》，其中一篇《自由主义是什么？》）介绍，笔者就其各论点摘述于下：

（1）自由主义的界说

自由主义（Liberalism）是西方思想的主流，这话并不为过。举凡宗教改革、启蒙运动、民权运动、民族主义、功利主义、个人主义，以及乌托邦主义等思想或运动，可以说都和自由主义有关。因此，关于自由主义的解释，便也名目繁多，各有各的界说。但胡适之先生却有简要而具体的说明，他在《自由主义是什么？》一文里开头便说："自由主义的最浅显的意思是强调尊重自由。"又说："自由主义就是人类历史上那个提倡自由，崇拜自由，争取自由，充实并推广自由的大运动。""在这个大运动里，凡是爱自由的，凡是承认自由是个人发展与社会进步的基本条件的，凡是承认自由难得而易失故必须随时随地勤谨护视培养的，都是自由主义者。"

从这两段话看，概可知"自由主义"的含义，以及包括了历史过程中以"自由"为其"基本条件"的种种思想和运动，这可算是一个广义的界说。英国工党的兰卓（H. Langshaw）在他《自由主义的历史功能》一书里曾说："自由主义的名词充分的重要，是要缓和与削除社会生活兽的低劣和专制的要素，使人道文明发达而成为人文主义的势力。"兰氏这个解释，似乎可以拿来作为适之先生那个定义的补充。由此我们应该确立一个认识：自由主义是表现"人道"精神从而造成一种人类所需要的文化势力，而不只是像一般人所说的"自由的思想"而已。

（2）自由主义的政治意义

自由主义是一个涵义颇广的名词，已如上述。现在要来讨论它的"政治"意义，这又要回到一种狭义的解释——"政治上的自由主义"一方面来了。关于自由主义的政治意义，除了广泛地具有"解除束缚"与"和平改革"之外，更重要的它包含有两点意义：

第一，拥护民主。先生曾明白地说："自由主义的政治的意义是强调的拥护民主。"并且进一步从历史方面解释道："一个国家的统治权必须操在多数人民的手里。近代民主政治制度是安格罗撒克逊民族的贡献居多；代议制度是英国人的贡献，成文而可以修改的宪法是英美人的创制，无记名投票是澳洲的发明。这都是政治的自由主义应该包含的意义。”民主政治的基石是建筑在“自由”之上，自无疑问；反过来说没有自由的所谓“民主”的政治，便不是真正的民主。而自由主义最根本的精神是承认“人”的价值，就是把人当做人；它在政治上的最大目的也就是要使人人作主，而不是以哪个政权或党作主。这就是他所认为的自由主义的政治意义之一——拥护民主。

第二，容忍异己，尊重少数。适之先生以为自由主义另有一个政治的意义，是“容忍反对党”和“保障少数人的自由权利”。他说：“自由主义在这两百年的演进史上，还有一个特殊的，空前的政治意义，就是容忍反对党，保障少数人的自由权利。”先生就这个问题曾作如下的说明：“因为政府权是多数人民授予的。在朝执政权的党一旦失去了多数人民的支持，就成了在野党了。”在朝党变为“在野党”，便和执政权的党相对立，至少在涵义上是如此，所以又称之为“反对党”。这种反对党在政治上有甚么作用呢？适之先生说：“反对党的对立，第一是为监督政府树立最严格的批评监督机关；第二是人民可以有选择的机会，使国家可以用法定和平方式来转移政权。严格的批评监督，和平的改换政权，都是现代民主的国家做到和平的革新的大路。”

从这段话看，一方面我们了解到反对党的功用，一方面可以知道先生是非常赞成它的。他并举出英国工党的例子，“从资本主义的英国变到社会主义的英国，——不用流一滴血，不用武力革命，只靠一张无记名的选举票！”他以为“这种和平的革命的基础只是那容忍反对党的雅量”所致。反对党不一定是多数，那么也可说是容忍“少数党”，保障少数人的自由权利。可以保障少数人的权利在政治上有很大的意义，适之先生有一个根本的观念是：人人都应该有自由的权利，无论在思想言论乃至信仰种种方面，彼此都要互相尊重，集思广益，对社会政治才能有所贡献。“在近代民主国家里，容忍反对党，保障少数人的权利久已成了当然的政治风气，这是近代自由主义里最可爱慕而又最基本的一个方面。”

从以上的观念里，我们知道，自由主义最重要的两个政治的意义，简言之，就是政治上要切切实实“民主”；从一个执政党的立场来讲，也就是“容忍异己”，与“尊重少数”。适之先生一向主张：容忍异己尊重少数是民主政治的基本原则；一个政府或一个执政的政党，它是否称得上民主，其分野就在这个基本原则之上。

·民主政治

(一) 民主政治的意义

民主（Democracy）是一种生活方式，而这种生活方式，从前边的讨论里来看，它似乎应该有几个基本要素：自由、平等及法治。它的特征是“尊重个人尊严”、“重视权利平等”及“笃信自由价值”。这就是“民主”的真义。所以“民主政治”一个名词的涵义，固然学者们曾有数不清的解释，但说来也很简单，就是一种“以民为主”或“主权在民”的政治制度。胡适之先生说：“民主政治的意义，千言万语，只是政府统治得人民的同意。”再具体一点，像陈之迈先生所说：“民主政治，顾名思义，是‘许多阿斗’的政治，是统治者由被统治者产生，而根据于被统治者同意而统治的政治。”（见《独立评论》一三六号《民主与独裁的讨论》一文）这些解释十分明了，大家都来做“主人翁”，主权操在这些“主人翁”的手里，“统治者”（政府）的进退和作为，都须经过他们决定。

胡适之先生是一位不折不扣的“民主”信徒，“民主政治”的拥护者，一生奉行不变。一如当他就任中研院时《新生报》的一篇社论里所说："胡先生之崇信民主，可以说是彻头彻尾的。从他过去浩瀚的言论来看，不曾有人发现任何有悖民主精神的论旨，而缅怀其数十年来的行止进退，我们也不曾见其有自悖崇信目标的地方。"该社论并且誉谓"除中山先生所领导的一种类型的民主思想外，胡先生就担任了民主启蒙运动的导师。"（社论题为《读书人言论思想的型范》）这种评论似不为过，他毕生为自由民主奋斗的事迹，真是无法用笔墨所能形容——现在我们来研究他的民主政治思想，虽然他不曾像一般政治学者，出版过甚么样的政治巨著，可是他生前所发表的那许多言论，可以说十、九都和"自由"、"民主"有关，诚如他自己所曾说的，那是一种"偏袒"。

（二）民主政治的性质

在一般政治学者来看，现代的民主政治是一种包涵很广而又极其复杂的政治，不过胡适之先生却把民主政治看得很单纯，以为并不是一种很高深很复杂的政治，人人凭"常识"都可以做到的。所以他的观念是：

"民主政治是幼稚的政治"

"民主政治是常识的政治"

适之先生说："民主政治的好处在于教人人都进幼儿园，从幼儿园里淘练到进中学大学。"又说，"民主政治的好处在于不甚需要出类拔萃的人才；在于可以逐渐推广政权，有伸缩的余地；在于'集思广益'使许多阿斗把他们的平凡常识凑起来也可以勉强应付；在于给多数平庸的人有个参加政治的机会，可以训练他们爱护自己的权利。"先生这个议论的提出是在一九三四、三五年时，当时曾引起多位先生的议论，如丁文江（在君）先生、蒋廷黻先生及陈之迈先生等。他为此曾发表了数次文章来讨论这个问题，从历史的观点说明他的理由。他说："我有一个很狂妄的僻见：我观察近几十年的世界政治，感觉到民主宪政只是一种幼稚的政治制度，最适宜于训练一个缺乏政治经验的民族。”继说：“向来崇拜议会式的民主政治的人，说那是人类政治天才的最高发明；向来攻击议会政治的人，又说他是私有制度的附属品；这都是不合历史事实的评判。”他一再强调民主政治向来就是“幼稚”与“常识”的政治，不过认为后来像英美国家因事实的需要而走向“专门技术”一方面：从幼稚的常识而趋于“专家”的政治。这种专家的政治，在他看来，有时很可能演变成走向“独裁”（如所谓“新式的独裁”）或“专制”（如所谓“开明专制”）的趋势。

(三)民主政治与独裁政治

基于上述，适之先生之认为民主政治是一种“幼稚的”与“常识的”政治制度，“在于使多数平庸的人都有参加政治机会”，所以不需要陈义过高。这个主张本是当时人们讨论“民主与独裁”一个问题时，先生提出来的，他对于民主政治和独裁政治两种涵义与特征有过详细的比较说明。他的主要观念是：

“民主政治是幼儿园的政治”

“独裁政治是研究院的政治”

“民主政治是常识的政治”

“独裁政治是专家的政治”

这也可说是他给民主政治与独裁政治所下的简单定义；两种政治制度的一个显著的比较。先生指出：“民主政治是幼儿园的政治，而现代式的独裁可以说是研究院的政治。……英美都是民主政治的发祥地，而专家的政治（“智囊团”的政治）却直到最近期才发生，这正可证明民主政治是幼稚的，而需要最高的专门技术的现代独裁乃真是最高等研究科政治。”先生复在所撰《答丁在君先生论民主与独裁》一文里解释说：“英美国家知道绝大多数的阿斗是不配干预政治，也不爱干预政治的，所以充分容许他们去看棒球，看赛马，看 Cricket，看电影，只要他们‘逢时逢节’来画个诺，投张票，做个临时诸葛亮，就行了。这正是幼儿园的政治，这种‘政治经验’是不难学得的。……独裁政治的要点在于长期专政，在于不让那绝大多数阿斗来画诺，投票。然而在二十世纪里那是不容易办到的，因为阿斗会鼓噪造反的。所以现代的专制魔王想出一个好法子来，叫一小部分的阿斗挂一个专政的招牌，他们却在那招牌之下来独裁。俄国的二百万共产党，意大利的四百万法西斯党，即是那长期专政的工具。”

国民有无政治兴趣，爱不爱干预政治，是另一回事。可是民主政治的好处，就在于人人都做阿斗（主权者），都有“画诺”、“投票”的基本权利；而这种权利的运用，只要是“公民”（Citizen）便可获得，便可运用，稍加训练就可以了，正用不着具有高深的知识，所以说是“幼儿园”的政治。独裁政治则不然，他们不容大多数的人民“画诺”与“投票”，然而适之先生认为这种独裁政治却需要专门技术和较高的知识，不是人人都可做到的。所以说是“研究院”的政治。

·民主宪政

(一)宪政与民主宪政

适之先生对于民主政治的见解，始终以为它是一种幼稚的常识的政治，很容易学得到的，要大家不要把它看得很难而裹足不前。这正如国父中山先生在《孙文学说》里所说的道理：误以“易”为“难”，故畏难而不肯去“行”。

宪政一词，顾名思义，就是“宪法”的政治，或曰“宪法之治”，它是实行民主政治的依据。胡适之先生对于它的解释，仍然本着他一贯的主张，认为它并不是很难做到的。他在《再谈谈宪政》一文里曾说：“我十分佩服张先生（按指张佛泉先生）大胆的指出：我们三十年所以不能行宪政，大部分的原因在于国人对宪政的误解，在于把宪政看作了一种高不可攀的理想。”又在《我们能行的宪政与宪法》里指出：“宪政不是什么高不可攀的理想，是可以学得到的一种政治生活的习惯。宪政并不须人人‘躬亲政治’，也不必要人人都能行使‘创制、复决、罢免’各种政权。”只是人人都能够具备怎样“画诺”与“投票”的知识就行了。至于所谓“民主宪政”，适之先生说：“民主宪政不过是建立一种规则来做政府与人民的政治活动的范围；政府与人民都必须遵守这个规定的范围，故称为宪政；而在这个规定的范围之内，凡有能力的国民都可以参加政治，他们的意见都有正当表现的机会，并且有正当方式可以发生政治效力，故称为民主宪政。”

这可说是他给“宪政”和“民主宪政”所下的界说。简单说来，按西方的理论，宪政只不过是政府和人民之间订定的一种“契约”(Contract)，固然宪政从历史上及各种政治制度上看，也并非民主国家所独有；而民主宪政则专指民主国家而言，人民在“契约”规定的范围以内可有参政的种种权利与机会，亦即所谓“民主政治”。然而胡先生所解释的“宪政”与“民主宪政”两个含义，似乎未予严格的划分和更进一步的说明；按他的意思，所谓“宪政”，也只是“民主的”宪政，故有时说“宪政”，有时说“民主宪政”，总之，其所指仍是那英美“代议式”的民主政治而已。先生对于宪政所以那样始终坚持他的见解，完全是他从实地观察政治现象而得到的结论，他曾说：“我对于民主宪政的始终信仰拥护，完全是因为我曾实地观察这种政治的施行，从实地观察上觉悟到这种政治并不是高不可及的理想制度，不过是一种有伸缩余地，可以逐渐改进，逐渐推广政权的常识政治。”（笔者按：先生在美期间，曾在 Ohio 随政治学者 S. P. Orth 习政治两年，但他不是读课本而是实地考察和研究。）最后这段话的意思，一方面表示他对民主宪政的信念，他在《独立评论》创刊号里曾表示过：“我们不信宪政能救中国，但我们深信宪政是引中国政治上轨道的一个较好的方法。”一方面说明民主宪政最大的好处是它有“伸缩余地”，可以因时因地而作适应性的改进。

（二）宪政与法治

关于宪政的意义，前边曾介绍了适之先生的几点意见，除上述之外，他在《宪政与宪法》一文里指出：“宪政的意义是共同遵守法律的政治：宪政就是守法的政治。”又在《宪政问题》里也曾说：“宪政论无甚么玄秘，只是政治必须依据法律，和政府对人民应负责任，两个原则而已。”前边我们曾说，宪政一词顾名思义，就是“宪法”的政治，或者说是“宪法之治”。凡是实行宪政的国家，所凭借的是一部宪法；而民主宪政者，就是民主国家所施行的“宪法之治”，像美国的宪法等。

胡适先生提倡民主，同时他也非常重视法治的观念，从他前面两条解释里可见。当一九三三年我国朝野正忙着起草“宪法”时，他曾提出了一点意见，认为要想使国民对于“国家的大法”（宪法）发生信仰，必须先要建立“守法”的精神，从而作为“宪政的预备”工作。先生在《制宪不如守法》一文里坦率地表示：“此时未尝不可制宪，但制宪之先，政府应该在事实上表示守法的榜样，养成守法的习惯，间接的养成人民信任法律的心理。这才是宪政的预备。”他的意思不外先建立起一个“法治”的观念，政府以身作则，对人民负责任，而使人民信赖法律，逐渐对于这个“国家的大法”发生信仰。在一个初行民主宪政的国家，他以为这是极其要紧的。

其次，我们看到先生一篇讨论有关“权利”思想的文章——《民权的保障》，尤其强调“法治”对于“民权”的重要性。他说“先进的民族得着的民权，不是君主钦赐的，也不是法律授予的；是无数的先知先觉奋斗力争来的，是用血写在法律条文上去的，是时时刻刻靠着无数人的监督才保障得住的。”这是从历史上说明“民权”得来得不易，而一部民主的宪法，是代表无数人的血所镌成的。因此，他要人善加利用这个“法律”，切实保持这个“权利”。适之先生说：“没有长期的自觉奋斗，决不会有法律规定的权利，有了法律授予的权利，若没有养成严重监护自己的权利的习惯，那些权利还不过是法律上的空文。”权利虽明文规定于法律条文，但最重要的还是要我们自己加以保障，保障的方法是“养成不肯放弃权利的好习惯”。梁启超在他《论权利思想》一文中说：“权利竞争之不已，而确立之，保障之，厥恃法律。”所以适之先生一再强调保障人民的权利，必须认真实施法治。他表示：“中国的民权保障必须要建筑在法律的基础之上，一面要监督政府尊重法律，一面要训练我们自己运用法律来保障我自己和别人的法定权利。”“有法治是永久而普遍的民权保障。”可见适之先生是多么的重视法治！所以说民主和法治是分不开的，法治实是民主政治的基础；而在民主政治里能够表现法治的精神与效用者，就是一部“根本大法”——宪法。就制度的意义说，叫做宪政，或是民主宪政。

·民主政党

就人类的政治意识看，多数人的政治意识不高，对于政治根本不感兴趣，甚至有些人连画个“诺”投个“票”，这样简单的事都还懒得动脚动手，遑论过问国家的政治！因此，在这种情形之下，“政党”（Party）便有其特殊需要与地位了。

政党是一群人结合的纯政治性团体。这种团体在实行宪政的民主制度里，就理论上讲是不可缺少的东西。因为，大多数人对于政治不感兴趣，不愿过问政治，而它可代表他们或其一部分，来过问政治，并实际参加政治活动；大多数人漫无组织一盘散沙，而它是一个有组织的团体，可以运用组织的力量使它的政治理想获得实现；大多数人“画诺”与“投票”不知如何下手，它可以指引他们怎样

“画诺”与投谁的“票”。在小国寡民的希腊城邦时代，不需要政党；在帝王“一言九鼎”的专制时代，根本不容政党存在，我国的孔夫子就曾有“君子朋而不党”的说法；东汉的太学生，明末的东林学派，都曾因为结“党”而大祸临身。但近代以来的民主政治，事实上，政党却成了民主国家不可缺少的工具。

政党的任务，据美国多数学者的意见，不外是：(1) 提出政策；(2) 形成舆论；(3) 促进选举；(4) 组织政府与批评政府；(5) 协调分权制度；(6) 团结联邦与各州。这虽仅指美国的政党而言，但一般民主国家也不会超出这六个主要范围，只是把最后一项改为“团结中央与地方”就行了。总之政党是改进政治与谋求国家利益与人民利益的最佳工具，它是政府和人民之间的桥梁。

胡适之先生没有参加过任何政党，所以别人称他是“无党无派人士”；自称为“二无党”。也许正因如此他对于“政党政治”有不同的意见，他在《政制改革的大路》一文里曾这样表示：“老实说，我是不赞成政党政治的。我不信民主政治必须经过政党政治的一个阶段。……我只要说，我不赞成政党，我尤其不赞成‘党权高于一切’的奇谈。我的常识告诉我：人民的权高于一切，国家的生命高于一切。如果此时可以自由组党，我也不会加入任何政党的。”这是一九三五年说的话，语意至为坚定。然而他对于执政党的政治理想和政策，却始终站在支持的一面，尽管有时曾批评党或政府的措施。陶希圣先生对于适之先生的态度和立场有过这样的描述：“他对国民党常有不满意的地方，对政府也有不满意的地方，可是他只向党的负责人或政府负责人当面直言，而决不任意公开批评，尤其不肯在外国人面前讲本国政治上的缺点，来削弱政府的威信。”（见《胡适之先生二三事》一文）这评论确也代表胡先生的政治人格。

适之先生虽然没有专门习过政治，也没有加入过党，可是他那政党的知识，却不逊于任何研究政治或实际参加政党的人。他对于政党所持的意见和主张，大概说来，约可分为两点说明。

(一)政党的最高理想是宪政

民主政治的依据是一部民主的宪法，任何民主国家都不会例外。就事实看，政党既然为民主国家所不可避免的政治团体，那么不管是两党政治或是多党政治，它们的理想、政策以及作为，自然也应该以宪法的精神作为他们的最高理想；如果陨越了这个范围，就违背了国家和人民的利益。

中国和欧美先进的民主国家略有不同者，就是我们在没有实施“宪政”之前，国父中山先生早已给我们创造了一个完善的“五权宪法”，这部宪法的规模，便是中华民国的理想典范。适之先生在《从民主与独裁的讨论里求得一个共同的政治信仰》一文里曾说：“宪政有中山先生的遗教作根据，是无法隐讳的；……所以我们为国家民族的前途计，无论党内（按指“中国国民党”）或党外的人，都应该平心静气考虑一条最低限度的共同信仰。”这个“最低限度的共同信仰”是：“党内的应该尊重孙中山先生的遗教，尊重党内重要领袖的公开宣言，大家努力促进宪政的成功；党外的人也应该明白中山先生手创的政党是以民主宪政为最高理想的，大家都应该承认眼前一切‘带民主色彩的制度’（如新宪法草案之类）都是实现民主宪政的历史步骤，都是一种进步的力量，都值得我们的诚意的赞助使它早日实现的。”复在《我们必须选择我们的方向》一文里说：“近年国民党，准备结束训政，推行宪政，这个转变可以说是应付现实局势的需要，也可以说是孙中山先生政治纲领的必然趋势。”

上述两段话，前者是一九三五年十月说的，后者是一九四七年七月说的；前后隔了将近十二年，可是意思却是相通的，主张是一贯的。先生从始至终希望两点：一是早日结束“训政”而“提早颁布宪法，实行宪政”；二是政党应该以这个民主宪政为其崇高的理想。他也从始至终认为中山先生手创的“五权宪法”是最好的政治理想与纲领。这些意思不仅是在这两段话里说，在其他一些政论里也曾表示过。

（二）民主政党的特色在于“自由”与“容忍”

我们讨论“自由主义的政治意义”时，曾介绍适之先生的两点意见：第一个意义是“拥护民主”；第二个意义是“容忍异己，尊重少数”。自由主义这两个政治意义，我们可以说，也是一个“民主的”政党的最大特色。既称为民主的政党，不拘是在朝的或是在野的，其拥护民主自不待言；而是否能够表示某个政党做到真正的民主，最重要的是看它是否能够“容忍”它以外的政党：就一个执政的而且又控制国会多数席位的政党来说，从它对于反对党的“容忍”程度，来确定它是否真正成为一个民主政党。

适之先生曾著《两种根本不同的政党》一文，对于民主的与非民主的政党，有一个很明确的比较，使我们得以了解这两种性质的政党的根本不同之点在什么地方。他在该文里指出：“在三十年前谈政治的人只知道一种政党，那就是英国美国和西欧的政党。但在这最近三十年之中，出现了另一种政治组织，虽然也用‘政党’的名称，性质和英美西欧所言政党完全不相同。俄国的共产党，意大利的法西斯党，德国的纳粹党，主张虽有左右的不同，但在党的组织纪律上是相同的，都属于后一类。”先生把这两种性质的政党分为两类，前一类叫做“甲式政党”，后一类叫做“乙式政党”。笔者就他的分类要旨，列表比较说明于下：

	甲式政党	乙式政党
党员与纪律	无确定人数，无党籍可查，人人可自由登记入党，自由脱党。投票无记名，秘密的，言论自由的。没有党的纪律可以约束投票或干涉行动。	组织严密，人数确定，有详细的党籍。入党必须严格审查，有严格的纪律；不能自由脱党。党员必须服从纪律，没有自由，没有秘密。政党设有特务机关监视党员。
领导原则	在两个或多数政党之中争取多数党地位。得容忍与尊重少数党的权利。多数或少数悉由人民选票决定。	一党专政，未取得政权前不惜以任何方法取得；得政权之后，不惜用任何方法巩固政权；少数党员控制全民。
容忍政策	选举结果，失败的党将政府移交，胜利者决不以其力量毁灭反对党。	绝对不承认也不容许反对党存在，一切反对力量（反动）必须清除。

从上表看，我们便可清楚地明白哪个是民主的政党，哪个是非民主的政党了。甲式政党，主要者它尊重个人的自由，容忍少数的反对党，所以是民主的，像今日英美的政党；而乙式政党却完全相反，党员个人根本无自由可谈，而且是一党独揽政权，不容任何反对党存在，所以是非民主的，也可说是反自由反民主的，像昔日法西斯、纳粹。所以说“自由”与“容忍”是民主政党的一大特色，故“所谓‘两个世界’的画分正在这自由与不自由，独立与不独立，容忍与不容忍的画分。”换言之，民主主义与极权主义，自由世界与共产世界，两者根本不同，相互对立者，都可从这两类政党的比较里找到说明。

·议会政治

“议会”政治自小国寡民的希腊时代就已产生；中古时代，如罗马的“元老院”，十三四世纪英国的“贵族院”（House of Lords）也都算是一种议会，但这些议会只是代表少数阶级或某一统治者的利益的，而不是全民。近代民主政治制度之下的议会，则是代表全民利益的机关，它的组成分子是由人民选举所产生，人民的意见可经由它表达，也可变成法律；政府政策有违反人民利益的地方，它有权利要求改进或否决政府所订定的法律。所以议会政治又可叫做“民意政治”。上至国会，下至地方的议会——州议会、省议会、县议会，乃至一乡一镇的代表会等等，都是表现“民意政治”的机关。

适之先生对于议会政治问题，没有很完整的专门性的讨论。但就他散在于其他讨论里片断的有关资料，归纳起来，有几点可以一提，试分述之：

（一）主张“代议”制度

近代的民主政治，就是一种所谓“代议政治”，代表人民实行“间接民权”。例如英国的议院（Parliment）、美国的国会（Congress），以及地方各级议会等，都是代议的机关。不过我国有一特别的政治创建，就是除了两院制的“国会”之外还有一个表现于“直接民权”的全国最高权力机构——国民大会。一般人为国民大会的职权问题而议论纷纷时，胡适之先生在一九三七年左右，曾提出主张，仍一本他那民主政治是“教人人都进幼儿园，从幼儿园里淘练到进中学大学”及“那代议式的民主‘政制’并不需要很高的知识程度，是一种幼稚的政制”的观念，认为要从最简单的最易行的步骤开始。他说：“我们主张先从有限制的选举下手，从受过小学教育一年以上的公民下手，跟着教育的普及逐渐做到政权的普及。”先生并解释他的意思说：“这不是用教育程度剥夺多数人的选举权；这只是用选举权来鼓励人民读书识字。”教育普及了，自然可逐渐普及“政权”，这可说是从“进幼儿园”下手，画“诺”或画“否”下手，是“易知易行”的民主政治。适之先生继续说：“我们也不赞成现在的人轻易主张‘创制、复决、罢免’之权。这些民治新方式都是在代议制的民主宪政长久实行之后用来补充代议制之不足的。我们此时应该从一种易知易行的代议制下手，不必高谈一些不易实行的‘直接民权’的理想。”又说：“宪政并不须人人‘躬亲政治’，也不必要人人都能行使‘创制、复决、罢免’各种政权。”

由此可见，先生不赞成人民直接行使四种政权，而主张实行代议政治，至少在宪政实施之初应该如此。

(二)“无记名投票”

这个制度是近代民主政治表现于“尊重个人自由权利”及“保障少数”的一种最好的选举方式。适之先生曾主张：“选举应该完全用无记名投票。秘密无记名投票是保障民权的最大利器。一切贿买运动，一切利诱威逼，到了秘密投票时，全无用处。”这是指对“人”的选举而言。对“事”的表决，有采举手表决方式，有采起立表决方式，有采唱名表决方式，也有采投票表决的方式；投票表决又有“记名投票”与“无记名投票”两种方式。台湾现行的表决方式就是“无记名投票”。适之先生自美国回台湾后，应邀在“立法院”一次欢迎茶会上，曾作这样的表示，他说：“‘无记名投票’这个制度，最初我是反对的，回忆行宪第一年，我自北平前往南京，立法院的朋友告诉我行宪立法院已经决定采用无记名的表决方式。当时我不表赞同；认为值得研究，……可是，经过了以后的几年，我的思想也就转变。最后，我认为当初这个不很合理的条文，只要依公平公道的原则来运用，在一党占大多数的立法院里，也许是一个特别的传统，和一个特别的保障。”他所赞成的理由，不外在于这个表决制度，是可以“保障少数”的“自由权利”，而使多数党在行使权力时有所顾及；同时也可减少政党间的磨擦。

(三)所谓“小型会议”

适之先生固然主张在民主政治里，国家大事，人民的利益，需要大家开会来讨论，集思广益地把问题一一解决；可是他却认为一种大型的会议，人数众多集合在一起，意见纷纭，往往不能获得一个圆满的结论。先生这个观念，早在三十年前就已表示过，一九三三年元旦他在《国民参政会应该如何组织》一文里曾说："国民参政的代表人数不必过多，至多不应该过一百人。"一个百人以内的集会，自然大家的意见容易集中，便于解决问题。不过胡先生在该文里表示会议"不应该有政府延聘的代表，应该全由选举产生"，而且说："此时所需要的是一个能代表一国人望的第一个民选的雏形国会"。同时，对于代表产生的方式，他主张设一个"预选"机关，"推出加一倍或二倍'候选人'来，由人民从那些'候选人'里用无记名投票选出他们的代表"。他更主张："应该用智识程度较高的法团代表来做预选机关，……推出适宜的人才为国民参政会代表候选人。"其"法团"包括社会各阶层之团体。这样一来，可以说"民意"与"知识水平"两者都兼顾了；而这样一种"少数人"的组合，在一起讨论事情，也必会产生良好的效果。

其次再举一件事例，据名记者于衡先生在一九六一年七月某日《联合报》的一篇专文里报导称："胡先生对于阳明山会谈，依然坚持他过去的主张，那便是举行'小型的国是会议'。不请记者参加，甚至连纪录也不要，使与会人士毫无顾忌的情形下，提供国是意见。"并引录适之先生的一段话："人数多的会议，是不能解决问题的。自然我这种主张有人会不同意，甚至有人会骂我，但这确是我个人老老实实的想法。"而胡先生当时主张的"小型的国是会议"，应该像美国一七八七年在费城开了四个月的宪法会议一样。他说："费城会议人数最多时不过五十五人，但却产生了一部完备的美国宪法。"胡先生最后表示："我主张会议不公开的理由，是使大家的意见容易调和，并使大家做到'无我'的境界。"这一点理由，主要的还是说明前者使与会的人士在"毫无顾忌"的情形下，自由交换意见，殊可能够真正地解决所要谈的问题。他一向主张开会人数不要太多，一种“小型会议”的方式，人们可以自由自在讨论问题者，也就是这点理由。

·结语

这一节讨论“自由”与“民主”两大问题，可以说是胡适之先生主要的政治思想。在“自由”一方面，我们从他论自由、自由与平等，到他的“自由主义”；在“民主”一方面，从民主政治的涵义、性质，到民主制度里的“宪政”、“政党”、“议会”等诸种见解或主张。也许，本文所讨论的尚不能尽然把他有关这方面的思想介绍出来，但我们可以说，他的全部思想——无论哲学、教育、政治乃至文学等等，十九都和“自由”、“民主”的信念有关。

自由和民主，适之先生认为这是他的“基本立场”，所以特别偏爱它们。在《我们必须选择我们的方向》一文里，先生曾坦率地说：“我并不否认我‘偏袒’那个自由民主的潮流，这是我的基本立场，我从来不讳饰，更不否认，这个基本立场，也许值得申说一遍。”他申说的理由是：

第一，我深信思想信仰的自由与言论出版的自由是社会改革与文化进步的基本条件。……

第二，我深信这几百年中逐渐发展的民主政治制度是最有包含性，可以推行到社会的一切阶层，最可代表全民利益的，民主政治的意义，千言万语，只是政府统治得人民的同意。……

第三，我深信这几百年（特别是这一百年）演变出来的民主政治，虽然还不能说是完美无瑕，但确曾养成一种爱自由，容忍异己的文明社会。……

这三点主要理由，成为先生思想的重心，一生信仰的目标和努力的方向，始终奉行不移，从未改变过。所以“自由导师”与“民主斗士”的荣衔，先生实当之而无愧！

参考书目

《胡适文存》，胡适，远东图书公司，一九五三年台一版。
《胡适留学日记》，胡适，台湾商务印书馆，一九五九年台一版。
《胡适论学近著》，胡适，台湾商务印书馆，一九三五年。
《四十自述》，胡适，远东图书公司，一九六二年台二版。
《中国古代哲学史》，胡适，台湾商务印书馆，一九六一年台二版。
《国语文法概论》，胡适，远东图书公司，一九五四年。
《胡适选集》，胡适，文星书店，一九六六年。
《胡适的一个梦想》，胡适，胡适纪念馆，一九六六年。
《蔡元培选集》，蔡元培，文星书店，一九六七年。
《师友记》，毛子水，传记文学出版社，一九六七年。
《杜威的介绍》，吴克刚，世界书局，一九五二年。
《民本主义与教育》，杜威，台湾商务印书馆，一九六〇年台一版。
《胡适的哲学思想》，杨承彬，台湾商务印书馆，一九六六年。
《胡适的政治思想》，杨承彬，“中国学术著作出版奖助委员会”，一九六七年。
《竞业旬报》，胡适主编，中国公学兢业旬报社，一九〇八年。
《独立评论》，胡适主编，独立评论社，一九三二年。

梁漱溟

郑大华 著

目　录

一、生平、著作及其思想来源

1. 生平

一八九三年十月十日，梁漱溟出生在北京紫禁城附近的一所宅院里。他名焕鼎，字寿铭。一九一二年任《民国报》记者时，该报总编孙炳文为他取笔名漱溟，沿用至今，有时也写成漱冥。

梁家本是一名门望族，其始祖也先帖木儿是元朝建立者忽必烈的第五子龢齐克之子，至元十七年（一二八〇年）袭封为云南王，后改封营王，一三六八年朱元璋灭元建明，这一支没有像其他许多蒙古贵族那样随元顺帝逃回漠北，而是归顺了明朝，在河南汝阳定居了下来。因汝阳地属大梁，故以梁为姓。有明一代，梁家都拥有贵族头衔，颇为显赫。十九世纪初，梁家第十九代传人梁垕由河南迁往桂林，故梁家每以广西为自己的祖籍。但实际上梁家在广西居住的时间并不长，一八四八年梁垕的儿子梁宝书进京会试中榜，做了直隶、正定等县的县令。从此，梁家在北京扎了根。到梁漱溟的父亲梁济时，梁家已经中衰，梁济虽也中过举人，做过几年小小的京官，然一生的大部分时间是在贫困与压抑中度过的。祖辈昔日所拥有的财富和权力，对此时的梁家来说已成过往烟云。据梁漱溟回忆，他家的经济有时拮据得要靠典当母亲的妆奁来维持生计。

梁家的衰落，从某种意义上来说，是满清王朝乃至中国封建社会衰落的一个缩影。在梁漱溟出生前的半个世纪，中国在那场罪恶的鸦片战争中被英国打败，被迫开关议和，割让领土，让出主权。从此，中国开始沦为半殖民地半封建社会。梁漱溟出生的第二年，又发生了中日甲午战争，战争的结果是中国被迫订立丧权辱国的《马关条约》。甲午战争后，各资本主义列强竞相在中国兴办工厂、修筑铁路、开采矿山，“租借”港口，掀起瓜分中国的狂潮，整个中国都成了列强的势力范围。

当然，西方帝国主义侵略中国，“把中国变为半殖民地的过程，也就是中国人民反抗帝国主义及其走狗的过程”。从一八四〇年鸦片战争开始，中国人民就一直进行着不屈不挠地反对列强及其走狗封建统治者的斗争。十九世纪末，以《马关条约》的签订为契机，康有为、梁启超领导和发动了戊戌变法运动。在康有为、梁启超等人的推动和赞助下，一八九八年六月，光绪帝明定国是，宣布变法，到九月二十一日慈禧发动政变为止的一百零三天中，先后颁布了包括改革科举，废除八股，改试策论，设立学校等内容的一系列变法诏令，史称“百日维新”。

也正是这一年，梁漱溟在家启蒙读书。由于梁漱溟的父亲梁济早年受西方思想的影响，比较开明，他不仅支持过曾国藩、李鸿章等人主持的洋务新政，对戊戌变法也表示赞同，用梁漱溟的语说，是康有为、梁启超的“崇拜者”。因此，改革科举的诏令颁布后，他让梁漱溟读完《三字经》、《百家姓》，就再也没让他按照通常的习惯往下读儒家的“四书五经”，而是要私塾先生拿了一本介绍世界各国历史、地理的《地球韵言》来教他。梁漱溟第一次从中知道了“欧罗巴、亚细亚、英吉利、法兰西”。第二年，新派人物福建人陈铼在北京创办的第一所新式学堂“中西小学堂”首次招生，梁济又立即将梁漱溟送到那儿学习。“所谓‘中西小学堂’，‘中’是指读中文，‘西’是指读英文 ABCD。”这在十九世纪末叶的中国可算是一件新鲜事了。后来由于社会的动荡和学制的混乱，梁漱溟又先后进“南横街公立小学堂”、“启蒙学堂”、“江苏小学堂”学习，中间有两年是在家塾中度过的。所以，梁漱溟后来称自己的“小学时代前后经过两度家塾，四个小学”。

一九〇六年，梁漱溟小学毕业，入“顺天中学堂”学习。“顺天中学堂”为福建人陈璧所创建，它是北京最早的新式中学之一。新式学校在当时中国“如雨后春笋般的涌现”是一九〇五年废除科举制度的直接成果。而科举制度的废除，又是中国社会发展的历史必然。

梁漱溟在顺天中学堂待的时间比较长，直到一九一一年他中学毕业。在此期间，他醉心于西方民主制度在中国的实现，先赞同“预备立宪”，是梁启超为代表的资产阶级立宪派的支持者，后因对清政府预备立宪的彻底失望，而投身了孙中山领导的革命运动，是津京同盟会会员，为辛亥革命的胜利贡献过自己的力量。

辛亥革命后，他任国民党机关报《民国报》外勤记者。不久，因对政治生活中丑恶现象感到厌倦和憎恶，他辞去了《民国报》记者一职，回到家中，潜心于佛法，过起了出世的隐居生活。五十年后，他回忆这段生活道：“年方十六七岁，对于人生便不胜其怀疑苦闷，倾慕出世，寻求佛法。”一九一六年梁漱溟才重新回到社会，任司法总长张耀曾的私人秘书。

一九一七年应北京大学校长蔡元培的邀请，梁漱溟到北大教印度哲学，从此，开始了他北大的教书生涯。正是在北大期间，梁漱溟的思想发生了重大变化，从早先“古印度人的出世思想”，转归到“中国的儒家思想”，成了现代中国最著名的文化保守主义者和现代新儒家的代表人物，其标志是一九二一年他演讲并出版的《东西文化及其哲学》。在此书中，梁漱溟“评判东西文化各家学说，而独发挥孔子哲学”，从文化渊源和人生哲学上对五四新文化运动进行了全面清算，公开提倡儒家文化的复兴。

据其自述，梁漱溟思想之所以从“古印度的出世思想”转归到“中国的儒家思想”，是由于他此时读儒家的《论语》时，发现《论语》不见一“苦”字，相反劈头就出现悦乐字样，其后乐之一字随在而见，这不能不引起他的思寻研味，“卒之，纠正了过去对人生某些错误看法，而逐渐有其正确认识”。

梁本人的自述当然是可信的，然而有两个问题他没有说清楚：一、他读《论语》并非始于此时，在此之前他也阅读过包括《论语》在内的儒家经典，为什么那时候他没有注意到《论语》的“乐”字呢？二、是什么原因驱使他这时又去阅读《论语》呢？据此，笔者认为梁读《论语》发现“乐”字，还只是果而不是因，他弃佛归儒的真正原因应到当时的社会危机和思想危机中去寻找。

一九一一年的辛亥革命虽然推翻了清王朝，但政权却落入了袁世凯和他的继承者北洋军阀之手，他们假民主之名，行专制之实，横征暴敛，无恶不作，甚至为争权夺利而屡起战端，屠杀无辜。一些革命党人和改良派人士也为金钱名位收买，与军阀同流合污，狼狈为奸，从而造成政治秩序的混乱，社会危机日益加深，人民如处水火之中，凡此种种现象，不能不引起人们的反思。

梁漱溟也不例外。他自己说过，中国和人生问题是他终生“不断探求的两个问题”。因此，尽管民国初年政治生活中的丑恶现象所引起的苦闷和厌世情绪，使他远离社会而信奉佛家的出世主义，企图以此来解脱自己的精神苦恼，但他并没有也不可能完全忘情于社会，不关心祖国的前途。他后来回忆道：“我二十岁至二十四岁间，即不欲升学，谢绝一切，闭门不出，一心归向佛家，终日看佛书。在此期间内自己仍关心中国问题，不肯不用心思。”在他“用心思”的过程中，有两件事于他“弃佛归儒”起了重要作用。

一是一九一七年他的南游。一九一七年夏秋之交，亦即他到北大任教的前夕，梁曾因故去了一趟南方。当时南北军阀为了争夺地盘正在湖南长沙、衡阳一带展开厮杀，梁因此第一次目睹了军阀混战给人民生命财产所造成的重大损失。这对他震动极大。他匆匆赶回北京，写了一篇《吾曹不出如苍生何？》的小册子广为印发。在他看来，军阀之所以敢于不顾人民的死活而连年混战，原因就在于像自己这样的“好人”——知识菁英——置身于政治之外，或潜心于佛法，或逍遥于山林，或埋首于故纸堆中，未能承担起君子的社会责任。所以他指出：“改造今日不可安之局面而成一举国皆安之局面”，其关键在于“吾曹其兴起”，成立“国民息兵会”。而“吾曹其兴起”的关键，是要抛弃佛学，转归到儒家思想上来。因为佛儒二学虽然“同是生命上自己向内用功进修提高的一种学问”，但佛家主张的是“出世法”，其修身的目的是为了破除法执我执，使个人从生死轮回中解脱出来，转识成智，进而达到人生最高境界——涅槃。而儒家主张的是“入世法”，修身在本质上不仅仅是目的，而且从道德楷模对社会所具有的巨大影响的角度来看，它还是达到“齐家、治国、平天下”的一种手段。

二是他父亲梁济的自杀。因对辛亥革命后社会危机的不满和失望，一九一八年十一月梁济自沉于北京城北积水潭。在他自杀留言《敬告世人书》中，梁济宣称，他是为了殉清和抗议民初以来的世风日下、民德败坏而死的，并希望以此来唤起人们对于传统道德的信仰与热情，从而使中国固有的“国性”能完美无缺地保存下去。

梁济的自杀在当时引起过很大的震动，北京各大报纸都报导了这一事件，并且围绕梁济自杀的原因及其意义，北京思想文化界还展开过讨论，陈独秀、胡适、陶孟和都发表过有关文章。当然感受最大的是梁漱溟，他既为父亲的不幸死难悲痛不已，也很敬佩父亲不惜以死来“醒世警民”的道德热情和决然卓立的牺牲精神，悔恨和内疚自己不听父亲的劝告归依佛家的出世主义，潜心佛学而远离中国传统文化，寻求自我解脱而放弃“君子”救世责任的“不孝”行为。在悔恨、内疚之余，他“始复有悟于故土文化之微，而有志焉”。

梁漱溟弃佛归儒，与第一次世界大战的影响，尤其是当时出现的那股“东方文化救世论”思潮也颇有关系，本来自十九世纪七〇年代西方资本主义进入垄断阶段后，西方文化的危机就已显示出来，而第一次世界大战的爆发及其造成的人类空前规模的相互残杀，更使西方文化的弊端暴露无遗。当时一些人（包括西方一些有识之士）认为西方的物质文明已经破产，需要东方的精神文明解救其弊，因此出现了一股具有世界性意义的“东方文化救世论”思潮，人们开始感到中国文化对世界文化具有新的价值和意义。梁漱溟到北大教书期间，正值第一次世界大战结束前后，“东方文化救世论”思潮颇为盛行，他这时候弃佛归儒，受“东方文化救世论”的影响是必然无疑，这可从他《东西文化及其哲学》的《序言》中得到证明。他在此《序言》中宣称，他弃佛归儒的目的，是“看着西洋人可怜”，要把他们引导于“孔子一条路上来”。

当然，不容否认，梁漱溟思想的转变，也是对当时方兴未艾的五四新文化运动的一种回应。他后来在谈到自己思想的转变时曾指出：民国六年，他应北京大学校长蔡元培的邀请入北大教印度哲学，其时校内文科教授有陈独秀、胡适、李大钊、高一涵等先生，这些人都是当时的所谓新青年派，皆是崇尚西洋思想，反对东方文化的。他日夕与之相处，无时不感到压迫之严重。其时文科教授中有讲程朱老庄的学者，也有讲其他中国学问的学者，但他们对新青年派猛烈地抨击中国传统文化不感觉到痛苦，仿佛自己被敌人打伤一枪，犹视之为若无其事。而他“则十二分地感觉到压迫之严重，问题不可忽略，非求出一解决的道路不可”。这一“解决的道路”，就是弃佛归儒，“来做孔家的生活”。

梁漱溟在北大教了七年书，一九二四年暑假，他辞去北大教席，开始从事办学和乡村建设的研究和实践。他先在广东主办乡治讲习所，后到河南任河南村治学院的教务主任，主持学院的日常工作，并代王鸿一主编专门研究和宣传乡村建设的《村治月刊》。一九三〇年夏，河南村治学院因中原大战的爆发而被关闭。翌年一月，应山东省政府主席韩复榘的邀请，梁又去了山东邹平，在那里创办并主持山东乡村建设研究院，先任研究部主任，后任院长，正式开始他的乡村建设实验。

在从事乡村建设实验的同时，梁漱溟还先后完成了《中国民族自救运动之最后觉悟》（一九三二年由北平村治月刊社出版）、《乡村建设大意》（一九三六年一月由山东邹平乡村书店出版）和《乡村建设理论》（一九三七年由山东邹平乡村书店出版）等著作的写作，就乡村建设的原因、办法及其意义等问题作了系统的阐述，并因此而成为乡村建设运动的主要发言人。这些著作虽然主要谈的是乡建问题，但从文化观方面而言，在许多方面是对《东西文化及其哲学》之理论的发挥和运用，只不过与前期比较，这一时期的梁漱溟对中西文化及其关系的认识更为保守罢了。

一九三七年七月七日，日军挑起卢沟桥事件，中日战争全面爆发。面对日本帝国主义的大举进攻，为挽救中华民族的危亡，与日寇作殊死的斗争，国内各阶级、阶层和政治势力开始结成广泛的抗日民族统一战线。“七七”事变发生后的第二天，中共中央即发表《为日本进攻卢沟桥通电》，呼吁“全中国同胞、政府和军队团结起来，建筑民族统一战线的巩固长城，抵抗日寇的侵掠！”“国共两党亲密合作抵抗日寇的新进攻！”接着，中共中央又在七月十五日向国民党递交《中国共产党为公布国共合作宣言》，提出三项主张和四项保证。八月十一日，国民党中央政治会议决定撤销五届二中全会和三中全会后组织的“国防会议”与“国防委员会”，而设立“国防最高会议”作为全国国防最高决策机关，并在其下设立咨询机构“国防参议会”，由国防最高会议主席蒋介石、副主席汪精卫聘请“在野党派、社会人望和具有专长的人”担任国防参议会参议员。

梁漱溟是首批聘任的参议员，与他一批被聘任的还有张耀曾、张君劢、曾琦、胡适、蒋百里、陶希圣、傅斯年、张伯岑、蒋梦麟、李璜、沈钧儒、黄炎培、马君武、毛泽东、晏阳初。以后又陆续增补九人，加上第一批的十六人，共二十五人。这二十五人又以个人专长爱好分为政治、经济、外交、教育四个小组。名义上虽分为四个小组，但由于不少参议员缺席，开会常只有十几个人，所以因人数太少并没有分四组活动过。八月十七日，国防参议会开第一次全体会议，以后大约每周举行一到两次，有时为每周四次。

梁漱溟出席了八月十七日召开的第一次全体会议，并在会议上提出建议：成立一个担负全国动员责任的系统机构，其基本原则是：(1) 全国军民的动作乃至他们的生活都要在最高统一的军令政令下面而动作，而生活；(2) 政治要民主化，政府与社会要打成一片；(3) 有钱的出钱，有力的出力，有知识的出知识。但由于当时面临的是严重的军事问题，所以梁的建议未能引起与会者的足够重视。

八月十九日，亦即国防参议会第一次全体会议后的第三天，梁漱溟奉蒋介石的命令陪同著名军事专家蒋百里前往山东视察防务。蒋介石所以派梁陪同蒋百里前往，一是由于梁的乡村建设研究院设在山东，对山东情况比较熟悉；二是由于梁与山东省主席韩复榘关系不错，可利用梁对韩施加影响。梁到山东济南后，曾数次找过韩复榘，希望他能动员群众，做好抗战的准备，不要轻易撤离山东。但此时韩复榘为保存自己的实力，已决心放弃山东，所以对梁是虚与委蛇。不久（是年十一月），日军大举进犯，韩复榘不战而逃，山东沦陷。山东乡村建设研究院也因此而被迫解散。山东乡村建设研究院解散后，梁漱溟发表《告山东乡村工作同仁同学书》和《乡村工作人员抗战工作指南》，号召乡村建设工作者大敌当前，要团结一致，投身抗战活动。

翌年初，为了了解中共情况，听取中共领导人对于目前局势的看法，梁漱溟只身前往延安，与毛泽东作了六次长谈。据梁后来回忆，他们谈话都是在夜间进行，谈的时间很长，有时甚至是通宵达旦，他正襟危坐，表情严肃，而毛泽东则谈笑风生，态度随和，他们所谈的内容不外是对中国社会的认识以及抗战的策略和战略问题。梁漱溟访问延安后不久，在中共和其他在野党派及知名人士的要求下，国民党临时全国代表大会通过《抗战建国纲领》和大会宣言，决定组织国民参政会，以取代国防参议会，作为民意代表机关。一九三八年七月六日至十五日，国民参政会在汉口召开第一次会议，梁漱溟作为参政员出席了此次会议，并在会议上提出一个建议案，三个询问案。建议案是请政府召开战时农村问题会议，并于政府中设置常设机关；三个询问案是就《抗战建国纲领》第十八条有关“全力发展农村经济”问题，第二十五条有关“发动全国民众，组织农工商学界各职业团体，改善而充实之，为抗战而动员”问题，第十四条有关“改善各级政治机构，使简单化合理化，并增高行政效率以迎合战时需要”问题，分别提出询问。在此次会议上他还被选为国民参政会休会期间驻会委员。

一九三九年二至九月间，梁漱溟征得蒋介石的同意，前往鲁豫苏皖地区巡视，其目的是为了与主要由乡建工作人员组成的“第三政治大队”取得联系，了解他们在敌后的战斗情况。对于此次视察的所见所闻，梁曾把它概括成三句话：第一是老百姓真苦；第二是敌人之势已衰；第三是党派问题尖锐严重。

视察战地期间，他亲见国共摩擦，深惧内战爆发，妨碍抗敌。

十月返回大后方成都、重庆后，得悉党派问题同样严重。于是与国共及第三方面人士分别商讨如何解决党派问题，避免内战。为了形成界于国共两党之间的第三者力量，于十一月下旬，与中国青年党的左舜生、李璜、曾琦，国家社会党的罗隆基、胡石青，第三党的章伯钧，救国会的沈钧儒、章乃器，中华职业社的黄炎培，以及无党派的张澜等第三方面人士在重庆组成“统一建国同志会”，并且参与拟定《统一建国同志会信约》和《章程》。《信约》主张：“宪法颁布后，立即实施宪政，成立宪政政府。凡一切抵触宪法之设施，应即中止，一切抵触宪法之法令，应即宣告无效”；各党派一律平等，反对一切国内的暴力斗争，所有军队属于国家，“统一指挥，统一编制”。十一月二十九日，梁漱溟受“统一建国同志会”的委托，面见蒋介石，说明“本会成立动机，是受党派问题的刺激，而以求大局好转自任”，希望蒋及国民党方面能“允许有此一联合组织”，以便形成界于国共两党之间的“第三者立场”，好说“公道话”，调解国共争端。蒋以不组成政党为条件，同意成立统一建国同志会。

统一建国同志会成立后，由于它是一个松散的联合组织，因此，并没有起到“第三者”的作用，不久，即陷于停顿。而国共两党的摩擦则不仅没有减少，反而进一步加剧。为调解国共之间的关系，同时力争自己的生存和发展，一九四〇年十二月下旬，梁漱溟与黄炎培、张君劢、左舜生等一些中间党派领导人在重庆多次秘密集会，讨论时局，以为“广大中间人士如吾侪者，不容自轻责任，必当慷慨而起，联合同心，进而推动两党团结抗敌”，并决定将统一建国同志会改组为中国民主政团同盟。经过一段时期的筹备，一九四一年三月十九日，中国民主政团同盟在重庆上清寺特园召开成立大会，通过了由梁漱溟执笔起草的《同盟政纲》、《敬告政府与国人》及同盟简章，选举梁漱溟等为中央委员和中央常委。同盟的纲领共十条，主张政治民主化，军队国家化。

同盟成立后在国统区不能公开活动，乃决定派梁漱溟去香港办报，争取社会舆论。一九四一年五月初，梁漱溟携带张君劢、黄炎培、左舜生、章伯钧、龙云、刘文辉及他本人的捐款，自桂林飞抵香港。在中共地下组织的帮助下，九月十八日，同盟机关报《光明报》正式创刊，梁自任社长，萨空了任经理，俞颂华任总编辑。十月十日，《光明报》发表“启事”，宣告中国民主政团同盟业已在重庆成立，并公布了《中国民主政团同盟对时局主张纲领》和《中国民主政团同盟成立宣言》，向海内外公布中国民主政团同盟的政治主张和斗争目标。十月十六日，《光明报》发表梁起稿的《中国民主政团同盟成立社论》，指出中国民主政团同盟为“国内在政治上一向报民主思想各党派进一步结合”，并认为民盟应“以言论以理性去活动，争取大众的同情拥护”，“培养起来中国政治上的民主势力”，“奠定国内的永久和平”。同时，由陈友仁、陈翰笙把中国民主政团同盟的文件翻译成英文，向英、美各国在港的通讯记者介绍，并由他们向英美及其他国家发布消息。这样，民主政团同盟的成立，便很快引起了国内外的注意。

除《中国民主政团同盟对时局之主张纲领》、《中国民主政团同盟成立宣言》以及《中国民主政团同盟成立社论》等均为梁起草外，他还在《光明报》上先后发表文章二十余篇，仅创刊号上就发表了《开场的话》、《从“九一八”纪念而有的联想》和《我努力的是什么》三文。《我努力的是什么》连载至十一月三日，此文叙述了自己一九三七年“七七事变”前后至一九四一年离渝赴港之前后四年间所参与的种种重要活动。

一九四一年十二月七日，日军偷袭美国太平洋舰队基地珍珠港，太平洋战争爆发。同月十九日，香港被日军攻占。香港沦陷后，梁在中共地下组织的帮助下撤回到国内。他曾有信给儿子培宽、培

梁漱溟正在著作时

恕，叙述离港回国的惊险经历。从一九四二年春起，他在广西桂林一边从事抗战救亡运动，一边则写作他的《中国文化要义》一书，至一九四四年陆续写成六章，约八万字。后因日军侵桂而辍笔。

抗战胜利后，梁漱溟积极为国事而奔走。一九四六年一月十日至三十一日，政治协商会议在重庆举行，作为中国民主同盟（一九四四年九月在全国代表大会上中国民主政团同盟改组为中国民主同盟，简称“民盟”）九位代表之一，他出席会议，并参加了“军事组”和“国民大会组”两组工作。在一月十六日的会议上，曾代表民盟就民盟提出的有关军事问题的提案作说明，主张：（1）全国军队脱离党派，属于国家，达到军令政令完全统一（现役军人脱离党籍）；（2）大量裁减常备兵额，积极从事科学研究和工业建设；同时普及国民军训，以为现代国防根本之图。五月初，他出任民盟秘书长，除主持民盟的日常工作外，还积极奔走于京沪之间，参与国共和谈，调停双方争端，他曾代表第三方面起草过一份和平方案，因国共双方都不接受而流产。（梁漱溟《我参加国共和谈的经过》）此间，他还受民盟委托，亲赴昆明调查民盟中央委员、著名学者李公朴、闻一多被特务暗杀案，在记者招待会上，他面对特务的威胁，大义凛然地说："特务们，你们有第三颗子弹吗？我就在这里等待着！"其浩然正气令人钦佩。国共和谈破裂，内战全面爆发后，他退出民盟，移居重庆，一方面他在勉仁中学（一九四〇年他创办于四川璧山来凤驿，不久，在卢作孚、卢子英兄弟的支持下迁到重庆附近的北碚）的基础上又创办了一所勉仁国学专科学校，后来又将国学专科学校改组为勉仁文学院，以培养研究中国文化的人才，另一方面则继续他的《中国文化要义》一书的写作。一九四九年六月，《中国文化要义》完稿，同年十一月，该书由成都路明书店正式出版。

《中国文化要义》出版前的一个月，中国政权更迭，中华人民共和国成立。一九五〇年初，他应毛泽东等新中国领导人的邀请，自重庆北碚北上，回到他阔别了近四分之一世纪的北京，并在此定居下来，担任全国政协委员，其勉仁中学和勉仁文学院被当地政府接管，勉仁中学被改为重庆第二十二中学，勉仁文学院则被并入西南师范学院，一些追随他多年的学生如陈亚三、李渊庭等也随他到了北京，被安排在全国政协工作。由于梁漱溟是一九四九年后留在大陆的极少数拒绝对自己以前的思想作检讨的老一辈学者之一，因此他遭致了一系列的思想批判和不公正待遇，自一九五三年九月在全国政协常委扩大会上与毛泽东发生冲突起到一九八〇年，他销声匿迹于中国政治舞台和学术思想界长达二十七年之久，尤其是在"文化大革命"期间，他被红卫兵抄家，殴打，受尽种种折磨。然而就是在此环境下，他也从来没有放弃过对人生问题（“人活着为什么”）和中国问题（“中国向何处去”）的思考，先后写了不少文章和著作（这些文章和著作当时未能发表和出版），其中最能体现他这一时期思想的是《人心与人生》和《东方学术概观》两书。

进入八〇年代，由于大陆的改革开放和“左”的影响的被排除，梁漱溟又重新恢复了他的政治和学术活动，除担任全国政协常委和宪法修改委员会委员外，他的一些著作如《人心与人生》、《东方学术概观》、《东西文化及其哲学》、《中国文化要义》以及《梁漱溟教育文录》、《我的努力与反省》、《忆往谈旧录》、《朝话》等文集也先后出版或再版。八〇年代中，他不顾自己九十岁的高龄，又重返讲坛，出任中国文化书院院务委员会主席，并几次给学员讲授《中国文化要义》、《略论孔子及其后儒学术传衍流布的分歧与它的时盛时衰》等大题目。当然，由于年事太高，除了整理、修改一些旧著外，这一时期梁漱溟没有什么新的著作问世。

一九八八年六月二十三日，这位二十世纪中国著名的社会活动家、思想家和现代新儒家的代表人物，走完了他漫长而带有传奇色彩的人生旅程，在北京逝世，享年九十有五。

2. 著作

梁漱溟一生著述颇丰，除上文所提到的那些著作和文集外，他还先后出版有《印度哲学概论》（一九一九年由商务印书馆出版）、《唯识述义》（第一、二册，一九二〇年和一九二一年由北大出版部出版），《漱冥卅前文录》（一九二三年由商务印书馆出版）、《漱冥卅后文录》（一九三〇年由商务印书馆出版）、《乡村建设论文集》（一九三四年由邹平乡村书店出版）、《答〈乡村建设批判〉》（一九四一年由中国文化服务社出版）、《梁漱溟最近文录》（一九四四年由中华正气出版社出版）、

《梁漱溟教育论文集》(一九四五年由开明书店出版)、《梁漱溟先生近年言论集》(一九四九年由龙山书局出版)等著作和文集。这些著作和文集后来都被收入《梁漱溟全集》(共八卷，一九八九—一九九三年由山东人民出版社出版)，其中《东西文化及其哲学》、《乡村建设理论》、《中国文化要义》和《人心与人生》是他的主要代表作。

·《东西文化及其哲学》

此系作者一九二〇年在北京大学、一九二一年八月在济南山东省教育会两次讲演的结集，由陈政、罗常培编录而成，一九二一年底由财政部印刷局铅印发行，一九二二年一月改由商务印书馆正式出版。出版后，反响热烈，一年之内，即由山东、北京、上海等地五次印刷，盛况空前，至一九二九年，商务印书馆已出至第八版，以后又陆续有所翻印。一九八七年二月，商务印书馆又出了第八版的影印本。一九八九年五月，山东人民出版社出版的《梁漱溟全集》第一卷收入该书。

该书约十五万字，共分五章。第一章《绪论》，批评当时流行的有关东西文化的各种观点，指出研究此问题的重要性和紧迫性；第二、第三章《如何是东方化，如何是西方化》，认为文化是“生活的样法”，而生活是“事的相续”，“事的相续”又是“意欲”活动的结果，由于意欲的不同，产生了三大人生问题：人与自然，人与他人，人与宇宙间的因果法则，与这种问题相适应，便形成了人类的三大文化路向，即“向前面要求”，“调和持中”和“反身向后去要求”，这三大文化路向的代表分别是西方、中国和印度，它们之间的一切差异和特征就在所走文化路向的不同；第四章《西洋中国印度三方哲学之比较观》，评判和比较了西方、中国和印度文化产生的历史渊源和各自的哲学依据，而“独发挥孔子哲学”，并依据中国的陆王心学和西方博格森的生命哲学对它进行了新的诠释；

第五章《世界未来之文化与我们今日应持的态度》，既反对“全盘西化”，也在理论上不赞成中西文化的互补调和，而主张“对西方文化是全盘承受而根本改过”，同时“批评地把中国原来态度重新拿出来”，并通过对西方社会经济、思想、学术之“变迁”的考查，认为“世界未来的文化将是中国文化的复兴”。

《东西文化及其哲学》是在五四新文化运动方兴未艾中出版的，当时思想文化界正围绕什么是东方文化？什么是西方文化？东西文化孰优孰劣？中国文化的出路是东方化还是西方化等问题争论激烈，因此它出版后立即引起了思想文化界的关注和评价。一些文化保守主义者虽然不赞同该书的某些观点，但他们一致喝彩它对五四新文化运动的理论清算。有的人表示对梁的思想“差不多全体赞成”，有的人恭维该书“是继绝学，开太平”的大发明。该书刊出不久，一批批评新文化运动，提倡东方文明的文章纷纷刊出，如梅光迪的《评提倡新文化运动者》、柳诒徵的《中国文化西被之商榷》、陈嘉异的《东西文化与吾人之大任》等，这些文章从不同角度是对《东西文化及其哲学》的响应。

当然该书也遭到了新文化派的抨击。尽管当时新文化派已发生分化，胡适等人仍坚持其自由主义的立场，陈独秀、李大钊等则已成为中国最早的马克思主义者，但在反击梁漱溟对五四新文化运动的清算上他们又有着一致性，自由主义者胡适，国民党元老吴稚晖和共产党人杨明斋都挥笔上阵，批评梁的观点。胡适在《读梁漱溟先生的〈东西文化及其哲学〉》一文中指出，梁把西方、中国和印度三种文化的性质，归结为三种不同的“文化路向”，是“主观的文化哲学”，“犯了笼统的大病”。吴稚晖嘲笑梁对西方文化的认识是受了梁启超《欧游心影录》的欺骗，从而产生了误解，所以他在《东西文化及其哲学》中得出的结论，就像贿选总统曹锟拿宪法开玩笑一样，“是拿西洋化开玩笑”。杨明斋依据马克思主义理论，从宏阔的文化背景和具体的历史事实出发，对《东西文化及其哲学》作了逐章逐段的批驳。

作为梁漱溟的成名作，《东西文化及其哲学》不仅奠定了他自己思想体系的基本构架，而且也确立了他在现代中国思想文化史上的重要地位。从此，梁漱溟开始作为二十世纪中国著名的思想家和现代新儒家的代表人物，活跃于中国思想文化的舞台上。

·《乡村建设理论》

该书又名《中国民族之前途》，系作者于一九三一至一九三六年间在邹平乡村建设研究院所作《中国问题之解决方法》，《中国社会建设之途径》一系列讲演的结果，前一部分由作者自己定稿，后一部分系学生听讲笔记的删定，故又称《讲演录》。一九三七年三月由山东邹平乡村书店出版，同年五月再版。一九三七年乡村书店迁至四川重庆后重印。一九九〇年三月收入山东人民出版社出版的《梁漱溟全集》第二卷。

据梁漱溟自称，该书是他“从对中国问题的烦闷而找出来的答案”，书中的观点，萌芽于一九二二年；大半决定于一九二六年冬，而成熟于一九二八年，又经一九三一——一九三六年六年的乡村建设实验，才最后定稿出版。因此该书可以说从理论到实践，完成了他的乡村建设的体系。

该书共三十一万字，由《自序》、《引言》、《甲部》、《乙部》和《附录》几部分组成。《甲部：认识问题》，主要讲的是乡村建设兴起的历史和现实原因；《乙部：解决问题》，具体论述了乡村建设的主要内容、方法以及乡村建设在解决中国政治和经济问题上的重要意义。《附录：我们的两大难处》，是一九三五年十月二十五日梁在山东乡村建设研究院的讲演，承认乡村建设存在着两大难处，这就是（1）高谈社会改造而依附政权；（2）号称乡村运动而乡村不动。

书中强调：中国问题并不是什么旁的问题，而是文化失调。认为秦汉以来的中国社会是“伦理本位，职业分途”的社会，并一再说明中国问题是因西方文化入侵所引起的文化失调，而非别的什么问题，解决这一问题的唯一途径是乡村建设，反对共产党领导的反帝反封建的暴力革命。

书中指出，所谓乡村建设，“不是建设旁的，是建设一种新的社会组织构造”，这种“新的社会组织构造”的形式是“乡农学校”，它是对传统的“乡约”的改造和补充。

就政治问题的解决而言，该书认为中国政治问题要分两步解决，第一步是树立统一稳定的国权，因为只有先树立统一稳定的国权，才可进行有方针有计划的建国；第二步是建设一个政治上达成民主主义，经济上达成社会主义的新中国。而这前后两步都要靠乡村建设运动，“它为自己创造出它在政治上所需的前提条件——统一、稳定的国权——于先，又随着经济和文化的建设而推进政治民主化，以至奠立完全的民主政治制度于后”。至于经济问题的解决，该书提出的方案是：走“促兴农业以引发工业”的经济发展道路。

作为一部全面、系统地阐述乡村建设兴起的原因、内容、方法和意义的著作，该书的意义就在于它认识到中国是一个农业国家，农村和农民问题是中国诸问题中最为重要也最难解决的问题之一，要谋求中国文化的出路，探求民族复兴的前途，就非解决农村和农民问题不可，并提出了解决农村和农民问题的方法和途径。尽管他提出的方法和途径并没有使农村和农民问题得到解决，但它体现了梁漱溟对现实问题的关心，这也是梁漱溟与其他学院派新儒家如冯友兰、熊十力等人的不同所在。

·《中国文化要义》

该书的写作断断续续经历了八个年头，一九四二年春开始动笔，一九四九年六月才最终杀青。一九四九年十一月由成都路明书店初版。一九八七年六月上海学林出版社重印，重印时作者曾作过校勘订正。一九九〇年五月，山东人民出版社出版的《梁漱溟全集》第三卷收入了该书。收入时编者又据前两个本子，在文字和编排上又重新做了订正。

《中国文化要义》全书约二十三万字，分为十四章，就该书的主要内容及其所得出的结论来看，犹如梁在本书的《自序》中所言，它与此前的《东西文化及其哲学》和《乡村建设理论》在思想上“是一脉衍来，尽前后深浅精粗有殊，根本见地大致未变”，只是侧重点各有所不同而已。如果说《东西文化及其哲学》重在对东西文化及其关系的认识，《乡村建设理论》重在对乡村建设兴起的原因、内容、方法及意义探讨的话，那么，《中国文化要义》则重在对中国历史和文化的分析，其特点是强调中国历史和文化的特殊性。

首先，该书在吸取他人成果的基础上，提出中国文化具有十四个特征，即：(1) 广土众民；(2) 偌大民族之同化融合；(3) 历史长久，并世中莫与之比；(4) 一面明明白白有无比之伟大力量，一面又的的确确指不出力量究竟在哪里；(5) 历久不变的社会，停滞不进的文化；(6) 几乎没有宗教的人生；(7) 以家庭为生活的重心；(8) 学术不向着科学前进；(9) 民主、自由、平等一类要求不见提出，及其法制也不见其形成；(10) 以道德代宗教；(11) 不属普通国家类型；(12) 无兵的国家；(13) 孝的文化；(14) 隐士与文化有相当的关系。

接着，该书分析了产生这些特征的原因，认为它们是由中国历史和文化的特殊性所决定的。具体来说，由于基督教的作用，西方人自古以来过的是一种集团生活。但和西方不同，中国社会中起作用的是非宗教的周孔教化而不是基督教，周孔教化教人的虽是道德，然而它具有宗教稳定人生，给人以情志慰藉的作用。因此，对于集团生活中国人是缺乏的，他们过的是一种家族生活。因集团生活和家族生活的差别，西方形成的是个人本位的社会，而中国形成的是伦理本位的社会。与个人本位和伦理本位的社会构造相联系，西方形成的是阶级对立，中国形成的是职业分途，它只有士、农、工、商的职业区别，而没有地主与农民、资本家与无产阶级的阶级划分和矛盾。正因为中国没有阶级，所以也就不属于一般国家的类型。同时，它只有周期性的一治一乱，而无“以一新构造代旧构造，以一新秩序代旧秩序”的革命。

尤为重要的是，“周孔教化”的结果，不仅使中国形成了“伦理本位、职业分途”的社会构造，而且造成“理性早启、文化早熟”，超越了文化发展的必经阶段，出现早熟的跃进。中国之所以没有民主、人权和自由，原因就在于它理智尚未发达，理性就已开出，从而成了人类文化的早熟品。也因其文化早熟，中国遂无科学，是长于理性而短于理智，并形成了“幼稚”、“老衰”、“不落实”、“落于消极亦再没有前途”、“暧昧不明爽”等中国文化的“五大病”。所以，中国的伟大，只是“理性”的伟大，中国的欠缺，不是“理性”的欠缺，而是“理性早启、文化早熟”的欠缺。此即中国文化的“要义”所在，也是中国文化的总特征。

这里需要指出的，梁漱溟写作《中国文化要义》的目的，不是“为学问而学问”，为文化而研究文化，而是为了“认识老中国，建设新中国”。所以该书的出版，反映了一部分热衷于现实政治生活的知识分子，由于对中国不能实现国家富强，建立起真正的民主制度的失望，于是从社会和政治层面，返回到哲学与历史层面，从而把中国政治问题归结为一个文化问题，并对以往中国的历史文化进行反思，以促进全民族在精神生活中有一番新的自我的觉醒。

·《人心与人生》

作者立意写作此书已久。早在他《东西文化及其哲学》出版后两年，即开始认识到《东西文化及其哲学》的重大错误之一，“便是没有把孔子的心理学认清，而滥以时下盛谈本能一派的心理学为依据，去解释孔学上的观念和道理，因此就通盘皆错”。而要改正这一错误，关键就在“辨认人类生命（人类心理）与动物生命（动物心理）异同之间”。随着作者对人类生命（人类心理）与动物生命（动物心理）之异同辨认的加深，他“遂有志于《人心与人生》专书之作”。此后，作者曾于一九二六年五月，一九二七年二月和一九三四年前后以《人心与人生》为题作过三次讲演，但由于他当时正忙于讲学、办学和乡村建设实验，而未能“正式着笔撰文”，因此除一九二六年五月写有一篇《人心与人生自序》外，留下的只有两本讲演记录。后又因“奔走国事不暇顾及者实有多年”，所以直到一九六〇年他才正式动笔写作，至一九六六年夏，写出了前七章。这时，“文化大革命”开始，作者被红卫兵抄家，所收集的有关资料和参考用书因此而尽失，写作只好停止。从一九七〇年起，作者又重理旧绪，写作不辍，到一九七五年七月终于写完了全部书稿。又越九年，即一九八四年九月，自费由上海学林出版社首次出版，两年后再版重印。一九九〇年五月，被收入《梁漱溟全集》第三卷，收入时编者曾根据学林本校正了个别错误。

该书约十八万余字，分为二十一章，即《绪论》（上、下），《略说人心》，《主动性》，《灵活性》，《计划性》，《我对人类心理的认识前后转变不同》，《自然与人，人与自然之间的关系》，《人资于其社会生活而得发展成人如今日者》，《身心之间的关系》（上、中、下），《东西学术分途》，《人的性情、气质、习惯、社会的礼俗、制度》（上、下），《宗教与人生》，《道德——人生的实践》（上、下），

《略谈文学艺术之属》、《未来社会人生的艺术化》和《谈人类心理发展史》，其内容主要讲的是梁漱溟那“以理性为体，本能理智为用”的文化心理学。梁漱溟的文化心理学虽在三〇年代就已见雏形，在《中国文化要义》中又对它作了进一步的论述，但梁对自己文化心理学的系统阐发，则是在《人心与人生》一书之中（详见后）。

作为梁漱溟的最后一部代表作，该书堪称是他文化思想的结晶。如果说《东西文化及其哲学》是他文化思想的揭晓，那么该书则是他文化思想的终结。然而，由于社会历史背景的变化，该书出版后却没有产生如同《东西文化及其哲学》出版后所产生过的那样大的社会影响，甚至还不能与《乡村建设理论》和《中国文化要义》所产生的社会影响相比。但它作为梁漱溟销声匿迹二十七年后重新活跃于思想文化界的象征，表现了一位爱国的老知识分子，对中国传统文化，对中国社会历史的使命感，以及在归宗儒家，融合中西文化，探求人生问题（即人活着为什么）和中国问题（即中国向何处去）的过程中所作的最后一次努力。

3. 思想来源

梁漱溟的思想主要有三个来源，一是佛教的唯识学，二是博格森的生命哲学，三是儒家的陆王心学。在这三个来源中，又以后一来源最为重要。

· 佛教的唯识学

我们在生平部分已经谈到，由于对民初政治生活中丑恶现象的厌倦与憎恶，一九一二年梁漱溟辞去《民国报》记者之职，而回到家中，潜心佛法，过起了出世的隐居生活，直到一九一六年才重新回到社会，担任北洋政府司法总长张耀曾的私人秘书。在此期间，他不仅遵从佛教戒条，不吃肉，不喝酒，不结婚，衣着简朴，而且还自修了南京金陵刻经处出版的佛经和上海狄葆贤主编的《佛学丛报》。随着学习的日积月累，他开始对佛学由不懂到懂得一些，并于一九一六年在《东方杂志》第五—七期上发表了一篇“批评古今中外的各家学说，唯独推崇佛学（家）”的文章——《究元决疑论》。

《究元决疑论》全文分为“究元”和“决疑”两大部分，前者是探讨世界本源，后者是探讨人生问题。尽管在理论上，《究元决疑论》没有什么大的创见，但它立论的方法，广博的知识，对西方思想的广征博引，尤其是对人们所普遍关切的人生问题的探讨，获得了学术界的广泛注意和“称道传诵”。他后来之所以被蔡元培请到北大教印度哲学，靠的也是这篇文章。一九一六年底，蔡元培应教育总长范源濂之邀，从欧洲回国接任北大校长一职，他途经上海时看到《东方杂志》上的这篇文章，读后颇感兴趣，因此，当不久梁漱溟经范源濂介绍前去拜访时，蔡便当面邀请他到北大哲学系任教。

北大哲学系印度哲学一课，原由许季上担任。许曾参酌取材于日本人和西方人的几种著作，编有讲义一种。梁漱溟初到北大，因时间仓促，“但事增订，未及改作”。到了第二年，即一九一八年，他“乃根本更改”，开始着手编著《印度哲学讲义》一书，并于当年写出前部分，在京印行，翌年又完成后部分，更名为《印度哲学概论》，由商务印书馆正式出版。

《印度哲学概论》全书约十五万字，分为四篇二十章，即第一篇《印度各宗概论》，第二篇《本体论》，第三篇《认识论》和第四篇《世间论》。梁漱溟力图以现代哲学为标准，重新建构印度佛教哲学的思想体系，发掘出印度佛教哲学的现代意义。为此，他特别重视对“本体论”的探讨，而在印度佛教哲学的各种本体论中，他极力推崇唯识学说，认为大乘佛教离了唯识，就没有法子说明广义的唯识。我们如果求哲学于佛教，也只在这个唯识学。更进一步说，我们竟不妨以唯识学代表佛教全体的教理。

唯识学派认为，世界的本源是第八识“阿赖耶识”，世界万有是“唯识所变”，“实无外境，唯有内识”。梁漱溟将唯识学说与西方近代唯心主义作了一番比较，指出：唯识家以第八识为宇宙大根本，而西土唯心家于此全所不及知，大为相左。唯识家之识是识自体，非识上能缘之用，西土唯心家于识体又不及知。唯心云者正在其能缘之用，彼所谓以思惟为自性者，是又大相左。唯识家只简单说明，在唯识所变，西土唯心家则云观念结成，亦成异趣。故唯心家言恒展转自困，诘难之集如矢，而一一诘难，皆不可以诘唯识。在梁漱溟看来，不仅在本体论上，唯识学说比西土的唯心主义高明，而且在方法论上，唯识学说也比西土的唯心主义更可靠。他甚至认为，人类所有形而上学的要求就系在唯识学说的解答上。“质言之，我看形而上学是有个方法的，有他唯一的方法，这个方法便是唯识学用的方法。”

《印度哲学概论》出版后的第二年初，梁漱溟又出版了《唯识述义》一书。先是梁漱溟到北大哲学系后，为了实践自己立下的“此来除为释迦、孔子发挥外更不作旁的事”的誓言，除开设印度哲学外，又陆续开设了唯识哲学、儒家哲学和孔子绎旨等课程。开课，就需有讲义，于是他“兼程并进”，着手编《唯识述义》。不想讲义未成，他自己则病倒了，休息了两三个月，也没有好。不得已，他只好将没有写完的稿子，以《唯识述义》第一册的名义交财政部印刷局印行，北京大学出版部发售。翌年，又写完第二册，继续由财政部印刷局和北京大学出版部印行、发售。但第二册书，至今没有查到，因此，收入到《梁漱溟全集》的只有第一册。《唯识述义》第一册约五万字，分为四章，其主要内容讲的是唯识学的来历，唯识学与佛教、西方哲学的关系，以及唯识学的方法论。

《唯识述义》第二册出版不久，梁漱溟讲演并出版了他的第一部代表作——《东西文化及其哲学》。《东西文化及其哲学》的出版是他思想“由佛归儒”的标志。尽管此后他成了著名的文化保守主义者和现代新儒家的代表人物，然而由于有前一段的经历，佛教尤其是唯识学成了他思想的一个重要来源，无论是他对中西文化的认识，还是对人生问题的探索，都带有浓厚的佛教色彩。他自己承认：“我研究知识所用的方法，就是根据的唯识学。”又说：“我只是本着一点佛家的意思裁量一切，这观察文化的方法也别无所本，完全是出于佛家的思想。”正因为佛教尤其是唯识学是梁漱溟思想的一个重要来源，所以，吴稚晖称他“是一个印度学者，而有三分西洋思想，七分中国思想”。有的学者则称他为“佛光烛照下的一代儒宗”。

·博格森的生命哲学

博格森的生命哲学是十九世纪末二十世纪初兴起的西方非理性主义思潮的一个重要哲学流派，辛亥革命后开始传入我国，梁漱溟辞去《民国报》记者一职，回到家中，潜心于佛法期间，在他的中学同学、哲学家张申府的推荐下，阅读过一些介绍博格森和其他西方思想家思想的文章和著作，其中有一本英文书，叫做 *The Philosophy of Change*（《变的哲学》），主要介绍的是博格森的生命哲学。据梁漱溟后来说，这是他“看西洋哲学的起缘”。

梁漱溟是一个能“活学活用”的人物。所以他在阅读《变的哲学》不久，即在《究元决疑论》中依据《变的哲学》所介绍的博格森的创造进化论对印度佛教作过解释。在本文的第二部分“决疑第二”的开头，梁漱溟就指出，佛教所谓的忽然念起，因果相续，迁流不住，以至于今，即博格森的所谓生活，所谓生成进化。然后他引用了《变的哲学》四段介绍柏氏创造进化论的文字，认为柏氏把宇宙万物归结为永无休止之“生命之流”的观点，“不异为佛学解脱其依他性所由立也”。所谓“依他性所由立”，即佛学依据其“缘起”说，认为世间一切现象都是依各种因缘而起，“刹那生灭，恒转如流”，似有非有。在梁氏看来，在西方各家学说中，唯柏氏的生命哲学将佛教的这个道理说得特别明了透彻。所以他不无慨叹道：“善说世间者，莫如博格森。”

梁漱溟虽然对柏氏学说大加赞赏，但实际上他这时并没有对柏氏哲学真正弄懂。如他把柏氏哲学的“理智”（他译为“慧性”）比之于佛教的“八识”，认为柏氏哲学表明“一切生物之慧性，即人心之八种识心，但是隐默推行之不息转变所谓进化者之所生成”，而没有理解“理智”在柏氏哲学中的重要意义。在柏氏哲学中，理智与物质的关系是生命创化的一个阶段，物质出现是“生命冲动”，即生命创化停滞或削弱的结果，理智则是生命贯彻与利用物质的一种方法。而梁漱溟则把理智与物质的关系视为博格森生命创化学说的基础。

一九二一年李石岑主编的《民铎》杂志出版了一期《博格森专号》。应李氏之约，梁漱溟为专号写了篇《唯识家与博格森》的文章。从此文中可以看出，梁氏这时已阅读过博格森的《形而上学引论》和《创化论》两书，因此对柏氏哲学有了进一步理解。如果说在《究元决疑论》中他主要是从佛教世界观的立场来吸取和评判博格森哲学的话，那么在《唯识家与博格森》中他主要是从方法论的角度着重考察了博格森哲学和佛教的区别。在他看来，柏氏哲学和唯识家的思想虽“有非常契合之处”，但“两家的方法实在截然不同”。因为“博格森的方法排理智而用直觉，而唯识家的方法却排直觉而用理智。”这里指的主要是唯识家的因明逻辑。因明只承认现量和比量即感觉和推理是获取知识的唯一途径，而梁漱溟认为，“所谓‘直觉’这个东西与唯识家这两样东西都不合的。”故此，他批评章太炎、陈独秀、黎锦熙混淆两家方法论区别的观点是“全然无当”。

梁漱溟的这篇文章写于一九二一年三月。不久，他的讲演集《东西文化及其哲学》问世。在《东西文化及其哲学》中，(1) 受博格森哲学的唯意志论的影响，梁漱溟把不同类型文化的产生归之于意欲趋向的不同，从而建立起了以文化←生活←意欲（即文化由生活决定，生活又由意欲决定）为机枢的文化比较模式；(2) 根据柏氏哲学的直觉主义认识论，梁漱溟严格区分科学与哲学的划界，崇直觉而贬理智，反对那种涵盖一切文化层面的科学主义思潮；(3) 援博格森哲学入儒，用柏氏哲学重新解释和发挥儒家哲学，又用儒家哲学修正、融合柏氏哲学，从而建立起了中西合璧式的“新孔学”；(4) 柏氏哲学还被梁用来说明世界未来文化发展的方法，认为柏氏哲学在西方的兴起，说明西方正在走“中国的路，孔家的路”，未来世界文化是中国文化的复兴。

《东西文化及其哲学》出版后，梁漱溟开始构思他的另一部著作《人心与人生》，因各种原因，此书一九八四年才出版问世。尽管《人心与人生》在内容上加入了许多一九四九年后的思想，如马克思、恩格斯和毛泽东的一些论述，然其旨趣与早年并没有什么大的不同，其中也可以明显地看到博格森的生命哲学对他的影响，以及他对博格森关于人类在生命进化史上的意义的思想，从而建立起了他所谓“儒家的文化心理学”。

· 儒家的陆王心学

服膺宋明新儒学，这是现代新儒家的共同思想特征，但宋明新儒学内部犹如西方哲学存在着经验主义与理性主义的分流一样，也存在着程朱理学和陆王心学分流。现代新儒家虽然都服膺宋朝新儒学，但究竟是服膺程朱理学还是陆王心学则又存在着不同。就梁漱溟而言，他是“五四新文化运动以来倡导陆王之学最有力量的人”。（贺麟《当代中国哲学》第一二页，胜利出版公司一九四五年版）在他那本“评价东西各家学说而独发挥孔子哲学”的《东西文化及其哲学》中，梁漱溟给了陆王心学以很高的评价，认为孔子是中国文化的创造者，孔子之后能继其精神者为孟子，孟子之后能继其真精神者为王阳明，王于“孔子的人生态度颇可见矣”。一九二三年他在给胡适的一封信中称：“溟迩来服膺阳明，往时态度，深悔之矣。”后来在《中国文化要义》中，他又进一步发挥了儒家的这种孔子→孟子→陆王的道统说。而对于程朱梁则非议颇多，认为他们“不甚得孔家之旨”。因此，他对儒家思想的诠释遵循的是陆王而不是程朱的进路。那么，梁漱溟为什么，并且又在什么地方偏离了程朱而归依于陆王的呢？

第一，程朱理学的逻辑结构的最高范畴是“理”或“道”，因此在程朱理学这里“性即理”，“理”构成了人的“性”，所谓“性乃在我心中”。陆王心学则把“心”作为自己逻辑结构的最高范畴，而程朱理学逻辑结构的最高范畴“理”，变成了陆王心学“心”中之理。因此与程朱的“性即理”不同，在陆王这里是“心即理”。梁漱溟根据陆王心学的逻辑结构，也认为“心”或心之“意欲”是宇宙的本体，万物的主宰，万物之所以实际存在，只是因为人的主观理智，知其存在。而对程朱所讲的“性”、“理”，他则明确表示：“我不喜欢用性理，……性理乃宋人之言”，并批评程朱理学为“支离”。

第二，程朱讲“天命之性”与“气质之性”，“天命之性”是“理”，“气质之性”是“气”，“气”又有“清”、“浊”之分，得“清”气者为善，得“浊”气者为恶，所以人有“圣人”、“贤人”和“愚人”之分。陆王则不讲什么“天命之性”与“气质之性”，专讲“性本善”，“善”是“人性之本”，“恶”是物欲之迁，只要修身养性，“人人皆可成尧舜”，为“圣人”。梁漱溟接受了陆王的这种道德本体论观点，认为道德的资源和判断力是人性固有的，道德生命的实现和圣贤人格的养成并非外炼而得，而靠内在的道德修养。这道德修养的根柢就是天赋的“性善”。所以他批评胡适关于孔子的“性论”是“注重道德习惯”的观点后指出，“孔子的‘性相近也，习相远也’，其性近就是说人的心理原差不多，这差不多的心理就是‘善’”。

第三，程朱从“理一分殊”的前提出发，虽然认为人可体认“天理”，但必须通过“格物穷理”的方法，才能“致知”，达到“天人合一”的境界。与程朱不同，陆王则认为勿须“格物穷理”，只要通过“切正反省”或“致良知”的过程，就能体认“天理”，因为“理”本身就在“心”中。梁漱溟完全接受了陆王的方法论，也视“直觉”为“天人合一”确实而可靠的向导，认为人的道德资源与天是和谐一致的，不用借助外物就能实现与天的合一。他批评程朱“取途穷理于外”，而对陆王“袪穷理于外之弊，而归本直觉——他叫良知”，予以了充分肯定。因此，他在《东西文化及其哲学》中特别推崇这种“随感而应”的直觉体认，而对程朱的“格物致知”非议颇多。

第四，在知行观上，二程主“知先行后”说。后来朱熹又提出“行重知轻”说予以补充。王阳明不同意程朱“知行二分”的观点，他以“天地万物与我一体”为依据，提出了“知行合一”说，要求个人的内在道德修养与外在道德体验做到完善的统一，努力实践儒家的“内圣外王”之道。梁漱溟也与王阳明一样，既强调个人之内在道德修养和内省自求的工夫，又主张积极入世，重振儒学，实现心灵对道德的体验。因此，他与熊十力、冯友兰等其他学院派新儒家不同，他在修身养性的同时，又积极参与当时的社会政治活动，办学讲学，搞乡村建设实验，组建民主同盟，用韦政通的话说，他是“一个为行动而思考的儒者”。

这里需要指出的是，虽然梁漱溟的思想来源比较复杂，佛教的唯识学和博格森的生命哲学都对他产生过重要影响，但作为二十世纪中国著名的文化保守主义者和现代新儒家的代表人物，他思想的主要来源是儒家的陆王心学。这就如同有的学者评价他的成名作《东西文化及其哲学》那样，《东西文化及其哲学》虽然是“王阳明的心学与博格森的哲学，再加上经过他改造的唯识学”的“混合物”，“但其主旨是儒家思想或王学”。（袁伟时：《中国现代哲学史稿》上卷第六八七—六八八页，中山大学出版社一九八七年版）

二、文化思想

1.“三大文化路向说”

什么是文化？梁漱溟认为，文化“不过是那一民族生活的样法”，而“生活就是那没尽的意欲（Will），……和那不断的满足与不满足罢了”。于是，他从“意欲”的可能满足与不满足着眼提出了人生的三大问题。

第一大问题是人对物的问题，只要人们不断地努力和不断地积累经验与知识，意欲——对物的要求——总会得到满足的；第二大问题是人对人的问题，由于我意欲向前要求时为碍的在有情的“他心”，这全在我的宇宙范围之外，能予他满足与否是没有把握的，因为我只能制服他的身体而不能制服“他心”，所以意欲——对他人的要求——的满足与否无法肯定；第三大问题是人与自身生命的问题，无论人们如何努力，都无法改变“人老要死”这种不可抗拒的因果必然之势，意欲——对自己生命的要求——是无论如何也不能得到满足的。

与这三大问题相适应，便产生了三种不同的“生活样法”或“文化路向”。第一大问题处理的是物我关系，这只有依赖于意欲向前追求，征服自然，求得个体的生存和种族的繁衍才能解决。因此，第一大问题产生的“生活样法”或“文化路向”是“向前面要求”；第二大问题处理的是人我关系，而“人我”是不分的，所以不能采取处理物我关系的那种向外追求、征服的态度，只能向内用力，反求诸己，求得内心的满足与和谐。因此，第二大问题产生的“生活样法”或“文化路向”是“对于自己的意欲变换调和持中”；第三大问题处理的是身与心，灵与肉，生与死的关系，他既不能向外追求，也不能反求诸己，只能通过禁欲主义的修炼，使自己从内在自我和外部世界存在的虚幻中解脱出来，进而达到“涅槃”的境界。因此，它所产生的“生活样法”或“文化路向”是“反身向后去要求”。

依据这“三个不同的路向”，梁漱溟分别观察了东西文化的“特质异采”。在他看来，所谓西方文化不外两样特长，一个便是科学的方法，一个便是人的个性伸展、社会性发达，前一个是西方学术上特别精神，后一个是西方社会上特别精神。正由于这两个“特别精神”，使西方文化具有了“征服自然”、“科学方法”和“德谟克拉西”的“特质异采”，而这是东方的中国文化和印度文化所不具有的，与西方文化向外追求征服的态度不同，中国文化安分知足，寡欲摄生，而绝没有提倡物质享受的，形成的是物我、人我和自身之间统一和谐的“特质异采”，但“没有印度人的禁欲思想”。至于印度人既不像西方人的要求幸福，也不像中国人的安遇知足，他是努力解脱这生活，因此印度文化唯一的“特质异采”就是禁欲主义之“宗教的畸形发达”。为什么会出现这些不同的“特质异采”呢？梁漱溟指出，其原因就在于西方文化、中国文化和印度文化走的“文化路向”不同。西方走的是“向前面要求”的第一文化路向，中国走的是“对于自己的意欲变换调和持中”的第二文化路向，印度走的是“反身向后去要求”的第三文化路向，这三种不同的文化路向导致了西方文化、中国文化和印度文化“根本精神”的差异：西方文化“以意欲向前方为其根本精神”；中国文化“以意欲自为调和持中为其根本精神”；印度文化“以意欲向后面要求为其根本精神。”

从这三种不同的“根本精神”，梁漱溟又得出西方文化、中国文化和印度文化的思想特质或“生活真谛”：(1) 西洋生活是直觉运用理智的；(2) 中国生活是理智运用直觉的；(3) 印度生活是理智运用现量的。

这就是梁漱溟在《东西文化及其哲学》中为我们描绘的人类文化发展图式：文化是由生活决定的，而生活又是由意欲决定的，意欲的满足与否产生了人生的三大问题，并由此形成了三种不同的文化路向，它们分别由西方、中国和印度所代表。后来他虽然在《中国文化要义》、《人心与人生》等著作中又提出过一些新的图式，如“有对”与“无对”，“从身体出发”与“人心出发”，“理智”与“理性”等等，但这些图式只不过是对前一图式的修改和补充，其根本观点并未改变。他本人也一再声称，“见解大致如前未变，说法稍有不同”。并相信，这一图式“有其不可磨灭之点”，“百世以俟，不易吾言”。

勿庸否认，梁漱溟的“文化路向说”确有它的“不可磨灭之点”，他不仅将东西文化划分成西方、中国和印度三大系统，从生活样法或文化路向上对它们分别进行了纵向与横切的分析比较，使文化发展的特殊性、民族性问题格外地凸现出来，从而打破了文化研究中西方中心主义或欧洲中心主义对人们思想的禁锢，给人们比较中西文化提供了一个新的坐标，这在五四新文化运动时期可谓是独树一帜，因为当时无论是西化派的陈独秀、胡适，还是文化保守主义者杜亚泉、梁启超，尽管他们对东西文化差异的比较和优劣的评判截然相反，但他们却都自觉或不自觉地将西方文化作为比较和评价中国文化的唯一参照系统，而且在研究方法上，梁漱溟也没有落入当时流行的那种简单地罗列排比文化表层现象与外部特征的俗套。他先依据“生活路向”考察东西文化不同的“特质异采”，然后比较其“根本精神”和“生活真谛”等文化深层结构，揭示出各家文化之所以不同的本质特征，在此之后建立起自己的文化比较模式。如果撇开其模式的妥当性与有效法不论，他的具体的研究方法值得我们借鉴和参考。

当然，这只是问题的一个方面，问题的另一方面梁漱溟的“文化路向说”又有其理论漏洞。首先，“文化路向说”的运思机枢是他的意欲→生活→文化说，即意欲决定生活，生活又决定文化，不同的文化，其根源就在意欲趋向的不同。将文化的产生和不同类型的形成归结为“意欲”，这是一种唯意志论的文化哲学，用它是不能正确地说明人类文化之起源的，因为人类生活的本质是实践而非“意欲”，“意欲”本身要为人类的实践所决定和衡量，它不能成为人类文化的最终决定因素。

梁漱溟的唯意志论的文化观就其思想渊源来看，主要是受了博格森哲学的影响，博格森认为生命是一不断地实现着“生命冲动”的永无休止之流，一种宇宙的运动，而生命的冲动就是“绵延”，博格森又称之为自由地创造意志，其向上的冲动创造精神，也创造生命的形式，因此，生物的进化过程也就是意志的创造过程。梁漱溟受其影响也认为，“尽宇宙是一生命，只是生活初无宇宙”，所谓“生活”，就是“相续”，“生活与‘生活者’，并不是两件事，要晓得离开生活没有生活者——生物”。梁漱溟这里所讲的“生活”，“相续”，其实就是博格森的“生命”和“绵延”，故此他在另一处更明确地指出：“宇宙本体是生命、是绵延。”而“绵延”或“相续”，是永无休止的，因而意欲也永无休止，正是这种“没尽的意欲（Will）”决定着生活，生活又决定着文化的产生和形式。

由于梁漱溟的“文化路向说”的运思机枢就是错误的，所以他据此得出的结论也就更成问题了。在他看来，意欲的满足与否产生了人生的三大问题，并由此形成了三种不同的文化路向，其代表分别是西方、中国和印度。那么，为什么西方、中国和印度会分别走向不同的文化路向呢？梁漱溟认为，其原因就在西方、中国和印度古初圣人的“意欲”——“天才”、“天分”的高低不同。中国和印度的古初圣人的“天才”、“天分”比西方的古初圣人的“天才”、“天分”要高得多，因此对人类生活的真谛和生命的本质也要比西方古初圣人有更为完善的理解，从而使中国文化和印度文化出现了“早熟”的跃进，超越了人类文化演化的阶梯而提前走上了第二和第三文化路向。这样，经过梁漱溟的如此解释，人类在实践活动中创造的，并随着社会经济基础的变化而不断变化，反过来又积极影响人类实践活动和社会经济基础变化的文化，却成了天才人物的意志产物。

其次，梁漱溟的三大文化路向是一种相对主义的文化价值观。在他看来，三种不同的文化路向既是一个历时性进程，又是一个共时性结构。就共时性结构而言，梁漱溟指出，三种不同的文化路向都有其存在的合理价值，彼此之间没有什么高下低劣之分。因此，他不同意陈独秀、胡适等新文化运动倡导者们提出的中西文化的差异是古今之别，西方近代文化比中国固有文化具有不可比拟的优越性的观点，而是认为中西文化的差异在于他们各自所走的路向不同，西方文化走的是“以意欲向前要求为其根本精神”的第一文化路向，解决的是人类生存的基本需要，因此它征服了自然，创造了物质文明，成就了民主与科学；而中国文化走的是“以意欲自为调和持中为其根本精神”的第二文化路向，解决的是人类感情和内在生活的需要，因此，它实现了物我、人我和自身的普遍和谐，成就了儒家的伦理道德和非功利主义的人生态度；印度文化走的是“以意欲向后面要求为其根本精神”的第三文化路向，解决的是生命自身——灵与肉、身与心、生与死的矛盾，因此，注重个人的精神修炼，成就了至高无上的佛教。如果说东方的中国文化和印度文化还有什么不如西方的话，那并不是后者比前两者优越，而是由于前两者成熟太早，第一文化路向的问题尚未解决，就径直走上了第二和第三文化路向的道路，其结果造成了与当时人类需要的不合，因为当时人类所需要的是征服物质世界获取生活的必需品，而不是要求情感和内在生活的满足，不是解决生命自身的问题。所以他一再强调：“西洋文化的胜利在适合人类目前的问题，而中国文化印度文化在今日的失败也非其本身有什么好坏可言，不过就在不合时宜罢了。”否认西方近现代文化比中国传统文化时代上的进步性，这就是梁漱溟的“文化路向说”的目的和实质所在。

不惟如此，从三种文化路向的历时性进程来看，东方的中国文化和印度文化在历史预设的继替中还比西方文化属于更高的层次。因为根据梁漱溟的文化图式，人类的三大问题是递进的，“问题浅深次第顺然可睹，随着社会发展史的阶段，进而人生问题顺序引入转深，实有其自然之势”。最初需要解决的是如何生存下去的问题，当这个问题解决之后，人们则开始要求获得情感的充实和内在生活的满足，一旦这个问题也解决之后，又要求解决身与心、灵与肉、生与死这些矛盾，消除人生无常的痛苦。与此相适应，人类文化也是按照第一文化路向——第二文化路向——第三文化路向的顺序向前演化的。据此，梁漱溟认为，不是西方文化优于东方的中国文化和印度文化，而是东方的中国文化和印度文化高于西方文化。原来合乎时宜的西方文化，随着人类生存问题的解决，已失去了其继续存在的价值，而原来不合时宜的中国文化和印度文化，由于人类需要的不断升高，则将相继出现复兴。

2.“理性”为体，“本能”“理智”为用

如果说“三大文化路向说”是梁漱溟的文化哲学的话，那么，“理性”为体，“本能”、“理智”为用则是他的文化心理学。

梁漱溟的文化心理学的形成晚于他的文化哲学。一九二一年，他在演讲《东西文化及其哲学》时，由于“当时于儒家的人类心理观实未曾认得清，便杂取滥引现在一般的心理学作依据，而不以为非”。两年后，梁开始对先前的心理学见解有所检讨，“知非批评现在的心理学，而阐明儒家的人类心理观，不能谈儒家的人生思想”。一九二四年，他到武昌师大作《孔子人生哲学大要》的系列演讲，在演讲中，他对“现在一般的心理学”，尤其是“时下盛谈本能一派的心理学”提出了批评，认为“本能虽是生活之来源，但不主宰人类生活”，“本能不是生活目的，只是生活之一种工具而已”。在梁漱溟看来，人类生活之主宰是“心”，而“心有向上之活动，也有流行变化之活动，此种活动之方法，不受规则之支配”，“方向无定，且有无限之可能”，是“无所为”的。二十年代末三十年代初，他以“异乎一切生物的‘无对性’”说明儒家的人生态度。到三十年代中期，他已经明确地提出了内涵殊异于理智的“理性”概念，并把中国的民族精神归结为“人类的理性”。在《精神陶炼要

旨》中他写道："中国人的精神是什么？"中国人精神之所在，即是"人类的理性"，又说："人类之所以为人类，在其具有理性；中国古人最先认识了人类，就从这一点上开出了中国文化；中国文化之与众不同即在此。"这表明，梁漱溟的儒家文化心理学已具雏形。一九四九年他出版的《中国文化要义》不仅对"理性"第一次作了比较完整的界定，而且还用它来分析中国民族文化心理。但梁漱溟对他自成一说的文化心理学的系统阐发，则在一九八四年出版的《人心与人生》一书之中。

梁漱溟的儒家文化心理学是理性、理智、本能三个基本范畴及其相互关涉所构成的"人心"解释系统。他指出，生物的进化是依其生活方法而进行的。从生活方法上看，植物定于一所，摄取无机质以自养，动物则四处游走求食。而动物之中，又有节足动物趋向本能，脊椎动物趋向理智之不同。趋向本能者，即生下来就以先天安排好的方法以为生，反之，靠后天想办法方能生活者，则是理智一路。生物的生活方法，不外以上这三种。就它的比较而言，以植物生活最容易；依本能为生活者次之；理智一路，则最费事，唯人类才能达到。其他动物，无论高低，走的都是依本能为生活一路。

他进一步指出，人类超越了本能而藉"理智"制造工具而生活，这样人类就获得了无限的发展潜力，不再像"一切生物都盘旋于生活问题（兼括个体生存和种族繁衍），以得生活而止，无更越此一步者"，而是"悠然长往，突破此限"，不期而从"有所为"，"豁然开朗达于无所为之境地"，"人类的理性"遂由此开出。

就人类的理智生活与动物的本能生活比较而言，梁漱溟指出，有三点不同：其一，依本能生活的动物，它的工具即寓乎其身体，不假外求；而人类非于身外创造工具，则不能生活。其二，依本能生活的动物生来即具生活能力，但它也就限于这些生活能力而已；而人类初生虽一无所能，然到后来通过后天的学习，则无所不能。

其三，依本能为生活者未脱离自然状态，身体长成即可自营生活；而人类则不仅依靠个人身体的成熟，还要靠学习以适应社会生活。“一言总括：人类的生活能力、生存能力，从依重后天养成和取得”。

作为梁漱溟的儒家文化心理学之枢机的“理性”，主要是通过与“理智”的比较而获得界定的：(1)“理性、理智为心思作用之两面，知的一面曰理智，情的一面曰理性。”譬如计算数目，计算之心是理智，而求正确之心是理性。(2) 理性认知的对象是“情理”，理智认知的对象是“物理”，认知“物理”，必须屏除感情好恶，作纯客观的判断，认知“情理”则“要以无私的感情为中心，即从不自欺其好恶而为判断焉”。(3)“所谓理性，要无外父慈子孝的伦理情谊和好善改过的人心向上”，是“吾人平静通体的心理而已”，因此，它是一种有情感成分的道德直觉，或伦理的情谊，具有非功利主义的特质；理智则“趋于静以观物，其所重在知焉而已”。(4) 理性是先天具备的合理人性。“人莫不有理性，……是天之所予我者，人生之意义价值在焉”。而理智如前所述，则要靠后天获得。(5)“理性是人类生命‘无对’一面之表现；而其‘有对’一面之活动，或运用理智，或不运用理智，都莫非从身体出发”，所谓“有对”，即“展转不出于利用与反抗”；所谓“无对”，即“超于利用与反抗，而恍若其为一体也。此一体之情，发乎理性”。

就梁漱溟对“理性”之上述的界定来看，显而易见它与法国启蒙思想家所提倡的“理性”或“理性主义”迥然不同。他本人也承认：“理性主义有两种，一是法国人的理性主义，是一个冷静分析的理智；一个是中国人的理性主义，是不教通晓而有情的。”法国人的理性主义的“理”是事理，是知识上的“理”，虽也与行为有关系，但却不能够发动行为；而中国人的理性主义的“理”，恰好是有力量的“理”，是能够发动行为的“理”。中国人的这种“不教通晓而有情的”，并“能够发动行为的”所谓“理性主义”，实际上就是儒家传统的道德智慧或"'内圣'心性之学"。梁的一位门生在评论乃师的"理性"学说时明确指出："先生之理性说，原即是儒家心理学，亦即先生的心学或曰心理学，上承孔孟暨宋明诸哲的理学而来。"于此，我们也就不难理解，为什么梁一再声称："理性"虽是人类的"特征"，但它只为中国人所具有，为中国人所认识，为中国人所发挥。

自人生而言人心，人心于本能、理智、理性三者缺一不全，但如前所述，本能与理智成两种相反的心理倾向，互不统属，唯理性能贯通人的理智与本能而使三者联成一体。就本能与理性的关系而言，二者有"情"相通，本能是人生不可缺少的生命冲动，但这种生命冲动从乎其当下的利害得失而发，偏于局守，可谓"有私"，因此本能对于真正的人生来说只是一种"围绕着两大问题而预为配备的方法手段"，或"不可少的工具"。正以其为工具也，必当从属于理性而涵于理性之中。"本能突出而理性若失者，则近于禽兽矣"。就理智与理性的关系而言，二者有"理"相通，"理智者人心之妙用，理性者人心之美德"。理智虽提供了摆脱本能的功利倾向，进而认识生命本体的可能性，但要将这种可能性变为现实性，还须依赖于"理性"。因为理智和本能一样也是生活的一种工具，它只给人类表现自由本性提供了一种条件，而不能保证人类表现出人性，要保证人类表现出人性，达到道德的"自觉"，则需要"理性"的支配和制约。故此，梁漱溟再三强调："理性为体，理智为用，体者本也，用者末也。"只有"理性是主人，理智、本能、习惯皆工具"。

以理性为体，本能、理智为用的文化心理学来观照中西文化，梁漱溟认为，"西洋偏长于理智而短于理性，中国偏长于理性而短于理智"。中国文化在哲学意义上的"文化早熟"，又可理解为心理意义上的"理性早启"。

为什么“西洋偏长于理智而短于理性，中国偏长理性而短于理智”呢？对此，梁漱溟以心身关系为喻作了说明。他指出，理性虽是人类的特征，但理性之于人类必随“社会生命”之“发育成长”而渐次开发。而社会生命又犹如个性生命的心身发育成长，“是心随身来，身先而心后”一样，也是随着“文化之发生开展而发育成长的”。文化的发生和开展，最先环绕的是生存问题，即第一问题，也就是人对物的问题。因此，那时社会的发育成长主要寄于那些从身体出发的活动上。一般而言，身体本是生存的工具，人们在图生存的过程中，又不断创造发明一些工具来使用，这样就使得身体的活动大为增加，也更为灵便。由于生存工具的不断发明，社会关系也因此而变得日益密切起来，社会单位在不断扩大，这就是所谓社会之发育成长。然而，这仅是社会发育成长的一个方面，即偏乎人之身体这一面。除此，社会发育成长还有人的心思之一面。

所谓“人的心思”那一面，指的是“其所以成社会之道”。在梁漱溟看来，人没有工具不能生存，人不结成社会也不能生存。而要构成社会，就不能全靠人类本能彼此利用，还必须在文化上有沟通之道，从而使他们能够超越各自身体的隔离，达到心与心的相通。在人类文化初期，起此作用的通常是宗教。继宗教之后，又有礼俗、法律、道德之种种起沟通人心的作用。当然宗教也没有因礼俗、法律、道德的出现而消失。实际上此四者“实为社会成立维持以至发皇拓大之所攸赖”。有此，才有社会；有社会，才有种种工具之发达；有种种工具之发达，才有人类“理性”之最终开出。

梁漱溟进而指出，所谓文化实包括以上这两方面，由这两方面之逐渐开展，而社会得以发育成长。就一般常规而言，发育先是偏于身之一面，后乃偏乎心之一面。当身之一面成长时，心之一面还须继续发育成长。因此，当社会在经济上实现了一体性，人们不复为生存问题而相互竞争，相反共同合作以控驭自然时，文化发展就达到了一个新的阶段，并由此划分出前期和后期。一向从身体出发的活动，由于生存问题的解决而“渐自告休”，“人的理性”（心）便继之以进。前次环着第一问题（人对物的问题）而发展的第一期文化（可称为身的文化），至此已成过去，第二期文化（可称为心的文化）则随着第二问题（即人对人的问题）代替第一问题占据了人心而开了出来。就第一期文化和第二期文化比较而言，梁漱溟指出，“第一期文化不过给人打下生活基础，第二期才真是人的生活”。

据此来看中西文化，梁漱溟认为，“西方文化是从身体出发，慢慢发展到心的；中国却有些径直从心发出来，而影响了全局”。因此，西方文化是“循序渐进”，发达了“理智”，但“理性”自觉较晚；而中国文化则颠倒了发展的顺序，“理智”未能圆满开出，却成了“理性早启”。这就好比一个聪明的孩子，身体发育未全，而智慧早开了，即由其智慧早开，转而抑阻身体的发育，复由身体之不健全，而智慧遂亦不得发育圆满良好。故此，他指出：“论工具，中国不如西洋，论生命，西洋又不如中国，此其大较也。”

3. 民主、科学与儒家文化的复兴

前已论及，梁漱溟是在五四新文化运动期间才完成由佛而儒的思想转化，而成为现代中国著名的文化保守主义者和现代新儒家的代表人物的。五四新文化运动的旗帜是民主与科学。因此，受五四新文化运动的影响，梁漱溟在《东西文化及其哲学》中，也探讨了民主和科学及其在中国的实现等问题。在他看来，所谓西方文化不外民主（德谟克拉西）和科学（赛恩斯）这两样特长，“所有西方文化的特长都尽于此”。而这两样特长又都是“以意欲向前面要求为其根本精神”的第一文化路向的产物，或说西方文化是意欲向前要求的精神产生“赛恩斯”与“德谟克拉西”两大异彩的文化。朝

向外在世界的知性计算导致了科学的发展，利己主义和个人权力的追求产生了民主。

和西方文化不同，由于中国走的是“以意欲自为调和持中为其根本精神”的第二文化路向，不求诸外而求诸内，不求诸人而求诸己，追求的是人物、人我和自身的普遍和谐，所以也就没有产生西方那样的民主和科学，而这又是近代中国落后于西方的根本原因。故此，梁漱溟一再强调：民主和科学这两种精神完全是对的，只能为无批评无条件的承认。“怎么引进这两种精神实在是当今所急的，否则，我们将永此不配谈人格，我们将永此不能谈学术”。不久，在答《胡评〈东西文化及其哲学〉》一文中，梁漱溟再次指出：“科学和民主是有绝对价值的，有普遍价值的，不但在此是真理，掉换个地方还是真理，不但今天是真理，明天还是真理。不但不能商量此间合用彼间合用不合用，硬是我所说，现在所谓‘德谟克拉西’的精神是无论世界上那一地方人所不能自外的。中国人想要拒绝科学和德谟克拉西，拒绝得了么？”

虽然受五四新文化运动的影响，梁漱溟充分认识到了民主与科学在西方近代文化中的价值，以及中国“承认”和“引进”这两种精神的重要性，但他又认为“承认”和“引进”这两种精神必须以“奠定一种人生观”为基础、为前提。因为在他看来，“现在只有奠定一种人生，才可以真吸收融取了科学和德谟克拉西两种精神下的种种学术思潮而有个结果，否则，我敢说新文化是没有结果的”。这也是中国近数十年来新思潮新风气虽然一开再开，旧去新来，但总是在笔头上转来转去，只变换名词，而没有取得什么实际影响和效果的主要原因。他并批评五四新文化运动道：“新派所倡导的总不外乎陈仲甫（独秀字——引者）先生所谓‘赛恩斯’与‘德谟克拉西’和胡适之先生所谓‘批评的精神’。这我们都赞成。但我觉得若只这样都没有给人以根本人生态度，无根的水不能成河，枝节的作法未免不切。”

基于以上认识，梁漱溟主张“全盘承受”西方的民主与科学，但同时又“批评地把中国原来态度重新拿出来”。并且认为只有昭苏了中国的态度，才能把生机剥尽死气沉沉的中国人复活过来，从里面发出动作，才是真动，中国不复活则已，中国而复活，只能于此得之，这是唯一无二的路。

梁漱溟这里所说的“中国原来态度”，实际上指的就是儒家的态度，或称之为“孔子的人生哲学”。哲学家李石岑就认为：梁说的“中国原来态度”是“孔子原来态度”。梁漱溟自己也承认：“我要提出的态度便是孔子之所谓‘刚’，刚字一义也包括了孔子全部哲学。”从这里我们可以看出，梁漱溟主张“全盘承受”西方的民主和科学，但同时又“批评地把中国原来态度重新拿出来”，实质上是洋务派之“中体西用”模式的现代新版。贺麟在《当代中国哲学》中指出：梁“一面重新指出了儒家的态度，而一面主张全盘接受西方的科学与民主，亦未完全逃脱‘中学为体，西学为用’的圈套”。只是由于时代的变迁和面临的问题的不同，在早年洋务派那里“体”与“用”分别指涉的是中国之纲常名数与西方的科技工艺，而在梁漱溟这里则分别变成了“儒家的人生态度”和西方民主与科学。

其实，梁漱溟这种“儒家的人生态度”加“西方的民主与科学”之“中体西用”式的模式，是与他的整个文化理论相矛盾的。因为在他看来，两种根本精神不同的文化没有调和之理由，而中西文化就是属于两种根本精神不同的文化。西方文化“以意欲向前面要求为其根本精神”，中国文化则“以意欲自为调和持中为其根本精神”。他批评五四新文化运动时期的“中西文化调和论者”有两个根本的谬点，（1）他们“不晓得一派文化之所以为一派文化”，就在根本精神的不同。而这根本精神不同的文化是无法实现调和的；（2）他们“不晓得文化原是一态度一方向”，态度或方向难免有偏正好差之分，但文化本身则无高下优劣可言，这也就没有“调和两偏而得适中，成为一种新的文化的可能”，因此“中西文化调和论者”要将“东西文化调和融通另开一种局面作为世界的新文化，只能是迷离含混的希望”。而现在他自己却也主张中西文化调和：“儒家的人生态度”加西方的民主与科学。著名的哲学家张东荪在《读〈东西文化及其哲学〉》中就一针见血地指出了梁漱溟理论上的这种矛盾：“梁君是反对东西文化调和论的，梁君在他的书上对这种调和论驳得十分痛快，我本是反对调和论，所以十分满意。却不料梁君在最后于全盘承受西方化（民主与科学）上，同时又主张重提中国原有的态度。二者并行，是不是调和呢？”

梁漱溟理论上的这种矛盾实际上是中西文化冲突、融合与中国文化新旧嬗变之际，中国知识分子选择中国文化的根本出路时，普遍表现出来的那种理智与情感，自信与自卑之矛盾心态的反映。作为对中国文化具有炽烈感情的文化保守主义者，他视中国文化为“天理”的载体，远比西方近代文化优越。但自鸦片战争以来中国落后挨打的严酷现实，又使他感到中国文化必须为中国的落后负责，因此，中国要获致富强，立于世界之林，就必须向西方文化学习。然而西方文化所面临的严重危机，又使他忧心忡忡，担心中国会遭受西方文化所固有的人性丧失和精神困扰的痛苦。所以他提出“全盘承受”西方的民主和科学，同时又“批评地把中国原来态度重新拿出来”，实现中西文化之各自“特长”或“异彩”互补调和。以为如此就既可使中国获致富强，成为一个民主、自由的国家，又能防止西方文化的弊端在中国重演，趋其利而避其害。但这不仅与梁自己的文化理论——两种根本精神不同的文化不能调和——相抵牾，而且在实际上也行不通。因为“中国原来态度”，与西方的民主和科学是根本矛盾的，要“全盘承受”西方文化的民主和科学，就非排斥“中国原来态度”不可，鱼与熊掌无法兼得。梁漱溟在分析西洋的民主制度在中国不能建立起来的原因时也认为：我们现在所用的政治制度是来自西洋，而西洋则自其人之间向前争求态度而得生产的，但我们大多数国民还依然是数千年来的态度，对于政治不闻不问，对于个人权利绝不要求，与这种制度根本不合适，所以才为少数人互竞的掠取把持，政局就翻覆不已，变乱遂以相寻。原来与西方的民主和科学“根本不适合”的中国“数千年的态度”，现在又怎么与西方的民主和科学并存而不矛盾呢？据此，李石岑批评梁漱溟的“全盘承受”西方的民主和科学，同时又要复兴儒学，“批评地把中国原来态度重新拿出来”的主张，“恰好弄成一个对销”。

上述主张是梁漱溟在《东西文化及其哲学》中提出来的。三年后，他离开北大，去从事乡村建设实验，并先后完成了《中国民族自救运动之最后觉悟》、《乡村建设理论》等论著的写作。如果说在《东西文化及其哲学》中他还主张“全盘承受”西方的民主与科学，同时又“批评地把中国原来态度重新拿出来”，亦即儒家的人生态度加西方的民主与科学的话，那么，这时的梁漱溟则认为科学虽仍为中国所必需，但西方的民主制度在中国是无论如何也建立不起来。为什么西方的民主制度在中国建立不起来呢？他认为有以下几方面原因。

其一，民主制度是由外而输入进来的，而非源于中国社会自身的要求，因此，没有实行的可能性；其二，中国人生活简单低陋，文盲极多，交通又不发达，没有实行民主制度的物质条件；其三，民主制度与中国的民族精神不合，这是它不能在中国实行的“根本原因”。具体来说：(1) 西方人向外用力，喜争好斗，西方的民主制度就是通过不断的争斗才最终建立起来；中国人则向内用力，安分知足，不像西方人那样向前要求个人权力。(2) 西方人尚功好胜，因此搞竞选，而竞选是西方民主制度的重要特征；中国人则谦恭礼让，搞竞选对中国人来说无异伦理道德的丧失。(3) 西方人性尚恶，彼此互不信任，所以信守所谓“钳制与均衡的原理”；而中国人则人性尚善，绝对信任他人，日常生活中恪守的是仁、义、礼、忠、信这一套儒家原则。(4) 西方人是个人本位主义，追求的是现实世界的物欲满足；中国人则是伦理本位主义，追求的是人生存在的终极价值。

就梁漱溟所举西方民主政治在中国建立不起来的上述三条原因来看，我们并不能说它完全没有道理，相反，有的还相当深刻，譬如，中国文盲多，交通不发达，工商业落后，缺乏实行民主政治的物质条件，这确是中国没能建立起西方民主政治制度的重要缘由。如果不根据中国的具体国情，去照搬西方那一套民主制度，其结果只能是种瓜得豆。然而，梁漱溟把西方民主制度在中国建立不起来的根本原因，归之于与中国的民族精神不合，这又是完全错误的，反映了他保守主义的文化心态。

这里需要指出的是：梁漱溟虽然认为西方的民主制度在中国行不通，但他不仅没有像一些顽固守旧者那样对这一制度持全盘否定的态度，而是在指出它之所以在中国行不通的原因的同时，又承认这一制度有它的“合理”与“巧妙”，并且就他乡村建设的整个理论来看，实际上在中国建立民主制度仍是他追求的目标。因为如前所述，梁漱溟认为中国政治问题要分两步解决，第一步是树立统一稳定的国权，第二步是建设一个政治上达成民主主义、经济上达成社会主义的新中国，而他从事的乡村建设则是实现这两步的前提条件。当然，和他在《东西文化及其哲学》中的主张一样，他认为未来中国的民主主义，不是西方民主制度的简单移植，而是西方民主制度与“中国固有精神”的有机结合，这主要体现于他对中国传统“乡约”的继承与改造之中。所以，从根本上说，民主、科学与儒家文化的复兴，这是梁漱溟对中国文化出路的一贯选择，只是前后的表述有所不同罢了。

三、哲学思想

1. 批判科学主义

所谓科学主义，“是一种从传统遗产中兴起的信仰形式，科学本身的有限原则，在传统与遗产中得到普遍应用，并成为文化设定及该文化的公理。更严格地说，唯科学主义可定义为那种把所有的实在都置于自然程序之内，并相信仅有科学方法才能认识这种程序的所有方面（即生物的、社会的、物理的或心理的方面）的关系”。(郭颖颐《中国现代思想中的唯科学主义》中译本第一七页，江苏人民出版社一九八九年版）这种科学主义，最早我们可以在戊戌变法时期的严复等维新派的思想中找到其倾向。到了五四新文化运动时期，这种科学主义思潮更为强劲，陈独秀、胡适等新文化派都是这种科学主义的崇信者和宣传者。他们主张把科学的领域无限放大，从自然推移到社会人生，用自然科学领域中行之有效的方法和原则来研究“一切社会人事的学问”，认为有了科学，哲学和宗教都失去了存在的价值，科学才是人们应从事研究的唯一领域。

五四新文化运动时期的科学主义思潮在当时的历史条件下有它

的积极意义，因为它首先是作为反对封建专制主义和蒙昧主义的思想武器而为胡适、陈独秀等新文化派所接纳和拥抱的。在这些人看来，由于中国封建专制主义和蒙昧主义的势力强大，只有用科学的理性主义对它进行全面的批判和猛烈抨击，才能振聋发聩，启迪人心，从而实现对广大民众的思想启蒙，使新文化在中国得以建立起来。由于科学主义思潮首先是作为反对封建专制主义和蒙昧主义的思想武器被拥抱和接纳的，因此它最重要的意义就是以不妥协的理性主义精神批判了封建专制主义和蒙昧主义，破除了人们对旧思想、旧观念的迷信，使人们从旧权威的禁锢中解放了出来，而使科学成了新的权威，成了评价一切行为、思想正确与否的唯一标准。同时，科学主义取代旧的价值——信仰体系而成为新的价值——信仰体系，也是历史的伟大进步。因为这种取代是与思想启蒙联系在一起的，它意味着价值——信仰的主体——人——已经觉醒，已经向现代化迈步，而人的现代化又正是思想启蒙运动所要解决的主要课题。

当然，科学主义思潮除了这些正面的意义外，也有其负面的影响。科学的权威化虽然有助于旧权威的破除和新的信仰——价值体系的确立，但权威化往往蕴含着独断化，而独断化又是科学的死敌，它将最终窒息科学的自由和宽容精神，使科学成为一种封闭和僵化的系统，失去其科学性。而且，科学的方法也不是万能的，用它来研究和解决包括精神现象在内的一切宇宙人生问题，本身就违背了科学的精神。实际上，世界上没有也不可能有一种“万能”的方法。

自十九世纪末叶以来，随着科学主义的盛行，和由此而引起的人文与科学精神的对立，科学主义的这些负面影响逐渐显露了出来，尤其是第一次世界大战在近代科学的发祥地欧洲的爆发，进一步证明科学的功用既不万能，也不是纯粹的善，科学的成果不仅能为人类造福，同时也可为人类造祸，从而使西方本已存在的反科学主义的非理性主义思潮更加活跃起来，受这种思潮的影响，部分中国知识分子对科学的功用和价值也产生了怀疑。一九一九年梁启超游历欧洲回国不久，就在他的《欧游心影录》中发出了西方“科学万能之梦”已经破产的惊呼。

梁启超自戊戌变法起就一直以他那敏锐的思想和生花的文笔执思想文化界之牛耳，在知识分子，尤其是广大青年学子中颇有影响。如今他以亲历者的身份宣布西方“科学万能之梦”已经破产，这就不能不引起人们对科学的功用和价值进行反思和重新评估，而这种反思和评估又与对新文化运动的批评，与中国传统的思想观念交织在一起，于是形成了一股势力不小的反科学主义思潮。正是在这样的历史背景下，梁漱溟完成了他从“古印度人的出世思想”到“中国的儒家思想”的转变，并成为著名的文化保守主义者和现代新儒家的代表人物的。因此，对于胡适等人科学主义思想的批判，就构成了他哲学思想的重要内容。

梁漱溟首先对那种逾越本分的科学概念表示出了相当的不安。他认为科学本身就含有有害的生命观、粗糙的功利主义和过度的行动主义，如果对它不加以必要的节制，相反如同胡适、陈独秀等人所主张的那样把科学的作用无限放大，乃至用它的方法来指导和解决包括精神生活在内的一切宇宙人生问题，涵盖文化的各个层面，那么，其结果不仅会破坏人与自然的和谐，造成它们的紧张，自然被人征服，而人又成了自然的奴隶，甚而会使人放弃对生存意义和道德价值的追求，导致人性的丧失，本来富有情感的人，将变成一味追求物欲的动物。他指出，西方文化所暴露出来的那些贫富不均，人情淡薄，“谁同谁都是要算账，甚至于父子夫妇之间也是如此”的等等弊端，从某种意义上说，就是这种科学主义所造成的苦果。

基于上述的认识，梁漱溟依据博格森的“直觉主义”对科学与哲学的划界，坚决反对那种将科学与哲学（他称之为玄学）混为一谈，以科学取代哲学的观点，而强调他们之间的界限。他认为科学与哲学本质上属于两个不同的领域，无论是研究的对象，还是所使用的方法，都有着根本的区别。从研究的对象上看，科学研究的是自然现象，而哲学（玄学）研究的是生命本体。他说："玄学所讲的与科学所讲的全非一事。科学所讲的是多而且固定的现象（科学自以为是讲现象变化，其实不然，科学只讲固定不讲变化）。玄学所讲的是一而变化，变化而一的本体。"由于研究的对象不同，科学和哲学（玄学）的方法也迥然有异，科学的方法是"理智"，玄学的方法是"直觉"。

为了说明科学的"理智"和玄学的"直觉"这两种方法在认识活动中的不同作用，梁漱溟借用佛学的概念，把人的认识区分为"现量"、"比量"和"非量"三种形式。现量是单纯的感觉，可以把握"自相"（个别事物），是对"性境"的认识作用。譬如我们喝茶时，梁举例道，所尝到的茶味，看到桌面的白色，这就是"现量"。"比量智即是今所谓'理智'"，它主要是通过分析及综合对感觉进行加工，形成概念，把握"共相"，其境则是"独影境"。因此，比量得来的概念，不是人们对客观事物的认识，而是心之产物。从现量的纯粹感觉到比量的抽象概念之间，还有一种认识形式，这就是"非量"，"非量即是直觉"。直觉认识"带质境"，"'受''想'二心所对于意味的认识"。因此，直觉（非量）既不同于感觉（现量）是对事物单纯的反映，也不同于理智（比量）是对感觉所进行的抽象分析，而是对客观对象之本质的认识。

就科学的"理智"与玄学的"直觉"认识发生的形式和过程而言，梁漱溟指出，它们也是有区别的。直觉是本能的一次得到，而理智则有一个积累的过程，由不知最后到知。直觉是不需"操心打量"的，遇事只要"当下随感而应"，听凭体悟，而理智则需要思考和逻辑的分析，需要对"感觉"进行综合。

既然科学的“理智”与玄学的“直觉”在认识活动中具有各自不同的作用过程和形式，那么，在梁漱溟看来，人们就不可能像科学主义者所主张的那样由前者来取代后者。其一，理智是通过感觉进行加工，形成概念，而概念只能把握现象，无法取代直觉来认识宇宙本身，因为“宇宙的本体不是静体，是‘生命’，是‘绵延’，要认识本体，非感觉理智所能办，必方生活的直觉才行”。其二，理智是一种外在的手段，是解决人类生存繁衍问题的工具，它无法把握情感、意欲等内心生活，把握情感、意欲等内心生活的只能是内省的直觉，因为“直觉时即生活时，浑括为一个，没有主客观，可以称绝对”。据此，梁漱溟对主张以“科学取代哲学”，甚而认为“科学就是哲学”的科学主义思潮提出了严厉的批评。他指出，由于西方“自然科学的发达，容易使人以科学的所得解决哲学上的问题”，但实际上，“科学之所以为科学，在其方法不在其所得结果”，如果人们“滥以科学中之观念运用到形而上学上去，实自乖其根本，而且终究不成”。

梁漱溟对于科学和哲学之界限的划分，无疑有其合理性。因为作为人类认识世界的两种基本方式，科学和哲学在认知的对象和使用的方法上确实存在着明显的差异，也正是这种差异才使它们彼此区别开来，成为两种不同的学科。然而，另一方面，同作为人们认知世界（包括物质世界和精神世界）的方法系统，科学和哲学又有某些相同性及其必然的内在联系，而梁漱溟却对它们的相同性及其必然的内在联系认识不足。如果说科学主义者过分强调了科学与哲学的相同性而忽略了甚至不承认它们之间差异性的话，那么梁漱溟正相反，强调了科学与哲学的差异性而忽略了它们的相同性，割裂了它们之间的联系。他甚至不恰当地把科学的理智方法与玄学的直觉方法对立起来，认为直觉注重的是人的“情志方面的活动”，它是“知、情、意”的统一，而理智是静止的，机械的，割裂了知与行，情与理，内省与外求的关系，因此，直觉的情感生活非排斥科学的理智不可。

显而易见，梁漱溟这种对立理智与直觉关系的说法已逾出了博格森“直觉主义”的范围之外。因为博格森的直觉主义，犹如冯友兰在《博格森的哲学方法》中所指出：“仅只说明我们要离开物质界，而研究精神界，须要诉与一种生命之感觉（即直觉——作者）”，并没有将理智与直觉完全对立起来，对理智采取排斥的态度。（《新潮》三卷一号）

不唯如此，梁漱溟还崇尚直觉而大反理智，认为理智使人向外用力，会导致一种功利主义的人生态度，凡事都要“算账”，计较利害得失，而将情感、道德斩伐得干干净净。与此相反，直觉能使人超越功利感性的存在，养成一种“不计较的生活态度”，不去“打量”、“计算”，也不区分人我、物我的不同，而“一任自己的直觉”，从而达到“天人合一”的精神境界。

梁漱溟在区分科学与哲学之界限时，还就科学与宗教的关系进行了分疏。在此问题上他与科学主义的观点也是对立的。梁漱溟指出，作为认识系统的科学只能用于自然领域，而不能用来解决包括宗教在内的所有宇宙人生问题，宗教和科学属于两个不同的领域，“科学是知识，宗教是行为，知识并不能变更我们的行为，行为是出于情志的”。在他看来所谓宗教，就是“以超绝于知识的事物，谋情志方面之安慰勤勉”，分而言之有两个方面，“一宗教必以对于人的情志方面之安慰勤勉为他的事物；二宗教必以对于人的知识之超外背及立他的根据”。就第一方面而言，无论何种宗教，幼稚低等者如拜蛇、拜黄鼠狼及至供火神、灶神、河神等民间宗教，程度颇高者如西方基督教，印度之佛教，阿拉伯世界之伊斯兰教等世界性的大宗教，“除与人一勤勉之外实不作别的事，此即大家所谓得到一个安身立命之处是也”。至于第二方面，不管任何宗教之教义如何，都具有“超越”和“神秘”两个特征，“超越”就是在“现存世界”之外的“超绝世界”中如“神仙”、“天堂”、“上帝”、“真主”等等，求得“情志之安宁”，故此，“一切宗教多少总有出世的倾向”；而“神秘”则实指“不容理智使其作用”的宗教信仰和仪式。

梁漱溟认为，无论从宗教这两方面的哪一方面来说，科学都无法取代宗教。因为科学的方法是“理智”，而理智如前所述，由于它的静止和机械性，对于人的内心生活是无能为力的，因此也就不可能取代宗教之第一方面的作用，给人以“情志方面之安慰勤勉”；宗教之第二方面是在“超越世界”中求得“情志之安宁”，而这种“超越世界”或为“感觉所未接，或为理智所不喻”，科学对它也是无能为力的。故此，梁漱溟指出，科学的进步，虽然能改变人生老病死，但“无法改变老病死之所以为老病死的问题”，医药的进步可以治疗人的疾病，延长人的生命，甚至使其暂时的返老还童，然而最终他还会老，还会病，还会死。而只要有老病死问题的存在，人们就需要有“情志方面之勤勉，以便获得安身立命之处”，那么，宗教也就永远有其存在之必要及其价值。

既然科学与哲学（玄学）、宗教有别，前者不能取代后者，因此，梁漱溟合符逻辑地认为：科学方法也就不能解决人生观的问题，人生观的问题只能诉诸直觉。就此出发，他特别推崇王阳明的“良知”、“良能”，认为宋明新儒家所倡导的心性之学和修养功夫对于培养人的德操，消化因“存在迷失”、“道德迷失”和“形上迷失”引起的意义危机，使人们重新获得安身立命之所具有积极的意义和价值。

平实而论，梁漱溟的上述思想尽管不无主观武断之处，但它辨明了科学与哲学、宗教的划界，充分揭示了中国传统思维方式之重视直觉的特点，以及直觉与理智之间的不同。这不仅有助于缓解科学主义思潮所产生的负面影响，也有助于我们更好地认识传统思维方式的特点和长处。当然，也不容讳言，梁的理论又具有浓厚的非功利主义和反理性主义色彩，而这不利于科学的发展和人的思想启蒙。

2. 认同陆王心学

前文已经指出，梁漱溟是“新文化运动以来倡导陆王心学最有力量的人”，他在《东西文化及其哲学》中对孔子人生哲学的诠释遵循的是陆王心学的进路。朱谦之在评价《东西文化及其哲学》时就明确指出：“梁氏所谓孔子，是阳明一派眼中的孔子，而非孔子全体。”因此，要研究他的哲学思想，就非研究他对陆王心学的认同不可，而要研究他对陆王心学的认同，又必须追根溯源从晚清陆王心学的复兴入手。

我们知道，在整个十六世纪和十七世纪的上半叶，作为统治阶级的意识形态，陆王心学是官方显学。然而自十七世纪中叶起，由于农民起义的打击，尤其是明朝灭亡所引起的文化反思，陆王心学因其空疏而受到了人们的批评及至否定，加上清初统治者又采取尊朱抑王的文化政策，因此，进入十八世纪后陆王心学衰微了。

经过长时期的沉寂，到十九世纪末二十世纪初的清朝末年，陆王心学却奇迹般地出现了复兴。当时的资产阶级维新派康有为、梁启超、谭嗣同和资产阶级革命派陈天华、章太炎等都是复兴陆王心学的人。陆王心学在晚清的复兴有两个方面的原因：

首先，就学术思潮的演化趋势来看，陆王心学在晚清的复兴，是十九世纪后出现的汉宋调和和程朱与陆王调和之必然结果；其次，就陆土心学本身所具有的特点来看，陆王心学在晚清的复兴，是与它所具有的注重自我意识，充分肯定人的主观能动作用的特点分不开的。因为自一八四〇年鸦片战争后，中国开始沦为半殖民地半封建社会，与社会性质的这种变化相一致，中国人民开始了反帝反封建的斗争历程，尤其到了十九世纪九十年代后，随着新兴的民族资产阶级的产生、壮大并登上了历史舞台，这种斗争更具有了真正近代的性质和意义，而斗争的内容之一，就是反对封建专制制度和等级关系，要求博爱、自由和平等，使人从受支配受奴役的境遇中解放出来，成为真正具有独立人格和主体意识的人，而这正好可以在陆王心学中找到其隐含和意蕴。于此我们也就不难理解，为什么不是儒学的其他形式——原始儒学，董仲舒的天人感应说，或程朱理学——受到人们的青睐并使之出现了复兴，为什么既不是洪秀全、洪仁玕，石达开这些农民起义的领袖，也不是曾国藩、李鸿章、张之洞这些开明的清朝大吏，而是康有为、谭嗣同，陈天华、章太炎这些资产阶级维新派和革命派成了晚清复兴陆王心学的倡导者。贺麟在《当代中国哲学》中分析陆王心学复兴的原因时指出："陆王注重自我意识，于个人自觉民族自觉的新时代较为契合。因为过去五十年（指甲午到抗日战争——引者）是反对传统权威的时代，提出自我意识，内心自觉，于反抗权威，解脱束缚，或较有帮助。"

作为"新文化运动以来倡导陆王之学最有力量的人"，梁漱溟认同并以陆王心学来诠释和提倡孔子的人生哲学，从其思想文化演化的趋势来说，这无疑是晚清陆王心学复兴的继续。然而由于时代的更迭和历史处境的变化，他与那时代的资产阶级维新派和革命派对于陆王心学的选择也有不同。资产阶级维新派和革命派是那个时代向西方学习的先进中国人，他们要求改革或废除封建专制制度，实现资产阶级的平等、博爱和自由。因此，他们倾心的是陆王心学对于自我意识的注意和隐含的否定旧权威，主张人人平等的意蕴。而梁漱溟认同并以陆王心学来诠释孔子的人生哲学是在五四新文化运动方兴未艾之时。其时，由于西方文化的大量输入，尤其由于新文化运动对于传统文化的批判和个性解放的倡导，打破了中国人一向借以安身立命的世界观和人生观，加上辛亥革命后普遍王权的衰落所引起的社会动荡不安和第一次世界大战造成的人类大规模残杀的影响，人们在精神上发生了道德、存在和文化认同的意义危机，用梁漱溟的话说，具有“人生空虚无意义之感”。有许多人为了解脱精神上的空虚，困惑和痛苦，纷纷遁入佛门，甚至走上了自杀的道路。当时自杀已成为一种社会现象，曾引起过思想文化界的讨论。一九一九年十一月，北大学生林德扬投水自杀后，陈独秀在《新青年》上发表《论自杀》一文，分析林自杀的原因说：“这班现代青年，心中充满了理想，……不幸生在思潮剧变的时代，以前的一切信仰都失去了权威，主观上自然会受悲观怀疑思想的暗示，心境深处起了人生价值上的根本疑问，转眼一看，四方八面都本来空虚、黑暗，本来没有奋斗、救济的价值，所以才自杀。”

面对如此的历史处境，作为与新文化派相对立的文化保守主义者，梁漱溟“注意的是文化问题，他发挥儒家陆王一派思想，重在人生态度方面”，而不是它那注重自我意识，有利于个性解放的意蕴，力图通过陆王一派之人生态度的提倡，解决所谓“意义危机”问题，重新找回安身立命之所。他在《东西文化及其哲学》中明确指出：这类问题——人生空虚无聊，人生究竟有何意义——也可以径直走入否定人生一途，也可仍旧折回归还到勉于人生，由前一途其结果固必为宗教或长生的出世法，由后一途其结果则不必为宗教，尽可以于人生中为人生之慰勉，如孔家暨后之宋明儒皆具有此种能力。因此，“以孔颜的人生为现在青年解决他烦闷的人生问题”，是梁漱溟认同并以陆王一派的人生态度来解释和提倡孔子的人生哲学的主要动机和原故。

在梁漱溟看来，人们的生活之所以会失去意义，感到焦虑、困惑和痛苦，其原因在于人有“欲望”，而这种“欲望”，如果得不到适当的抑制，听凭其自然发展，一味向前追求下去，处处认得太实，事事要有意义，而且要求太强，趣味太浓，计较太盛，将一个人的生活的重心全挪在外边，一旦这误以为实有的找不着了，便骤然失其重心，情志大动摇起来，什么心肠都没有了，只有焦惶慌怖苦恼杂集，“其结果必倦于人生会要有人生空虚之感，竟至生活动摇”。据此，他认为要消除这种“人生空虚无意义之感”，关键就在抑制“欲望”。而要抑制“欲望”，首先就必须反对什么都要算账的功利主义的人生态度，一切都不要计较利害得失，如果计较了，就是“违仁、失中、丧失生机”。他并把这说成是孔子之人生哲学的主要内容。他说：“孔子的唯一重要的态度就是不计较利害，这是儒家最显著与人不同的态度，直到后来不失，并且演成中国人的风尚，为中国文化之特异色彩。”

其实，孔子虽然“罕言利”，说过“君子喻于义，小人喻于利”一类的话，但罕言利不等于不言利，更不是一切都不要计较利害得失，譬如，孔子说：“学也，禄在其中矣”，“问民之所利而利之”。这不是言利又是什么呢？实际上只是到了董仲舒那里才提出“正其谊不谋其利，明其道不计其功”。宋明新儒家则将董仲舒的观点进一步推向极端，而提出“存天理、灭人欲”，把人的欲望看成是一切罪恶之源。尽管梁漱溟对于“天理”、“人欲”的理解与宋明新儒家略有不同，但他视意欲为产生“人生空虚之感”的原因，把一切不计较利害看成是“孔家的唯一重要的态度”，则无疑遵循的是宋明新儒家的思想进路。

循此进路，梁漱溟十分赞同宋明新儒家的“无欲”主张，并把它说成是儒家重要范畴“仁”的主要含义。他说：世上有一种偏见以为仁就是“慈惠”，这固然不能说不是仁，但是仁之重要意味则为宋明家所最喜悦，而我们所最难懂的“无欲”。又说：“宋儒无欲确是有故的，并非出于严酷的制裁，倒是顺自然把力量扯开，使其自然的自己去流行。”

基于此，梁漱溟认为人们不应去追求什么人生的意义和价值。在他看来，人生是没有什么意义和价值可言的。因为人生与其他事物不同，其他事物由于它是较大关系之一点，还可以立一个评价的标准，而“整个之人生则是一个独绝，更不关系于较大之关系，不应对之究问其价值意义结果之如何”，要是究问的话，那就是理智受了一种“为我的冲动”在那里起作用，“一个人要是尽做这样的生活”，那么必然会有人生空虚之感。所以他指出：若于生活中比较的凭直觉而不用理智当可少愈，而尤莫妙于以理智运直觉，使人涵泳于一“直觉的宇宙中”。这样，“不论何人当下却已圆足无缺无欠”。

与此相联系，梁漱溟反对向外用力，“把生活的美满全放在物质的享受上”，而提倡陆王一派的向内用力，反身而诚之内省修算工夫，主张以内心去追求生活的真谛及其价值。故此，他肯定陆王一派的“静”、“寂”工夫，他说：宋明人都有点讲静坐，大家只看形迹，总指为受佛老的影响，而不是孔子的原样，其实冤屈了他。在他看来，明儒陈白沙的“静坐中养出之端倪”的心学方法“实在很对”，王阳明弟子聂双江于王门中独创归寂之说“尤为确有所见”。他并指出，“在古代孔子怎样修养现在无从晓得，然而孔家全副的东西都归结重在此点，则其必以全力从事于此，盖可知也”。

由此出发，梁漱溟认为“调和中庸”，“一切不认定”是孔子人生哲学的一个重要内容，他说：孔子有一个很重要的态度就是一切不认定，不但对于其实不如何的而认定其如何是错，并且一认定，一计算，在我就失中而倾欹于外了。由于“一切不认定”，因此也就“与世无争”，“廓然与物同体，其情无所不到”，人们“互让”，“互谦”，无空虚、厌世之感。

梁漱溟尤为赞赏陆王一派提倡的那种“乐天知命”的“孔颜乐

处”。他说：宋明人常谈“寻孔颜乐处”，那是不差的，他只是顺天理而无私欲，所以乐，所以无苦而只有乐，所有忧苦烦恼——忧国忧民在内——通是私欲。对于泰州学派王氏父子的“以乐为教”，梁漱溟更是推崇备至，认为他们“作事出处甚有圣人的样子，皆可注意处也”。他并强调指出，只有“认取自身活动上的乐”，才是“真乐”，才是“绝对的乐”，因为这种乐是完全建筑在主观精神之上的，是超绝一切物质关系的乐，是自得的乐。与这种绝对的乐相对的是“相对的乐”。“何谓相对的乐？他这个乐是系于物的，非绝关系的，所以为相对；他这个乐是与苦相对待的，所以为相对”。在梁漱溟看来，人们只要实现了这种“绝对的乐”，就会使一切“要求计较之念销归乌有，根本使问题不生也，什么人生有意义无意义，空虚不空虚，满足不满足，他一概不晓得”，从而达到“无我”、“忘我”的“天人合一”之理想境界。故此，他视“绝对的乐”为孔子人生哲学的归宿。

尽管梁漱溟依据陆王一派的人生态度对孔子的人生哲学进行注释，并把它视之为解决所谓“意义危机”的根本药方，然而他毕竟距离王阳明及其弟子王艮、聂豹所生活的时代有四个世纪之久了。他生活的时代是中西文化大冲突大融合的时代。因此，他依据陆王一派的人生态度对孔子的人生哲学进行解释时，又在某些地方偏离了陆王一派的思想进路。

首先，他对“天理”的解释和陆王一派有明显的不同。在宋明新儒家那里，“理”、“礼”是相通的，所谓“理”或言“吾心良知之天理”，指的就是仁、义、礼、智、信这些封建伦理纲常“礼”的自然之理，王阳明就训“理”为“礼”。他说：“礼字即理字”，“夫礼也者，天理也。天命之性具于吾心，其浑然全体之中，而条理节目森然毕具，是故谓之天理”，“以此纯乎天理之心，发之事父便是孝，发之事君便是忠，发之交友治民，便是信与仁”。(《王文成公全书》卷七，卷一）因此宋明新儒家的“存天理、灭人欲”的实质是要维护封建伦理道德的绝对权威，以维护封建地主阶级的君君、臣臣、父父、子子的统治秩序。但在梁漱溟这里“天理”已不是“礼”——封建的伦理纲常，而是自己生命“自然流行日用不知的法则”。他说：“大家要晓得天理不是认定一个客观道理，如臣当忠，子当孝之类，是我自己生命自然变化流行之理”。对于宋明新儒家所要保存的“天理”，他不惟不提倡，反而称赞戴震对于宋明新儒家“存天理、灭人欲”的批判是“纠正宋人支离偏激之失”。

其次，梁漱溟虽然倡导“寡欲”或“抑欲”，但他所讲的“欲”或“私欲”、“欲望”，指的主要是理智打算计较所引起的“忧苦烦恼”，而对于合理的出于自然的人之情感、欲望等感情存在，他并不赞成绝对禁欲主义倾向，相反持某种赞同的态度。故此，他在用陆王一派的人生态度解释孔子之人生哲学时，认为“以生活为对为好的态度”是孔子之人生哲学的重要内容。梁漱溟这种反对“纵欲”而主张“抑欲”，但又不赞同“禁欲”，严格区分道德的感性力量（仁）与欲望的感性冲动（食、色之类）的思想后来被其他现代新儒家所接受和发挥，成了现代新儒学的一块理论基石。

3. 儒学的现代化

作为现代新儒家的代表人物，梁漱溟哲学思想的另一重要内容，是谋求儒学的现代化。梁漱溟谋求儒学现代化的努力，首先体现在他对所谓真假儒学的区分上。

在梁漱溟看来，现世所传的儒学不是孔子所创立的原始儒学或真儒学，真儒学传至先秦荀子时，因“荀卿虽为儒家，但得于外面者多，得于内心者少”，故未得孔子的“根本意思”，其着力处在外部的约束和建立行为准则“礼”上。汉人所传主要是荀学，孔子的本来的思想反湮没不彰，“其政治非王非霸，而思想中又见黄老之活动，实在是一个混合的文化。当时的人生与其谓孔家的，宁谓多黄老之意味”。到三国魏晋南北朝时，其时人思想愈加浅薄无着落。至唐代，佛学大兴，禅宗遍天下，孔子的思想无人提倡，几乎“渐灭殆绝”。虽有一个韩愈以孔孟传人自居，然就其思想来看，没有一点儒家的影子。五代乱世更无可说。经过此非常沉寂的时代，到了宋代，慢慢地产生了宋学。宋学尽管“对于孔家的人生确是想法去寻的”，但因它“忽于照看外边，而专从事于内里生活，而其从事内里生活，又取途穷理于外”，因此“亦不甚得孔家之旨”。至明代，有王阳明及其弟子出现，于“孔家的人生态度，颇可见矣”。然好景不长，随着清王朝的建立，代王学而起的是汉学，汉学家“两眼都是向外，又只就着书本作古物看，内里生活原自抛却，里上思想便也不管”，孔子的“本来思想”又被尽失。其结果，经过两千多年的歪曲篡改，孔子的“真儒学”变成了“假儒学”，“内部腐坏酵发臭味”，充满人情的伦理道德成了不顾人情的“吃人的礼教”。他说：“中国民族几千年实受孔孟理性主义（非宗教独断）之赐，不过后来把生动的理性、活泼的情理僵化了。使得忠孝贞节泥于形式，寝失原意，变成统治权威的工具，那就成了毒品而害人，三纲五常所以被诅咒为吃人的礼教，要即在此。”（《今天我们应当如何评价孔子》）

实际上，对儒学作真与假的区分，这并非梁漱溟的新发明。于他之前，戊戌变法时期的康有为就区分过真假儒学。在康有为看来，现世所传的古文经经学是“假儒学”，它淹没了孔子托古改制的“微言大义”，变成了顽固守旧派拒绝任何形式的变法的护身符，“真儒学”是自汉代以来就一直被统治者视为异端而屡遭迫害的今文经学。所不同的是，作为资产阶级的维新思想家，康有为区分真假儒学的目的，是为自己的变法维新制造理论根据和历史根据，而作为二十世纪中国著名的文化保守主义者和现代新儒学的“开启者”，梁漱溟区分真假儒学的目的则是谋求儒学的现代转换，从而使经五四新文化运动的批判而日趋僵化死亡的儒家文化重新复活起来。对此，梁漱溟从两个方面作了努力。

首先，是对“假儒学”的批判。在《东西文化及其哲学》中梁漱溟写道：“古代礼法，呆板教条，以致偏欹一方，黑暗冤抑，苦痛不少。”宋以前这种礼法对人们的束缚还不十分厉害，宋以后所谓礼教名教者又变本加厉，此亦不能为之曲讳，数千年以来使吾人不能从种种在上的权威解放出来而得自由，个性不得伸展，社会性亦不发达，这是我们人生上一个最大的不及西洋之处。在《中国文化要义》中他又指出：中国文化最大之偏失，就在个人永不被发现这一点上，一个人简直没有站在自己立场说话的机会，多少感情要求被压抑、被扼杀。五四运动以来所以遭受“吃人的礼教”等诅咒者，事非一端，而其实要不外此。如此言论，于梁漱溟的著作中是屡见不鲜。这与陈独秀、胡适等西化派对于儒家之纲常名教的批判是何其相似！

其次，是对“真儒学”的阐发。现世所传的儒学是“假儒学”，那什么又是孔子所创立的“真儒学”呢？梁漱溟认为孔子所创立的“真儒学”，既不是“纲常名教”等具体的行为模式和规范，也不是一门自然科学或社会科学，甚至不是哲学，而是一种“自己学”。他在《孔子学说的重光》一文中写道：孔子的学问究竟是什么呢？我们根据比较可靠的古籍——《论语》来看孔子毕生效力用心所在的学问是什么，拿其中许多条来参考勘对，比较研究。我们发现最显著的一条，“吾十有五而志于学，三十而立，四十而不惑，五十而知天命，六十而耳顺，七十而从心所欲不踰距。”这是孔子自己说明他自己的话。说他自己的生活，说他自己的生命，说他自己这个人。仿佛可以说，他由少到老，从五十到七十，所致力用心的就是关乎他自己个人的一身。我们隐约地见出他是了解他自己而对自己有办法。照我所体会，他的学问就是要自己了解自己，自己对自己有办法，而不要是自己不了解自己，自己对自己没办法。孔子毕生效力就在让他自己生活顺适通达，嘹亮清楚；平常人都跟自己闹别扭，孔子则完全没有。这种学问究竟是什么学问，都找不到一个合适的给他安上。孔子毕生所研究的，的确不是旁的而明明就是他自己，不得已而为之名，或可叫做“自己学”。

梁漱溟进而指出，由于孔子的学问是一种“自己学”，自己对自己有办法，因此，由孔子所创立的儒学的最大特点，“就是要人的智慧不单向外用，而回返到自家生命上来，使生命成了智慧的，而非智慧为役于生命”。这也是儒学与西学的根本区别所在。西方人对什么都有办法，天上的电，地下的矿，山上的草木，无不了解，上穷天际，下极地层，对一切都考查研究。但有一点，他们很少了解自己，体认自己，自己对自己无办法。故此，和儒学不同，西学的最大特点，是要人的智慧向外用，结果不是使生命成为智慧的生命，相反智慧为役于生命，“成了生命的工具”。因此，尽管西方人会制造飞机，上升天空，也会制造军舰，在海上游弋，但由于他们的“生命是蠢的”，是系于物的，所以制造无数飞机放炸弹，自己毁灭自己，自己对自己无办法。由于自己对自己无办法，其他一切办法不仅无济于事，相反会越弄越糟。梁漱溟由此得出结论：西方文化是要失败的，“等到西洋人失败的时候，中国文化的坠绪从新接续，慢慢再发挥光大；孔子学说的价值，最后必有一天，一定为人类所现，为人类所公认，重光于世界！”（《孔子学说的重光》）

依据他对所谓“真儒学”的上述认识，梁漱溟在《东西文化及其哲学》中重新诠释了儒学的一些概念和范畴。如“礼乐”，他解释道：礼乐是什么？礼乐原不过是人类生活中每到感情振发流畅时那种种的活动表现，而为各民族人群一向固有者而已。“中国古人

（周、孔）之所以制作和讲求者，要在适得其当，以遂行人情，以安稳人生就是了，岂有他哉。”又如“孝悌是孔教中唯一重要的提倡，他这也没有别的意思，不过他要人做他那种富感情的生活，自然要从感情的发端地方下手罢了”。就是儒家的全部伦理道德，也在梁漱溟看来，实富有他所谓挈矩之道在内，父慈子孝兄友弟恭，当使两方面调和而相济，并不是与压迫一方面的——若偏欹一方，就是与他从形而上学来的道理不合。经过如此解释，儒学中那些与现代生活不符，且人们所痛绝和批判的内容，如“吃人的礼教”，已多少被他作为“假儒学”从儒家的思想中剔除出去，而他加以认同和弘扬的主要是儒学那一套反省内求、乐天知命的人生态度及其能给人以情感方面慰藉的功用。故此，梁漱溟一再指出“儒家没有什么教条给人，有之，便是教人反省自求一条而已”。(《中国文化要义》)

我们尽可批评梁漱溟仅根据《论语》中的一段话就推断孔子所创立的“真儒学”是“自己学”的不当，也可指责他提倡儒家这套反省内求、乐天安命之人生态度的非是，但必须承认，这是他谋求儒学现代化的一种努力。美国汉学家墨子刻教授在他的《摆脱困境——新儒学与中国政治文化的演进》一书曾如此写道：“一些杰出的中国知识分子，一向从事着今天也仍然在从事着的人本主义的努力。他们的工作也包括同传统的某种剧烈的分离。具体地说，他们反对把制度化的儒学和儒家教条主义——尤其反对把西汉以来朝廷所倡导的具有官学地位的儒学——当做真正学问的唯一源泉。毫无疑问，即使是在帝制时代，儒家学者们也在不断作出努力，以区分什么是承夫子之道的真儒学，什么是鱼目混珠的假儒学。但是，儒家哲学的现代信徒们，或许将这种区分强调到了前所未有的程度。他们希望通过对已经不纯的文化遗产的筛选，提取出一种可能适用于未来道德‘精神’。因此在一定程度上，他们已经接受了‘五四’

时‘反对传统权威’的原则，期待者一种既受益于中国和西方学派渊源的，又批判地发展起来的‘新’学术”。（中译本第五—六页）梁漱溟不正是这样的儒家哲学的现代信徒吗？

如果说对儒学作“真”与“假”的区分是为了“正本清源”的话，那么，梁漱溟谋求儒学现代化的另一种努力则是援西方博格森之生命哲学入儒，用前者重新解释和发挥后者，从而使儒学与西方哲学实现某种程度的结合，并在此基础上创立了自己的“新孔学”。

首先，他根据博格森的生命哲学重新解释和发挥儒家哲学的变易思想，使它有了宇宙本体论的意义。他说：我心目中代表儒家道理是“生”，“这种形而上学本来就是讲‘宇宙之生’的”，所以说“生生之谓易”。在引述了孔子关于“天地之大德曰生”，“天何言哉，四时行焉，百物生焉，天何言哉”等论述后，梁漱溟断言：“这一个‘生’字是最重要的观念，知道这个就可以知道所有孔家的话……他以为宇宙总是向前生发的，万物欲生，即任其生，不加造作，必能与宇宙契合。”儒家哲学虽然讲“生”，承认宇宙万事万物都处于永无休止的变易之中，但它指的是事物的运动变化状态，而梁漱溟却把它与博格森哲学之“生命”、“绵延”的概念相提并论，使它和后者一样成了宇宙万物的本体。他指出：“宇宙是一生命，从生物的进化史，一直到人类社会的进化史，一脉下来，都是这个大生命无尽已的创造。一切生物，自然都是这个大生物的表现。”又说：“宇宙本体不是固定的静体，是‘生命’，是‘绵延’。”

其次，用博格森的直觉主义重新解释和发挥儒家哲学的认识思想，使它更具有了非理性主义的特征。传统的儒家哲学的认识论虽有当下即是的直觉因素在内，但并不完全排斥理性。梁漱溟却根据博格森的直觉主义，对它作了非理性主义的解释。他说：“儒家尽用直觉，很少来讲理智。”又说：“孔家很排斥理智。”“一般人是讲理的，孔子是不讲理的，一般人是求其通的，孔子则简直不通。”

并以王阳明哲学为例，“及明代而阳明先生兴，始祛穷理于外之弊，而归本直觉——他叫良知”。在一九二二年他写的《评谢著阳明学派》一文中，梁漱溟又根据博格森的直觉主义对王的“良知”说作了三重含义的界定：(1) 一切后天知识具不在内；(2) 后天知识之作用，即所谓感觉作用和概念作用（即理智者）都非良知；(3) 良知是有情味的知，或有意味的知，在今日则所谓直觉，它和知识知解的知不同，知识知解的知是静的知，亦即客观性的知，而良知则为主观性的知。

第三，他用唯意志主义的观点解释和发挥宋明理学“存天理，灭人欲”的思想。按照传统儒学的观点，天理是带有强制性的道德规范，并且这种规范是心性自觉的结果。梁漱溟从博格森“生命冲动”论的唯意志主义倾向中获得启迪，对“天理”作了与传统儒学不同的解释。他认为“天理”“不是认定一个客观道理，如臣当忠，子当孝之类”，而是“自己生命自然变化流行之理”，是主观的“情理”。“见师当敬，出言必信之理则非客观的情理，而为主观的情理。此理出于良知直觉，与知识见解由后天得来者根本不同”。这就是说，道德规范的树立不是对外在必然性的认识，而是内在的自由意志的选择。经过这样的解释，他就把中国儒家注重“自觉”的特点与西方伦理想注重“自愿”的特点结合起来了。

毋庸否认，由于梁漱溟当时对博格森的生命哲学和儒家哲学都缺少认真的研究，往往是用他不甚理解的生命哲学去解释、发挥他同样不甚理解的儒家哲学，使孔老夫子及其门徒从身着长衫的“古圣先贤”变成了西服革履的“假洋教授”外，就其内容而言，不过是古义新释，实质上并没有增添多少新东西。然而从方向上来说，他援博格森哲学入儒，是谋求儒学现代化的一种努力，他试图通过儒学与博格森哲学的结合，通过后者对前者的重新解释和发挥，实现儒学的现代转换，从而使经五四新文化运动批判而日趋僵化死亡的儒家文化重新复活起来。谋求儒学与西方哲学的结合是现代新儒家共同努力的方向，而这一方向的定位者则是梁漱溟和他的《东西文化及其哲学》。

四、乡村建设思想

1.“创造新文化，救活旧农村”

梁漱溟指出，乡村建设运动的兴起，起于乡村的破坏，而引起乡村破坏的原因，一是天灾人祸，二是风气改变。如果说天灾人祸是历代都有的，近几十年来只是加重而已，那么，风气改变则是几千年来未有之大变局，这表明近几十年来乡村破坏的程度已经很重很深。因为一个社会里边，顶要紧的是它的社会制度。一个社会制度，就是一个社会人人所共循共由的道路，大家共循共由，社会秩序就安定，否则便紊乱。而社会制度，有的是由国家法律规定的，有的则靠社会上的风俗习惯来维系，中国就属于后者。所以和以前不同，以前的乡村破坏，还有复归于治平之一日，而近几十年来则“是一直下去不回头的一种乡村破坏，乡村纯落于被破坏地位”。

所以会造成风气的改变，从而引起乡村的严重破坏，是由于世界大交通后，西洋人的东来，中国人与西洋人见了面，因为抵不住他的压迫，又羡慕他的文明，遂改变自己去学他，以求应付他。如光绪的变法维新，孙中山的辛亥革命，一九二六年的北伐，都是学西洋，但结果是画虎不成反类犬，学他未成，反而把自己的乡村破坏了。易言之，中国近几十年的乡村破坏，完全是因为受外国的影响，盲目地学西洋而造成的。

为什么学西洋会造成乡村的破坏呢？梁漱溟认为，其原因就在于中西文化的不同。中国是一个农业国家，其文化是以乡村为本的文化，其社会是以乡村为本的社会，人口的百分之八十住在乡村，过着乡村生活，农业是中国的主要产业，是中国的国命所寄，其状况的好坏是解决中国一切问题的关键和从事其他建设根本前提。而西洋各国都是工业国家，皆以都市为本，他们的文化，也都是一种都市文明。如英国人口的百分之七十就住在城市，只有百分之三十住在乡村。

中国的国命既然寄托在农业，寄托在乡村，所以他的苦乐痛痒也就在乡村。只有乡村安定，乃可以安辑流亡；只有乡村产业兴起，可以广收过剩的劳力；只有农产增加，可以增以国富；只有乡村自治当真树立，中国才算有基础。一句话，只有乡村有办法，中国才算有办法，无论在政治上、经济上、教育上都是如此。这样一个以农业为主的国家，以乡村为本的文化，近几十年来却遇到一个以工业为主、以都市为本的西洋文明，并天天跟着它学，就不能不与自己原有的文化发生矛盾冲突，以致日渐崩溃破坏。所以中国学习西洋的结果，不仅没有学成工业国家，都市文明，反而因学走以都市为本的道路，把乡村也破坏了。

把乡村破坏的主要原因归结于近代中国人向西方的学习，这显然是不对的。实际上，造成乡村破坏的根本原因是帝国主义的侵略，把中国广大乡村变成它们的商品倾销市场和原料产地；是统治者对农民敲骨吸髓的掠夺。据统计，当时加在农民身上的苛捐杂税，名目繁多，举不胜举，仅以正粮计算的附加捐，就有房捐、产销捐、公款捐、保卫团捐、民团捐、枪捐、修塞捐，等等，这些附加捐是正税的六、七倍；是军阀连年混战给农民的生命财产造成的重大破坏。以梁漱溟乡村建设实验的所在地山东为例，一九二九年春，胶东有刘珍年、张宗昌残部的战争；同年底，鲁南、鲁西有蒋、冯之间的战争；次年，蒋、冯、阎中原大战的战火延烧到鲁南、鲁中；一九三二年又有韩复榘、刘珍年之间的战争。在帝国主义的侵略、统治者的掠夺和军阀连年战争的摧残下，广大乡村哪有不被破坏之理？梁漱溟对乡村破坏之原因的认识，反映了他文化保守主义的立场和心态。

梁漱溟进一步指出，当乡村最初被破坏的时候，人们还没有感觉到十分的痛苦，但等到破坏的程度日益加深时，人们终于认识到了问题的严重性，于是便纷纷投身乡村建设。所以，乡村建设最直接的目的是要救济乡村。

当然，梁漱溟进一步强调指出，因乡村破坏而有救济乡村的乡村建设，这只是乡村建设之由来的浅一层原因，就更深一层原因言之，“乡村建设之由来，实由于中国文化不得不有一大转变，因为要转变出一个新文化来，所以才有乡村建设运动”。故此，他在《乡村建设大意》中一再强调：“乡村建设除了消极地救济乡村之外，更要紧的还是在积极地创造新文化，所谓乡村建设，就是要从中国旧文化里转出一个新文化来。”强调乡村建设不是单纯的乡村救济，或经济、政治、教育建设，而是一种文化建设，是中国文化出路的选择，这也是梁漱溟的乡村建设思想不同于同时代的其他乡村建设者的乡村建设思想的特色所在。

要创造新文化，首先必须搞清文化的定义。在梁漱溟看来，文化的定义有狭义和广义之分，狭义的文化单指社会意识形态，广义的文化，则将一个社会的经济、宗教、政治、法律，乃至言语、衣食、家庭生活等都包括在内，换句话说，广义的文化，就是一个社会过日子的方法。照此言之，所谓创造新文化，也就是要换一新的过日子的方法，因为过去那套过日子的方法在西洋文化的冲击下已经失效，“非换一个新方法不可，非换一个新方法不能适应这个新环境”。而要换一个新的过日子的方法，或创造出新文化，就既不能像西化派所主张的那样，把西洋过日子的方法全盘移植到中国来，使中国变成一个纯西洋式的近代国家；也不能像顽固守旧派所主张的那样，因循守旧，坚持中国旧的过日子的方法不变；而只能“返本开新”，即从旧的过日子的方法里“转变”出一个新的过日子的方法来，或从旧文化里“转变”出一个新文化来。换言之，这个新的过日子的方法或文化，“既不是原来的旧东西，也不是纯粹另外一个新东西，它是从旧东西里面转变出来的一个新东西”。(《乡村建设大意》)

他进一步打比方说：“中国好比一棵大树，近几十年来外面有许多力量来摧毁他，因而这棵大树便渐渐地焦枯了。先是从叶梢上慢慢地焦枯下来，而枝条，而主干，终而至于树根；现在这树根也将要枯烂了！此刻还是将朽烂而未朽烂，若真的连树根也枯烂了，那就糟了！就完了！就不能发芽生长了。所以现在趁这老根还没有完全朽烂的时候，必须赶快想法子从根上救活他；树根活了，然后再从根上生出新芽来，慢慢地再加以培养扶植，才能再长成一棵大树。等到这棵大树长成了，你若问，‘这是棵新树吗？’我将回答说：‘是的！这是棵新树，但他是从原来的老树根上生长出来的，仍和老树同根，不是另外一棵树。’将来中国新文化的创造，也正和这株新树的发芽生长的情形一样，要从中国文化的老根上生长出新芽来。”一方面，“那一套旧家伙已绝不可用，非换不行”；另一方面，其所换过的生命里头，尚复有不是新的地方在，这个不是新的地方，“是从老根复活的东西”。

梁漱溟的中国新文化的创造，要从中国文化的老根上生长出新芽来的主张，实际上讲的是文化发展过程中的变革与继承，间断性与连续性的关系问题。“新芽”，亦即民族新文化的建立，是文化发展过程中的变革和间断性。而此“新芽”又必须从“老根”上发生，不能自外生成，这是文化发展过程中的继承和连续性。文化的发展是变革与继承，间断性与连续性之对立统一的辩证运动。一方面，文化是随着时代的前进而发展的。既然文化随着时代的前进而发展，那么，发展过程中就必然会出现变革，出现间断性，也正是这种变革和间断性才带来了文化在时代性方面的质变，带来了文化的全面飞跃，从而使奴隶时代的文化有别于原始时代的文化，封建时代的文化又有别于奴隶时代的文化，资本主义时代的文化又有别于封建时代的文化，……另一方面，文化的发展又具有连续性，以往的文化积累是一切文化赖以产生的基地和母体，新的文化只能从旧的文化中发展出来，新旧之间存在着一种连绵不断的承续关系，那种脱离旧文化的所谓纯粹的新文化在现实社会中是根本找不到的。用梁漱溟的话说：“老的中国文化，中国社会已不能要了，一定要有‘新芽’才能活”；然而“新芽之发还是要从老根上发，否则无从发起”。就此而言，梁漱溟的新文化的创造要从中国文化的老根上发出新芽来的主张无疑是正确的，中国的新文化只能是中国固有文化的革新，而非外来文化的简单移植。

中国的新文化要从中国文化的老根上发出新芽来。那么，什么是中国文化的老根呢？梁漱溟认为，中国文化的老根分有形和无形两部分，“有形的根”是“乡村”，“无形的根”是“中国人讲的老道理”，亦即“理性”。

他指出，过去历史上的动乱，只影响到中国文化的有形的根，无形的根是不受影响的，但近几十年来，由于西方文化的入侵，更由于中国人向西方学习的不伦不类，不仅使有形的根遭到严重破坏，而且无形的根也发生了根本动摇。如现在有的中国人，所信从的道理，与从前的老道理就大不相同了。

但是，梁漱溟进一步指出，中国文化的无形的根，即中国人讲的老道理，虽然发生根本动摇，然而这并不意味着中国人讲的老道理就不行了，要彻底抛弃，实际上，中国人讲的老道理从粗处浅处看，自然有许多要改变的地方，但从根本处细看它是站得住脚的，不用变，也无需变，从这里不仅完全可以发育出中国文化的新芽来，而且它开出的新局面，还可“为世界人类所依归”。

正因为中国文化“有形的根”已遭严重破坏，“无形的根”中国人讲的老道理也发生了根本动摇，而新的文化又没有建立起来，所以中国陷入了混乱状态。而要改变这种局面，最要紧的法子就是“创造新文化，救活旧农村”，这便是“乡村建设”。

2.“重建一新社会组织构造”

我们在前面介绍梁漱溟的著作时已经提到，梁漱溟关于中国文化特殊论的一个重要观点，是认为和西方的社会组织构造是“个人本位，阶级对立”不同，中国的社会组织构造是“伦理本位，职业分途”。

首先，就“伦理本位”而言。他指出，由于中国人缺乏集团生活，因此也就不存在个人与团体的关系问题，有的只是“伦理关系”，伦理关系始于家庭，而不止于家庭。如父子、夫妇、兄弟、君臣、官民、师徒、东伙、乡邻、朋友之间莫不如是。这样就形成了一种“伦理本位的社会”。对此，他从三个方面进行了分析：

(一)在社会方面：家在中国伦理本位的社会结构中具有极其重要的意义。“人生之美满非他，即此家庭关系之无缺憾；反之，人生之大不幸非他，亦即于此种关系有缺憾”。由此家庭关系推广而成的家族、亲戚、乡党、师徒、东伙、朋友、同僚的关系，“或比之于父子之关系，或比之于兄弟之关系，情义益以重”。（《乡村建设理论》）所以中国社会秩序的维持，不像西方靠的是法律，而靠的是伦理关系。

（二）在经济方面：中国社会经济结构“隐然有一种共产”，但和“共产”不同，它“视其伦理关系之亲疏、厚薄为准”。具体表现为：父子、夫妇有“共财”之义；兄弟、宗族有“分财”之义；亲戚、朋友有“通财”之义。由于“共财”、“分财”和“通财”，人们在经济上能彼此顾恤相互负责，从而使生计问题于无形中得到许多保障。中国的这种“共财”、“分财”和“通财”之伦理本位的经济，与西方的“父子、夫妇异财”的“个人本位的经济”是有区别的。

（三）在政治方面：中国人但知有君臣、官民彼此间的伦理关系，而不识国民与国家之团体关系，没有公法与私法，刑法与民法的区分，“比国君为大宗子，称地方官为父母，举国家政治而亦家庭情谊化之”。这和西方专讲“法治”而不讲“人治”的政治“迥然不同”。

其次，从“职业分途”来看。他指出，在西方，中世时有贵族与农奴的阶级对立，进入近代后，又有资本家和无产者的阶级对立，前者占有土地或生产工具，并将生产委之于后者，“遂造成剥削与被剥削的两面”。但和西方不同，中国则始终没有出现贵族与农奴，资本家与无产者的阶级分野。中国之所以没有出现阶级分野，其根本原因即在土地和生产工具没有被一部分人所“垄断”。

为什么在中国土地和生产工具没有被一部分人所“垄断”呢？梁漱溟从三个方面对此作了说明：“一、土地自由买卖，人人得而有之；二、遗产均分，而非长子继承之制；三、蒸汽机、电机未发明，乃至较大机器亦无之”。（《乡村建设理论》）因前两点，中国社会土地集中垄断之情形不显著，不存在一个占有大量土地的地主阶级，相反，人人都有土地，人们所说的地主与农民其实都是一个“整体”，都是“朴实的乡村居民”。因后两点，中国社会没有出现如西方那样的“资本垄断”，无垄断即无阶级，生产者都各有各的生产工具。所以，中国“只有一行一行不同的职业，而没有两面对立的阶级”。

不惟从经济方面，梁漱溟还从政治方面对中国“职业分途”的社会结构作了进一步论证。他指出，中国不似西方中世纪那样政权垄断于贵族，而是很早就发明了文官制度，上至卿相，下至县令的各级官吏皆为那些通过考试录取的士人担任，他们的职务既不世袭，也有年限规定，无论什么人，只要读书参加考试，都有做官的机会。因此，统治者与被统治者的界限是不严格的。所以，中国只有一个一个的统治者，而没有一个阶级与另一个阶级的对立。

梁漱溟对中国的这种所谓“伦理本位，职业分途”的社会组织构造予以很高的价值评估，认为它“分得很均，构造非常巧妙”，充分体现了“人类的理性”，远比西方的“个人本位，阶级对立”的社会组织构造优越。然而，近几十年来由于欧风俄化的冲击，这种体现了“人类的理性”的社会组织构造却被破坏瓦解，而新的社会组织构造又没有及时建立起来，从而呈现出“旧辙已破而新轨未立”的混乱局面，这是当时一切问题产生的根由。因此，要“创造新文化，救活旧农村”，从事乡村建设事业，在梁漱溟看来，就必须从“重建一新社会组织构造”入手，否则，“搁开整个社会构造问题去想办法，完全是无根的，不但不能应急，恐怕更耽误事”。

他进而指出，“重建一新社会组织构造”，须“以伦理情谊为本原，以人心向上为目的”，既要充分发挥“中国人讲的老道理”，亦即“人类的理性”，又要充分容纳“西洋人的长处”，使“二者为具体事实的沟通调和”。

所谓“西洋人的长处”，梁漱溟认为，不外四个方面：“一是团体组织”，此可矫正中国人的自由散漫；“二是团体中的分子对团体生活作有力的参加”，此可矫正中国人被动的毛病；“三是尊重个人”，此可增进以前个人的地位，完成个人的人格；“四是财产社会化”，此可增进社会关系。他并再三强调：“以上四点是西洋人的长处，在我们的这个组织里边完全把它容纳了，毫无缺漏，所以我们这个组织只是以中国固有的精神为主，而吸收了西洋人的长处。”其具体形式是村学乡学（又称乡农学校），它是传统“乡约”的现代新版。

“乡约”最早为北宋时期的吕大钧兄弟所创办，后经朱熹、王阳明等人的提倡、推广而普及全国，实际上它是我国古代自给自足的封建经济和以血缘关系为纽带的宗法制度之产物。其“约规”主要有四项：(1) 德业相劝；(2) 过失相规；(3) 礼俗相交；(4) 患难相恤。这四大项中，每项又包括有许多小项目。如第四项“患难相恤”就包含有水火（遇有水火之灾大家相救）、盗贼（土匪来了，大家联合自卫）、疾病（遇有瘟疫疾病，大家扶持）、死丧（死丧事情要彼此帮忙）、孤弱（无父母之子女大家照顾）、诬枉（打官司冤枉者大家代为申冤）、贫乏（无衣无食者大家周济之）等七小项。就其职能而言，它是一个集政治、经济、军事、教育和礼俗为一体的村社组织。

对于吕大钧所创办的“乡约”，梁漱溟评价甚高，认为它“充满了中国人精神——人生向上之意”，不仅包含了地方自治，并成为一种伦理情谊化的组织。“总其用意正和我们现在要树立村学乡学的意思相仿，亦可以说我们正是要师法古人”。(《乡村建设理论》)

尽管梁漱溟对“乡约”予以了很高评价，并认为中国新的社会组织构造“村学乡学”与传统的“乡约”颇为相似，但他感到，为了适应现代社会变化的情况，有必要对其进行“补充改造”。这种“补充改造”具体而言分四方面：第一，“将消极的彼此顾恤，变成积极的有所进行”，如贫乏是中国人的大问题，乡农学校不仅仅是消极的周济贫乏，而是要积极的组织、发展生产，建立合作组织，使其不贫乏；第二，把偏重于个人的修养，变成“改造社会，创造新的文化，创造理想的社会，建立新的组织”；第三，把一乡之“约”，变成一县一省乃至全国之“约”，从而使政府社会化，社会学校化，整个中国联络成一所儒家的大学校；第四，把由政府的提倡，变成私人和社会团体自发自愿的组织，反对政府的干预，完全实现地方自治。

梁漱溟设计的村学乡学主要由“校董会”、“校长”（又称“学长”）、“教员”和“学众”组成。“校董会”是村学乡学的最高管理机构，其成员都为本村本乡有地位有身份的“领袖人物”。然后由校董会中举一“齿德并茂”、“群情所归”者，经县政府礼聘为“校长”，主持教育，为该地区众人之师，起监督教训的作用。“教员”是村学乡学聘请的“先生”或“辅导员”，他们多为县政府去做乡村建设运动的知识分子干部。“学众”是当地成年农民，但也包括未成年和老年的乡村居民。故此，他指出：村学乡学的构成成分，有三种人：一是乡村领袖，二是成年农民，三是乡村运动者。“这三项人在这样的名义形式关系上（校长、校董、教员、学生）能联成一气，就可以发生作用，就可以让乡村社会活起来”。

显而易见，梁漱溟的“村学乡学”是依据他对中国是所谓“伦理本位，职业分途”之社会结构的认识而建立起来的，只看见乡村的外部矛盾而不承认乡村中的内部冲突，视乡村居民为无任何阶级差别的整体而把他们集合“于一炉”。他在谈到他的乡村建设与共产党的农民运动之异同时曾指出：共产党的农民运动“与我们相同的，就是要农民自觉，有组织而发生力量，解决他们的自身的问题。但从另一点上看是不相同的。他们的农民运动是在乡村社会里首先作一种分化的工夫，使乡村社会成为分离对抗的形势，在乡村社会之内就发生斗争。我们则看乡村社会的内部，虽然不是全没问题，然而乡村外面问题更严重——就是整个乡村的破坏。所以，我们现在必须看乡村是一整个的”。(《乡村建设理论》)

然而，尽管梁漱溟否认乡村中存在着阶级和阶级矛盾，但阶级和阶级矛盾的存在则是客观事实，所以，他那“集各种农民于一炉”的“村学乡学”，虽然被他说成是“组织民众”，“教育民众”和“训练民众”，并为全体乡村居民谋利益的超阶级组织，然而事实上它掌握在少数“乡村领袖”亦即地主阶级手中。正因为此它也就不可能得到广大贫苦农民的积极参与和真心拥护，其结果是“号称乡村运动而乡村不动”，乡村建设并没有像梁漱溟所期望的那样，成为解决农民和农村问题的法宝。

梁漱溟认为，经“补充改造”乡约而建立起来的“村学乡学”，“是完成中国社会改造，完成中国新文化建设的一个机关”，担负着乡村建设的具体任务。而乡村建设的具体任务之一，就是“促兴农业以引发工业”，建立社会化的新经济构造。

3.“促兴农业以引发工业”

梁漱溟指出，中国的经济只能以农为本，走“促兴农业以引发工业”的道路，而不能像欧美日本那样，走发展资本主义工商业，“从商业发达工业”的路子。据此，他提出经济建设的“方针路线”是：散漫的农民，经知识分子领导，逐渐联合起来为经济上的自卫与自立，同时从农业引发工业，完成大社会的自给自足，建立社会化的新经济构造。他并再三强调，此“方针路线”包括三个“要点”：(1) 非个人营利，亦非国家统制，而是从农民的联合以达于整个社会的大组织；(2) 从农业引发工业，而非从商业发达工业；(3) 从经济上的自卫自立入手，以大社会自给自足为归，自始即倾向于为消费而生产，最后完成为消费而生产，不蹈欧美为营利而生产的覆辙。

为什么中国只能走“促兴农业以引发工业”的道路呢？概括梁漱溟的观点，有以下几个方面的理由 ：

其一，农业生产是中国国民经济几千年来的基础，关系着最大多数国民的生活，不仅商业、金融业、工业、交通运输业无一不受农业形势的影响，而且“军界、政界、教育界更是靠农民（才有）饭吃，所谓‘民以食为天’，问题之急，莫急于此”。因此，以农为本，促兴农业，乃是巩固国本，为最大多数国民谋利益的需要。否则，“原来的农业底子若被破坏，便无活命”。

其二，国际国内环境，不允许中国走欧美日本发展资本主义工商业，“从商业发达工业”的路子。因为，(1) 近代资本主义的路，今已过时，人类历史到现在已进入反资本主义的阶段，所以不能再走此路 ；(2) 近代工商业的路子为私人各自营谋而至不相顾，不符合现在国家统制经济、计划经济之趋势，况且在今日国际间盛行倾销政策的严重威胁下，此路亦无发展之余地 ；(3) 中国没有一个近代工商业所需要的政治环境，如政府能安定环境，让工商业发达，并能提供奖励与保护等等，所以不能走此路。

其三，我们在农业上的根基要比工业上的根基厚一些，因此，促兴农业较发展工业的有利条件多得多。如第一样，工业生产的要件是机器及一切设备，农业生产的要件是土地，土地在我们是现成的，而机器及一切设备是我们所缺乏的 ；第二样，工业生产需要人工少，动力多，农业生产需要人工多，动力少，人工是我们现成的，动力是不现成的 ；第三样，工业生产须得找市场，不要说国外市场我们竞争不来，就是国内市场，一则适值中国人的购买力普遍降低，二则已在外国人倾销政策之下，我们要竞争回来也很少希望。而农业生产极富自给性，不像经营工业那样愁销售市场。

其四，农业发展，农村繁荣之后，工业才有可能兴盛，而工业的兴盛，又必将进一步促进农业的发展，相辅相成，互为因果。首先，从农业生产方面来看，农业要发展，要进步，就必须发展科学技术，发展工业化，这样在农业的发展进步中，许多工业自然就会相缘相引而俱来。如从土壤肥料等农业化学，可引出化学工业；从农具农业机械农业工程，可引出机械工业；从农业加工农产制产，可引出许多工业。其次，从农民消费方面来看，农业发展后，农民的购买力自然会增强，这样，许多工业就会因需要的刺激而兴起。

就梁漱溟的以上论述来看，他已认识到中国是一农业国家，发展工业必须以农业为基础，注意工业化过程中的工业与农业，城市与乡村，生产与消费之间的协调问题，以避免欧美日本工业化过程中所出现的那种工业剥削农业，城市掠夺农村，生产与消费相脱节的流弊在中国重演。力图探索出一条超越西方工业化模式，并符合中国国情的工业化道路，这是梁漱溟乡村建设思想中最有意义、也最深刻合理之处。但另一方面，他提出的经济建设的“方针路线”在实质上又是行不通的。

第一，梁认为中国之所以不能走欧美日本发展资本主义工商业，“从商业发达工业”的路子，一个重要原因就在于中国缺乏发展资本主义工商业的国际国内环境；国际上帝国主义竞相倾销商品；国内政治秩序极不安定，那么，“促兴农业”，走“从农业引发工业”的道路，这两个问题难道就能解决？

第二，“促兴农业”，首先必须解决农民的土地问题。尽管梁漱溟在理论上声称中国不存在土地垄断，但土地垄断的事实使他又不得不承认土地问题的严重性。他认为土地问题有三个难以解决的基本点：耕地缺乏，土地利用率不高和土地分配不均。然而基于他对中国是“伦理本位，职业分途”之社会构造的认识，他不主张采取强制手段实现“耕者有其田”，而只主张通过合作，“达到土地利用的合理化，农业经营的合理化”。在具体步骤上，他主张依靠政府立法的形式，使地主出卖部分土地，让农民来购买。梁漱溟的主张抽象地看，不失为解决土地问题的美好方案，但实际运作起来又没有实行的可能，因为，农民连吃饭都成问题，他们又怎有能力去购买土地？况且，当时的南京国民政府也不可能颁布要求地主出卖部分土地的法律的。

第三，梁漱溟虽然讲“引发工业”，但他所谓的“工业”，主要是（而不全是）乡村工业，用他自己的话说，是一些乡下人“以其自己的劳力，加工于其现成的原料，以满足其自己需要”的工业。大陆目前农村经济改革的实践证明，发展“乡村”或“乡办”工业，是一条繁荣经济，使农民脱贫致富的道路。但像梁漱溟的这种脱离国家工业化背景，没有重工业作为国民经济支柱的“乡村”或“乡办”工业，在当时帝国主义商品经济倾销的打击下又是不可能发展起来的，就是发展起来了，也只能成为帝国主义经济的附庸，并不利于本国经济的工业化，现代化。

梁漱溟认为，要“促兴农业”走“从农业引发工业”的经济发展道路，必须在“消极”和“积极”两个方面下工夫。所谓“消极”一面，就是“除弊”，解决社会秩序不安，交通运输不便，农民负担沉重，自然灾害频仍这四大“妨碍农民生产”的问题。他并且相信，这四个问题若得相当解决，则伟大的农业生产力就可以发挥出来。因为我国农业根基素厚，其潜在的可能性非常的大，只为外面压迫太重，妨害太重，都给毁了！如果障碍除去，则马上可以恢复。

如果说“消极”一面是“除弊”，那么，“积极”的一面则是“兴利”。它包括三方面的内容。“一、流通金融”：遏止投机赢利之风，使资本用于生产，在内地乡镇设立金融机构，使资金返回农村；建立长期和中期农业金融，完成健全的农业金融系统。“二、引进科学技术”：诸如改良种子，防病治虫，改良农具，改良农产制造，科学种田，推广优良品种等等。梁漱溟对引进科学技术特别重视，认为它是乡建运动能否成功的关键，“理想社会的成功，则需生产技术进步到很高不可”。“三、促进合作组织”：成立信用合作、产业合作、消费合作、运输合作等各种合作社，把农民组织起来。据统计，从一九三一年到一九三六年间，邹平有各种合作社三〇七所，社员八八七七户，股金一二四二二余元。

梁漱溟特别强调：“兴利”的三方面应同时推进，缺一不可，因为“三方面各以其他两面为条件，如环之相连”。例如，他指出：农业技术的进步，决不能单在技术本身着想，也非单靠农业推广机关所能推进，因为零散的农民小块的田地，断无法采用什么进步的技术的，只有组织合作社来经营庶乎其可以；但农民纵然合作了，还未必就有资本从事于改良，非金融上很活便，供给他生产资本，不容易促进他的前进。所以农业金融系统的建立，实于农业有死活的必要。这样，农业进步就实以合作组织和金融流通为条件，而同时，就合作组织来说，它也不能自己向前发展，除非在技术上在经营上从旁迫着它合作不可。所以，合作又是以技术进步金融流通为它的条件。而金融也是如此，生产不发达，农民零散无组织，它又怎样流通呢？因此，金融又是以合作组织技术进步为自己的条件的。

当然，梁漱溟指出，无论是“除弊”，还是“兴利”，乃至整个乡村建设事业，更需要的是，“农民自觉”，同时又要充分发挥知识分子的作用，这样才有可能取得成功。

4.“农民自觉”与知识分子作用

什么叫“农民自觉”？“所谓农民自觉”，梁漱溟指出：“就是说乡下人自己要明白现在乡村的事情要自己去干，不要再和以前一样，老是糊糊涂涂地过日子，迷迷糊糊地往下混，这样子是不成了。”(《乡村建设大意》)如果他们自己不能自觉，不能起来自救，单靠乡村以外的人，那是救不了乡村的。因为乡村以外的人不仅资金人才有限，就是资金人才充足，但由于他们对乡村的情况不了解，不知道乡村的需要，所用的方法不同，往往不能把乡村救好，甚至会害了乡村。退一步说，即使乡村以外的人一时把乡村救好了，但这种好也不能持久，一旦乡村以外的人走了，好也就完了。所以，梁漱溟一再强调“乡村顶要紧的第一点便是农民自觉”。只有农民自觉了，乡村的事情才有办法，才能自救。

要“农民自觉”，首先就必须对他们进行教育，使他们认识到“天下事无论什么都要靠他本身有生机、有活气，本身有生机、有活气，才能吸收外边的养料”。譬如一棵树，必须它本身有生机，它才能吸收水分、肥料和阳光等等养料，才不会枯萎死亡。乡村建设也是一样，如果乡下人不能自己向前打算，乡村就成了半死的。没有生机、没有活力，外边的人也就不可能使它向上，使它好起来。梁漱溟指出，只要农民认识到了上述道理，他们也就有了自救的热情。正因为教育对于培养农民的自觉意识具有积极重要的意义，所以在实际推行乡村建设实验的过程中，梁漱溟特别重视农民的教育问题。

当然，梁漱溟进一步指出，“农民自觉”虽然是乡村建设能否取得成功的关键或重要前提，但是，仅有农民的自觉还不够，还须有代表“理性”的知识分子与其结合，成为“众人之师”。因为现在乡村问题，仅靠乡村人本身不能解决。他们虽然感觉到问题的严重，但对问题的原因不甚了解；他们有解决问题的愿望，而没有解决问题的方法和才能。譬如对于经济问题，他们就不知道问题的复杂性，而只是直觉地感受到痛苦而已。故此，梁漱溟指出：“乡村问题的解决，第一固然要靠乡村人为主力；第二必须靠有知识、有眼光、有新的方法，新的技术（这些都是乡村人所没有的）的人与

他结合起来，方能解决问题”。(《乡村建设理论》)

不唯乡村问题，就是整个中国问题的解决，在他看来，也“全在其社会中知识分子与乡村居民，打拼一起所构成之一力量”。他在分析了中国近代历次变法、维新和革命中知识分子与农民相脱离，从而导致了变法、维新和革命的失败后指出：“数十年来中国问题之所以不能有解决，即由于此两种动力，上下不通声气，头脑与身体分而为二。知识分子作外国的梦，作上层的梦，农民作自己的梦，作下层的梦，始终背道而驰，各不相谋，欲求吻合同归之一日，是难乎甚难。假使此二种动力构成一个力量，上下互通声气，头脑与身体合而为一，则中国问题之解决亦就容易多了。”应该说，梁漱溟的上述论断是颇为精辟的。知识分子与农民相脱离，确实是近代历次变法、维新和革命失败的原因之一。

梁漱溟还尖锐地指出，所有的知识分子都是乡下人养活的，因此，他们应该而且有责任到乡村去用他们的知识为乡下人工作，还清自己所欠农民的债。抑是尽其天职，到乡村去成为“众人之师”，负起领导教化乡下人的责任？还是留在城市，“只顾自己贪吃便宜饭”，享受快乐，做一个“社会之贼”？每一个知识分子“于此二途”必当有所抉择。这好像是一个道德上的问题，不能保其必为师不为贼。

知识分子下乡，与乡下结合，可以起三种作用：一是为乡村扩增“耳目”，给乡下人带去新的知识、技术和信息，开阔乡下人的眼界；最起码也能教他们几个字；二是为乡村增添“喉舌”，唤起社会对乡村问题的注意；三是为乡村添一“头脑”，谋划诸如兴修水利、养猪放鱼、开垦荒山、植树造林等“一切建设事宜”，从而使自己成为乡村建设的运动者。梁漱溟相信，如果知识分子下乡，真正起到以上三种作用，那么，中国民族就有希望，整个中国问题可望得到解决。

知识分子下乡，与乡下人结合，对于知识分子本身也是大有好处的，它不仅能使在都市过剩的知识分子有一用武之地，从而发挥自己的聪明才智，尽到知识分子“为人民之师”的社会职责，而且还可以解决知识分子所常见的“两大弊端”。“其一为虚见”，有良好的理想，而无真实的认识，只能高谈阔论，而无助于国计民生的实际解决；“其二为背叛民众”，使民众离开乡村，抛下锄头，而去搞革命，打倒所谓帝国主义。

受儒家道德理想主义的支配，梁漱溟认为，知识分子要真正成为“众人之师”，作乡村的“耳目”、“喉舌”和“头脑”，不仅需要有专业知识和技能，而且更需要有高尚的德操。因为知识分子内在道德的感染力，在感化农民、引发农民内蕴的改造社会的巨大力量方面，比起他们的专业知识，其作用更大，“德”重用“才”。故此，培养具有儒家德能的乡建干部，是梁漱溟在山东从事乡村建设试验的机构——山东乡村建设研究院的主要职能之一，山东乡村建设研究院给学员开设的一门重要课程叫“乡村服务人员之精神陶炼”，其目的“是要启发同学大家的深心大愿”。所谓“深心大愿”，按梁的解释，就是发扬儒家“民胞物与”的精神，立大志，树立“修身齐家治国平天下”的理想。他认为一个人只有具备了“深心大愿”，才可以没有“比如看见利财浮名都热心，无关轻重的成败毁誉都顾虑”的“俗见俗肠”，也才能肩负起乡村建设这一很大很远的工程。而要启发“深心大愿”，就必须明白古人做人的道理，因此，“精神陶炼”的内容有三：“即合理的人生态度与修养方法的指点；人生实际问题的讨论；及中国历史文化的分析。”

梁漱溟相信，只要“农民自觉”，同时又充分发挥知识分子的“耳目”、“喉舌”和“头脑”的作用，那么，就可以“创造新文化，救活旧农村”，完成乡村建设的各项任务，从而建立起一个理想的“新社会”。这种“新社会”将是对中国老社会的“转消极为积极”，对西洋近代社会"转偏欹为正常"之"正常形态的人类文明"。具体而言，它有六个特征：(1)"先农而后工，农业工业结合为均宜的发展"；(2)"乡村为本，都市为末，乡村与都市不相矛盾，而相沟通、相调和"；(3)"以人为主体，是人支配物，而非物支配人"；(4)"伦理本位合作组织，而不落于个人本位或社会本位的两极端"；(5)"政治、经济、教育（或教化）三者是合一而不相离的"；(6)"社会秩序的维持，是由理性替代武力"。

在这里，梁漱溟的"乡村建设"为我们描绘了一幅工农结合，城乡协调，脑体无隔，人支配物，群己和谐，政治、经济、教育相应发展之理想社会的图景。这幅图景是按照梁的中西文化具体事实的"沟通调和"之设想而构筑起来的：它既充分吸取了西方文化"团体组织"和"科学技术"的长处，又以"中国人讲的老道理"亦即"人类的理性"为本位，实现了"西学"与"中学"、"传统"与"现代"、"人性"与"现代性"的完美统一。然而，这幅图景尽管梁视之为"正常形态的人类文明"，但它只是"可欲的"，而不是"可能的"。被梁视之为"中国民族自救运动之最后觉悟"的乡村建设，尽管也取得过一些具体的成就，但它并没有最终解决农民和乡村问题。

五、梁漱溟思想的历史地位

梁漱溟在现代中国思想史上的地位主要是"开启"了现代新儒

学。

现代新儒学是区别于宋明新儒学和先秦原始儒学而言的一个概念。虽然作为同一思想学派，无论是现代新儒学，还是宋明新儒学，抑或先秦原始儒学，都具有强烈的忧患意识和使命感，强调“修已安人”和“内圣外王”的思想路线，但是由于时代的更迭以及由此引起的社会问题的不同，它们又有着各自的性格特征和思想内容。先秦原始儒学是我国先秦大变革时代的产物，面临的是周文隳堕，礼崩乐坏，儒法道墨诸说并起，学说的创始人孔子及其后学子思、孟子诸人，统承三代以来文化传统，首先奠定了儒家的仁义之学，努力开发人心的内在根源，肯定道德的资源和判断力为人性所本有，开启了道德的形上世界，从而使内圣外王之道有了超越的根源和内在的源头。

宋明新儒学处于我国古代社会已进入其后期发展阶段的历史时代。面临的是佛老冲击，人伦颓废，高度集权的封建专制主义制度急需一套与之相适应的意识形态，其代表人物程颢、程颐、朱熹、陆九渊、王阳明尽管存有理学与心学的分野，然其宗旨都在弘扬儒学，维护先秦原始儒家的正统地位。他们援佛入儒，批判地吸取运用佛教精深的思维理论，对“性与天道”问题作了深入细致地探讨，充分揭示和发挥了个人存在的道德主体，确立起一套个人的修炼工夫，并肯定儒家的“伦理精神象征”，建立起了哲学、伦理、政治三位一体的博大精深的思想体系。

现代新儒学发端和形成于“五四”前后及后五四时期，面临的是西学东渐，传统文化日趋瓦解，因“道德迷失”、“存在迷失”和“形上迷失”引起的“意义危机”十分严重等问题，其代表人物梁漱溟、张君劢、熊十力、冯友兰、贺麟、钱穆、马一浮、方东美、徐复观、唐君毅、牟宗三等，以接续儒家“道统”，复兴儒家学说为己任，以服膺宋明新儒学为主要特征，力图以儒家学说为主体、为本位，来吸纳、融合、会通西学，以寻求中国的现代化道路。

目前，大陆学术界存在着这样一种观点，即认为现代新儒学思潮发端在十九世纪末的戊戌时期，康有为是这一思潮的“开拓者和尝试者”。因为康曾对儒学作过一番改造，一方面区分所谓真假儒学，另一方面又援西学入儒，从而使它具有了某些新的内容，而这是现代新儒学区别于传统儒学的一个重要标志。

对于上述观点，著者是不赞成的。著者承认，戊戌时期康有为的儒学改革与五四及后五四时期现代新儒家的儒学改革，无论在形式还是在内容上都有一些相似性，譬如，他们都援西学入儒，从而使西学与儒学实现了某种程度的结合；他们也都作出过努力，“以区分什么是承夫子之道的真儒学，什么是鱼目混珠假儒学”；他们还都“强调儒家学说的宗教意义”，只是“康有为试图赋予儒学以某种宗教的外在形式，新儒家则强调儒家的道德教化事实上发挥着某些宗教的功能”。但我们必须看到两者之间存在着一些重要的时代和思想特征的差异。

首先：在戊戌时期，作为中国传统文化之核心的儒学，还是官学，处于独尊的统治地位，康有为对它作真假的区分，并以儒学异端的今文经学批判被历代统治者奉为教条的古文经学，其目的是为了解放人们的思想，替自己的变法维新提供理论依据和历史依据，而且就实绩来看，它也确实起到了振聋发聩的思想启蒙作用。梁启超曾将它比之为“大飓风”和“火山喷发”。也正因此，它才遭到封建顽固派和洋务派的口诛笔伐。所以，戊戌时期康有为区分真假儒学，不但不具有文化保守主义的性质，相反具有思想启蒙的积极意义，在一定意义上它开启了五四新文化运动的批儒之先河。但到了五四及后五四时期，经过辛亥革命尤其是五四新文化运动的批判，儒学不仅丧失了昔日独尊的统治地位，而且是江河日下，朝不保夕。在此情况下，现代新儒家区分真假儒学的目的，是要通过对“儒家之象征符号”的厘清，以“重建”和“复兴”儒学，使之重新成为中国社会的指导思想，并在世界文化的对话中保持其重要的位置。就此而言，它是对五四新文化运动之批儒的反拨。

其次，戊戌时期康有为援西学入儒，创立中西合璧的新儒学，犹如他对儒学作真假的区分，也主要是服务于变法维新的斗争需要：他用西方的进化论来改造儒家传统的“三世”、“三统”说，是为了说明从封建制度过渡到资本主义制度的历史必然性；他用西方的自由、平等思想来改造儒家传统的政治学说，是为了说明以君主立宪取代君主专制，在中国兴民权、设议院、立宪法的历史进步性；他用西方的人道主义来改造儒家传统的“仁”、“爱”思想，是为了论证资产阶级的人生价值观的历史合理性。与康有为不同，现代新儒家援西学入儒，其目的是为了实现儒学的现代转换，从而使经五四新文化运动的批判而日趋僵化死亡的儒家文化，在吸收了西学的一些新鲜血液后，能重新发展复兴起来。

总之，作为戊戌时期的资产阶级维新思想家，康有为的改造儒学是为了他变法维新的斗争需要，因此，不具有任何保守主义的性质，而作为五四及后五四时期的文化保守主义者，现代新儒家的改造儒学是为了“重建”和“复兴”儒学，虽然从某种意义上来说有它的合理性和积极意义，但就性质而言，它是一场保守主义的文化运动。

把现代新儒学的发端定在“五四”前后，看成是五四新文化运动的产物和这个运动的一个有机组成部分，在理论上和历史事实上还得到这样一个观点的支持，即无论在西方，还是在中国，如史华兹所指出：“保守主义作为一种自觉的理论，是以三位一体——保守主义、自由主义、激进主义——之不可分割的整体而出现的。”在西方，由于对法国大革命的不同态度而于十八世纪末十九世纪初产生了这种一分为三的思想格局，至今已持续了两个世纪。在中国是在五四新文化运动中形成类似的思想分野的，这就是以胡适为代表的西化派（他们是自由主义者）；以梁漱溟为其代表的文化保守主义者，和以李大钊为代表的马克思主义者。虽然，在文化取向上西化派主张西化，文化保守主义者维护传统，马克思主义者主张向苏俄学习，但由于他们都生活在同一历史时代，而临着相同的“前现代”传统的内容和具体的历史处境，因此，他们又有着许多相同或相似之点，用史华兹的话来说，他们“是在一个共同的观念框架中运作”。譬如，在文化问题上，他们思考和企图解决的问题，大体上是如何对待传统，如何引介西学，如何建设新文化等问题；他们也都具有救亡图存的爱国主义激情，西化派主张西化，文化保守主义者维护传统，马克思主义者向苏俄学习，就其思想动机来看，都是出于振兴民族，救亡图存，为中华民族选择一条强国富民的文化出路的考虑；他们也都不反对中国实现现代化，西化派主张照抄照搬西方的经验，走西方工业文明的老路，文化保守主义者认为中国的现代化应是中国的精神文明加西方的物质文明，到五十年代后，现代新儒家更明确地提出以“儒家资本主义”为中国现代化道路的选择；马克思主义者则坚持社会主义的现代化方向，同时在实践探索中把“中国特色”放到了越来越重要的地位。

“五四”前后的文化保守主义者除了梁漱溟和一九二三年科学与人生观论战的玄学派主帅张君劢外，还有积极参加东西文化论战、主张中西文化折衷调和的《东方杂志》主编杜亚泉及后继者钱智修；有旅欧回来发表《欧游心影录》，鼓吹东方文化救世思想的梁启超；有提倡新旧文化调和，反对道德革命的《甲寅杂志》主编主撰章士钊；有以“昌明国粹、融化新知”为宗旨，反对白话文运动的《学衡杂志》骨干、东南大学教授吴宓，梅光迪，胡先骕，刘伯明等等。这些人虽然也反对西化，而认同维护传统，但他们只是一般意义上的文化保守主义者，而不能算为新儒家或现代新儒学的开启者，因为：第一，现代新儒家本质上是一种文化哲学学派，哲学既是他们研究文化问题的出发点和立脚点，也是他们所研究的主要内容；而上述文化保守主义者主要从事于纯文化（如杜亚泉、钱智修、章士钊）或纯文学（如吴宓、梅光迪、刘伯明等）或纯史学（如梁启超）的研究，缺乏对哲学的浓厚兴趣，其理论也缺少哲学形上学的坚实基础。有的研究者曾经指出，“五四”时期（不包括一九二三年的科玄论战）文化保守主义者在“哲学领域里的突出代表”只有梁漱溟。第二，现代新儒家视儒家思想为中国传统文化的命脉，自觉地归趋于儒家的道德信念和理想人格，具有“为往圣继绝学，为万世开太平”的使命感，力图接承儒家孔孟、程朱陆王之“道统”，重建儒学的价值系统，使儒学继第一期（先秦）和第二期（宋明）发展之后，在当今得到第三期发展；而上述文化保守主义者只是一般地主张弘扬东方文化，此所谓东方文化包括的内容很广，除儒家外，还有道家、墨家和佛教等，儒家思想在他们的心目中并不具有特殊意义和价值，譬如梁启超在《欧游心影录》中谈论传统文化的价值时，总是将“孔老墨三大圣”并举，这与肯定儒家思想的独特价值和儒家学说在中国历史文化中的主导地位的现代新儒家有着明显的不同。

现代新儒学的“开启者”是《东西文化及其哲学》的作者梁漱溟。概而言之，梁漱溟在以下几个方面开启了现代新儒学。

第一，他开启了批判科学主义的思想先河。批判科学主义是现代新儒学的一个思想特征，而梁漱溟则是现代新儒学中第一个对科学主义思潮进行批判的人，他强调科学与哲学、宗教的划界，指出科学之理智方法的有限性以及崇尚直觉体悟等等，都对现代新儒学的思想产生过重要影响。譬如，梁漱溟由于种种原因，没有直接参加一九二三年的“科玄论战”，然而被胡适奉为科学派压阵老将的吴稚晖，在他的《一个新信仰的宇宙观及人生观》中就明确指出，张君劢对于科学之人生观的反对，是受了梁漱溟的影响和启迪，因此，他在文中不仅批判了张君劢，还追根溯源地批判了梁漱溟，认为他才是挑起“科玄论战”的始作俑者。贺麟则自己承认，是梁漱溟引起他注意直觉问题，进而由梁的直觉说，追溯到宋明儒的直觉说，且更推广去研究西洋哲学对于直觉的说法。

第二，他开启了认同陆王心学的思想进路。现代新儒学的另一思想特征是服膺宋明新儒学，尤其是宋明新儒学中的陆王心学，而梁漱溟则是“新文化运动以来倡导陆王心学最有力量的人”。他在《东西文化及其哲学》中公开主张以陆王心学来化解因“道德迷失”、“存在迷失”和“形上迷失”而引起的“意义危机”，并依据陆王心学对孔子的人生哲学进行了诠释。五十年代后，现代新儒学的代表人物牟宗三在谈到梁漱溟认同陆王心学在现代新儒学史上的历史地位时指出：“（梁）独能生命化了孔子，使吾人可以与孔子的真实生命与智慧相照面，而孔子的生命与智慧亦重新活转而披露于人间。同时，我们也可以说他开启了宋明儒学复兴之门，使吾人能接上宋明儒者之生命与智慧。吾人须知宋明儒因明亡而俱亡，已三百年于兹，因梁先生之生命而重新活动了”。（牟宗三《生命的学问》第一一二页，台湾三民书局一九七〇年版）

第三，他开启了“援西学入儒”的思想范示。现代新儒学的又一思想特征是谋求儒学的现代化，而谋求儒学现代化的重要努力是“援西学入儒”，使西方哲学与儒学在某种程度上实现结合。现代新儒学中第一个“援西学入儒”的人则是梁漱溟，他在《东西文化及其哲学》中用博格森的生命哲学重新解释和发挥儒家哲学的变易思想，用博格森的直觉主义解释和发挥儒学哲学的认识思想，用博格森的唯意志主义解释和发挥宋明儒学的“存天理、灭人欲”的思想，从而创立了一个不中不西，亦中亦西的“新孔学”。“新孔学”是现代新儒学中第一个思想体系，后来新儒学的其他思想体系，如熊十力的“新唯识学”，冯友兰的“新理学”，贺麟的“新心学”都在不同程度上受过梁漱溟“新孔学”的影响。

这里有一个问题需要讨论，即梁漱溟的思想属性问题，因为梁漱溟晚年在回答别人的提问时自称自己是个佛教徒，“是持佛家的思想，至今仍然如此”，（王宗昱《是儒家，还是佛家——访梁漱溟先生》）而我们说他是现代新儒学的“开启者”，二者岂不矛盾？

实际上，在梁漱溟的思想深处确实存在着一个尖锐的矛盾：这就是宗教生活的向往与强烈的社会责任感的矛盾。一方面，自他辛亥后因不满于现实政治的丑恶而“折入佛家一路”起，梁漱溟对佛家生活可以说是情有独钟，至死未改，所以他不仅在他那本“评判东西文化各家学说，而独发挥孔子哲学”的《东西文化及其哲学》中一再声称：“我始终认为只有佛家生活是对的，只有佛家生活是我心里愿意做的”，而且在晚年还再三表示：“持佛家精神，过佛家的生活，是我的心愿，只是总做不够”。（王宗昱《是儒家，还是佛家——访梁漱溟先生》）但另一方面，梁漱溟又是一个极具社会责任感的人，一个有着强烈的忧患意识的人，这种社会责任感，使他面对现实处境，又不得不放弃自己所向往的佛家生活，而到儒家思想中寻找其救世安民的药方，因为在他看来，“孔子的态度是最平正实在的。这种态度在当时动乱的中国是需要的，佛家的态度则于国家于社会无补”。（同上）所以他虽然“内心倾向佛家，却不愿社会上流行这种念佛的风气”。（同上）梁漱溟思想深处的这种矛盾，他晚年曾作过精彩的说明。他说自己一生中追求不已的是两个问题，一是人生问题，即人活着为什么；二是中国问题，即中国向何处去，“促成我的实际行动的，如中国问题占了上风，我则参加辛亥革命，当新闻记者，进北大教书等等；如人生问题占了上风，我便不结婚，吃素、想出家。这两大问题在我身上始终矛盾着，运行着。后来，中国问题逐渐占主导地位，人生问题逐渐退居次要地位”。（《梁漱溟问答录》第三〇页）其实在近现代中国，内心深处存在着这种出世与入世、理性与宗教的矛盾或受其煎熬的不只是梁漱溟一人，不过梁漱溟比较突出而已。

那么，我们应该怎样看待或评价梁漱溟思想深处的这种矛盾呢？是根据他的内心向往说他是一个佛教徒，还是根据他的言行活动说他是现代新儒家的开启者？我们认为只能是后者，因为评价一个思想家，不能依据他的主观愿望如何，而只能根据他所倡导的理论和由此产生的社会影响。尽管梁漱溟在《东西文化及其哲学》中一再声称只有佛家生活才是他心里愿意做的，但事实上在此书中他对佛教持的是批评态度，而倡导复兴儒家文化，他在此书《第八版自序》中也明确指出："这书的思想差不多是归宗儒家，所以其中关于儒家的说明自属重要"。该书所以能产生重大而深远的影响，也不是他关于自己心里愿意做佛家生活的说明，而是他对中西印三家文化路向的阐述和对复兴儒家文化的提倡。简而言之，他之所以能成为中国现代史上著名的思想家，不是因为他想做佛家生活，而是因为他开启了现代新儒学思潮，为现代新儒学的产生和发展做出了卓越的贡献。

当然，我们认为只能根据他的理论和由此产生的社会影响判定他的思想属性，定位他是一位现代新儒家，但这并不是说他愿意过佛家生活的内心向往就可以视而不见，实际上他愿意过佛家生活的内心向往曾对他的思想和理论产生过深刻的影响。比如有的人就认为他所倡导的儒学带有浓厚的"禅味"。再如，他的三大文化路向说，以印度佛教代表人类文化发展的未来和归宿，这与他对佛家生活的内心向往不无关联。他还根据自己的内心体验，认为只有破除法执我执，才能从生死轮回中解脱出来，转识成智，达到人生最高的理想境界——涅槃，这也是他毕生未变的信念。

对于梁漱溟的思想，历来毁誉不一。马克思主义者认为它反对五四新文化运动和中国共产党领导的新民主主义革命，代表了封建地主阶级的利益，因此，对它进行过严肃的批判。具有西化思想的自由主义者认为它反对西学，复古守旧，故此他们在批判复古主义的同时，也激烈地批判过梁漱溟的思想。而他的弟子、同道则对他的思想全盘肯定，评价甚高。我们认为梁漱溟的思想是那个特定时代的产物，其中既有合理的东西，也有谬误的因素。因此，全盘否定或全盘肯定都不是正确的态度，正确的态度首先应对它有“同情的理解”，然后在此基础上予以一分为二的评价。

参考书目

（一）主要参考书籍

《梁漱溟全集》第一至第八卷，梁漱溟著，中国文化书院学术委员会编，山东人民出版社，一九八九年至一九九三年第一版。

《孔子学说的重光：梁漱溟新儒学论著辑要》，梁漱溟著，郑大华、任菁选编，中国广播电视出版社，一九九五年第一版。

《梁漱溟先生年谱》，李渊庭、阎秉华编写，广西师范大学出版社，一九九一年第一版。

《最后一个儒家：梁漱溟与现代中国的困境》（又名《梁漱溟传》），艾恺著，郑大华译，湖南人民出版社，一九八九年第一版，一九九三年增订再版。

《梁漱溟与现代新儒学》，郑大华著，台北文津出版社，一九九三年第一版。
《梁漱溟与胡适：文化保守主义与西化思潮的比较》，郑大华著，北京中华书局，一九九四年第一版。
《梁漱溟》，王宗昱著，台北东大图书公司，一九九二年第一版。
《梁漱溟评传》，马勇著，安徽人民出版社，一九九二年第一版。
《梁漱溟教育思想研究》，马勇著，辽宁教育出版社，一九九四年第一版。
《梁漱溟先生纪念文集》，梁培宽编，中国工人出版社，一九九三年第一版。
《梁漱溟思想研究》，曹跃明著，天津人民出版社，一九九五年第一版。
《梁漱溟研究集》，刘定祥等著，广西师范大学出版社，一九九四年版。
《梁漱溟与山东乡村建设》，山东省政协文史资料委员会、邹平县政协文史资料委员会编，山东人民出版社，一九九一年第一版。
《梁漱溟思想批判》（论文汇编）第一辑，北京三联书店，一九五五年第一版。
《梁漱溟思想批判》（论文汇编）第二辑，北京三联书店，一九五六年第一版。
《现代新儒学概论》，郑家栋著，广西人民出版社，一九九〇年第一版。
《现代新儒家研究》，宋志明著，中国人民大学出版社，一九九一年第一版。
《现代新儒学研究论集》（一），方克立、李锦全主编，中国社会科学出版社，一九八九年第一版。
《现代新儒学研究论集》（二），方克立、李锦全主编，中国社会科学出版社，一九九一年第一版。

《现代新儒家人物与著作》，方克立、郑家栋主编，南开大学出版社，一九九五年第一版。
《评现代新儒家》，罗义俊编著，上海人民出版社，一九八九年第一版。
《新儒家评论》(一)，郑家栋、叶海烟主编，中国广播电视出版社，一九九四年第一版。
《新儒家评论》(二)，郑家栋、叶海烟主编，中国广播电视出版社，一九九五年第一版。
《现代新儒家人生哲学研究》，武东生著，辽宁大学出版社，一九九四年第一版。
《中国马克思主义与现代新儒学》，李毅著，辽宁大学出版社，一九九四年第一版。
《佛学与现代新儒家》，卢升法著，辽宁大学出版社，一九九四年第一版。
《现代新儒家与西方哲学》，赵德志著，辽宁大学出版社，一九九四年第一版。
《现代新儒学心性理论述评》，韩强著，辽宁大学出版社，一九九二年第一版。

(二)主要参考论文

王宗昱:《是儒家、还是佛家？——访梁漱溟先生》，《中国哲学与中国文化》第一辑，东方出版社，一九八六年十二月。
王宗昱:《评梁漱溟对科学与形而上学的态度》，《论传统与反传统——纪念“五·四”七十周年论集》，山东人民出版社，一九八九年三月。
王宗昱:《梁漱溟与博格森哲学》，《社会科学家》(桂林)，一九八九年第三、四期。
王宗昱:《如何评价梁漱溟》，《群言》一九八九年第八期。

王宗昱：《评梁漱溟早期的文化观》，《东岳论丛》一九九〇年第五期。
王宗昱：《评梁漱溟论〈大学〉及其对朱王的批评》，《北京大学学报》一九九〇年第六期。
王宗昱：《越出旧范》，《读书》一九九一年第一期。
方松华：《梁漱溟的文化哲学述评》，《学术月刊》一九八七年第五期。
熏　风：《梁漱溟——最后的儒家》，《北京社会科学》一九八七年第三期。
高瑞泉：《梁漱溟意志主义哲学构架简析》，《华东师大学报》一九八七年第三期。
高瑞泉：《世界文化的预言家——读〈人心与人生〉》，《读书》一九八九年第一期。
高瑞泉：《梁漱溟的中西文化观》，《文化冲突中的抉择——中国近代人物的中西文化观》，湖南人民出版社，一九八九年七月。
高瑞泉：《世界文化的预言家——读梁漱溟〈人心与人生〉》，《梁漱溟先生纪念文集》，中国工人出版社，一九九三年十月版。
曹跃明：《论梁漱溟哲学的非理性主义特征》，《南开学报》一九八七年第六期。
曹跃明：《近代中西文化问题与梁漱溟的文化观》，《天津社会哲学》一九九四年第一期。
杨　义：《省察与超越——〈中国文化要义〉》，《人民日报》一九八八年一月十六日。
杨　义：《省察与超越——从梁漱溟〈中国文化要义〉想到的》，《梁漱溟先生纪念文集》，中国工人出版社，一九九三年十月版。
朱玉湘：《试论梁漱溟与孔学——兼评“乡建派”的政治思想》，《山东大学学报》一九八八年第一期。

郭齐勇：《梁漱溟的文化比较模式析论》，《武汉大学学报》一九八八年第二期。
郭齐勇：《特立独行一代直声——梁漱溟的人格和著作谈》，《社会科学报》一九八九年一月五日。
郭齐勇：《特立独行一代直声——梁漱溟的人格和著作漫谈》，《梁漱溟先生纪念文集》，中国工人出版社，一九九三年十月版。
郑大华：《梁漱溟与中国传统文化》，《中州学刊》一九八八年第三期。
郑大华：《梁漱溟对中国文化的认识与探索》，《北京师范大学学报》一九八八年第六期。
郑大华：《梁漱溟与五四时期的文化保守主义》，《求索》一九八九年第四期。
郑大华：《梁漱溟与阳明学》，《孔子研究》一九九〇年六月二期。
郑大华：《文化的民族性与时代性——五四时期梁漱溟与胡适的东西文化之争初探》，《求索》一九九一年第一期。
郑大华：《自卑与自大：两种不健全的文化心态——胡适和梁漱溟的文化心态比较论》，《中州学刊》一九九一年第三期。
郑大华：《精神文明与物质文明：论五四时期梁漱溟与胡适的中西文化之争》，《湖南师范大学社会科学学报》一九九一年第四期。
郑大华：《梁漱溟与现代新儒学》，《现代新儒学研究论集（二）》中国社会科学出版社，一九九一年十二月版。
郑大华：《“评判的态度”与“同情的理解”——论胡适与梁漱溟对于传统文化的态度》，《中州学刊》一九九二年第二期。
郑大华：《梁漱溟新儒学思想研究》，《近代史研究》一九九二年第四期。
范鹏等：《“与哲学无缘”的哲学家——记梁漱溟先生最后一次公开学术活动》，《人民日报》一九八八年七月九日。

范鹏、阮青：《“与哲学无缘”的哲学家——记梁漱溟先生最后一次公开学术活动》，《梁漱溟先生纪念文集》，中国工人出版社，一九九三年十月版。

朱义禄：《近代中国的古今中西之争与梁漱溟的文化哲学》，《江海学刊》一九八八年第四期。

朱义禄：《梁漱溟“新王学”述评》，《现代新儒学研究论集》，中国社会科学出版社，一九八九年四月。

朱义禄：《论泰州学派对梁漱溟的影响》，《学术论坛》一九九一年第四期。

朱义禄：《梁漱溟与泰州学派》，《现代新儒学研究论集》，中国社会科学出版社，一九九一年十二月版。

费孝通：《论梁漱溟先生的文化观》，《群言》一九八八年第九期。

费孝通：《梁漱溟先生之所以成为思想家（代序）》，《梁漱溟先生纪念文集》，中国工人出版社，一九九三年十月版。

戴　晴：《梁漱溟与毛泽东》，《文汇月刊》一九八八年。

刘定详：《梁漱溟著述年谱》，《社会科学家》一九八八年第六期，一九八九年第一期。

陆荣椿：《〈梁漱溟问答录〉读后》，《求是》一九八九年第三期。

包遵信：《梁漱溟论》，《论传统与反传统——纪念“五·四”七十周年论集》，山东人民出版社，一九八九年三月。

刘晓辰、曹跃明：《梁漱溟人格中的人文主义和现实主义倾向》，《中国文化报》一九八九年四月十二日。

刘晓辰：《乡邨建设理论——梁漱溟的“社会主义”》，《现代新儒学研究论集》，中国社会科学出版社，一九九一年十二月版。

郑德福：《梁漱溟“文化三路向”剖析——兼评郑大华〈梁漱溟与中国传统文化〉》，《中州学刊》一九八九年第二期。

杨国荣：《在中西哲学的融合中重建儒学——梁漱溟新儒学思想探

析》，《学术界》一九八九年第三期。
卢升法：《现代新儒家梁漱溟的儒佛会通观》，《南开学报》一九八九年第四期。
杜　林：《梁漱溟先生及其学说》，《晋阳学刊》一九八九年第四期。
董德福：《梁漱溟何以是佛家》，《社会科学报》一九九〇年一月十一日。
董德福：《梁漱溟与冯友兰人生哲学及其方法之比较》，《中州学刊》一九九三年第五期。
董德福：《人性的矫正：从一侧面论梁漱溟与“五四”的互补性》，《齐鲁学刊》一九九四年第一期。
董德福：《梁漱溟生命化儒学的历史内涵与现代意义》，《江海学刊》一九九四年第三期。
黄克剑、周勤：《佛光烛照下的一代儒宗——梁漱溟文化思想探要》，《哲学研究》一九九〇年第三期。
白　峡：《记梁漱溟先生的一次讲演》，《文史杂志》一九九〇年第三期。
李善峰：《梁漱溟对二十世纪的真正意义》，《东岳论丛》一九九〇年第四期。
李善峰：《中西文化差异与梁漱溟的文化路向说》，《文摘报》一九九〇年七月八日。
贾云年：《试论梁漱溟的文化历史观》，《广东社会科学》一九九〇年第四期。
汤一介：《一件很有益的事》，《东岳论丛》一九九〇年第四期。
后滕延子（日本）：《梁漱溟的佛教人生论——以〈究元决疑论〉为主对象》，《东岳论丛》一九九〇年第四期。
高力克：《现代化与儒家人生——梁漱溟文化哲学的困境》，《北京师范大学学报》一九九〇年第六期。

高力克：《梁漱溟：在历史理性与价值理念之间》，《浙江大学学报》一九九四年第一期。
陈　晋：《一九三八年毛泽东与梁漱溟的一次争论》，《中共党史研究》一九九〇年第六期。
李振纲：《一位现代儒家的文化寻根意识——梁漱溟的东西文化比较研究评析》，《河北学刊》一九九〇年第六期。
李振纲：《一位现代儒家对“善”与“美”的探究——梁漱溟道德哲学与艺术哲学述评》，《河北大学学报》一九九二年第三期。
王邵军：《世界意义的思想家：读艾恺〈最后的一个儒家〉》，《哲学社会科学动态》一九九〇年第七期。
黎业明：《梁漱溟的文化选择》，《深圳大学学报》一九九一年第一期。
藏志军：《试论梁漱溟的政治哲学》，《东岳论丛》一九九一年第一期。
马小兵：《试论梁漱溟的东西文化观》，《四川师范大学学报》一九九一年第二期。
高国舫：《梁漱溟与现代化》，《浙江大学学报》一九九一年第三期。
岑贤安：《梁漱溟哲学的心性论》，《社会科学家》一九九一年第二期。
武东生：《梁漱溟早期人生哲学思想注要》，《东岳论丛》一九九一年第一期。
刘长林：《试评梁漱溟对东西人生态度的理解》，《学术界》一九九一年第四期。
刘长林：《试论胡适和梁漱溟对孔子人生哲学的现代阐释和转换》，《人文杂志》一九九四年第四期。
高振农：《梁漱溟佛学思想简论》，《五台山研究》一九九二年第一期。

龚喜寿：《评梁漱溟的乡邨建设理论》，《湖北师范学院学报》一九九二年第一期。
夏士清：《梁漱溟生命化儒学对其乡邨建设思想的影响》，《深圳大学学报》一九九二年第二期。
李振霞：《梁漱溟与现代新儒学》，《实事求是》一九九二年第三期。
杨全昌：《简析梁漱溟哲学体系的逻辑构架》，《四川师范学院学报》一九九二年第四期。
高增德：《一个未完成的采访——记梁漱溟先生》，《社会科学报》一九九二年七月十六日。
吕希晨：《评梁漱溟的文化哲学观——重读〈东西文化及其哲学〉》，《新东方》一九九二年第十二期。
何丽萍：《民主革命时期的梁漱溟与中国共产党》，《社会科学家》一九九三年第一期。
何丽萍：《梁漱溟争取和平、民主的斗争》，《社会科学家》一九九四年第六期。
马秋帆：《雷沛鸿与梁漱溟的教育思想比较》，《沈阳师范学院学报》一九九三年第一期。
潘建漳：《现代化与人性的困厄——论梁漱溟的文化难题》，《浙江大学学报》一九九三年第一期。
翟鹏举：《评梁漱溟、季羡林、钱光培三代学者的东方文化观》，《北京社会科学》一九九三年第二期。
赵德志：《梁漱溟与生命哲学》，《社会科学辑刊》一九九三年第三期。
龚书铎：《〈梁漱溟与胡适——文化保守主义与西化思潮的比较〉序》，《近代史研究》一九九三年第三期。
刘岳兵：《梁漱溟思想胚胎之发育及其影响——从〈究元决疑论〉说起》，《人文杂志》一九九三年第五期。

毅　生：《近代儒家对历史命运的挣扎——梁漱溟之乡邨建设与文化自救运动》，《梁漱溟先生纪念文集》，中国工人出版社，一九九三年十月版。
周阳山：《传统与现代间的抉择——访艾恺教授谈梁漱溟与近代中国思想文化问题》，《梁漱溟先生纪念文集》，中国工人出版社，一九九三年十月版。
周阳山：《梁漱溟和他所处的时代》，《梁漱溟先生纪念文集》，中国工人出版社，一九九三年十月版。
贺　麟：《梁漱溟与东西文化问题》，《梁漱溟先生纪念文集》，中国工人出版社，一九九三年十月版。
唐君毅：《我心中的梁漱溟先生》，《梁漱溟先生纪念文集》，中国工人出版社，一九九三年十月版。
胡应汉：《记梁漱溟先生》，《梁漱溟先生纪念文集》，中国工人出版社，一九九三年十月版。
牟宗三：《我所认识的梁漱溟先生》，《梁漱溟先生纪念文集》，中国工人出版社，一九九三年十月版。
牟宗三：《他独能生命化了孔子》，《梁漱溟先生纪念文集》，中国工人出版社，一九九三年十月版。
林瑞明：《梁漱溟的思想与行动》，《梁漱溟先生纪念文集》，中国工人出版社，一九九三年十月版。
韦政通：《“中国文化”的象征——梁漱溟的生平与思想》，《梁漱溟先生纪念文集》，中国工人出版社，一九九三年十月版。
曾昭旭：《践履笃实——兼论何谓儒者与儒学》，《梁漱溟先生纪念文集》，中国工人出版社，一九九三年十月版。
卜问天：《民粹主义的儒学体现者》，《梁漱溟先生纪念文集》，中国工人出版社，一九九三年十月版。
唐现之：《梁漱溟先生生平及其教育思想述略》，《梁漱溟先生纪念文集》，中国工人出版社，一九九三年十月版。
赵朴初：《藏身人海最后露一鳞》，《梁漱溟先生纪念文集》，中国工人出版社，一九九三年十月版。
李春林：《〈朝话〉之美》，《梁漱溟先生纪念文集》，中国工人出版社，一九九三年十月版。
张振华：《关于〈勉仁斋读书录〉》，《梁漱溟先生纪念文集》，中国工人出版社，一九九三年十月版。
陈弱水：《梁漱溟与〈东西文化及其哲学〉》，《梁漱溟先生纪念文集》，中国工人出版社，一九九三年十月版。
萧萐父：《辨异、自主、寻根——读梁漱溟〈中国文化要义〉》，《梁漱溟先生纪念文集》，中国工人出版社，一九九三年十月版。
孙　乃：《〈勉仁斋读书录〉读后》，《梁漱溟先生纪念文集》，中国工人出版社，一九九三年十月版。
梁治平：《认真的人和他的一生——《我的努力与反省》读后》，《梁漱溟先生纪念文集》，中国工人出版社，一九九三年十月版。
柳存仁：《梁漱溟的父亲巨川先生》，《梁漱溟先生纪念文集》，中国工人出版社，一九九三年十月版。
张岱年：《悼念梁漱溟先生》，《梁漱溟先生纪念文集》，中国工人出版社，一九九三年十月版。
冯友兰：《以发扬儒学为己任，为同情农夫而执言——悼念梁漱溟先生》，《梁漱溟先生纪念文集》，中国工人出版社，一九九三年十月版。
胡伟希：《梁漱溟的“人生三路向”说与中西印文化的互补》，《孔子研究》一九九四第一期。
柴文华、孟昭红：《超越的直觉与直觉的超越——梁、熊、贺三先生直觉说研究》，《孔子研究》一九九四年第二期。
张利民：《文化差异的本质与根源：陈独秀梁漱溟胡适的思考与困

惑》，《社会科学战线》一九九四年第三期。
时广东：《毛泽东与梁漱溟在中国社会改造道路问题的根本分歧》，《重庆师院学报》一九九四年第三期。
郁建兴、朱旭红：《毛泽东与梁漱溟现代化思想之比较》，《杭州大学学报》一九九四年第三期。
施炎平：《道德理性主义：转变中的儒家人文精神——从孔子、宋儒到梁漱溟》，《华东师范学院学报》一九九四年第三期。
景海峰：《梁漱溟对西方文化的理解与容受》，《深圳大学学报》一九九四年第四期。
季芳桐：《试论梁漱溟文化观的演进》，《南京大学学报》一九九四年第四期。

钱穆

戴景贤　著

目　录

一、钱先生所处之时代与当时的学术环境

任何历史人物必系广义的历史事件，或说结构之部分，故其存在之“历史性”（*historicality/Geschichtlichkeit*）意义，[①] 必应自历史整体的理解中求取。就历史研究言，凡针对特殊重要的个人，讨论其何以特殊与所以重要，此项探究本身即是有关其所处时代整体意义讨论之一部分。

中国近现代史之发展，就政治形式与社会结构转变言，系清楚底欲为中国寻求一个属于“现代”之定义。然此种现代文化之追求，除普遍义之趋向外，是否亦有属于中国独有之特色，将会于中国往后的历史发展中持续存在？此事不唯关系研究者质问此一过程中，何者系过渡的现象，何者系创造性的改变之理解；亦系史家最终重新反省于所谓“现代性”（modernity）[②] 之内涵时所必须思考之课题。

钱宾四（穆）（公元一八九四——一九九〇年）先生之学术生命

---

① 历史理解基于历史反省，而历史之所以可理解，或说历史可理解部分之所以可理解，必有某一种“历史性”之假设；此就历史思惟言，乃无可避免。历史意义即是“历史性事物”与“非历史性事物”区界时之一种定义。唯历史思惟之成为学术方法，今日学界仍以相对观之历史评量为最具势力；虽则此种限义的相对主义，并非指向“价值”或“历史”本身。故此种经人主动反省而存在之意义讨论，必与严格义之知识认定，有所不同。

② “现代性”一词，或为一种社会结构特质上之判解，或属一种文化属性上之指涉，随论者论叙之意旨而有差异，综论之前当先有个别角度之观察。

所以成为中国近现代史之一部分，系建立于中国近现代智识活动对于同时代曾产生巨大影响之历史认知上。就学术史言，具有中国特质之学术思惟，于经历西方学术观念与思想之冲击后，必然将发生极大程度之变化，然此种变化由于系在学者实际的学术作为中显现，议题之选择与思惟之进展，必须自个别的主观立场出发，故除却问题本身依性质所具有之决定作用外，个人所赋予问题之诠释，亦为演成其发展进程与形态之因素。个人在此意义上，系做为此一历史事件所以产生之原由而存在；并不消极底止是一参与者与见证者。亦唯其如此，故属于个人持续的特殊关怀与所秉持之观点，常有其不容忽视之重要性。

正因思想问题必经个人之理解而存在，所谓关系学术发展之“思想环境”，必是对应于各别的思想家而有不同的解读，故此一线索，亦唯有自各人思惟发展之语言表述中，寻找其与外境之关连，然后可以获得。理解钱先生思想之真实性亦需如此。

钱先生除最早曾著《论语文解》（出版于一九一八年）、③《论语要略》（出版于一九二五年）④外，其次写成之著作，为钱先生于一九二六至一九二八年间任教江苏省立第三师范及苏州中学时，整理课堂讲义所编著之《国学概论》一书；⑤一九三一年由上海商务印书馆出版。⑥此书虽未在其往后整体著作中占有若何显著的分量，

---

③ 《论语文解》，上海：商务印书馆，一九一八。现收入《钱宾四生先生全集》，第二册，台北：联经出版公司，一九九八。

④ 《论语要略》，上海：商务印书馆，一九二五；台北：商务印书馆，一九六四。亦辑入《四书释义》，台北：中华文化出版事业委员会，一九五三；台北：学生书局，一九七八。《全集》，第二册；同前。

⑤ 《国学概论》，上海：商务印书馆，一九三一；台北：商务印书馆，一九五六；台北：商务印书馆，重排本，一九九五。《全集》，第一册；同前。

⑥ 钱先生此书初版时，前有钱基博（字子泉）先生一序，唯序中所论多与钱先生书中意旨不符，故除据初版全文复印者外，历次改版皆未再存留。

却系历史地了解钱先生一部重要之作。“国学概论”系当时中学所订国文课程之一部分，就其名称言，“国学”二字已是因应西方学术观念而设立，有其产生之背景。若就中国特有的学术观念言，中国著作概念于西学尚未输入前，皆是涵摄于经、史、子、集四部之分类中，因此对于中国固有的学术观念倘欲给予一新的诠释，仍有需要就四部原有架构从事有关其研究性质之讨论，此但观于较早时章太炎（炳麟）（一八六九—一九三六年）讲授所谓“国学”一题时所作之记录可知。⑦ 今果若定义“学术”为确立具有普遍价值之恒久性议题，并建立讨论其中特殊命题之特殊方法之一项作为，则除却承认学术同有之特质外，学术史之讲明，必就研究者研究之发展分项别类，当是配合事实所宜然。中国旧史目录学中所谓“辨章学术，考镜源流”，即是类此。然钱先生此书依时代画分段落，综叙各期特有的精神，并阐明其与时代之关系，重点已与前此属于“流别”之学术观点不同，而较近于清光绪以来梁任公（启超）（一八七三—一九二九年）所提倡之新的“学术史”观念。此正是理解钱先生所处思想环境一极值得注意之点。⑧

梁任公所表章之学术史观念，并非推翻前述“学术”之定义，

---

⑦ 章氏首次于上海应浙江省教育会之邀，主讲国学大概及方法等题，讲辞经笔录共有两本，一本由曹聚仁记，名《国学概论》，出版于一九二二年（上海：泰东图书局，一九二二；台北：联合图书公司，一九六八），另本由张冥飞记，名《章太炎先生国学讲演集》（平民印书局，一九二二，未见。此据姜义华著《章太炎》，台北：东大图书公司，一九九一）。至于日后于苏州章氏国学研习会所讲，与此相近者，则另由孙鹰若承笔，经分录为《小学略说》《经学略说》《史学略说》《诸子学略说》《文学略说》等五种，后人曾将之合辑为《国学略说》一册（潘重规辑，一九六三；台北：学艺出版社，一九七一）。

⑧ 钱先生曾著《四部概论》（一九六七）一文（收入《中国学术通义》，台北：学生书局，一九七五；增订三版，一九八二，页一—三一。《全集》，第二十五册；同前，页一—六七），文中依四部分论学术，体虽承前，然中间仍处处以时代演变之眼光说之，盖亦仅是貌旧而实新。

亦不是不就导引学术发展之概念与方法之历史演进，说明构成此一特殊的历史面相之成分；却是欲于学术之传承中，寻找出学术与文化体间一种思想关连之诠释。此种结合学术史研究于通史，而期望获得来自思想史诠释之观点，虽名为“学术史”，实际已超出学术史原本范围。任公本人所以于此着眼，最初系因主张学术与政治间存在一种应有的功能上之关连，中国现实政治问题之谋求解决，皆当由学者纳入于其所承担之济世使命中，此为学术存在于社会之最要意义。⑨嗣后则由于对社会“整体性”与历史“延续性”之认识逐步加深，使任公对于影响国族精神特质之文化因素产生新的关注，⑩特殊形态之智识活动与社会间之互动成为赋予学术史以“时

---

⑨ 任公早期此一明显的“致用”态度，自是受清中以来经学中今文学运动之影响，故于议论中，学术之概念皆是以特殊的内涵为约括之要点，门户是非之见仍占分量。凡任公于《清代学术概论》（上海：中华书局，一九三六；《饮冰室专集》第六册，台北：中华书局，台一版，一九六〇）中所叙，其个人所受本师康有为（字长素）（一八五八—一九二七年），乃至友朋陈千秋（字通父）（一八六九—一八九四年）、夏曾佑（字穗卿）（一八六三—一九二四年）等人之启发，皆当如此理解。

⑩ 康有为于清末民初主张“孔教”论时，曾谓孔教为中国国魂（语见《中国学会报题辞》。钱先生曾于论康氏尊孔主张时提出此点，详所著《中国近三百年学术史》，台北：商务印书馆景一九三七年排本，一九七六台版六刷，页六八九；《全集》第十七册，页九〇〇），其意虽自义理言，非从学术着眼，然指点出“国魂”二字，仍有其启示意义；梁氏改以学术言之，应即是受其影响，值得注意。余英时先生论述钱先生毕生学术精神，曾言钱先生一生乃为故国招魂（见《一生为故国招魂——敬悼钱宾四师》一文，收入所著《风吹水上鳞》，台北：三民书局，一九九一，页一七—二九），且谓钱先生受有任公乃至当时如《国粹学报》（一九〇五—一九一一）之类言论之影响，本文此处所论则更就康、梁以来观点之承袭与转变言之。

代”意义之研究课题。⑪ 在此观点下，以学术思想为着眼之历史分期，成为诠释中国社会各时代精神特质与思想特征之主要依据。

思想之时代性之确认，为任公结合学术史诠释于历史研究最大的收获，然此种经特别点醒之“时代”观念，亦是任公所受到之最大限制。盖中国社会之历史发展，如在功能之延续上承认其为同一个文化体，未经历重大形同断层般之破坏，⑫ 此种文化上之一致性，当然亦可能使社会于功能之整合中，造就出某种具有特殊“塑型”意义之理念上之延续。任公以粗略的“群众之运动”作为造就思想潮流之主体，⑬ 学术之传承与智识分子之活动在此“时代”之组合成分中，实皆仅具有有限的社会功能上之意义，思想议题与思惟倾向皆由特殊的、个别的因素所引动。如站立于此观点，将思想之进

---

⑪ 任公此一转变于其一生意义极大，肇始之关键，在于光绪壬寅（一九〇二）前后旅日期间，思想由政治之维新，转向“新民式”之教育维新；当时所撰，有一重要著作，即是《中国学术思想变迁之大势》（一九〇二；收入《饮冰室文集》第三册、《饮冰室专集》第九册，台北：中华书局，台一版，一九六〇）一书。此书不唯极言学术思想与民族文化之关系，亦且增入一种西方近代讨论思想与历史形势之眼光，将中国学术史之发展粗分段落，取玄学、佛学一并纳入。虽则此时之任公自承于个中若干段落认识极浅，谓尚有待日后之补论，然亦显示任公此时已建立一种新的学术变迁之论点，以为论学之主导；此种观念与风格，与清中以前中国以经学流衍为较论“学术同异”之主体之儒学观，自是极为不同。

⑫ 西方历史学者Arnold Joseph Toynbee（一八八九——九七五年）于所著*A Study of History*（1934-1954; abridged edition by D. C. Somervell, 1947, Laurel edition, 1965; The new one-volume edition, Illustrated, London：Oxford University Press, 1972；《历史研究》，陈晓林据 Somervell 节本及后一种 Toynbee 氏自订之牛津插图单册本译，台北：桂冠图书公司，一九七八）一书中，曾以文明衰落后另一文明之代兴为文明连续性之断裂，详陈晓林译本第七章《希腊模式与中国模式》（页九九——二六，Somervell 节本 Laurel edition 一九六五，一九六九版无同名章）。

⑬ 梁任公于所著《清代学术概论》（一九二〇；《专集》第六册，同前）一书中提出“思潮”之说（页一—三），且以社会整体之互动说之，明显系受西方讨论十九世纪学术思想发展之说法影响，然却并未能注意此种文化互动存立之必备条件，颇见粗疏。

展以时代分割，则所谓中国现代化之问题，问题既由社会之变动产生，问题亦唯有自变动中理解，历史研究除却满足一般性求知需求外，亦仅剩在面对新、旧观念冲突时，具有现实上帮助思惟者厘清旧有观念历史成因之价值。

相对于任公之历史诠释，钱先生虽于日后学术史个别问题之辨析上，加入当时学界所努力于澄清各时代思想特性之讨论，却自始即有一隐含的通史观点，与任公，乃至于众多并世学人不同；且至终此一立场未变。此一观点，或说立场，虽不绝对限制钱先生于学术史，或其他领域具体问题上，综合其他观点之视野，却系赋予其毕生学术研究工作以整体意义之核心。此一观点，可以依其性质，说明为一种属于个人所创建之特殊的形态文化史观。⑭

所以谓钱先生有关学术史之理解中隐含一种通史观点，系因对于智识阶层之存在于中国社会，与学术传统之延续于中国历史，两者之价值，钱先生并不仅是作一功能上之认定，而是确信中国学术中某些思想成分，透过无数个人主观心理之融合、证验与人格之实践，已成为一种人文价值之信仰；此种信仰不仅持续存在，抑且于

---

⑭ 形态学（morphology；此字之学术义最初由 Johann Wolfgang Goethe［一七四九—一八三二年］于其著作加以使用，用以指言植物生理学之一种研究）式之文化史研究，仅代表一种处理历史现象之方式，至于论者所依据之观点具有何种哲学上之意义，则各有不同，未可概论。中国当时接受此一研究方式之影响，与译介德国史家 Oswald Spengler（一八八〇——一九三六年）《西方之没落：世界史之形态学大纲》，（*Der Untergang des Abendlends*：*Umriss einer Morphologie der Weltgeschichte*, 1918-1922; *The Decline of the West: Outline of a morphology of world history,* authorized English translation with notes by Charles Francis Atkinson, New York：Alfred A. Knopf Inc., 1932）部分之论点有关，故后亦有类如《文化形态史观》（林同济、雷海宗著，上海：大东书局，一九四六；收入《民国丛书》第一编第四十四册，上海：上海书店，一九八九）之类之著作于国内出版；与钱先生著《中国文化史导论》之时间相近。唯当时历史学者对于西方学界何以产生如 Spengler 所展现之“文化生命周期观”之学术上之根源，所知仍属有限。

中国历史发展中，一直具有极重大的影响力。基于此一信念，如何确定此一共通的思想素质，寻找出历史中各个思想成分产生、结合、变化，乃至生发影响之方式，即成为其诠释中国历史之重点。此种具信仰性质之思想内涵，钱先生于较后的文化论著中，常称之为“历史精神”，或说“文化精神”。

以思想史分期之角度，打破学术史中本有的“分野”观与“流别”观之限制，为任公自清代汉、宋以及今、古文门户观念挣脱后，所寻出之生路。任公早期亦曾希望以中国学术史中所表现之普遍精神作为中国文化之精神代表，然此一普遍的精神究竟应系以何者为其内涵？任公所注意于当时社会者既多在功能性制度之变革，对于“现代化”所需之精神与传统文化是否相应、或冲突，并无定见，且本身亦无一生偏好之伦理学立场，故在其深化后之学术史研究中，分析学术议题与历史上各种学说思想立场之性质，成为任公寻求各时代“时代性”之主要内容；对于中国学术史，尤其儒学史，缺乏一贯通古今之理解。若必欲标识所谓“传统精神”，在其说法中，舍去普遍的人文关怀外，实亦是无可指称。而正因其观念如此，依于此思路，智识分子于面对中国近代史之变局时，如欲肩负传统的社会教育者之使命，亦唯有自身不断底理解于所谓“现代化”之意义；激烈地批评旧有的学术文化，与和缓地较论得失，在此意义上，区别实际极为有限。然如自另一方向，坚持一种思想结合于众多人生之体验后，透过相应的文化努力，竟可能对于文化发展产生“制约”之影响力，塑造出某种文化“形态”，则即使此种观点乃是针对特殊个案而提出，亦必然牵涉到对于整个人类文明史之理解。钱先生此种观点，自与当时思想界之期待于中国产生类近于西方“启蒙运动”（the Enlightenment）之发展，具有本质上的冲突。

“现代化”之意义与“现代性”之认识，有其狭义的意涵与广义的解释，亦存在有必然的争议。不过自历史之发展观，“现代性”

一语最初建立其内涵时，本既是特殊的，亦同时是世界史的。倘若“现代性”停留为特殊的，不具有世界史论中之意涵，则“现代化”亦不得为真正普遍的。不过“现代性”应包括何种内容？“现代化”之普遍义中何项“现代性”为必要？何项仅为可能？仍有待历史之检验。“现代性”一语于史家之认知，本身即可能产生观念上之分裂；即“特殊的”与“普遍的”。唯不论“现代性”如何定义，“现代性”必然应具备某些重要而普遍的精神特质，为不当否认，否则“现代性”一词即可能无法成立。因此深入讨论现代化，必然将面对“传统的”与“现代的”一种思想特性上之对立。中国近代自产生有应现代化之自觉以来，思想界即迅速展开广泛的对于传统历史与思想之批判，亦是事出有因、势有必至。然若依钱先生一种着重于义理信仰之观点，社会集体的精神力量既可以塑造特有的文化形式，则止要一文化体能保有其精神上之自主，任何现代化之发展，皆可以是出于其自身之选择；现代化本身止是历史偶然事件之结果，并无一世界史的必然进程。

钱先生对于文化自主性之强调，不唯显示其文化观点必然为“非经济决定论的”，抑且须以人的意志之自由，作为文化发展动力之根源。故于诠释中国智识阶层奠立之基础时，必以一种真正的自由精神之获得为其核心。此“自由”精神来自人对于自身“意志德性”之解悟，亦来自人对于生存环境之一种亲切的情感。中国学术史在此意义上不仅具有可以指言之传统脉络，且其精神实际上亦未因智识阶层于社会结构中特殊的功能地位而遭掩盖。钱先生继《秦汉史》（成书于一九三二年；出版于一九五七年）⑮之后，写成《国史大

⑮ 《秦汉史》，一九三二年北京大学讲义，香港：自印本，一九五七；台北：东大图书公司，一九八五。《全集》，第二十六册，同前。

纲》（成书于一九三九年；出版于一九四〇年）[16]一巨著，绪论中曾区分东、西文明为两大形态，列举种种特征；此义后又于《中国文化史导论》（成书于一九四一年；出版于一九四八年）[17]与《文化学大义》（成书于一九五一年；出版于一九五二年）[18]两书中持续发展，衍成为“内倾”型与“外倾”型之对比，视中国文化为一精神向内凝聚之文明，着眼即在于此。

解释中国文化之精神特质，困难点一方面在必须理解现代意义之所谓“社会”，以之作为文化发展之主体，从而显示智识阶层在其中所占据之位置，与扮演之角色；另一方面，对于学术思想本身的发展，亦有许多观念上纠结之处，必须厘清。前一方面，钱先生持论所面临之挑战，主要来自社会冲突论（conflict theory）者之观点；无论系普通的（即不持有“定论”的演化观），或特殊的（主要为马克思主义 [Marxism] 社会史观）。后一方面，则争议比较分散，论者之观点多属同中有异，异中见同；钱先生亦常处于褒、贬两极之讨论中。然不论如何，钱先生抱持一整体性之看法，且此看法具有力量，正有其不容轻忽处。

强调社会冲突现象，与因之而有之理论，必重视社会人口结构之分析。人口结构之观点虽非中国旧有史学所绝无，然其认识仅限于明显可见与支配关系（主要为政治）、或亲属关系相关者，至于含藏于社会中基于经济关系而存在之结构，则因无现代社会经济史学之基础，无从认识。“结构”之观点既不完整，凡一切有关于社

---

⑯ 《国史大纲》，上海：商务印书馆，一九四〇；修订本，台北：商务印书馆，一九七四；修订二版，台北：商务印书馆，一九九四；修订三版，台北：商务印书馆，一九九五。《全集》，第二十七、二十八册，同前。本书亦收入《民国丛书》第一编第七十五册，用商务印书馆一九四八年版；同前。

⑰ 《中国文化史导论》，重庆：正中书局，一九四八；台北：正中书局，一九五一；修订本，台北：商务印书馆，一九九三。《全集》，第二十九册，同前。

⑱ 《文化学大义》，台北：正中书局，一九五二。《全集》，第三十七册，同前。

会功能之历史研究必因此受到极大限制。中国近现代所面对之改革压力，就直接迫切可感受者言，虽于初步阶段皆属功能调整上之需求，然最终必将引发一种结构性变动，且必以此种改造为结局，亦是逐渐随情势而明朗。然此项结构性改变系以何样结构为转变之基础？转变之枢纽与方向为何？凡此皆为传统史学所无能解答。钱先生于此学术环境中，回顾中国以往历史，固亦运用部分的现代结构观点，然其所以比较上仍近于功能论（Functionalism）之论法，前论之形态观固是一因。在此观点下，由于对影响社会发展之精神因素之重视，远超过于经济因素，故社会结构之成分组合，依于此种分析，必然是搭配的，而非逻辑的；必然是偶然的，而非必然的。亦因此，如欲仍以一整体的社会概念诠释历史发展，不免将表现功能论者常有之思惟，即：凡存在的，就生发之所以然言，皆是合理的，或说可理解的；且亦必在其存在之原因上，与某一种社会需求之功能相连系。对于社会是否亦在结构中存在可能产生“冲突”之质素，从而造成社会结构之变迁，容易忽略，或回避。唯对于钱先生言，则并非单纯由于其所抱持之文化形态观即造成其史论中明显的此种冲突观点之缺乏，而是因深刻的冲突理论，必然将导致通史式的以社会经济史为基础之演化论；即使不为单线式之演化观(linear evolutionism)。若然，则钱先生所相信之历史精神力量，于此理解中必然将退处于依附的。故反对冲突理论系钱先生论史时，于建立形态观之外，另一项促成其说法走近功能论之原因。

就钱先生著论当时中国之学术环境言，如仅是局部底讨论中国历史所存在之社会现象与功能，或深入其可理解的结构因素，具体的成绩皆可被多数学者所承认，并接受；王静安（国维）(一八七七——九二七年)、陈寅恪（一八九〇——九六九年）两先生之史论之能受各方赞赏，即是一显例。当时之学界，确实具有建立新的史学方法之环境。然如必要为中国历史提出一通盘的观察，并进而为其演进提出一种唯一的解释，则不同观点必然将产生冲突，且此冲突必然发展为激烈的。若从学术思惟之角度分析，“冲突”仅止显示观点于逻辑上之不兼容，至于冲突而激烈化，则涉及学者于现实急切需要改革之压力下，内心焦虑所引生之情感反应。此种情感反应之投入于历史思惟，由于关系到个人主观的价值经验，故于建构一种文化想象时，所谓智性之选择，皆不能免除主观价值偏好之干扰，而表现强烈的排他性；中国历史上固不乏明显可见之事例。钱先生所处之时代，正在其可辨识的特征上，同时呈现新的时代问题与面对新的时代问题时，中国智识分子一种旧有的文化性格。钱先生由于其诠释历史之观点为整体的，抑且如其所自言，系牵涉到其全生命之信仰，故不论其观点之所以提出，或因于其观点之提出，而引生他人之争议，在心理上皆是颇为强烈的。学界此种文化价值观念之冲突可以于下列两事窥见端倪。

其一事，为钱先生于一九三五年，应友人顾颉刚（一八九三——一九八〇年）之邀，为顾氏新校成之《崔东壁遗书》[19]作序。崔东壁（一七四〇——一八一六年）名述，系清乾嘉时代人，其书世所少见，其人亦世所少知，重视其人并重估其学，事启自胡适之（适）（一八九一——一九六二年），书亦自胡氏交顾氏点校，为当时古史辨伪风气中一大事。书成，顾氏本欲商胡氏与当时同以疑古闻名之钱玄同（字仲季）（一八八七——一九三九年）为序。钱氏病脑，胡氏亦牵于事（后亦有序，在钱先生序成之后），故期钱先生预其事。此事显示钱先生在此之前，以《先秦诸子系年考辨》稿（后出版于

⑲ 《崔东壁遗书》，台北：河洛图书公司景亚东图书馆一九三六年排印本，一九七五。

一九三一年）[20]见知于顾氏，经由其荐往任教于北方之燕京大学，后则由傅孟真（斯年）（一八九六——一九五〇年）安排转至北京大学，同时又以《刘向歆父子年谱》（发表于一九三〇年）[21]一文传诵于学界，在印象中系被认为同属于一种新考据风气之参与者。至于顾氏倡议编辑之《古史辨》，其第四册中曾收录钱先生所作《关于老子成书年代之一种考察》，[22]则更可于其中见出在考据方法上，钱先生与胡氏、顾氏所提倡者本属相近。[23]顾氏邀序本意，当亦是原出于此。乃钱先生于《序》中竟越出古史考据学直接涉及之方法之外，率直指出当时疑古辨伪风气之倡导者背后一种文化批评之用意。此种用意即是欲以辨伪工夫，击溃历久以来中国自尊其文化之心理，以创造彼辈提倡新思想之环境。钱先生此番批评，非关情谊，然在情感上则不能不谓是强烈的。正因如此，钱先生于《序》中，区别历史真相与后人关于历史之想象为两事，强调历史想象如何于塑造智识分子文化性格一事上，占有不容忽视之重要性，此种说法即具

---

⑳ 《先秦诸子系年考辨》，上海：商务印书馆，一九三五；收入《民国丛书》第一编，上海：上海书店，一九八九。增订本改题《先秦诸子系年》，香港：香港大学出版部，一九五六；台北：三民书局，一九七五；台北：东大图书公司，一九八六；《全集》，第五册，同前。

㉑ 钱先生此文本名《刘向刘歆王莽年谱》，发表时由编辑者改为今名，刊于《燕京学报》第八期；后收入顾颉刚编：《古史辨》第五册（《民国丛书》第四编第六十八册，上海：上海书店，一九九二），页一〇一——二四九。再后则合他文收入所著《两汉经学今古文平议》（香港：新亚研究所，一九五八；台北：东大图书公司，一九七一。《全集》，第八册，同前）。

㉒ 收入罗根泽编：《古史辨》第四册（《民国丛书》第四编第六十七册，同前），页三八三—四一一。钱先生此文后收入《老子辨》（上海：大华书局，一九三五）、《庄老通辨》（增订本，台北：三民书局，一九七一；增订二版，台北：东大图书公司，一九九一。《全集》，第七册，同前）。

㉓ 钱先生于回忆录中曾自谓其主张“考古”与顾氏之“疑古”，精神意气乃属一贯（见《八十忆双亲、师友杂忆合刊》，台北：东大图书公司，一九八三，页一四六。《全集》，第五十一册，页一七一，同前），然两人实有重要不同，宜加分辨。

有呈现其特殊的历史观点与文化情感之重要性。

单纯就古史之考辨言，辨伪之目的在于求真，然能辨伪不必即有以尽求真之能事。胡氏、顾氏是否因急欲推倒传统儒家经典中所呈现之古史观，因而过于看轻儒家典籍中部分较为近古者之史料性，以致将其混同于子书中一般传言？固亦有之。钱先生于《序》中曾重新提出“古文”与“百家语”之分别，并表彰司马迁（字子长）（公元前一四五—八六年）著《史记》时所标举“厥协六经异传，整齐百家杂语”[24]一语之方法学上之意义，而于崔氏之尊经与当时所谓“疑古派”之勇于疑古皆有所批评，自有其卓识。然一种大胆的疑古，姑不论其附加之目的为何，在当时本有其影响学者学术思惟之重大意义。即钱先生之考辨，在针对于古史所作之文化估量上，亦是绝不同于古人经学之观念，钱先生本不能自外于此种影响。此当时学界所以受到疑古思潮激荡之所在。至于“求真”部分，顾氏于《古史辨》时期所提出之有关古史观念所以形成之考辨说，[25]弊病则尚不仅止于钱先生所提示未能区别不同语料之史料性一端，顾氏对于片断的传说与系统的传说流传条件之不同，实际亦无真正的认识。[26]古史研究如专循此种粗略的整理传说之途径发展，自然将衍生极大弊端。钱先生《国史大纲》论古史，详于春秋以后，略于春秋以前，大体以《诗》《书》与《左传》为骨干，于《尚书》又止取《西周书》以下部分。此外，夏、商史事则仅列《史记》夏、殷本纪所记世次及若干有限的史事或传言。相较而言，自是不失严谨。然当时所谓文献考辨式之古史研究，无论如何亦仅能达于此境而止。古史研究真正能于此项争执之外，开启新的方向，并奠立新

㉔ 《史记·自序》，台北：艺文印书馆景黄善夫本，卷一三〇。

㉕ 有关顾颉刚考辨古史之基本意见，参见顾氏所编《古史辨》第一辑（收入《民国丛书》第四编第六十五册，同前）序言。

㉖ 就此点言，顾氏实不能如部分论史者所强调，乃当时新史学之缔造者。

的标准，仍应自当时业已开展之中国境内考古发掘，与随之引动之文化人类学有关中国古代文化特质之诠释起论；顾氏所代表之古史臆测与其所提倡之特殊的研究古代传说之方法，相较下已属可以归于不论不议之列。至于另一面，钱先生于《序》中所强调因于特殊的文化思惟而塑造之特殊的智识分子之价值观问题，则不论胡氏早前于其所著《中国哲学史大纲》卷上中所断言之“中国古代学术已于秦皇、汉武之政治干涉下中绝”之说[27]不能餍足学界要求解答学术史与思想史相关问题之需求，即钱先生本人于《崔东壁遗书》序言中所申言“中国二千年来之人才，皆儒术所教育”之论，亦必须在新的社会研究观点之要求下，尽其可能加以细论。此一方面所显示之争执，正仍是方兴未艾，并未于此时即产生各方议论之结辩。

第二桩可以显示当时思想界论锋相对之景况者，可以于当时业已活跃之马克思主义学者，对于一般学术史与思想史研究观点之批评见之。马克思主义学者之观点，相较于当时已渐有的社会史方面之研究言，最大的差异在于：其观点乃是一种深刻的、整体的，并且为世界史的。所谓“深刻的”，主要谓：此种观点乃学界首次以现代方式，界定“生产”与“分配”之经济关系如何在人类社会结构之形成中，占居一关键性的地位，并以此种结构性之解析，试图建立社会机能中变量与变量间所必然具有之相关性。所谓“整体的”，则系指在其最终的解答中，“社会”不仅是作为一“对象”而为人所整体地思惟着，且在社会具体的说明中，人系被放置于社会特定的结构位置中，个人思想与行为之社会意义乃因此而被理解。至于所谓“世界史的”，则是指基于前述观点，社会形态之演化，在其理论中，系可以以辩证法式之形式变进予以解释。极值得注意

[27] 《中国哲学史大纲》卷上，台北：里仁书局景一九二三年商务印书馆本。又收入《民国丛书》第一编第二册，用上海商务印书馆一九二六年版；同前。此处所引说，详该书第十二篇第三章，里仁本页三八四—三九八；《丛书》本亦同。

之一点，当时此种马克思主义之特殊的社会史观点被援用进中国历史研究，不唯系以上古史之历史阶段分期为重点，在学者心目中，亦是以学术思想之批判做为致力之对象。此点可明显见于此派意见最重要的代表人物郭沫若（字鼎堂）（一八九二——一九七八年）所著具有标识性作用之《中国古代社会研究》（出版于一九三〇年）㉘一书。郭氏于该书序中特别提及胡适之所作之《中国哲学史大纲》卷上，谓胡氏虽于当时新学界具支配力达数年，却未曾真于中国古代之实况有所理解，且即因胡氏于中国社会之来源认识未清，故对于中国思想之所以发生无真正的说明。郭氏此语自另一面言之，亦显示胡氏于此一部《哲学史》中所提倡论思想当注意思想产生之背景，此一观念对于学界具有莫大影响力，即当时中国马克思主义学者之论古代社会与古代思想，亦莫不同受影响。亦即因此，故郭氏书于《导论》中提出一如何区分中国社会历史发展阶段之概括性看法后，正论中四篇皆是就传世与新近出土之语言材料（后者即卜辞），试图就马克思主义观点，给予其思想表现一种新的诠释。而在其正论第二章《易传中辨证的观念之展开》文中论及《中庸》一书时（第四节《大学、中庸与易传的参证》），乃将其思想总结归纳为“神的骗局”、“尽性的骗局”与“阶级的骗局”三项，并谓所谓儒家理论之系统，全体即是如此一骗局。此种明显将局部、特定的历史现象之解释在思惟中直接联系于自己对于历史文化整体之批判，正是显示当时在新的学术观点与方法建立之同时，学者皆是夹杂有属于其本人因感受与议题不直接相关之时代问题之刺激而衍生之文化批判意识。其学术真正的动力在此。亦正因如此，故郭氏于同书《自序》中连带以个人的历史主张评及王静安之死，谓王氏研究学问之方法虽为近代式的，然其思想感情则仍是封建式的，不同的时代特性在

㉘ 《中国古代社会研究》，收入《民国丛书》第一编第七十六册，用一九四七年群益出版社本；同前。

其一人身上起剧烈的挣扎，结果为封建之一面将他生命夺走。

中国近现代史学研究之颇与所谓思想之批判相关，显示梁任公所曾谓一国之学术即一国族之精神，㉙此种实际上未完全脱离传统文化中重视学统之观点，仍占据国人历史想象之立足点中极重要的位置，无论其情感为正面的，抑反面的。唯于此所提及，可分别以胡氏、郭氏，与钱先生为代表之三种立场中，关于传统思想之主要性质之论诤，由于在争执点上，必然涉及思想之思惟本身与思想在特殊的历史环境中所具有之特殊的社会意义，故深刻化后之讨论，无论何方皆难将议题锁定于自己单一的架构中。无论“整体的”历史诠释于各家之立场宣示中系如何重要，各家思想在当代，乃至往后的历史中所具有之启示意义，皆须随所论分别以观。当时的学术界、思想界即在一交互影响、激荡之思想环境中将有关历史与文化之讨论与争议带向社会史与思想史两个主要领域。而对于钱先生个人言，在其提出前所叙及之文化史观点（即前所叙表现于《中国文化史导论》之形态观）后，主要的著作方向即比较更集中于学术思想史方面，史论之专著除讲演录外相对较少。学术思想史方面成书重要者，计有增辑后之《庄老通辨》、《两汉经学今古文平议》（分别出版于一九五七年、一九五八年）与《宋明理学概述》（出版于一九五三年）、㉚《中国思想史》（出版于一九五二年）、㉛《朱子新学案》（出版于

㉙ 任公《中国学术思想变迁之大势·总论》云：“学术思想之在一国，犹人之有精神也；而政事法律风俗及历史上种种之现象，则其形质也。故欲觇其国文野强弱之程度如何，必于学术思想焉求之。”（同前，页一）任公此说与前注所论及其师康氏以“孔教”代表中国国魂之说，虽是有所不同，然其受康氏影响而深自探讨之痕迹，固是厘然可见。

㉚ 《宋明理学概述》，台北：中华文化出版事业委员会，一九五三；台北：学生书局，一九七七。《全集》，第九册，同前。

㉛ 《中国思想史》，台北：中华文化出版事业委员会，一九五二；台北：学生书局，一九七七。《全集》，第二十四册，同前。

一九七一年)、[32]《中国学术思想史论丛》(单行本共计八册,出版于一九七六年至一九八〇年)[33]诸书。此一系列著作与较前所著之《先秦诸子系年》与《中国近三百年学术史》(出版于一九三七年)大致即构成钱先生落实其所谓"二千年来之人才皆儒术所成就"一语之历史诠释。

钱先生论历史,既不主社会有一必然决定其发展历程与文化特质之结构性原因,亦不主思想仅是反映时代问题之偶然的产物;而就其综合的观念之形成言,亦若有一较为传统的"儒学"观念贯穿其间,前引所谓"儒术成就人才"之说,即是一显例。然其所谓"儒学",由于系欲兼顾时代性与传承性,包容各时代所谓"儒者之学"之差异的特性,且于思想上比较看重其实际影响于人的文化性作为之普遍作用,故对于所谓儒学之结构与儒学思想可能的内涵,钱先生系采取一比较宽松且系变动的论法,与历来乃至当时之一般观点,有所差异。

当时讨论所谓"儒",有一新趋势,即是于观念上区别"儒"作为特有的、与政治结构相关之智识阶层成员之所谓"儒",与单纯作为学术思想派别标识之"儒"之两种意义。就批判中国历史与思想者言,此项区分之意义正是要凸显"儒"之为"儒",不仅为一思想之缔造者与理想之实践者,亦是政治权力结构之参与者与获利者;批判中国历史不能免除批判中国传统之所谓儒者与其学。而就当时若干意图挽救或可称之曰"中国价值"之学者来说,将儒学与儒者个别之伦理行为,或集体的政治作为界隔,并进一步将儒学之思想面单纯化,使之成为企图解决伦理学上"善如何方始可能"

---

[32] 《朱子新学案》,台北:自印本,一九七一;台北:三民书局,一九八二。《全集》,第十一—十五册,同前。

[33] 《中国学术思想史论丛》(一)~(八),台北:东大图书公司,一九七六—一九八〇。本书后经增补重编为十集,收入《全集》第十八—二十三册;同前。

之一种讨论，此种方式亦是在深刻的忧虑意识下，为传统的中国人文思想寻求一出路之契机。就情感方面言，钱先生既对中国历史文化之精神给予高度评价，其本人对于以孔、孟思想为核心之儒学义理，亦有深刻的个人体验，其一生中直接论及义理观念者，除前举学术思想史各论所涉及者外，亦尚有《四书释义》（各别成书于一九二三年、一九二四年、一九五三年，重辑出版于一九五三年）、《王守仁》（出版于一九三〇年；一九五五年再版，更名为《阳明学述要》）、㉞《论语新解》（出版于一九六三年）㉟等书，故自是与后者为近。然后者之将儒学思想单纯化，简言之，即是将其哲学化。而此种哲学化由于在思惟上系关连到儒学未来持续存在之可能，故对于历史上儒学思想发展之诠释，不仅是哲学史家一种哲学性质之诠释，如在此意义上之胡适之与冯友兰（字芝生）（一八九五——一九九〇年）；㊱而是必须找到中国儒家义理中所可能具有之某种"现代性"哲学成分，并说明其基础。至于历来所谓"儒学者"，其整体的人格与行动时之思惟，如不与此相关，即非所重。胡适之刊行《中国哲学史大纲》卷上后不数年，梁漱溟（焕鼎）（一八九三——一九八八年）发表《东西文化及其哲学》（出版于一九二一年），㊲将中国哲学之主要架构说解为一种"变化的"形而上学与人生论相互搭配之形态，并以一种所谓"理智地运用直觉"之说法说明儒家义

㉞ 《王守仁》，收入《万有文库》第一集，上海：商务印书馆，一九三〇；台北：正中书局，再版，更名为《阳明学述要》，一九五五。《全集》，第十册，同前。

㉟ 《论语新解》，香港：新亚研究所，一九六三，台北：自印本，一九六五；台北：东大图书公司，一九八八。《全集》，第三册，同前。

㊱ 冯著《中国哲学史》上卷出版于一九三一年，全书出版于一九三四年。现收入《民国丛书》第二编第一册，用商务印书馆一九四七年本，上海：上海书店，一九九〇。

㊲ 《东西文化及其哲学》初版由北京财政部印刷局印行。现收入《民国丛书》第一编第四册，用商务印书馆一九二三年本；同前。

理思惟建立之方式。梁氏之说法具有开启后来以陆王学为核心之所谓“新儒家运动”之重要性，然即就其本人所论为例，不唯其论说之方式系属一概括性的形态分析，未作完整的观念历史之考察，其比较中、印、西三方文化特质，亦仅系以哲学之方式为之，对于相应的社会历史发展，并未作充分的研究与说明。其较后著之《中国文化要义》（出版于一九四九年）㊳一书，对于历史现象之归纳，竟多从时人著作中摘取，其未尝尽心于史学可知。同时则有熊十力（子贞）（一八八五——一九六八年）著《新唯识论》（文言本出版于民国二十一年；语体本各卷则分别出版于二十九、三十一、三十三年），㊴深谈体用功能，然他著如《十力语要》（卷一出版于一九三五年）、㊵《读经示要》（出版于一九四五年）㊶诸书，论经说史，亦多无视于当时已有的考据成绩与业已建立之史学观点。至于最后著之《原儒》（上卷出版于一九五五年；全书出版于一九五六年），㊷则演经臆史外，更不惜附会时论，即知交如梁氏，亦不得不深致其慨叹。㊸凡此皆显示经此约限后之所谓“儒学”，已与传统的经、史之学脱离。固然

㊳ 《中国文化要义》，现收入《民国丛书》第一编第四册，用路明书局一九四九年本，同前。

㊴ 《新唯识论》通行本多种，以重校本（北京：中华书局，一九八五）较胜，计收入文言本、语体本，并熊氏所著《心书》《破破新唯识论》，及刘定权《破新唯识论》等。另亦收入《民国丛书》第二编第八册，用商务印书馆一九四七年本；同前。

㊵ 《十力语要》，台北：广文书局景一九四七年《十力丛书》四卷本，一九六二。

㊶ 《读经示要》，现收入《民国丛书》第五编第一册，用南方印书馆一九四五年本；同前。

㊷ 《原儒》，上、下卷合刊，上海：龙门书店，一九六七；台北：明伦出版社局景二卷本，一九七一。收入刘梦溪主编、王守常分校：《中国现代学术经典·熊十力卷》，石家庄：河北教育出版社，一九九六，页一〇——五二三。

㊸ 梁氏评熊氏语见所著《读熊著各书书后》一九六一；收入《忆熊十力先生》，台北：明文书局，一九八九，页五一七七。

梁、熊之后，自承为“新儒家”之学者，亦各别底具有其史学与史识，未可概论，然由于在论说上儒学与儒者之社会行为或功能业已划分两橛，中国社会史之讨论对于此辈学者之历史思惟已不真正造成压力，故关切点已转移至儒学思想中为特定学者所认定之“本质”之一种表现于历史之逻辑的发展；如新儒学后一期唐君毅（一九〇九—一九七八年）、牟宗三（一九〇九—一九九五年）诸先生之所从事。此种观点与钱先生本人所选择之路向，显然具有极大的差距。

所谓钱先生之儒学观乃以一比较宽松，且系变动的方式定义，约有两层主要特征。其一为打破自来严格区画之儒、道分野观念，此项打破后之观念，即是认为：儒家与道家中之庄子于人生义理上不唯有可相通，且系一体之两面；庄子之学最初亦自孔子于《论语》中所表现之精神来。至于儒家之形而上学，如见于《易传》、《中庸》者，则实际乃儒家之后学有取于庄、老之宇宙观所创造；并非如后人所信，儒、道两家思想自始即各有其独立的形上学来源。如依此说，儒家最初的义理根源，虽藉《论语》中所蕴含之孔子思想之解读，仍可寻得一确切可以依据的伦理学立场，然此种思惟之哲学架构之完成，实必须有道家思想成分之加入；儒家与道家于日后所形成形而上学上之差异，虽系可以有的，却并非是根源性的。若然，则钱先生对于儒家思想结构特性之说明，将不可能为一种哲学式之定义。故相对于此，钱先生对于儒家根本性质之讨论，毋宁为一种“学术”式的；前论引叙钱先生语，见有今人较少使用之“儒术”一词，其间即含有此项意味在。此为第二层。在此层意义中，儒家之思想发展，虽仍可以以孔子思想，或说孔子所启示之意义为核心，然并无一逻辑上必然的途径；儒学之具体内涵应系以智识发展上所可能，且实际上实现者为讨论之对象。钱先生贯穿整个中国学术史之思想史诠释，即是以此为主轴。综合以上两义，亦可说即是钱先生于参与当时以新的史学方法与眼光推倒“经学”位居于传统儒学中之地位后，为儒学之历史存在所提出之新的定义。而钱先生晚年所以于所著《朱子新学案》中，极力提高朱子（熹）（一一三〇—一二〇〇年）于学术史上之地位，谓朱子系集孔子以后中国学术之大成者，着眼亦即在是。顾亭林（炎武）（一六一三—一六八二年）曾谓：古无所谓理学，古之理学，经学也；[44]钱先生变言儒学必以中国整体学术之发展作为体现孔子义理思想之一种文化成就。此种说法，即不论是否能为日后学术界所共同接受，要系为中国近现代智识界反省于中国文化，企图为其寻找出一可以为现代理解之历史意义之一项有力说法；值得重视。抑且钱先生之在当时提出此说法，此事本身亦必然成为理解中国近现代学术思想如何发展为一历史过程时，所必须注意之事项。

二、钱先生所企图解答之学术议题及其主要工作

钱先生对于中国近现代学术史之贡献，可依前论区分为两类：一为普遍的史论；一为特定的学术思想史研究。有关普遍史论方面，主要立基于两项重点：一为功能性制度之强调，一为有关文化中精神特质之分析。功能性制度之研究，本是中国传统史学中固有的部

---

[44] 顾亭林云："理学之名自宋人始有之，古之所谓理学，经学也，非数十年不能通也……今之所谓理学，禅学也，不取之五经而但资之语录，校诸帖括之文而尤易也。"（《亭林文集·与施愚山书》，收入《顾亭林遗书汇辑》第五册，台北：中华文献社，一九六九，卷三页一八。）

分，重点在于政制与礼制；钱先生于综合的叙论中，既承沿若干古人已有的论点，亦接受同时人所提出新议题之影响而加以个人的分析，可以逐一辨识。唯在具体的讨论中，钱先生常以之结合于其特有的对于文化精神质素之强调。似在钱先生之观念中，凡任何功能上之制度必结合于运作者之文化特性，方始具有完整的意义。故制度之为制度，可以有“有利”于何、“不利”于何之分析，却并无“必利”与“必害”之必然。故历史之现象中，人物之实际作为与其语言中所传达之思惟与观念，具有理解制度“实质意义”绝对的重要性。举例明之，民国以来论春秋者，对于春秋时期社会结构之特性，有一争论之焦点，即此特性究竟为一“封建社会式的”？或系一“奴隶社会式的”？此两种明确的类别概念，于标识时皆系作为解释之基础，经由历史某一方面分析后之判定，即可能产生对于此一社会其他方面特性之诠解。而在钱先生之语言使用中，任何具标识作用之名词，其实皆止具有辅助描述之功能。故春秋时期之为“封建政治”，依其意，止是对中国春秋时代政治结构之描述，与认知其社会之经济形态与人口结构，系必须分别观察之事项，并无理论上绝对的相关性。同例，若称魏晋时代为变相的封建社会，“封建社会”亦只是于某些特点上指出此一社会与西方史上之 feudalism 具有相似性，① 与同时称其政治为“门第政治”，同属为一描述性之使用。至于春秋时代之伦理性思惟，表现于其统治阶级者，在其说法中，虽亦认与其政治之结构有关，然其本身乃是一种创造性的精神质素，可以于某一时期显示某种道德性，却于另一时期逐渐堕

① 关于西方史上所谓“封建社会”之基本性质，可参考法国年鉴学派史家 Marc Bloch（一八八六——九四四年）所著 *La société feodale*（*Feudal Society*, translated into English by L. A. Manyon, Chicago：The University of Chicago Press, 1961；《封建社会》，谈古铮、谢依群、何百华译自英译本，久大、桂冠图书公司，一九九五）一书。

落。[2]钱先生类似此种讨论历史之方法，虽可能招致“缺乏整体的结构性分析”之批评。然一种结构性之分析，究竟对于历史现象之解释能达于何种程度，本即是需要于运用时不断进行自我批评；如自认解释之理论已臻成熟，正是可能于局部理解之同时，产生严重误解之原因。钱先生之历史分析固可能因结构观点之不足，以致未能满足某些历史分析之需求，然此种忽略亦是造成其本人往往能专注于某些影响历史发展之因素，因以见出社会经济史论者所不易见出之历史关连性之原因。“分类”作为历史认知之工具与“分类”做为历史解释之基础，后者必依前者为设立之条件，而前者则不必然发展成为后者。现今史学界注意世界史研究之同时，多少亦必须考虑中国历史发展所可能存在之特殊性，则钱先生于当时抗拒历史定论主义之一种努力，不能不谓具有不可磨灭的功劳。

钱先生论史意见中最受人瞩目，且亦最常招致争议者，为其《国史大纲》一书中所提出中国二千年来之政治非专制政治，中国二千年来之社会非封建社会，中国二千年来之学术非所以促成中国之专制与封建之说。唯此三项反对当时最具势力的史见之说，虽皆立足于中国历史发展自有进程之主张基础上，却系各具不同的意义，当分别以观。三项中最具争议性者，为第一项。其所以如此者，在于“专制”一词究竟应包有多少内含？不唯学者各人之认知有差距，抑且于实际运用以分析中国历史时，亦少有人详加说明并严守自订之分际。钱先生之所以反对视中国自秦或汉以来之政治皆是专制政治，系以为中国政治结构本身具有某种制度上足以平衡权力之设计，“专权”现象虽于若干朝代比较显著，却未可一概而论。此种具有平衡权力作用之结构性因素，主要根植于设官分职之政府

② 参见所著《论春秋时代人之道德精神》，收入《中国学术思想史论丛》第一册，台北：东大图书公司，一九七六，页一九一—二三九。《全集》，第十八册，同前，页二七一—三三三。

系统中特殊的行政运作，与大体上以考试用人为主之自创的文官制度所产生之效益。对于反对钱先生之说法，坚持中国政治仍当归之于“专制政治”形态之论者言，可争论之焦点在于：就权力之设计与运作言，君权仍是高于一切之上，中国体制中之设事分权，仅是君权执行上之分项；③ 即使钱先生书中屡屡强调之相权，亦无真正可以制衡君权，或独立于君权之外之可能。此项对于钱先生意见之诤论，由于系依据政治学之理论为说，故极为普遍。④ 今若舍弃西方学界始终于学理上并未真正成熟之东方论（Orientalism）⑤ 观点不论，⑥ 单就“专制政治”一概念之起源分析，西方古典时期之亚里士多德（Aristotle, 385-322B.C.）在其提出有关政治形态之分类时，彼所谓 polity（politeia）或说 constitutions 之正确形态，及其所可能产生之恶化类型，本即不止就掌握权力人数之多寡立论，而亦依政治之正义目的与可以运作之结构系统论之，在其立论中实已兼顾形式之纯粹原理与实践上之差异，故谓运作之恶质化，可能造就如

③ 萨孟武《中国社会政治史》（第一册一九四四，第二册一九六二，第三册一九六三，第四册一九六五；台北：三民书局，增订六版，一九九一）即抱持此项看法。

④ 论者意见之一，可参考张君劢《中国专制君主政制之评议》（台北：弘文馆出版社，一九八六）。

⑤ 西方历史上有关“东方”一词之意涵，及学者研究东方观点之变衍，可参见 Edward W. Said, *Orientalism*（[1978]; Vintage Books Edition, New York：Random House, 1979）。

⑥ 亚里士多德认为东方政治之常见为专制，系根源于东方民族之奴性，此显系一偏隘的文化种性论，难有学理上之根据。然此种属于古代之 ethnocentrism，却有其极为深远的影响。比较而言，马克思之提出“亚细亚生产方式”之说，系能突破历来（包括启蒙时期以来新的有关东方社会之讨论）论说东方之观点，以深入于某种特定的结构性因素之本质，然马克思、恩格斯（Friedrich Engels, 1820-1895）有关所谓“东方”之历史知识，相较今日研究所获而言，仍是过少，且此项观察于两人之说中亦尚未发展成熟，故意虽创新，其价值仍属有限。

democracy, oligarchy, tyranny 三类 deviant constitutions。⑦ 若依此论，中国政治既于其历史之发展中，已建立起配合其文化条件而有之正当性伦理基础，亦于运作中发展出某些理性化之体制设计，则在中国漫长的历史中，虽亦可于恶质化之运作下成为专制，却不得谓于任何状况下必然是一种 despotic rule。钱先生之观点并非无可以立足之点。唯在议论双方分辨“专制”与“非专制”时，事实上乃又牵合于近代政治理论中“民主”与“非民主”之类分，故焦点转移至中国传统政治设计中是否包含有近代义之所谓“制衡”要素一问题；是否存在真实的“制衡关系”成为判断中国政治是否为“专制”之标准。钱先生以统治阶层之容纳参与乃至政府职权分化时所形成之行政牵制为具有限制君权之作用，固是不同于现代政治学中所谓“权力制衡”之定义，然因中国政治未达于民主即谓之为“专制”，亦系采取史论中比较宽泛的分类标准，易于产生对于个案认知上之误解。⑧ 当时批评中国历史者，正有一种依据特定的，对中国政治结构特性之判断，以否定中国一切政治文化价值之倾向，故钱先生极力辨之；亦有极大贡献。特就现代政治分析之论证尺度言，

---

⑦ 参见亚里士多德所著《政治学》第三、四卷（*Politica*, Book III, 6, 1278b 7-8, 7, Book IV, 1, 1289a 7-8, 2, 1289b 12-13, in *The Student's Oxford Aristotle*, Vol. VI, translated into English under editorship of W. D. Ross, London：Oxford University Press, 1942；本书转译自英译之中文译本，有涂克超之《亚里士多德的政治学》[台北：自由太平洋文化事业公司，一九六五]，及苗力田所主编之《亚里士多德全集》译本 [第九册，颜一、秦典华译，北京：商务印书馆，一九九四] 两种，另有译自 W. L. Newman 之希腊原文校注本 [*The Politics of Aristotle*, text, intro., notes, critical and explanatory, 4 vols., Oxford, 1887-1902] 者，则为吴寿彭译本 [《政治学》，北京：商务印书馆，一九六五]。各本差异颇大，吴本较胜，唯论者仍宜依原著或英译为分析之依准）。

⑧ 近代深受马克思主义影响之学者不断致力于寻找一属于结构性之原由，以解释中国乃至广义的东方社会特殊性之构成，著者如 Karl A. Wittfogel 于所著《东方专制论》（*Oriental Despotism*, New Haven：Yale University Press, 1957）中所提出之 Hydraulic Society 说；然此种原生论之观点，实容易因于先入为主之观念，忽略个案间可能存在之差异，乃至夸大某一因素实际对于历史之影响。

钱先生所指言中国长久以来所存在之士人政府及相应而有之政治文化，是否即能于性质上加以单纯化，称之为“士人政治”？⑨此问题必然牵涉中国之菁英政治是否仍仅是“威权政治”（authoritarian system）中之一型，并未真能达至以“士人”作为政治主体之质疑。此项诤议依旧无法避免。

其次，关于中国社会是否二千余年来皆是一“封建社会”之质疑。就马克思主义学者言，中国必然经历此一社会发展之形态，且此一社会结构形态系作为奴隶社会制与资本主义社会制两制间之一居间阶段，问题仅在于中国封建制开始于何时？于何时结束？然不论主张封建制始于春秋之初，或主张封建制始于春秋、战国之交，由于中国比较具体的资本主义社会发展乃迟至清中晚期始出现，在此之前充其量仅有若干早期资本主义社会现象之萌芽，故整体而言，中国有较详细历史记录之时期太半皆处于所谓“封建制”阶段。由于马克思（Karl Heinrich Marx, 1818-1883）理论系被其理论之信仰者视为成熟理论，其学说中所谓“亚细亚生产方式”（AMP, Asiatic Mode of Production）与“亚细亚社会”（Asiatic Society）又曾于本世纪三十年代由斯大林（Joseph Stalin, 1879-1953）在其所主导之列宁格勒（Leningrad）会议中将之定位为标准类型之变型，故凡有关东方与中国史之特殊性诠释，皆不免在教条式之历史思惟上，又增多一层政治力之干预。此项干预虽于五十、六十年代因形势转变而逐渐放弛，然所谓“亚细亚社会”之特征研究，并未真能使中国史之诠释脱离一既定的世界史发展进程之理论框架。至于对非马克思主义之社会史学者言，类如“封建社会式”之社会类型，系单独底被视为研究之对象，描述其最大程度的普遍特征，与在发生之因果上探讨封建制与其他社会形态历史上之关连性，非一事。因此并无

⑨ 政治形态之定位应以其权力结构之分析为基本的着眼点，至于政治文化于权力结构内所显示之作用，则理论上仍属依附性质。

必将中国历史高度文明期尽纳入封建制之理由。且即由于封建社会形态之存在具有出自不同历史条件之可能，且亦不必然产生一定的后果，故无论中国社会于何一阶段出现封建社会形态，若此社会于其他文化素质之表现上可经由历史线索之追查，寻找出与其他阶段于特征上之类似，即不能忽视此项类似的特征所可能显示之文化意义。钱先生之在此一点上拒斥马克思主义学者之观点，对于维护历史研究之空间，实属必要。盖如二千年来之中国社会系一马克思所谓之“封建社会”之说一旦确立，则“封建的”一描述词势将泛滥地被使用至任何论者所希望革除之传统社会之习性与观念上，从而降低历史研究者本身之客观性。

钱先生论中国后代社会结构时，曾提出所谓“四民社会”之说。[⑩]“四民”一语本出《国语·齐语》称引所谓管子之言，[⑪]乃指处士、农、工、商；[⑫]后世“士”一词则用以兼指“士君子”与“士大夫”。钱先生以“四民”论中国社会，固非就春秋时期言，而乃以指汉以后。而在钱先生之论法中，中国汉以后之社会，除魏晋南北朝士族衍成门第系具有变相的封建社会特质，此种特质仍部分底延续于隋唐，使隋唐成为半门第社会外，两汉及宋以后（蒙元除外），中国主要皆为一平民社会。钱先生所谓“平民社会”大意系指一社会无明显、确定的阶级存在，或无强固的种姓制度存在。此说由于未在说法中明确解释历史上中国土地与人口之关系，亦未说明劳动人口以及市场结构种种变化之情形，故比较上未多受注意。然钱先生于论述中国历史时，反复强调一观念，即中国自古以来之

⑩ 钱先生关于此点之意见，较详之说明可参考所著《国史新论》（香港：自印本，一九五三；台北：东大图书公司，一九八一。《全集》，第三十册，同前）相关各章。

⑪ 见《国语·齐语》，台北：九思出版公司景新校本，一九七八，页二二六。

⑫ 亚里士多德曾于《政治学》第六卷中将 common people 分为四类，即 husbandmen, mechanics, retail traders, laborers（*Politica*, Book VI., 7, 1321a5，英译本，同前）；当时之希腊社会固与中国不同，然此两段文献材料正可比较。

所谓“士”，其作为中国特殊的智识阶层，系具有极强烈的文化特性，中国历史之特殊走向，虽亦受许多随时变化之政治、经济、乃至于社会条件之制约，然此一智识阶层之坚实的自主性与其理想性系缔造中国社会传承中主要价值特征之来源。钱先生此项看法虽系延续当时注意讨论中国历史上智识分子如何“阶层化”之问题而来，然自光绪间学者提出“二千年来之中国政治，秦政也”之同时，即提出“二千年来之中国学术，荀学也”之说，⑬对于中国历史上智识分子之牵涉于政治者，论史者太半采取批判之态度，无论主张革新之启蒙派、社会史论派，甚或价值观点较为保守之新儒家学派中部分的提倡者，特设定对象时，取舍之宽窄不同，论列功过时，严厉之程度不同；钱先生同时肯定中国智识分子于中国历史中所曾扮演之肩负文化功能与政治功能之双重角色，自与其不认为中国之政治即“专制”一语可以概括，中国之学术思想即“封建的”一语可以判定其性质有关。故钱先生虽可能未于中国社会演进史之议题上，提出完整而有力的说法，取代定论式之主张，然其抗拒定论式之历史解释方式，并于文化发展所以存在歧异之原因上，看重学术功能与特殊的智识阶层特性之重要，不能不谓具有极大价值。

钱先生谓中国智识阶层具有精神上之独立性，从另一面言，即是主张中国学术在思惟上具有某种因学术理性而被赋予之自由；即使其思惟之课题乃超越纯粹伦理学之范围，牵涉及于政治思惟与一般性的社会价值。此即前述三论中之最后一项。对于钱先生而言，

---

⑬ 谭复生（嗣同）（一八六八——一八九八年）说；任公亦有此语，事见梁任公《清代学术概论》。谭嗣同《仁学》云：“二千年来之政，秦政也，皆大盗也；二千年来之学，荀学也，皆乡愿也。唯大盗利用乡愿；唯乡愿工媚大盗。二者相交相资，而罔不托之于孔。”（收入《谭嗣同全集》，台北：华世出版社景新校本，一九九七，页五四。）任公则云：“孔门之学，后衍为孟子、荀卿两派；荀传小康，孟传大同，汉代今文家、古文家，皆出荀卿（原注：汪中说），二千年间宗派屡变，一皆盘旋荀学肘下。孟学绝而孔学亦衰。”（《清代学术概论·二十五》，同前，页六一）

当时论史者批判历史本即是欲以批评思想，而吾人之所以不当轻易就中国历史遽下定论，正是必须反从对中国历史上特殊重要的智识分子之理解，以明了此一批智识分子之养成与存在，正是使中国历史之走向不被某些政治与经济因素完全决定之原因。钱先生此项论中国史之核心观点，促使其用心解答，学术思惟上个人特有的与时代共有的之关连，以及个人特有的与历史传承的之关连。钱先生于普遍的史论外，系统的有关中国学术思想之分析，即是在此历史研究之框架中达成。

欲解答历史上有关学术思惟之个人特有的与时代共有的，或个人特有的与历史传承的彼此间之关系，思想课题与学术课题两条线索必须兼论。钱先生唯因自始即接受一种建立于考辨基础之学术史观念，故对于中国思想史上问题线索之发展，乃系本于一新的有关经、子之书与经、子之学所以形成之认识予以观察。且其最早期有关先秦学术史之考辨，乃当时学界整体工作中极重要的一部分。其第一项最重要的贡献，即是于“疑古”风气盛行之际，打破前此特定的所谓“伪经”、“改制”之说。盖清末以来之疑经乃至疑古，最初乃自一种“子学式”之经学观念来；即认为经学之成为经学，不唯于解读群经之背后，应有一会通的眼光，且历史上亦实际上曾存在此种子学式之经学。此种观念最后发展成为视子学式之经学即是经学本质之说。此说初成于廖季平（平）（一八五二——九三二年）“今学”“古学”之架构，后则变衍出康有为《新学伪经考》、⑭《孔

⑭ 《新学伪经考》光绪十七年辛卯（一八九一）初刊于广州，由广州康氏万木草堂刊行，各省五缩印，甲午奉旨毁版，戊戌庚子再奉旨毁版，丁巳重刊于北京。

子改制考》[15]两书中所拟测之“刘歆伪经”与“孔子改制”之说。[16]廖、康说之破“经”为“子”，不唯于史料之真实性上不复崇信视经书为圣人治化遗典之观念，亦实际上彻底变改“圣人”于传统说法中之地位；其冲击于当时中国之学术界与依附传统政治合法性基础之清政权自是极为激烈。故清廷亦曾诏令禁止康氏书之刊行与贩卖。后人论民国以降疑古、辨伪风气者，皆谓此风气之形成乃部分底承受康有为此种当时人称之为“今文学派”之影响。胡适之之建议梁任公于讨论有关清代学术史之发展时，应特别说明此点，亦是同此意见。唯康氏著论，得灵感于廖氏，本是先有一番逐渐成熟之意见于胸中，然后以所谓考证者证成其说，并非真有实得于考证学之精神与方法。钱先生以史学之考证攻破其说，不唯证明清末今文学者若廖、康辈之考证非真考证，且经此一役，并子学式之经学亦击溃，“经学”自此无复能维持其可以自成体系做为一种研究学问方法之特质；经书与历史上之经学皆止能成为研究之对象。

钱先生攻破康氏说之前，康氏门下最称高第弟子之梁任公已先不信其师说之武断。任公不唯不信师说，其晚著如《先秦政治思想史》，[17]于史料之择取，且亦不作今、古文立场之分别，对于经书之真伪皆是逐一而论；论中即伏生所传二十八篇《尚书》中之《尧

---

⑮ 《孔子改制考》付梓于光绪二十三年丁酉（一八九七）刊成于次年戊戌，由上海大同译书局发行，一九二〇年另刊行万木草堂本，事详汤志钧《康有为传》（台北：商务印书馆，一九九七，页八九）。现收入《民国丛书》第四编第三册，用一九二二年刻本，上海：上海书店，一九九二。

⑯ 廖氏曾于光绪十四年（一八八八）将所著《今古学考》分述为二篇，以《知圣篇》述今学，《辟刘篇》述古学，其大旨即康氏所本，特康氏深讳之，故后为廖氏所揭。关于此点钱先生曾有详论，见所著《中国近三百年学术史》，台北：商务印书馆景一九三七年排本，一九七六台版六刷，页六四四—六四七。前引汤《传》辨廖、康立说关系，亦主此说，唯引据仅上溯张西堂《廖平古学考序》（见汤书页五三），未注明钱先生说。

⑰ 《先秦政治思想史》，收入《专集》第二册；同前。

典》《禹贡》之类亦皆致疑，即是一例。特以任公之立场不欲尽取其师之说而攻之，故但标示所谓“不慊”之语于日后所著《清代学术概论》中。然康说罗织甚密，信从者颇不乏人，当时且亦有如崔适（字觯甫）（？—？）辈之写作《春秋复始》、《史记探源》[18]等书以为护卫。钱先生回忆录中言及早年受识于顾颉刚之初，顾氏时正主讲康有为之学，而同时先后，北京大学钱玄同则以弟子礼师事崔氏，改姓为“疑古”，[19]可见学界讲经学康氏说之占势力。凡此皆在任公民国九年《概论》一书脱稿后。故知单就此一问题而论，亦仍是存在未决，必须以实际的考辨拔赵立汉。

钱先生未著论驳康氏之先，经学未全破，经书之地位业已动摇。而在胡适之初返国门后未久，胡氏即著成并出版其《中国哲学史大纲》卷上，提出论哲学史必当辨析哲学史料之性质并考论哲学思想所由产生之社会背景之说。且将中国哲学史之讲述，剔除政治性经籍不论，直接自子学中之老子、孔子起说；蔡元培为作序，乃称其书具有“截断众流”之手段[20]，一时学界竞传其说，有纸贵洛阳之势。即梁任公亦尽弃其较早著《论中国学术思想变迁之大势》（光绪二十八年）时远溯王官以论学之旧见，而改其说为《老孔墨以后

---

[18] 崔适，浙江绍兴人，清季邑诸生，未知名时仅以所学课授乡里，著书自娱。蔡元培（字孑民）（一八六八—一九四〇年）掌北京大学时，曾聘为文科教授。所著《论语足征记》（出版于一九二一年）、《史记探源》（出版于一九二四年），皆由北京大学出版部出版。参考日人桥川时雄编《中国文化界人物总鉴》（北京：中华法令编印馆，一九四〇；台北：古亭书屋景本，未标注版权页），页五〇四。

[19] 事见《八十忆双亲、师友杂忆合刊》，同前，东大版页一三二、一四二，全集版页一五四、一六七；文稍有增益。

[20] 胡氏未成书之先，先草一文发表，名《诸子不出于王官论》（刊于《太平洋》一卷七号；后收录为《中国哲学史大纲》卷上附录），驳章太炎。此事就一方面言，固显示胡氏已具有一种新的考据之眼光，与乾嘉朴学旧轨不同；另方面则亦显示新时代新课题之觉醒，其来非出一时一人，胡氏虽驳太炎，其问题本亦自太炎来。胡氏于再版序中言：于近人最当感谢者为太炎，此言固非虚发。

学派概观》（一九二〇年）[21]一书中之所云。在此状况下，孔子是否有“改制”之思，刘歆是否有“伪经”之事，虽不必然影响中国学术当自子学起论之说，却可能引致对于经书史料性不同之认定，从而与胡氏所谓论思想当考及其所以发生之时代背景一事有关。[22]因如古文经书非刘歆伪为，古文经书中之《周官》与《左传》，即不能不考虑其所可能具有之史料价值。其间《左传》之关系尤大，盖《周官》之可疑，汉人本有“六国阴谋之书”之说，不必由刘歆伪为而后然，而当时固颇有因康氏之说，而欲以其他证据证成《左传》之不足信者。钱先生回忆录中曾叙及彼尝与胡适之共语，钱先生问胡氏，何以胡氏《哲学史》论时代背景，舍《左氏》不用，而上采之《诗经》，胡氏答称：先生《先秦诸子系年》未问世不知说法如何，然时论颇疑《左传》之伪，故不能遽据为说。[23]此事亦可见《左传》是否可信，关系当时学术史之讲明。固康氏说破，不即证《左氏》之真，然伪经亦应有伪经之时代背景，《左传》之所以致疑，刘歆助王莽篡汉，终仍是启疑之关键。否则《左传》言古事多有旁证，即非左丘明（？—？）作，亦是言有所本，何可轻疑？钱先生驳康说一案，固是大事。

钱先生考先秦学术史第二件贡献，为考《老子》书之晚出。《老子》书之属晚出，宋以来即不乏疑之者，唯《老子》书属道家，自来不视与儒家有渊源上之关系，且自来说经学在子学之先，《老子》一书是否晚出，亦并不构成学界之大问题。唯自胡适之著论，叙言中国哲学史以老子居首，则依其说，思想必有发生之环境，何

㉑《老孔墨以后学派概观》，收入《专集》第二册；同前。

㉒ 中国学术当自子学起论之说，乃自一种评判纯粹学术之眼光说之，非关传统之分类，故“改制”“伪经”之论即使成立，亦不过说“经”为“子”，于评判之标准无变改。

㉓ 事亦见《八十忆双亲、师友杂忆合刊》，同前，东大版页一四四，全集版页一六九。此处所叙据平日所闻稍有改易。

况为先起之第一家第一人？此为一必当讲明之事。胡氏已说之不惬人意，前论已及，而当时更有因于考论思想环境，遂举言《老子》书必应如古来部分学者所疑乃战国时人所著者，则为前称受胡适之影响之梁任公。而在任公之先，任公师康有为承前人言已谓《老子》书为晚出，特直至任公初读适之书时，任公似亦并未确认此点，故前所叙及之《老孔墨以后学派概观》一书尚仍以"老""孔""墨"之叙次为说。唯该书著成（一九二〇年）后未久，任公往北京大学讲演（一九二二年），即对胡氏原书提出批评，谓不当叙次老子于孔子之先。㉔任公说《老子》书晚出之可注意者，在其所举言之六事，不仅就思想系统及《史记·老子列传》中抵牾处论之，乃更摘出《老子》书中用语，指明其所反映之社会现实皆战国时事，非春秋时代所能有。此事提醒学界考论子书真伪，或其著成年代，春秋、战国史势之不同，实为关键；胡氏论时代背景远取《诗》三百为证，乃不切主题。唯任公说出，虽受注意，学界考校子书头绪正纷，关于比较深刻的思想问题，仍在摸索阶段，故有关《老子》一书之讨论趋于热炽，事尚在一九二七年后，以至于一九三一、三二年间。钱先生《关于老子成书年代之一种考察》即发表于一九三〇年。与钱先生同时主张《老子》书应晚出，重要者有冯友兰。钱、冯两先生之说既皆属以新方法治思想与考证，论又于此点符应，论势转强，故胡氏亦不得不为文答辩。综观此事之所以重要，主要在凸显春秋、战国历史变动之意义，不仅为政治的，亦是社会的。论中国严格义的哲学思惟之起源，必当于社会之条件有说明，而叙言此后学术思想之展衍，亦不得忽略可能与其存在状态有关之社会背景因素。凡一说法不能于此要点有说明，或其说明不能对历史之研究者具说服力，即无重要意义。钱先生早年最大研究成果之汇集，为《先秦诸

㉔ 任公演讲大意经记录刊载于一九二二年三月十三日北京《晨报副刊》，后则发表于《哲学》第七期。参见《古史辨》第四册，同前，页三〇五—三〇七。

子系年》，主要即是以整个战国史事为其较论年世之着眼；而同时期学者论思想必及史事之新式的考辨，亦是出于同一问题之刺激而产生，直至社会经济史之观点介入，始将重点逐渐转移。

钱先生全盘考辨先秦诸子之当与任公提出《老子》书乃晚出一事有关，有一证，即钱先生发表《老子考察》文时，曾自记其稿乃初成于一九二三年，在任公提出说法后一年，而尚距投稿刊布之时有数年之遥，此期间即钱先生构筑其“系年”论之最要阶段。然《系年》一书之重要，于此可说为第三项贡献者，实又不仅在为诸子之年代设定某一人认为近理之推测，或大略底说明一时代之背景而止。此因钱先生之作此书，脑海中有一为其所关切之战国史问题，即战国史之年历。《史记》谱春秋时事，以有《春秋》为依据，故厘然可纪，至如六国事，则诸国宝书尽毁于项羽之火，太史公谱《六国表》，唯据《秦记》，秦僻在西土，与中国交通本晚，故纪事多阙漏舛误，顾亭林乃谓其间有百余年事，考史者为之茫昧。亭林之后，清人考《六国表》发现一重要方法，即是援引前人所轻忽之汲冢《竹书纪年》，以之作为对比参校之重要依据。唯因《纪年》久佚，后出之今本乃经后人改乱，故朱右曾（字尊鲁）（？—？）㉕另自《史记索隐》中辑出真本；钱先生之前有王静安，亦为之补校，㉖特留存之问题仍多。钱先生既欲考论诸子，诸子生平可考者皆属零星事件，若欲因其事以考其人之年代，或传世书之真伪，如

㉕ 朱又曾，江苏嘉定人，道光十八年进士。

㉖ 王国维校《竹书纪年》所成两稿，《古本竹书纪年辑校》一卷、《今本竹书纪年疏证》二卷，收入《海宁王静安先生遗书》（台北：商务印书馆重印本，一九七六），册十一，页四五〇五一四五五二，四五五三一四六七〇。

梁任公所强调，[27]则唯有先将其间某子某事确切可信之载记，与真实之年历相系，然后就诸子间交往之关系，或思想议题之传承种种线索，为之比较。其有事不符应，或于子学发展之脉络难以说通者，则为之疑辨。故考事即是考年，考年即是谱历。钱先生汇集前人针对战国史事之表现于杂史与子书者所作之考论，逐一为之疏通，而以之系于所新成之《通表》，实是条理功深；后之论战国史与诸子书者，得此一书，关键具在，可以如网在纲。至于一子生卒年之估算，诸家考据本无定论可期，若其人牵涉于子学发展之脉络，则关系重；若人在渺茫之间，书亦不存，则考之谱之，亦不过见一大概，出入无妨。至于传书是否可信，又非单凭考论其人其事所可决定；论之者各人必须另有其自建之有关先秦思想发展脉络之说法，并以之作为观念历史较论之基础，其考辨之性质又与此不同。

论及先秦思想发展之脉络，首先当辨明议题，且此议题必须具有于思想上驱迫人思惟之力量；此即哲学史或思想史上所谓思想之“恒久议题”。点出此意，当时学界有一先行之开创者，为章太炎。其《国故论衡》[28]当时人莫不读诵，即胡适之亦不例外。特其书简奥，读之者或不能得其头绪，故传播此一观念，其影响不及胡适之。唯胡氏论哲学史过于侧重哲学作为知识方法之意义，故于各家精神颇有走失。虽则如此，胡氏书中对于子学发展亦有数项立论极特出。

---

[27] 任公遗著中辨子书及其他古书真伪及其年代者，有《诸子考释》、《古书真伪及其年代》（与前书并收入《专集》第九册；同前）两稿，著成于一九二六、二七年间，而其前则尚有《墨经校释》（一九二〇年）、《墨子学案》（一九二一年；与前书并收入《专集》第二册，同前）诸书，皆在胡适之《哲学史》一书刊行之后，其辨析之眼光，明显受胡氏影响。任公本于乾嘉考证之学有所知，故能因取径之易辙即有所成。

[28] 《国故论衡》最初于一九一〇年由日本秀光社排印出版，后收入《章氏丛书》（正编，上海：右文社排印本，一九一五；台北：世界书局，正、续合编，正编用浙江图书馆一九一九年刻本，一九五八）时则有增订。

其间颇为重要的一项，即古无真正独立的名家，汉人所指言之“名家”实乃战国时期新起之后期墨家。此说所以较之胡氏本人其他意见尤显重要者，在于能提供考论先秦形而上学发展一条可能的线索；此线索胡氏本人因未充分明了属于哲学思惟之形上学发生之困难，故未尝认识及之，后乃为钱先生寻得。此为钱先生考论先秦学术史可以述说之贡献中之第四项，即：辨明名家与道家之关系。

钱先生不信孔子有赞《易》之事，《易传》为春秋之书，此两点时人持相同意见者不少。然果依此说法，论孔子思想，可据者唯在《论语》与《春秋》。倘《老子》亦后出，则先秦子学之在春秋者，最先乃自伦理学与历史学之思惟来，中国形而上学之根源究在何处？不能不予讨论。胡氏至终不承认《老》书为晚出，其心中自无此问题存在；钱先生则不然。钱先生发掘道家产生形上学之原由或许与名家相关，主要在析论传本《老子》书首章两句：“道可道，非常道；名可名，非常名”，谓乃同时兼涉本体论与名学问题。至于庄子，其人本亦与名家之惠施相友善，抑且惠施系《庄》书内篇中唯一真正可见之讲友，《齐物论》中亦尝举论名家之辩题而为异说。今胡氏既论证名家主“兼爱”，乃墨家新派，则由儒而墨，而名，思想一步转出一步，逼出形而上学讨论，正是于思想之脉络中可以理解而赞同之事。故钱先生于前所引论之《老子考察》一文中，乃以此议题与观念发展线索之说明为其思想考辨方面辅助之证据。

钱先生有关先秦学术史研究第五项贡献，为考辨《老子》与《庄子》成书之先后与其思想系统之差异。《老子》晚出，既经讨论，举证益多，然《老子》倘晚出，究系晚至何时始著成书，亦不能无一估计。当时辨之者，或说春秋末，或说战国初，不然则说为中、中晚，或晚，更有将之推迟至秦、汉者，不一而足。[29]钱先生考辨之重点，除较论先秦有关可名为“老聃”之人之传说外，重点在于庄学与老学之判宗。“黄老”与“老庄”乃道家思想发展可辨形态中之两种，古人早有此说。即专就《老》书与《庄》书言，两书思想实有某些不同，亦是历来深于老庄之学者所觉察。然虽是老、庄之学有大致的差异，因《庄》书中外、杂篇中亦有明显近于《老子》理路之言者，故《老》之与《庄》自来亦并非真能清楚划分。老、庄确然可以别宗，始自清初王船山（夫之）（一六一九—一六九二年）之《庄子解》；而其关键则在依据《庄子》版本内、外、杂篇之结构，分别加以统整，确认除《天下》一篇性质较为特殊外，《庄》书唯内七篇意自连属，内容精纯，可大致信为庄子本人之学，至于其他外、杂篇，则虽有精言，守义不纯，皆当判为衍庄者所为，且其中亦间有专为《老》书思想作诠诂者。钱先生据于此见，而益之以一种思想议题与观念历史之分析，将两家作进一步判分；并倡言《老》书必当于《庄》书内篇既成之后著，道家思想最先乃自庄子始，非由老子起。

与钱先生同时考论《老》书应晚出者，除主张《老子》非一人一时作且成书极迟者外，多数皆主《老》书当在《庄》书前著；或则如张西堂（？—？），虽亦主《老》在《庄》后，然并未详释其所以然。钱先生此一特有的孤见是否可以成立？《老》书与《庄》

---

[29] 湖北郭店楚墓出土竹简有《老子》书，为现存最早之本，该墓据学者估测约属战国中期偏晚所有（释文及说明参见荆门市博物馆编，《郭店楚墓竹简》，北京：文物出版社，一九九八），此一考证如若属实，则《老子》一书之著成，最晚不得迟于此一墓葬期稍前。

书之关系如何？固尚有相纠结之疑点有待学者续加厘清；[30]然即不以《老》在《庄》后，钱先生所辨老、庄思想之差异处，此事牵涉中国哲学思惟发展如何建立一可理解之历史诠释，不论《老》《庄》孰先抑后，皆须有所论说，则钱先生整体说法，就其所提示之问题要点言，仍是学者所不宜轻忽。

钱先生考论学术思想，除此所叙先秦部分外，用力最深者，为宋与清，成绩亦较多。至于汉代与魏晋南北朝部分，大体皆由前述有关经学之考辨与道家思想之分析两方面扩展。汉代部分以经学为线索，综合汉及汉以前之学以为讨论者，有《周官著作年代考》（著于一九三一年）、《两汉博士家法考》（一九四三年）、《孔子与春秋》（一九五三年）；并前《刘向歆父子年谱》文，后辑为前所叙及之《两汉经学今古文平议》。魏晋部分重要者则有《记魏晋玄学三宗》（一九四五年）、《王弼郭象注易老庄用理字条录》（一九五五年）、《王弼言体用》（一九五七年）、《郭象庄子注中之自然义》（一九四八年）、《释道家精神义》（一九五五年）诸文，后并前考论庄、老曾辑为《老子辨》（出版于一九三二年）者，重编为《庄老通辨》。

钱先生有关宋、清两代学术思想之研究，主要系成就两部巨著，

---

[30] 郭店楚墓竹简本《老子》"绝仁弃义"句作"绝伪弃诈"（《老子》甲，同上，页一一一；字依《释文》厘定），显示"仁""义"并称作为儒家思想之代表，事确晚出，如钱先生当时学者所认定，故后出之本有此改作。然《老子》书"绝伪弃诈"句，旧传各本皆作"绝仁弃义"（即《马王堆汉墓帛书》本亦同；传本唯唐景龙碑本作"绝民弃义"，朱谦之已校其非，说详氏甲午所著《老子校释》，台北：里仁书局《老子释译》景本，一九八三，页四七一四八），此点本系钱先生主张《老子》书必在《孟子》书后著之一要证，则此本之发现自必影响《老子》《庄子》成书先后问题之讨论，事有待学者持续关注。唯学术史研究中鉴别学者学识之优劣，本当以当时学术界之条件为依准，不尽视结论之是否最终可以成立为决定；故钱先生此一考证，不论就当时之学术发展，或就其作为普遍的学术方法而加以评量，皆有其意义与价值。

此两部巨著，不唯于内容上具有开拓研究领域之功，亦在著作之工程表现上，可为学界树立一新的里程碑。其有关清代之部分先成，为《中国近三百年学术史》，属“学术史”体；有关宋之部分后成，为《朱子新学案》，属改进后之“学案”体。至于其间相关之专著与论文，尚有多种，较著者已见前引。

“中国近三百年学术史”之成为近现代学术史研究另一重点，最初系梁任公由其“清代学术”之概念扩衍而成。任公《概论》与后著之《中国近三百年学术史》[31]两书本亦期望为中国学术之现代化寻求一类近“现代性”质素之历史根源，[32]故其书之不专就清人经学上汉、宋以及今、古文之争论课题立说，自始即然。然中国学术议题既自有传承，必欲于其间说出一近于西方精神之素质，必止能于思想上分析。任公于此种可能的思想素质为何，或以之比论于“科学实证”,或以之比论于西方近代哲学中所重视之“实践”问题，[33]然凡其所指言之现象，实皆仅于中国特殊的学术议题之讨论中存在，若因此而谓中国社会当时亦存有可以辨识之群众思潮，如其所论，终嫌证据不足。故在其后，学者深入讨论不能不另立观点，其重要的趋向有二：一为钱先生所主张之“学术”说；一为侯外庐（玉枢）（一九〇三——九八七年）所主张之“思想”说。此处为叙述方便而暂立之两名，乃就二人所偏重者安立，非谓论学术可以无关乎思

---

[31] 梁著《中国近三百年学术史》，收入《专集》第四册；同前。

[32] 任公于《概论》中承前旧见，以有清一代相当于西方史中之“文艺复兴”期（见该书页三,七五；同前），而于同书另处立说，则以当日之中国为类同于西方所谓“启蒙”期（页八〇）。

[33] 任公于《概论》中指出清代考证学中富具有一种科学精神（见该书页七六—七八；同前），并谓此一精神乃未来中国发达科学之根基。至于写作《中国近三百年学术史》时，则于前论学术主流之外，另提出一“排斥理论提倡实践”之学术支流（见该书页一—二；同前）。此两项重点之认知与强调，皆与任公研究此一课题时明显的学术动机有关。

想，或论思想者可以置学术于不议。

钱先生所主张之“学术”说，系以其观念中所会通认识之“儒学”，作为判别此期各人学术风格之依准。此种综合的“儒学”观念，不唯为钱先生所有，钱先生亦相信乃中国历来真正重要的学者所同有，有清一代亦不例外；特学者之见解有高下，不全然一致。故凡此期学者内心所期以矫挽时弊，或有所激而故持之论调，据其见解，皆是大致在一种以“学术”观念为导向之文化中产生，政局止是学者所必须面对之环境；至于由社会一般大众所结构形成之理念，则并未于学者之讨论中见出明显可以论说之影响。学术应如何发展之判断，依据此种儒学文化传统，既必须立基于学者主观的识见，而清代学术之门类又系繁多，故能开风气影响众人之少数重要学者，成为综摄全局之人物。钱先生全书中所述清人之学与清人之事，引据详富，颇为惊人，然居上摄括之架构则仅以十数人名篇，则其论学之主张可知。而在此十数人之名单中，有为清人乃至民国以来学者所盛称者，如二王（王怀祖[念孙][一七四四——一八三二年]；王伯申[引之][一七六六——一八三四年]），乃竟不与，仅以附见他人项下。至于清初，则黄梨洲（宗羲）（一六一〇——一六九五年）、王船山、顾亭林已占三章。细绎其书，似钱先生主张清初至于清中中间实经历学术上一极大变化，清乾嘉之走向考证与前期精神已有所差异，当划分以观。钱先生此说较之任公《清代学术概论》书中将清学视为同一趋势所衍成，固是极为不同。亦可谓钱先生之以清初上推晚明，乃视清初与晚明为一延续的发展，具有独特的学术史地位，上不同于明学之主脉，下亦有别于清中；而任公则以清学为宋明学之反动，此一反动思潮为整个清学发生之根源。[34]至于较后之侯外庐，其所著《中国近世思想学说史》（出版于一九四四年），[35]则是企图于学说之诠释中加添一种社会结构变动之分析，以求能于特定观点下深入理解中国思想史上一种与社会结构性质改变相应之变化；具有为其个人所选择之马克思主义立场。[36]

钱先生《近三百年学术史》之写作，除独抒己见外，亦受有同时期其他学者所提出议题之影响；乾嘉时期章实斋（学诚）（一七三八——八〇一年）、戴东原（震）（一七二三——七七七年）之特受重视即是一端。唯其书对于此后学界讨论此一时期学术史问题影响实大，此但检视学者所注意之问题与所重视之材料可知。至于观念之影响，则钱先生与梁任公之说皆占势力。

钱先生于著《近三百年学术史》之外，亦曾着手重编《清儒学案》，惜稿于抗战期间没入长江。此事之可惜在于：有清一代理学，可谓声光暗淡，其人其书世所少知，即知亦未受重视。清唐镜海（鉴）（一七七八——八一六年）曾有《国朝学案小识》[37]之编，民国则有徐世昌（字菊人）（一八五五——九三九年）所辑《清儒学案》，[38]然主事者皆非于理学有深造。钱先生虽写成《近三百年学术

---

[34] 任公于《清代学术概论》中曾借佛说一切流转相之所谓“成”“住”“坏”“空”，以明思潮之起灭（见该书页二一三；同前），此种方便钱先生偶亦有相近之论法，如其论先秦子学之有《吕氏春秋》、唐代禅宗之有《宗镜录》即是一例（见《宋明理学概述》，页一一二；《全集》本同）。唯任公论中以思潮之“反动”为常例，钱先生则无之。

[35] 《中国近世思想学说史》上、下卷，重庆：三友书店，一九四四—一九四五；重版时更名为《近代中国思想学说史》，亦分上、下册，上海：生活书店，一九四七。

[36] 侯氏于抗战期间写作此书，以有政治忌讳，故观点之说明颇为简略。原书十七世纪至十九世纪中叶部分之改作迟至一九五五年始克竟稿，收编为《中国思想通史》第五卷，题为《中国早期启蒙思想史》（北京：人民出版社，一九五八）；参详该书《自序》。

[37] 《国朝学案小识》，台北：广文书局景光绪十年重刊本，一九七二。

[38] 《清儒学案》，台北：世界书局景原刻本，一九七九，三刷。

史》，然碍于体裁与重点不同，此一脉络之描述亦无由掺入其中。故无论就前人之作增损，抑或另撰，以钱先生之识见为此，或亦可引致学者之注意，增多学术研究之领域未可知。然此事对于钱先生言，既非重要，钱先生心力遂亦未再投注。就理学言，钱先生选择之研究工作，系以朱子之学作为论述学脉之主轴。

朱子之于儒学史，自来即占据一特殊的地位，且其地位亦不仅止于理学意义而已。然就学问之系统言，儒学而不以一深刻的义理为其核心，儒学因个人生命力投入所产生之凝聚力易于分散，故论朱子仍当先论其义理思想。唯儒学之义理应以何者为依据？钱先生取择朱子作为其阐释儒学之主轴，最要点在赞成朱子言义理必以《论语》为宗之义，至于朱子所结合、营造之理学对于其他哲学问题之探讨，为近人所重视者，则尚在其次。若依钱先生之见解推说，理学家之思想与先秦儒自有差异，此差异即理学成为特殊的儒学之特殊面。然理学愈发展，其本身认识于儒学之本源愈应真切，否则亦有可能将之发展成另一种儒学。程子于理学之树立有奠基之功，程子乃至程门诸高第弟子，于四书义理，尤其《论语》一书所识，亦是迈越前代；虽则如此，造境仍属有限。朱子注《论》《孟》之由尊程子与程门诸老，至删改其《论孟精义》稿为《集注》，过程正有一番转折，可以仔细剖析。㊴亦可谓自来读《论语》者无如朱子之深，自来尊《论语》者亦无如朱子之最。至于朱子之其他意见，如谓公羊家说《春秋》乃桑树着刀榖树出汁，《易》之本义乃为卜筮作，明义理不当专求之五经，乃至自言不欲多说五经恐倒了五经之类，居今而论，儒学者皆可以彻底明白其卓识所在。故依钱先生之见，即此专主《论语》一点，朱子已为后世治儒学者确立一义理

㊴ 参详《朱子新学案》第四册《朱子之四书学》《朱子与二程解经相异》各文；同前，页一八〇一二二九，三〇一一五〇九。《全集》版，第十四册，同前，页二〇一一二五六，三三九一五六九。

之归宿，虽究心理学者亦不应远离乎此。

必先明乎钱先生论儒学、论义理，于最核心的意义上并不视之为必属一种哲学的本质，而后其谓朱子乃集理学之大成，甚至推论朱子乃集孔子以下中国学术之大成[40]之义方始可以掌握。然此亦不谓理学乃非针对同时代之哲学性议题作探讨；两义当分别以观。对于理学之研究而言，由于朱子地位之重要，而其著作乃至论道之言谈，种种材料之丰，又系古今莫匹，故历来编辑其语录者有之，考辨其意见先后之异同者有之，为之制作详尽年谱者有之。钱先生尽其力以成《朱子新学案》一书，可谓已将中国学术史上此一批数量庞大的著作材料整理出规模，后人考一事论一义，按图索骥，即意见有所不同，亦是可受其惠；其书之可贵，固不专在表现其一家之析论而已。

以上所叙大体即钱先生论历史、论学术思想之意见中关系最大者，至于个别的卓见，如“理”字于中国思想史上意义变衍之过程、唐代古文运动之真相、明代开国诸臣著书之心态、西魏府兵制之来历、关于古史地理之一种新的意见、历史上之水利与水害、关于名家与《墨辨》之诠解种种，精言要义足供研究参考者，不胜枚举，学者依所专门，细心读之，自有所得。

㊵ 参详《朱子新学案》第一册《朱子学提纲》，同前，页一一二。《全集》版，第十一册，同前，页一一二。

三、钱先生义理思想之根源及对此可有之哲学解释

钱先生之主张文化具有可能的自主性，源自其相信人可从义理之解悟中，获得人生意义之充实与人生束缚之解放，以及确认独立的智识阶层具有导引社会文化走向之功能；俱见前释。唯钱先生对于哲学基本问题之解答，到底抱持何种观点、站立于何种立场？由于钱先生自始即仅是接纳近代学界所传播有关西方学术议题与方法之概括性介绍之影响，并未从事一完整的哲学思惟之架构，亦不以此种架构之探讨，为诠释中国学术思想发展必要之基础，故对于其本人思想立场之哲学性的探讨，只能借由间接的途径获得；即以其个人对于中国义理思想之历史发展之诠释与评量，以及阐述中国义理思想时之取舍，作为依据。综括而言，钱先生之义理主张，其精神主要为一“限义的”人性观。所以谓其精神乃立基于一限义的人性观者，系指其对于义理之主张，乃依据直接的道德体验，及有关道德本源之“心”“性”观念之经验式的理解，对于安置心性观念之形上学设论，虽承认其作为学说之“可以有的”价值，却不认为具有必能决定或说明其内容之效力；虽则在哲学之立场上，钱先生仍是比较偏近实在论之主张。

钱先生之不视严格的形上学讨论为必要，事与其不视儒学之基本性格为“哲学的”有关。意即儒学可以是哲学的，然却不必然为哲学的。此种性质之判定，既是依据于儒家之原初性质起见，亦是参酌于儒学历史上之发展成说。就起源问题论，由于儒家宗孔子，学术上亦尊崇一概念上之“六经”，故此问题既牵涉子学，亦牵涉经学。胡适之讲论中国哲学史，叙自老子，排除经籍不论，系不主张经籍本身具有表现严格义哲学思惟之特质。今倘若就经籍中较无著成年代争议之《诗经》以及部分的《尚书》言，《诗》《书》所表现之“天命”观，系有一清楚的古代宗教背景，梁任公已言，① 胡氏虽于《尚书》一书之真实性存疑，然论《诗经》亦大体同于此一意见；此种看法后并得殷墟考古报告发表后，学者所作文化评估之支持。唯在胡适之著成《中国哲学史大纲》卷上之后，傅孟真出版《性命古训辨证》（一九三八年）之先，梁漱溟讲《东西文化及其哲学》一题于北京大学等处（一九二〇年、一九二一年），论中国哲学之起源，引据《周易》为说，乃谓《周易》书中具有足以表现中国形上思惟特征之一种“变化的”哲学系统；且论中亦若相信中国远古时代真有与《周易》相类之所谓《连山》与《归藏》。② 梁氏论文化，本亦系一形态观，然其形态观乃据哲学思想之形态为说，前论已及。故在其观点中，形上学、知识态度与生活义理，三者应具有某种必要的关连，且三者之发展亦必须于历史中真正表现为一种关连的体系，方始具有完整的生活义理之意义。然此说究竟为一理论上之“应然”，抑或此项思惟体系自始即是中国哲学之本源？必须于哲学之史料有解说。固然梁氏之说法，系以“隐含的系统”

① 任公说参见所著《先秦政治思想史》《前论》第二章及其附录；收入《专集》第二册，同前，页一八—二九。

② 详《东西文化及其哲学》第四章《西洋中国印度三方哲学之比观》，《民国丛书》景本，同前，页一一五—一一六。

说之，然形上学之哲学质问，不论是否已有具体的说明形式，究与纯粹宗教性之根源思惟有基本上之差异。《诗》《书》之“天命”观，如在“命”所据于“天”之一层上，系证明为宗教的，则时代相近且同与统治阶层之统治相关之《周易》，不能与之不相应，而自为梁氏所谓“变化的”形上学观点。

设若《周易》卦爻辞著成之时代尚未存在可以脱离古代宗教思惟之条件，则即使谓《周易》之卦画系统寓含有可以导引形上思惟之思惟因素，此种导引因素亦必仅是能然的与启示的；必须于真正的形上学课题成立后始能生发影响。而就文献观之，此项条件亦唯有于子学既起后方始存在。前述有关《老子》一书著成年代是否早在春秋时期之问题，由是具有无比的重要性。盖如后人所指言之“老聃”一人乃先孔子，且亲著此五千言之《老子》，则《易传》非不能由孔子作。倘《老子》已系孔子后作品，则《易传》思想与之比较，应在其前抑后，关系亦大。

《老子》书之必当晚出，主要在其用语多表现战国始有之社会现象与观念；至于《易传》之犹当更晚出，则涉及特殊观念之历史发展。若就儒家思想原始性质为何之讨论言，由于《周易》卦卜辞之原旨不含有原生性的形上思惟，故《易传》是否孔子作，涉及孔子义理思想应如何理解之问题。今若摒除《易传》所论于孔子系统之外，则孔子所言义理，可以以哲学观念说之者，唯在《论语》；《论语》中所记，则初无可以明确指为其自建的形上学架构，凡宋以来经指为具有隐含的形上学意涵者，如“逝者如斯夫不舍昼夜”之类，论者皆是取《易传》中之体用思想以实之，《论语》本身初无可以表现出此种立场之语句。《论语》中即涵括性最大之“道”字，亦明显只具有“人道”义，尚未超脱“可以名言”之层次，而有以上指于宇宙之实体。故若订《老》书为晚出，而《易传》更在后，孔子之义理即不得谓乃由一高明的形上学思想所衍生；此论与前此所叙梁氏之说明显对立。

钱先生之不认形上学之讨论于儒家义理为绝对必要，不仅系因钱先生经考辨后主张：儒学之形上学乃有取道家之“道论”后创造，如前所释；亦根源于其本身对于孔子《论语》义理之体会。当时与钱先生同主《老子》《易传》两书晚出，重要者为前所叙及之冯友兰。冯友兰系客观地述说一中国之哲学史，孔子义理除历史上可以说明的重要性外，对其个人并无特殊深切的意义。故在其论述中国哲学之起源时，孔子系以一哲学之启蒙者之地位占有重要性；③犹如希腊哲学史之有苏格拉底（Socrates, 469-399B.C.）。钱先生则于此与冯氏有异见。盖若据《论语》中仅见“性”与“天道”概念之提出，而未加以哲学性质的讨论立说，孔子或止能居于哲学史萌芽奠基阶段，然孔子毕生论“礼”论“仁”，皆从一人文历史之反省出发，其于人生义理之解悟，正有一经由下学而上达之实境，未可仅以“古无传承学术之私人教育，学术性私人教育自孔子始”一点，即谓已说尽孔子存在于历史之意义。

钱先生合哲学之孔子与史学之孔子为一，于理解上必先有哲学史之孔子与史学史之孔子两方面之认识，而在其前，先作此区分的理解者，有章太炎；其说见于所著重订本《訄书》，④及再次增改所

③ 冯友兰写作此部《中国哲学史》之先，曾另有一专文名《孔子在中国历史中之地位》（原载《燕京学报》第二期，一九二七，后辑入《三松堂学术文集》，北京：北京大学出版社，一九八四，页一一九—一三一）论及此事。

④ 太炎所据以区分此二者之眼光，除系依照西方哲学与史学领域之划分为考虑外，另有一研究中国学术史之重要观察点，即是区分智识阶层与智识阶层所发展之学术为二。故就“儒”一字论，有指前者言，亦有指后者言。指前者言，则“墨”“道”“法”“侠”“兵”之所以成为一学派，皆是奠立于同一社会基础，故若指言其身份地位，莫不可以同得此一“儒”之类名。若指后者言，则先秦子学之所成就，实以哲学与史学为二宗。凡章实斋所指称为王政之迹之六经，皆不过为今人所称之史料，必待另有一史学之眼光加入其中，乃有以真正成学。孔子由是具有启导儒家哲学以外，另一种学术史上之地位，与中国史学之形成密切相关。

成之《检论》。⑤然太炎极重史学史之孔子，而极轻视哲学史之孔子，对于孔子义理之整体性的理解与钱先生不同。若只就孔子一人而论，孔子之义理思惟与其历史思惟可以相关，且实然相关，可以于《论语》中所记孔子之言证之；钱先生之理解，过于太炎。或许太炎之激而为一种批评孔子之言论，亦有其所以然之个人处于当时代之原因，不难理解。然若牵涉及历史上中国后代史学之发展，则儒学是否必重一种史学思惟，或史学是否必然具一种强烈的儒学色彩？此问题必将引生讨论。太炎于论法上先将之区分为二，亦系有重要的意义。

钱先生对于孔子所论义理与其史学间之关系之理解，若以一后人近似之规模比论，可以举司马迁与顾亭林两人为例。司马迁自叙其著成《太史公书》百三十篇，乃欲以“通古今之变，究天人之际”。古今之变之认知，依其说，必透过史学研究之方法；然认知有理解上层次之不同，“通之”云者，系一逐步由下学而上达之过程。在此过程中，有关人的“意志德性”之理解与有关人的世界之理解，皆必须于研究者本身主观的思惟与解悟中提升；故“究天人之际”即是一结合义理认知与历史思惟之探讨。钱先生论后代学术，极重司马迁，亦极重《史记》，而其所以看重之故，犹不仅是一般史学史之观点，当即着眼于此。次就顾亭林讨论，前引顾亭林语，叙言亭林曾有一言，谓古无所谓理学，古之理学经学也。此语见于彼所作《答友人施愚山书》中。至于亭林著《日知录》，则于“夫子之言性与天道”条下，力申所谓“夫子之文章可得而闻”，即

⑤ 《訄书》初刻出版于光绪二十六年（一九〇〇；上海：古籍出版社景原刻手写底本，一九八五），重订排印本出版于光绪三十年（东京：翔鸾社排印本初版、二版，一九〇四；台北：世界书局景翔鸾社二版句读本，一九七一，二刷），《检论》九卷则收入一九一五年刊成之《章氏丛书》（同前）。

内含夫子之言性与天道之义。[6]依前论，钱先生论近三百年学术史，极重视于今人所指称清初之三大儒——黄梨洲、顾亭林、王船山，钱先生于他书中且评此明末以至清初之诸老，谓皆于史学有极卓绝之表现。[7]亭林于此三大儒中，乃唯一不喜深谈义理者，此引其所主张经学即理学意，若就汉以后学术史之发展论，语亦有弊，然钱先生虽指陈其偏，仍极重其语，书中常有讨论。盖亭林所以强调上达必奠基于下学之意，固是理解孔子论学宗旨一极重要的论点，未可轻忽。

就起源论，儒家尊孔子，所谓儒学亦自孔门教育之传承来，孔子义理之主张与其为学之概念固极重要。然历史上儒学传承有变化，中国学术史中各别的学术分支亦建立有本身特殊的领域与方法，对于所谓“儒学特质”之判定，必然牵涉后代儒学发展之讨论。其间最重要者，即是宋明理学家言与先秦以迄秦汉间儒学之比较。

钱先生之不认为儒家义理学基础，最先乃自一形上学理论发展来，且不认为形上学理论为必需，有一关键点，即认为：以历史反省作为理解“人于伦理上所可能者为何”之一种方式，所谓究天人之际，其实皆不离于所谓“知命”。而就“命”言，有福命，有德命，君子就德命言“性”，本不必追问性命所从出之“天”，究系为如何之“天”。盖不论天之根源乃一宗教义之上帝，或一哲学义之最高的实体，皆于人以所受命为性一义无变改。先秦儒之有取于道家之气化观，亦是历史上偶然的结果，并无真正的哲学理论上之相需与必须。梁漱溟谓孔子义理，承自一“变化的”形上学，其意盖指孔子之义理乃系一依于其所诠释之“天人合一”之思想。然于气

---

⑥ 徐文珊点校《原抄本日知录》，卷九，台北：明伦书局，一九七三，二版增订，页一九四—一九六。

⑦ 语详《中国史学名著》(二)，台北：三民书局，一九七三，页三三六。《全集》第三十三册，同前，页四一三。

化中见所谓“体用不二”，与在心识之流行中见主宰，不论于前者推后，或于后者推前，皆须有哲学上推演之过程，否则即非哲学上之相需，亦不见为必须。故解释一哲学系统不能仅以“形态”或“立场”作区分，而无“直接的语言材料”之解释。钱先生较论先秦以迄汉代儒、道思想之内容，皆就单个观念发展之过程指陈其相互影响之迹，正见梁氏所谓“变化的”宇宙观之具体在道家与儒家中形成，乃与孔、孟义理观念之来历，非出一源。即如后人群推为儒家形而上学最要典籍之《易传》，其云：“立天之道，曰阴与阳；立地之道，曰刚与柔；立人之道，曰仁与义”，明白将“阴”“阳”与“刚”“柔”、“仁”“义”等层次不同之观念连系一处，就思想之形成言，亦仅止为组合的，而非自始即为一系统的。至于宋明之理学家则不然，其思想显然已为系统的，然亦因此理学家注解先秦书，若持之以较原旨，每有属于观念性或结构性之差异可以辨识。

钱先生指出理学家解经与原书义旨有观念性或结构性之差异，此意散见于相关的各书或论文中；如《从朱子论语注论程朱孔孟思想歧点》⑧之类。比论之关键，多半即是与“性”“命”观念相涉之字词。如《论语》“获罪于天，无所祷也”句，“天”明指上帝，乃朱子以“理”字注之，曰：“天即理也”，⑨清儒钱竹汀（大昕）（一七二八——八〇四年）《十驾斋养新录》已讥之。⑩然朱子必如此注解，正有其不得不然；此事不唯可见宋儒理学之发展有独特的本体学与宇宙论之系统，亦见《论语》如此等处有其正解，不应改字说之。又如《论语》“性相近，习相远”句，朱子注之，引

⑧ 收入《孔子与论语》，台北：联经出版公司，一九七四，页一二九——六四。《全集》，第四册，同前，页二六三—三一〇。

⑨ 《四书集注·论语集注》，台北：艺文印书馆景宋本，一九七八，四刷，卷二，页五b。

⑩ 《十驾斋养新录》，台北：广文书局景刻本，一九六八，卷三页六a。

程子语谓此处“性”字乃指气质之性。[11]合气质言性固是事实，然合气质言性不即是偏指气质之性，《论语》言性本未尝有“天地之性”“气质之性”之分，而朱子以程子（颐）（一〇三三——一〇七年）、横渠（张载）（一〇二〇——一〇七七年）之说说之，[12]正见“理”“气”二分乃后出，非本有。

以上两例为《论语》涉及于“天”与“性”之语句，双方之差异属本体学范围，至于释《孟子》，则更有涉及广义的认识论方面者，钱先生有一极重要的较论，见于其所著《朱子新学案》；所释在《孟子》之《尽心》篇。[13]篇中孟子有言：“尽其心者，知其性也；知其性，则知天矣”，“尽心”“知性”“知天”，本分三层叙说。“尽心”云者，即如孟子依于人的经验，指示出人有四端之类。至于“知天”之谓，孟子以“莫知其所为而为之”者谓之天，故“知天”即犹如言“知命”，天之可知者仅为其所以命人；知性即是知天。乃朱子谓人之自尽其心者，若不先知己性所有，则尽心无用力之地，故谓尽心即须知性，而性即理也，故知性即所以知天；将“尽心”“知性”“知天”合说一处，而以“知性”为统摄。若然，则“尽心可以知性”语，实际乃转成为“知性可以尽心”，其不为《孟子》原旨，明白可见。凡此皆见理学家之特所用力处，有时即是其所以树异于先秦儒处。

以类近一种观念史之眼光与方法辨析儒学内部先后立说之不同，前人已有之，即清戴东原《孟子字义疏证》[14]与阮芸台（元）

---

⑪ 《四书集注·论语集注》，同前，卷九，页一b、二a。

⑫ 《朱子语类》载：“亚夫问气质之说起于何人？曰：此起于张、程，某以为极有功于圣门”（《朱子语类》卷四，台北：正中书局景明成化合璧本，一九七〇，二刷，页一一二——一一三），显示宋儒亦自觉其立说有迥异于古人之处。

⑬ 参详《朱子新学案》第四册《朱子与二程解经相异下：五、论尽心知性》，同上，页四八〇—四九九。《全集》，第十四册，同前，页五三七—五五九。

⑭ 《孟子字义疏证》，新校本，北京：中华书局，一九七九。

（一七六四——八四九年）《塔性说》《性命古训》[15]诸书或文所表现。故与钱先生同时之傅孟真，在其本人因殷墟考古发掘而作出有关殷周宗教观念之诠释时，即标明乃师承阮氏意，而以《性命古训辨证》[16]（出版于一九三八年）名其书。唯清人之考据家，在其观念中仍有一儒家义理乃根源于经学之观念，故有其能辨有其不能辨。今若打破完整的“经学”观念，又必在《论》《孟》《易传》《中庸》间作出分别，则由于《论》《孟》时期尚无系统的形上学讨论，注解失实之辨证，止涉及个别的观念；至于宋明儒诠释《易传》《中庸》之说法，则因其性质又可能显示系统上之差异，必须以较复杂的哲学理论说之。钱先生除有专文讨论《易传》《中庸》及《礼记》中某些重要篇章之宇宙观外，另有一说法散见于其所著《中国近三百年学术史》及《宋明理学概述》诸书，即理学家除朱子所完成之理气二分之理论外，亦有部分学者于设论时比较近于《易传》《中庸》两书中所表现之宇宙观形态。此一现象，上可追溯自宋，下可由明观察至清；且综括而言，自明末而清，正有一种欲自宋明返回于先秦之倾向。若然，则儒学中形上思想之内容，不仅是发展的，抑且可以是多元化的。儒学之评判自经学观念打破后，止可能承认义理上启示之来源即是孔子教诲，至于儒学中史学与哲学之发展，则须以历史之进程说之，并无必尊之宗门。

虽则如此，在儒学历史之评判中，依前说，钱先生仍有一朱子集后世大成之说。此说若欲细加讨论，当分“集理学大成”与“集儒学大成”两层分析。集儒学大成之意，乃一学术史之说法，已见前释。至于集理学大成之说，虽同是较论学术史时所主张，然比较

---

⑮ 《塔性说》见《揅经室续集》，台北：商务印书馆景原刊本，收入《四部丛刊》正编第九十册；一九七九台版一刷，卷三，页二至四 a。《性命古训》见《揅经室集》，同册，卷十，页一至三二 a。

⑯ 收入《傅斯年全集》第二册，联经出版公司，一九八〇。

亦牵涉钱先生个人的哲学立场之选择。

何以谓钱先生所主张朱子集理学大成之说，比较亦牵涉其个人立场之选择？盖因理学之分程朱与陆王，自有象山（陆九渊）（一一三九——一九三年）、阳明（王守仁）（一四七二——五二八年）即有此区分，自后两派争议各据立场，并无可获致之结论，章实斋乃有“宋儒有朱陆，千古不可合之同异，亦千古不可无之同异”之说。[17]钱先生早年应商务印书馆邀约撰写《王守仁》一小册，于阳明极致景仰忱。此意即至钱先生晚年亦非有变。然钱先生论学之终不以宗主归于阳明，有一关键；此关键点与历来批评于阳明者有关。即：吾人如理解阳明之所谓“良知”，止从个人义理经验体会，则良知乃人道德心之发端，“致良知”亦是积善成德一重要法门；无可以疑议之理。历史上阳明人格之伟大，与阳明学传播所见出之力量，皆是事实。然倘若欲哲学地理解阳明所指言良知决断所源出之体，则阳明书中载阳明语，如谓“良知是造化的精灵，这些精灵生天生地，成鬼成帝，皆从此出”[18]之类，“良知”一语所意指，已由意识中可经验之善之意志，上涉于绝对的无限实体，论者止能以唯心哲学之观点说之；非复《孟子》书“孩提之童，无不知爱其亲也，及其长也，无不知敬其兄也”（《尽心上》）之所谓“良知”所能范围。又如《传习录》载阳明一说，谓目见花，则花与我一时分明，若目不见花，则花与我一时俱归于寂[19]云云，此亦绝非可以以

---

⑰ 《文史通义·内篇二·朱陆》，新编本，上海：上海古籍出版社，一九九三，页七一。

⑱ 详《王文成公全书·传习录下》，台北：商务印书馆景明隆庆本，收入《四部丛刊》正编第七十五册，一九七九台版一刷，卷三，页二十五 a。

⑲ 《王文成公全书·传习录下》（同前，卷三页三十 a）：“先生游南镇，一友指岩中花树，问曰：天下无心外之物，如此花树在深山中，自开自落，于我心亦何相关？先生曰：你未看此花时，此花与你心同归于寂，你来看此花时，则此花颜色一时明白起来，便知此花不在你的心外。”

常识理解之语。故除非确认儒家从来于形上学皆系偏向严格义之观念论立场，且此立场于儒学义理为必须，否则欲学者主张于此，必有疑虑。此事所关系者，犹不仅止于工夫论之层面而已。固然就儒学之发展言，阳明学之于明代盛行，必然显示朱子之理学系统于哲学上有其未能充分解决之问题，阳明学亦是面对此问题提出一解决之可能，不能即以其是否依循历史旧轨而加轩轾。唯自阳明学盛行后，攻泰州者推而上溯阳明，论者所以依于形上学观点，疑王学之近禅，中间实有一种关心儒学发展之考虑，即：儒学不应背离传统重视经、史学之学术规格。固然在阳明学之流衍中，仅于“工夫”层面强调阳明者不在少数，抑且颇有嫡、庶之争，然以今日对于哲学之理解言，哲学思惟有其内在的逻辑结构，与论证时必然引致之系统化需求，凡内在于系统中所具有之思想成分终必生发影响，无法纯以学者设定之“教法”限定。故阳明学最终的理论结构，必然将产生一种激化理学学术之作用，不能忽视不论。就钱先生之观点言，儒学之基本特质既非必要完成一种特殊的形上系统，则所谓集理学之大成，亦应是就理学之成为理学学术之一种历史的综括性判断而说，各家哲学立场差异之衡断不能不联系于一种传统的“学术发展”之考虑。故所谓“集大成”之意，即是主张：理学之有周（敦颐）（一〇一七—一〇七三年）、张（载）、二程（颢［一〇三二—一〇八五年］、颐），无朱子则构不成一种新的儒学规模，而凡理学历史上所讨论之课题，皆已由朱子综括，阳明亦必须在此已完成之学术架构内处理其特殊问题；所谓陆王亦仅是理学内部问题之一种另向的探讨而已。

钱先生以朱子为集儒学与理学之大成，显示钱先生不以阳明学之出现具有真正的“儒学规模”上进展之意义；然此并不意味即否定阳明学于哲学上自所开创之价值。盖就儒学之进展言，虽阳明学强调实践，阳明亦有其自创的以心通史之说，然以严格的心学贯通史学，有实际上之困难。章实斋论浙东史学，曾谓浙东史学源出阳明“致良知”之教；[20]然此种结构，究系组合的，抑共成的？不能不加分析。钱先生虽重视章氏经史之论，早年亦曾论及浙东源出阳明之义，[21]然在其后论中则颇质疑于阳明学是否真能开出史学一事。[22]至于阳明学于哲学上之意义，自前所论及之梁漱溟《东西文化及其哲学》一书发表后，翌年（一九二二年）即有张君劢（嘉森）（一八八七——一九六九年）援引欧西之说，接续阐发梁氏所曾指出之“直觉方法”于哲学中之意义，引发所谓“科学与人生观”论战。[23]虽然当时论“直觉”者之旁借在此之前业已受到中国学者注意之法国博格森（Henri Bergson, 1851—1941）哲学，并无真正的成功，然此后学界开启有关“程朱”与“陆王”对立之讨论，亦逐渐使此一原本属于中国学术史中之问题，被赋予一明晰的哲学意义。

博格森思想之在哲学领域具争议性，[24]在于博格森氏欲以其所叙言，有别于理智之简择作用而可直接接触实体之特殊的“直觉”认知，说为必要的形上学方法，而不仅是为此一“直觉”概念之所

---

⑳ 《文史通义·内篇二·浙东学术》，同前，页六九一七〇。

㉑ 钱先生著《中国近三百年学术史》时，曾引据实斋《文史通义》书中《浙东学术》与《朱陆》两篇，谓实斋与戴东原论学之异同，溯而上之，即浙东学术与浙西学术之异同，其在清初，则为顾亭林与黄梨洲，其在南宋，即朱陆之异同也。见该书第九章《章实斋》（同前，页三八六—三八七；《全集》，第十六册，同前，页四九四—四九五）。

㉒ 钱先生后于课堂讲说“中国史学名著”，论及章实斋，乃曰章氏“浙东学术”之说未可遽信，说详《中国史学名著》（二）（同前，页三一二；《全集》版，同前，页三八一—三八二）。

㉓ 相关各文参详亚东图书馆编《科学与人生观》，上海：亚东图书馆，一九二五；收入《民国丛书》第一编第三册，同前。

㉔ 一般而言，博格森哲学当时之在欧洲哲学界遭受批评，主要来自接受日耳曼哲学影响之学者，至于现今有关博格森哲学之重新估量，可参考 A. R. Lacey, *Bergson*（London & New York：Routledge, 1989；本书辑为 *The Arguments of the Philosophers* 丛书中之一种）一书。

由成立，奠立一形上学基础。此种设论所涉及之存有之整一性，虽在其理论中乃属根本的、延续的，而非高层的，然就哲学立场言，由于形上学方法之互证性，论者实亦止能依据其形上学建构，承认其为一种“合理的可能”，而非可单独地确立此一直觉说，并执持之以为检验一切形上学之普遍方法。否则就哲学之成为学术言，哲学分析本有之明晰性势将遭受严重破坏。中国之在当时，建立“知识方法”之概念，本是主张文化改造者提倡科学所视为当务之急，故若于思想与文化之讨论中，遽然有人张大此种无法于运作中明确定义之“直觉”说，自是一不能不急予分辨之事。㉕唯博格森哲学之能在当时于欧洲流行，亦是反映科学文化之不能完全解决人生问题，此点提醒中国学者：谈论中国现代化问题，不能仅止于注意时论所主张之“科学”与“民主”两项。

当时反对张氏《人生观》㉖一文所持观点之意见中，有一点极重要，即是不能接受张氏以“人生观”仅是一种主观的直觉，既无定义、无方法，亦无义理标准之说。盖人生观如仅是主观的意见而无可以讨论之依据，则人生意向将不能成为哲学中所可讨论之问题，亦将无人生哲学之可期。此点显为张氏个人诠解哲学义之“直觉”时，认识未透所引致；虽则张氏本人于

㉕ 博格森之时、空观占据其哲学系统中极重要的位置，然其混淆心理学义之所谓 duration 与数学义之 time，亦使其论点备受学者指摘，著者如 Bertrand Russell, R. Berthelot，甚至较为晚近之 M. Boudot，皆曾著文批评。至于博格森与著名物理学家 Albert Einstein 之公开辩论，由于乃在表现上暴露其数学知识之贫乏，故亦多少使其声名受挫。

㉖ 《人生观》一文原刊北京《清华周刊》二七二期，后收入《科学与人生观》（同前）一书。

日后之研究中，对于哲学中直觉主义之内涵已有较多的认识。[27]唯人生义理之标准究竟为何？此问题可以与科学所处理之知识问题性质不同，而人何由而能认识此标准，亦可能有方法上之差异。唯当时主张科学者，既立基于一通俗义之自然主义观点，且又过于张大所谓“科学的人生观”之概念，对于人生义理所必然涉及之哲学讨论并无认识，[28]故于知识方法之界定上论势虽强，就“价值”之应如何建立言，其论点难于造成真正深远的影响，必须留待关心伦理问题而又具有较深厚的哲学素养者之讨论。程朱、陆王之对比，即是在此一论战后一种哲学的气氛下成为学者所选择之方向。

偏向主张程朱之立场者，主要关怀之重心为辨明人生哲学中之“义理”与启蒙派学者所提出之“知识”两者间系如何相关之问题。阐释程朱哲学中朱子“理”“气”观念之哲学性质，有助于理解中国哲学之基本架构与形态，从而使学者较易于解脱知识性问题与非知识性问题相混淆所产生之纠结。重要的学者为金岳霖（字龙荪）

㉗ 张氏后除致力中国宪政运动外，仍持续关怀人生义理之建设问题，意图为其所简择之直觉主义，寻找一系统化之哲学依据，而其归宿则亦是以阳明为宗，著有《比较中日阳明学》（台北：中华文化出版事业委员会，一九五五），*The Development of Neo-Confucian Thought*（by Carsun Chang, New York：Bookman Associates，一九五七；《新儒家思想史》，程文熙主译，台北：弘文馆出版社，一九八六），Wang Yang-ming：*idealist philosopher of the 16th century China*（Jamaica, N.Y.：St. John University Press, 1962；《王阳明——中国十六世纪的唯心主义哲学家》，江日新译，台北：东大图书公司，一九九一）等书。其立论，一方面主张唯心论于中国古代有深远的传统，另方面则谓王阳明乃中国第一位将“心”强调为唯心一元论系统之基础之哲学家（参见《王阳明》第四章，江译本，页五四）；论中于阳明所言“心即理”，甚且谓即爱尔兰哲学家 Bishop George Berkeley（一六八五—一七五三年）“存在即知觉”一说之中国版（说引自所著 *Wang Yang-ming's Philosophy*, 1954；《王阳明的哲学》，江日新译，见江译本《王阳明·附录一》，页八五）。

㉘ 参见胡适之《科学与人生观序》页二三—二九，收入《科学与人生观》，同前。

（一八九五—一九八四年）与冯友兰。金岳霖《论道》一书曾以简明的哲学语言，诠释所谓“道”，谓“道”即“式”与“能”，“式”与“能”系道之内容之二分，近于朱子所谓“理”与“气”。[29]倘若以金氏之说诠释朱子，则应可谓“式”之先于“能”，乃是理论条理义之先，[30]“式”系“不存在而有”，故“式”之为先“有”，非先“存在”。此“存在”与“有”之分别，可以说明朱子以“理”为在“气”之先之义。唯金氏说亦有与朱子明显差异处，乃在于：朱子虽主理不会造作，理之先乃不得已说，然朱子亦谓气强而理弱，理拗不转气，理亦有管不得气之时，则在其说中，气实尚有因动而生之自然的拗不转之“强”态，非理所能规范，与金氏书中所释“势”义不同，[31]故“理”与“气”之关系实不即等于金氏依逻辑而定义之标准的“式”与“能”；两者之说盖仅是近而非同。虽则如此，金氏以“式”与“能”释“形上”与“形下”，对于今人理解朱子所谓“理先气后”“理气不离亦不杂”之说，仍是极有澄清之功。至于同时之冯友兰，亦论“理”“气”，亦主“式”乃“不存在而有”，然冯氏另有一说，主“式”之为“有”亦系以“潜存”之方式存在，则等于又说“理”为一种储能，不免矛盾。冯氏于晚著《中国哲学

---

[29] 《论道》，长沙：商务印书馆，一九四〇。收入《民国丛书》第二编第八册，同前。此所引论见该书第一章《道，式—能》，页二九—三五。

[30] 金氏曾谓此“先”义乃逻辑义之先，后则谓逻辑学中无此所指言之“先”义（见该书《绪论》，同前，页七—八），故本文此处代释为“条理义之先”。

[31] 金氏论“势”义，见于该书第八章八·九、八·一〇、八·一一、八·一二，同前，页三二九—三三七。其论“势”主“势无必至，而有所依归”，“情求尽性，即势求依于理”，谓“势”之为“相对的”，乃因“一个体不会尽它所有性，一性亦不会完全实现”。此“势”义，就“情求尽性”言，近于孟子“激则可使在山”义，非关“气质之性”与“义理之性”本身之不一致。

史新编》第七册[32]（出版于一九九一年）中曾论及此事，已自承己说之误，谓不若金氏说之能解决两义间之纠葛。

金氏与冯氏造论不全为诠古而作，尤其金氏以“能”字释“气”，谓“能”义非可知、无可说，仅以充实“式”之可能而有出入，固不即是朱子说之本旨；至于论中藉概念分析之方法，将传统理学中有关气质“清”“浊”之复杂问题全然避去，则更有其属于近代分析哲学之特色。此种义解所直接影响者，即是对于理学中所谓“义理之性”与“气质之性”之分，无法深切明了，故论中乃以物之“主性”与“属性”说之。“性”义既说成如此，则“性”字自止成共相之理之在殊相中所见者。如此，则人之辨善恶，必仍止是“智”上事，而无实地变化气质之功。朱子论理论性，本在此处不一致，两氏于此不能辨，亦未有释，遂亦无能真认识中国理学问题之深刻面。虽则如此，金氏以一种明晰且可直接联系于西方哲学系统之语言，将今人读古人书时易于混淆之观念条理明白，仍是大幅减低可能因误读而发生之误解。钱先生解朱子书“理先气后”说时，常引“未有飞机当已先有飞机之理”之譬为喻，[33]此句正当年冯友兰论“共相”“殊相”时所提出，则钱先生之理解朱子，亦曾接受学界此一番讨论之影响，可以确知。

金岳霖曾谓本体学可以是中国的，而认识论则无所谓“中国的”，[34]正显示现代本体学与认识论之搭配皆是选择的，而非结构的。此因自有康德（Immanuel Kant, 1724-1804）之批判论，就广泛的

---

[32] 冯著第七册后出，收入繁体字版《中国哲学史新编》（台北：蓝灯文化事业公司，一九九一），另亦发行为单行本，题名《中国现代哲学史》（香港：中华书局，一九九二）。

[33] 参见钱先生著《中国思想通俗讲话》，东大版，同前，页一三（《全集》版，同前，页一四）、《朱子新学案·朱子学提纲》，东大版，同前，页三九（《全集》版，同前，页四一）。

[34] 说亦详《论道》一书之《绪论》，同前，页二五—二八。

哲学影响言，十九世纪以来以迄二十世纪初期之论者，皆无法不受康德于理论上将“物自身”与“现象”加以分割之影响；即使对于康德基本的哲学设论学者亦提出种种质疑。故凡论及严格义之抽象的知识命题之证明，多被界定为仅限对应于现象界之观念系统，至于依假设而有之“物自身”，或设论中之最高实体，则不认系单纯的“理解力”所可触及。此一种对于人类理性无法彻底解决形上学问题之普遍的质疑，促使学者抱持一种哲学史之观点，即对于任何本体学之发展，虽同意：凡具有明确观点之学者皆能于自身之系统内变改此项设定，以建立一兼涉两面之说法，然就系统外之立场言，则皆止能承认其为合理的，而难于将之视为乃业经证明的。故当时以“哲学”论中国思想者，若自另一方向走入陆王一脉，接续梁氏所主张人生义理应与形上学相连贯之途径发展，而意图在此点上仍作一种严格的系统哲学之努力，自亦不得不面临本体学与认识论应如何搭配之问题。此事若依康德之后，德国亦出现日耳曼观念论（German Idealism）之发展例之，亦是势有必至。且自另一面言，由于就学术观念言，中国陆王学“内圣”之外仍强调“外王”，故如因此而意欲将向来所谓“外王”问题，亦作一种哲学性而非制度面之讨论，则亦可能须于发展中，以一种近乎西方近代历史哲学之方式，将传统的经史之学之诠释纳入其范围，以解决认识论中主体与客体相对立之问题。倘若如此，则由此达至之哲学系统化发展，必与民初以来所不断强调之科学主义（Scientism）式之知识概念，乃至史学新方法之学风，形成一新的对峙。此种发展之潜势亦是蕴蓄待发。

前谓梁漱溟曾指中国哲学之形上思惟自始即系所谓“变化的”，而在其论中，乃又同时谓西方哲学则每是“静体的”。梁氏此说于哲学史之诠释是否有效？于何意义为有效？今姑不论。此一种“动”“静”对比之概念，本出自西方学者研究西方近代哲学特质所以树异于古典哲学之成说，梁氏不过以比较“古典的”，掌握为西方哲学之传统代表，而另以经其特殊诠释或选取之比较“近代的”，指为中国哲学之基本形态。然所谓“变化的”究竟为何？西方近代日耳曼观念论中，普遍底以“演化”观（evolutionism）替代“创造”观（creationism），固已是明显底具有“现代”之标记，然更有一巨大的冲击出现于十九世纪后半西方之思想界，即是达尔文（Charles Darwin, 1809-1882）式之生物进化论（Darwinism）所衍生之哲学效应。此一冲击对于仍然坚持人的精神主体应有一形上来源之哲学家言，必须克服者，即是“心”“物”二者之对立性，否则即难以对抗新的激进的物质主义对于演化中“目的性”之一种机械论式之诠释。中国自光绪以来，所谓“西学”对当时人影响最大者，即是严又陵（复）（一八五三——一九二一年）等人所译赫胥黎（Thomas Henry Huxley, 1825—1895）、斯宾赛（Herbert Spencer, 1820—1903）两人之书，[35]故对于主张陆王之学者言，此一问题之压力亦逐渐随中国学者对于近代哲学问题之理解而增强。陆王学之主导后由梁氏转入同时之熊十力，其间实有一明确的可分析之理路。梁氏晚年评述熊氏，对其一生好谈“心”“物”，颇不谓然，谓乃熊氏个人才性癖好使然。[36]梁氏此说若就中国传统义理学之立场言，用心纯粹不支不蔓，乃是真正紧要所在，梁氏说虽严厉固不为非。唯此乃时代问题，梁氏早年亦尝从事于此，特两人一重践履，一重思

---

[35] 严氏译赫胥黎《天演论》（*Evolution and ethics, and other essays*, [1893]）一书初刻出版于光绪二十四年（湖北沔阳：卢氏慎始基斋木刻，一八九八）早于所译斯宾赛《群学肄言》（*The Study of Sociology*, [1873]）初版之刊行五年（文明编译书局，一九〇三；改定本，上海：商务印书馆，一九一五，八版）。

[36] 梁氏评熊氏，谓熊氏严重的失败，在其本体论与宇宙论，此乃因熊氏菲薄宗教酷好哲学之故；且进论熊氏未深透于所谓“我执”问题，实因自逞其才怠于反己，因于最根本的问题上失了神（语见所著《忆熊十力先生》，收入同名书，明文版，同前，页四一一七七）。

辨，故深入点不同。熊氏正因才性好思辨，故于哲学问题较为敏感，此亦有其所以为熊氏处。

欲克服“心”“物”之对立，困难点在于：若将“精神”一概念投入于所谓“物质”，将实体之动力性做出某种精神义之诠释，则物质“暗昧的”特性与精神“灵明的”特性，如何以一种“可变的”方式说之，而不犯逻辑上之谬误？德、法精神主义（Spiritualism）论者后期逐步确认“存在”即是精神本质之活动，即是试图提出一解决方案。在此意义上，所谓“灵明”与“暗昧”，仅是精神运动方向所展示之结果，精神以其工作展现自身，故“暗昧”只是低阶的“灵明”，并无自身之常德。然此种一元论之所必遭之质疑在于：倘使若是高估实体形上本质之圆满性，则在其说法中不免须夹入古老的“堕落”或“障蔽”之概念因素，否则即无法说明“灵明的”与“暗昧的”并存之状态。故转衍而有本世纪初颇为流行之博格森哲学。博格森哲学虽在论述上仍是“行动的实体”之概念，然实体之为运动，不仅于强度上有高低阶之层次，在趋势上，亦有或抟聚而为创造，或放弛而为呆滞之两向，故于说明上必须将此种实体运动中可见之“对立”与“互补”之发展，以二元方式，设立为对比之架构。所谓生机，即是“生之冲动力”（élan vital）克服物质阻力时所显示，而生命于结构中所可有之价值亦即在演化之过程中逐步显现。博格森说以此成为生命哲学（Life Philosophy）之重要代表。

熊十力哲学之所以反映出近代陆王学发展之特性，可以就其自身之经历，划分两期。熊氏早年之造《新唯识论》，标举新义，虽遭同门辩难，认系悖论，实则其立论仍深受业师欧阳竟无（渐）（一八七二—一九四六年）论佛法义时，以涅槃为体，般若为用之说之影响，确信实体可以表现为“证量”（熊氏谓即“惑染克尽，真体呈露”），故强调“体”虽无形无象，无作意，无杂染，然实备万理；谓凡生生化化之真实流，胥是真体显现。㊲当时熊氏之辨儒、释，主要观点之建立，系立基于欧阳氏分析体用时，指大乘证解于“体”之体用外，别立有“用”之体用之说，㊳故谓大乘“空”“有”二宗胥是以实体与功用对立，而不知体用之不可分。㊴唯欧阳氏所以指言涅槃可证者，正因“无生灭”亦有体用，与依“种”而幻有者区隔，熊氏因不信业力和合之说，自无“净”“染”之分别，故依恒德说本有，论点转向儒义。虽则如此，熊氏《新论》析论动势之所原为“翕”“辟”，不取《易传》依象言德之说，亦不取光绪间学者如严又陵之“质”“力”相推说，㊵而以“辟”“翕”为功能之两

㊲ 熊氏以默识、证会为“证量”，谓佛氏所谓证量，“证”指证会，“量”则系“知”义，证会之知，名为证量（此引说见《十力语要》，同前，卷三，页二十二）；此说似由欧阳竟无以“胜义现证”为学的之说演来，故乃偏指，非通诂，未可以言“世俗现证”。欧阳氏之说见于《内学年刊》第一集《叙言》（支那内学院编，第一辑，一九二四；台北：鼎文书局，一—四辑合编，一九七五，页三—四）。

㊳ 即体用可依别为“体中之体”“体中之用”“用中之体”“用中之用”，与前引论述涅槃、般若语并见《唯识抉择谈》，欧阳氏讲于一九二二年，讲辞由聂耦庚笔记，吕澄校订（讲辞原稿与记录并收入《欧阳大师遗集》，台北：新文丰出版社，一九七六，页一三三六—一四〇二）；时熊氏在支那内学院，列弟子籍。熊氏入居支那内学院，始自一九二〇年，迄于一九二二年，详见梁漱溟《忆熊十力先生》（同名书，同前，页一—三）。

㊴ 熊氏《新唯识论》《十力语要》中说此义者颇多，详见各书。

㊵ 严氏评点《庄子·达生》“合则成体，散则成始”句云：“……合则成体，《易》所谓‘精气为物’者是也；散则成始，《易》所谓‘游魂为变’者是也。生则自散移之于合而成体，死则自合移之于散而成始……”继之又曰：“斯宾赛谓天演翕以合质，辟以出力，即同此义。翕以合质者，合则成体也，精气为物也；辟以出力者，散则成始也游魂为变也。”（《侯官严氏评点庄子》，台北：艺文印书馆景原稿本，一九七〇，卷五，页一b，二a；严氏合论斯宾赛语大意，又先见于所译《天演论》上篇《导言二》案语，商务版，同前，卷上，页六）。评《知北游》“聚则为生，散则为死”句则云：“今世科学家所谓一气常住，古所谓气，今所谓力也。”（卷五，页二十三a）严氏此说援引西方物理学中之“质”“能”（即文中所谓“力”）变化，以论气之聚散，并以诠解《庄》《易》相关语句，语虽约简，后论者多承受其影响；中国哲学思想之能与现代知识相关系，此点不可谓不重要。

极，又以“翕”为“辟”之工具，[41]若然，则生灭之恒动与不生灭之体静，两者相涵相应，论中仍可见出欧阳氏之影响。至于论中假说“心”“物”为“辟”“翕”，强调二者对立而互成，则正是同于此所叙言精神主义以至生命哲学论者会通心、物时之所关切。所异者，十九世纪后半以来论“心”“物”者，推原实体之精神义，因受当时达尔文主义“天择”说之影响，不得不承认物质性对于任何假设的精神性势能所造成之阻力；此一新的“对抗”概念之介入，于哲学之设论中，即使不驱使论者于实体论中正式将“心”“物”区分为二元，如博格森，亦必将进一步强化十九世纪以来哲学发展中所业已逐步显现之针对实体目的性之削减。此则难与熊氏取自欧阳氏之性智证悟说相合，故熊氏之说物迁，乃又主生化乃“故灭新生”“刹那变现”，借以维系化势中所内涵目的性之完整；[42]熊氏“证量”说之基础即在于是。

《新论》语体本初卷发表后，其弟子牟宗三去函讨论，谓西方之有博格森，固为西方哲学家深识“变动”义者所未前有，然熊师之论之不同于博格森者，乃在于博格森但知有变而不知有常；至于传统西学之以逻辑理性把捉理型，则系从生化真实之流中抽出言之，

---

[41] 说详《新唯识论》，中华书局版，同前，页三二二—三二三。

[42] 熊氏当时立论取择于“空寂”与“创化”两者之间，《新论》语体本曾有一辨，其说云：“佛家证见性体空寂，其为确然亲证，自不容疑。……但于生化德用，则不免忽略……如其无生无化，则性体亦死物矣！故谈空寂而不悟生化，要非识性德之全。然有不可不知者，凡谈生化者必须真正见到空寂，乃为深知生化。……从来哲学家谈生化者，大概在生化已形处推测，而不知生化之真须于生化未形处体认。所谓在生化已形处推测者，这种看法是把生化看做是一种绵延或持续的生力之流。……殊不知生化的本体原自空寂。……其生也，本无生，其化也，本无化。因为生化的力用才起时，即便谢灭，不是起和灭的中间有个留住的时分，更不是一种持续和扩张的生力之流，如博格森所谓如滚雪球越滚越大。……实则，生化之妙，好像电光的一闪一闪，是刹那刹那、新新而起，也就是刹那刹那，毕竟空，无所有。”（《新唯识论》，中华书局重校本，同前，页三九四—三九五）

故亦不能与满盈的真实之流相应如如，到处残缺。[43]牟氏此函一方面显示当时熊、牟师弟子之讨论于心、物，亦曾注意于博格森哲学中说明“变动的实体”之论据，与早前梁漱溟于《究元决疑论》[44]一书中所提示者有论题相近之处；[45]另一面则亦可见出由此延伸之“如何证体”一问题，乃当时二人共同注意之焦点。依牟氏原函之意见，逻辑理性既有缺陷，则应由此种理性作用之外，另谋出路，故思提出“实践理性之止观论”一词以为因应。熊氏复函以其所标论之所谓“证量”答之，谓理型本非意想安立，乃法尔如是，特须有“超知之诣”，则真体自明自了，西学中理型世界虽不过思惟勾画而成，非能证会，然即此理智思辨之功亦不可废，以人生之颓堕尚赖理智之光攀缘全整体之理则以趋向真实。综合熊、牟二氏所论，似在此时两人对于近代哲学理论中，是否能于理智与狭义的理性可观察之作用形式外，确认类如熊氏所标举之性智作用之全体，因以得出一结论，并未如西方哲学界般感受问题牵涉之复杂与立论之困难。

熊氏《新论》各本既行，各方议论踵至，遂成声名，此著亦成为熊氏最为人知之作。唯熊氏晚年另著《体用论》（出版于

---

[43] 牟氏去函及熊氏复函收入《十力语要》（同前，卷三，页二十至二十三）书中，前注所引说即熊氏复函。

[44] 《究元决疑论》原刊一九一六年《东方杂志》第五，六，七期，一九二三年收入《梁漱溟卅前文录》，同年出版单行本，编为上海商务印书馆刊行《东方文库》中一种。现收入《梁漱溟全集》第一卷（山东：人民出版社，一九八九），页三一二〇。

[45] 梁氏文中主要比论之对象为《东方杂志》（一二卷四，五期）所刊黄士恒译介法人鲁滂（G. Le Bon）《物质新论》（*The Evolution of Matter*）一书中之观点；唯亦颇受博格森、达尔文、斯宾赛与叔本华（Arthur Schopenhauer, 1788—1860）等人之影响。梁氏并于一九二二年发表《唯识家与博格森》一文，专论博格森与唯识家，刊于《民铎》三卷一期《博格森号》（同期另有吕澄［字秋逸］一八九六—一九八九年《博格森哲学与唯识家》一文，题旨相近）。梁氏此文后收入《梁漱溟卅前文录》，现则亦收入《梁漱溟全集》第四卷（同前，页六四四—六四九）。

一九五八年)、[46]《明心篇》(出版于一九五九年)[47]与《乾坤衍》(出版于一九六一年),[48]对于己说原旨乃颇有更议。其论一改原本所主张本体之现为“翕”“辟”,“翕”仅是“辟”之工具之说,不再谓“翕”乃从属于“辟”,而谓翕辟乃“显著”分化,翕辟系以相反而归于统一,因以完成全体之发展。[49]此说若加细辨,盖已明白承认物质性与精神性间之对抗,生化之流之生灭中亦有“连续”,不得谓“连续”乃作用中所无;[50]若然,则诠语虽异,其论“心”“物”一点,实已趋近于熊氏本人前所讥斥之博格森一脉,与前论大不相同。翕性与辟性倘依此功用区分而谓皆迁转不已,则所谓万物之一元实体,其所以为“资生”“资始”之义,亦不过能推知,万物之生存发展,皆当依凭自身本有之性能。推论所及,则义理之主张,就实义所

---

[46] 《体用论》,上海:龙门联合书局景封用拙誊抄本,一九五八;台北:学生书局重印,一九七六,用前本。

[47] 《明心篇》,上海:龙门书局景封用拙誊抄本,一九五九;台北:学生书局重印,一九七六,用前本。

[48] 《乾坤衍》,北京:中国社会科学院印刷厂景封用拙誊抄本,一九六一;台北:学生书局重印,一九七六,用前本。

[49] 说详《体用论》,学生版,同前,页一三一三〇。此一论点之提出,就熊氏晚年理论之建设言,极重要,冯友兰《哲学史新编》第七册曾将部分文句择出讨论。唯冯氏于综合说明时,乃又杂引《新论》混说之,未加审别,则冯氏于熊氏立说先后之异同与其所以故,并未深知。

[50] 《乾坤衍》云:“万物同资取乎一元实体,以成其始,以弘其生。譬如桃树,自萌芽开始,层层生新,形性莫同。……终乃硕果出现,发展完成。故综桃树发展之完形观之。则其始乎芽,中经多数异形,终乃至乎果。如此复杂之发展,要皆桃树自身,本有种子含藏复杂性故也。……物质与生命等现象,皆由实体内部本有此类互不相同的性质,故得后先出现耳。”(第二分《广义》,学生版,同前,页三〇九一三一一)又曰:“世俗或以为芽生,而种子不存。此乃大谬。芽之始生也,资取于种子,以成其始。当此际也,种子变为新芽,只改换其旧形耳。非种子消灭不存。种子含藏之复杂性,亦随新生之芽,及新生之根干,乃至新生之果,相与俱转。”(页三四六一三四七)此说以所“含藏”者说明“发展”资取之因,较之前注42所引旧说之言“生本无生”,论旨明显不同。

可能，势将约制于限义的尽性观。熊氏晚著中，极言孔子赞《易》，乃尊重万物自力，与尊重万物权威，并以是义力辟宗教与唯心哲学，即由此故。[51]理路如此，故熊氏依于此项后得，重新辨别儒、释，乃更集中辨驳释氏所言“一切行皆无自体”之旨。盖就熊氏本人之说自为比较，则其前论之区别“生灭”之用与“不生灭”之体，虽强调体在用中，体不在用外，非难释氏所主张，然于“化乃刹那生灭”一点，与释氏所言，仍有其相近处，故一旦有得乎此，乃极力辨之。[52]

熊氏义理主张之核心，依其新说，主要在建立万物各依所自有之内在根源而建立之自主性，[53]此言“内在根源”，于义虽可推说即是万物共有之一元，然此实体具复杂性，凡性命、心灵与物质、能力，诸多原始之种性皆含藏在内，实体之以自身变动，造化日新，实必依流行而殊位，万物乃以此取资而成始有生，故凡辨实体“乾”“坤”

---

[51] 孔子赞《易》，乃“尊重万物自力”“尊重万物权威”，此义熊氏于《乾坤衍》（同前）书中说之非一处，可参考该书页三四五。

[52] 《乾坤衍》一段云：“昔者余初研佛法。觉其宇宙论，分别法相、法性。……法相，佛氏说为生灭法。生灭一词……应以生灭灭生四字说明之。何谓生灭灭生？答：任何物，都不守其故。……故佛氏观一切法相……终归于灭。虽灭故不无新生，而新者不得暂住。法相亦如幻耳。法性，佛氏说为不生不灭法，所谓真如。……据佛氏说，法相（现象）与法性（实体）截然破作两重世界，互不相通。……如何可说不生不灭法是生灭法之实体？余始于怀疑，终乃坚决反对。久之，放弃一切旧闻。……渐悟体用不可离而为二。……维时见解犹粗，……忽然回忆伪《五经》中之《周易》，温习《乾》《坤》二卦。遂于两《彖传》，领会独深，坚信其为孔子之言。此外甚多窜乱。余自是归宗孔子。”（同前，页二七六—二七八）论中“新者不得暂住”语正《新论》所主张“刹那生灭”义，已见前注㊷。则言中所谓“见解犹粗”，固有实指。

[53] 此自主性熊氏谓之乃万物各各皆备之一元，此说乍见若即宋人“物物一太极”之意，然因其论中强调万物本有“乾阳”“坤阴”二性，此二性一为性命、为心灵，一为物质、为能力，不得独取，故非是一说。说详《乾坤衍》，同前，页三四六—三四八。“内在根源”四字见于同书页二八一。

之为有，必不得离异性交推以成变化之义。若然，则实体之为用，既非迷暗，亦非具目的，仅有随缘作主之势用（所谓“乾道”）与因循而生之惰性（所谓“坤道”）；生命力与物质惰性之交作，一方面创造新种，一方面则保存旧型，要皆以矛盾而得合一，而“乾”为主导。[54]故就建立“标准”言，万物皆为造化主公，必以其本身自生自育之力为创造一切之依据。至于熊氏之“知识”义，则由于实体内部所含藏之“乾”“坤”两性已为万物各各取资以成就自己，非有离于万物所取资而可实然触知之全体，故凡涉及在物之理，必取用客观征验之方法以获得，[55]与综观宇宙之大全、洞彻万物之源底之为智慧，非属一事。[56]

熊氏论心物终于放弃单纯性之实体观念，此事所显示之属于思想结构上转变之意义，因熊氏前后著作语言之复杂与议题之纠结，迄今以前未为论其学者所详细辨明，故未产生影响。论者如梁漱溟，虽摘出熊氏《明心篇》中“本体具生命、物质种种复杂性”语，以为乃背弃其早年“仁即本体”之说，然梁氏特以熊氏乃怠忽反己、

---

⑭ 此说大义亦详《乾坤衍》，同前，页二四一—二五〇。

⑮ 熊氏论中一面强调万物之一元非可外求，孔子作《易》肯定实体，乃万物之真实自体，故圣人不说实体为万物之第一因，不以实体为主，而以万物为主（《乾坤衍》，同前，页二八一），另一面则确认欲得有体系宏密的知识，必根据客观存在的事物，精究客观的方法，分工而治，专一不杂（页一五四——五五），其说盖已承认知识设立之基础系有内外不同之根源，与前论强调完整性的证会大不相同。

⑯ 《乾坤衍》一书分辨“知识”与“彻悟”于所依凭基础之差异，可以见于其论孔子之学。其言曰：“孔子之学，包含成己成物两方面。成己则由格物致知，而上穷万有之原。反观我生之真。以其知识之所及，彻悟之所至，征验之于日用作为之际，期于道德、智能、知识，融成一片。”又曰：“格物者，穷究万物之理。致知者，即由格物而得有精密、正确的知识，亦求推广也。万有之原，即是我生之真。我生之真，即是万有之原。实不可判之为二也。……知识必由乎客观的方法，征验事物而得。彻悟发于天然的明几。综观宇宙之大全。洞彻万物之源底。是乃智慧之事，非有内部生活之修养者，莫由致。……此言圣学，为人道树立大中与至高之矩则。”（同前，页三七二—三七三）

耽求理论之过说之，故亦未能深惟其转变之所以故。[57]然此一经由熊氏独自营造之结果，实显示前叙清末以来陆王学由阳明以“良知”为化本之说立基而创建之新论，其中本体学与知识论应如何搭配之问题，有属于近代哲学之质疑必须解决。熊氏彻底的“证量”观念之最终由知识领域退出，承认“内在的”与“外在的”知识根源之并存，乃反映出凡于知识论中主张深刻义之“直觉说”，或主张一切“亲知的”与“认知的”，皆须融入于特定的实体之证会，方始构成真正内涵之理论，所必将面对之共同的立论上之困境。梁氏晚年自著《人心与人生》[58]（出版于一九八四年），大谈人类生物体质与社会生活之演化，将所谓儒、释义理之重点约限于人生依本能而生之烦恼之解除（即“调和本能”与“解脱本能”两型），[59]同时则写作《东方学术概观》（出版于一九八六年），[60]主张儒家身心性命之学应于学术中另行定位，不应以西方之“哲学”视之，就其本身之思想发

---

[57] 此叙引梁氏评熊氏语，见梁氏所著《忆熊十力先生》（收入同名书，明文版，同前，页七〇—七三；唯明文版本页排校熊氏语与梁氏本人语，有混杂处）。梁氏而外，其他论者于熊氏先后立说，亦多混说无别，前叙冯友兰说即是一例。至于熊氏于《体用论》中所称“今成此小册，故新论宜废”语（见该书《赘语》；下同），论者或据其所自言：“此乾坤之大义也，与佛氏唯识之论，根本无相近处，新论不须存”云云，谓其意盖指前论尚借径释氏语以论己意，此则全然扫去，不再依傍，故云；如蔡仁厚《熊十力先生学行年表》（台北：明文书局，一九八七，页六二）。不然，则依此“宜废”语，专以《体用论》以后各著，为考论其说之依据，如陈来《熊十力哲学的体用论》（收入所著《哲学与传统》，台北：允晨文化公司，一九九四，页四）。皆未深及此所较论。

[58] 《人心与人生》，上海：学林出版社，一九八四。

[59] 梁氏“本能”二字乃依心理学义说，然若承认为本能，即不应说为可解脱，倘可解脱，则必非本能，梁氏此语于心理学为不可通。其所以最终逼出此语，实因梁氏受时论影响，于佛法“真”“俗”二谛采取一种新的论法，故于性之“净”“染”义辨之不明。

[60] 《东方学术概观》，香港：中华书局重排本，一九八八。

展言，亦是表现出一种论势上之淡退。[61]比较而言，较未触及现代心、物问题之复杂面，而仍就熊氏“证量”一义作发挥者，为受熊氏早年影响之牟氏。

牟氏析论“证量”之可能，重点在于如何于动势之变化中说明性智发用之实际。前引牟氏与熊氏书，有谓逻辑理性之把捉理型，乃从生生化化真实流中抽出言之，故不能与满盈的真实之流相应如如，故到处残缺云云，即是表明其寻求“无限智心”之一种专注的企图。而当时牟氏函中所提出之“实践理性之止观论”一词，思想上可分辨出两种成分：一为佛家之止观法门，一为德国康德哲学中有关广义的与狭义的理性作用之分析。此两种成分之所以欲其结合，在于：若就陆王学之立场批评，佛家之“圆境”乃即一切相而离一切相，境随缘灭，于人性无立基处；至于康德之说，虽说出理性运作之具体方式，且以实践理性为优越，然“善”与“智”分，无契合实体之方法。故倘使依儒义谓“证量”为可能，必当一面于理论上，将性智之所内具，涵盖康德所业已区分之纯粹理性与实践理性，将之结合，并承认性智之发用具有内在完美的目的性。另一面则必须说明妄念、妄见所从出之根源，类近佛家所为之破斥；并建立一藉悲、智以达成圆满之方法。牟氏晚年仿天台宗判示圆教之方式，提出达至“圆善”之途径，[62]较前则于康德之批判论中将康德所不承认为人理智范围所能拥有之 intellectual intuition，即“智的直觉”，

---

[61] 梁氏于《忆熊十力先生》一文中，曾自评早作《东西文化及其哲学》、《中国文化要义》两书，谓前一书可存者少，后一书可存者亦不多。见前引明文书局版同名书，页二八。

[62] 详所著《圆善论》，台北：学生书局，一九八四。

说为中国哲学体证时所依用之凭据，[63]皆即是沿循此一思路发而成。[64]

“圆教”或类近圆教之说，于自来哲学或宗教之理论中存在，有两项必要的基本假设，其一为最高实体之完美性，如欧阳氏之言“涅槃是体”，即是；另一则是证智之应有，如欧阳氏之言“般若是用”，即是。熊氏晚说唯于实体一元之纯粹性已不主张，故论中所言客观知识之以客观方法获得，与洞彻万物源底之智慧发用，若以哲学之角度辨析，两者于认知者心理条件之说明，乃至认知对象之预设两面，皆必然有所区隔，不得因实体浑全之指涉，即谓已将观念性知识系统之建立与形而上学上之诠解，结合为一。若然，则“证量”之实义实际业已解构，难于复全。至于牟氏所谓 intellectual intuition，倘不立基于人人所实时而能之心理能力以设论，则必须于“唯圣为能”之假设中，举出实例。欧阳竟无于支那内学院讲《今日之佛法研究》，[65]强调佛法乃悟后成说，即是表明究竟义之“现量”无可以直接说明之境，故必须假借圣言量为“比量”，以为现量等流之因藉。早前之熊氏，与日后持续发展之牟氏，于传统所谓“圣人”，除敷陈其文化义与义理义外，亦将其成圣之条件，予以一种现代义之严密的哲学说明，使成为同时具有“知识”与“道德”双重圆满性之典型，并用为诠解历来所谓“圣学”之标准，即是表

---

63 详所著《智的直觉与中国哲学·序》，台北：商务印书馆，一九七一，一九八四四刷，页二。

64 牟氏曾谓“无限智心”若不被人格化成为一无限性之个体存有，即可不因此个体存有之虚幻而亦成为虚幻（《圆善论》，同上，页二四五）。然无限智心之所以需要实体圆满性之假设，本是基于观念论中“他我”与“此我”必须同一之理论上之必要，就立论之性质言，乃是依据一种本体学上之设论，故凡假设为圆满之最上实体，无论是否将之人格化成为个体存有，皆非片面的知解理性所可碰触。故无论“无限智心”一概念系依何种方式设立，本身即寓含有“体”“用”两面之义，“肯定”无限智心，固如牟氏言，乃实践上事，然如仅以“用”释“体”，此“体”之内容于本体论上，依然需要充分说明；并非设立其无限义，即可自然解决。

65 收见《内学年刊·第一辑》，鼎文版，同前，页一〇——一五。

现同一种立论上之必要。然此一种哲学上与哲学史上之说明，本不能援纳“信仰”为真实的哲学依据，则依据哲学学术之标准言，是否可以取为儒学不可变改之内容？此一点不论于何时由何人提出，皆必感受论证需求上巨大的压力。

冯友兰晚著《中国哲学史新编》说明其本人与金岳霖之哲学，就议题言，皆与当时西方流行之实在论相关，[66]此事倘对照于熊、牟二氏之所主张，则有一呈现中国现代哲学发展“歧向”之意义。即“知识”与“价值”系必须分别处理之问题，程朱与陆王之所言，即使依现代哲学对于各项议题所理解者，予以充分哲学化，亦不能获致一致的结论。二十世纪初重新兴起之各式的实在论主张，主要即是针对十九世纪后半以来哲学思潮中过多的观念论色彩所作之反动。而在此新的实在论运动中有一共同的基础立场，即是认定凡于“意识”中可以显示为“对象”者，皆系被取纳，而非“被创造”(亦即认知者非以同一作为，既投向所知者，亦同时展现自身)，故对象之进入知识议题讨论之范围，不论真实与否，其设立之条件与所以可被认知之条件皆不直接由一项推导出另一项，从而使之于系统上成为严密的整体；对于此一涉及人类认知有效性之“未充分处理”状态，持论者不仅承认认知主体与对象间之隔离，亦且维持止在特定方式下讨论之态度。相对于精神主义，乃至更严格的观念论之急于挽救人类精神主体地位所遭受强势的唯物论式之自然主义之冲击，而作之系统建构之努力，此项观点虽显现为力量之薄弱，然此一立场之实用的价值，则使各自分别独立发展之现代学术，得以自由运作。故此一立场，倘若缺乏新的议题之刺激，虽可能难于持续其活力，却可能成为学术界许多从事局部问题研究，而非哲学体系之建构者，实际上采取之立场。钱先生论理学推尊朱子，一方面

[66] 《中国哲学史新编》第七册第九章第六节，蓝灯版，同前，页一七八—一七九；单行本，同前，页二二二—二二三。

主张“理”“气”二分，另方面则不以良知之决断与理解力之运用为一事，[67]就哲学立场言，自较与金岳霖、冯友兰等人所标举之“新理学”接近。然钱先生于此外，亦强调一种中国式的“天人合一”之思想，具有另类的思想质素，散见于其所著书中；且临终犹念念不忘，郑重申明其义于最终由夫人整理写成之遗言录[68]中。

所谓“天人合一”，实际仅是一种文化思想之形态，其为“形态”，正与“心物合一”“体用不二”等诸表示语之在哲学中相似。“天人合一”一语，不唯可以有不同的内涵，抑且此类思想，就宽泛的架构言，亦并非中国所独有。故钱先生谓“天人合一”之思想为中国文化对世界最大的贡献，其意当绎解为“特殊的”，抑且为“中国的”。

若就中国固有的思想中可以表现具有“天人合一”之思想意涵者作观察，儒、道两家皆有可论。前文曾论及宋代理学家解读《论语》中孔子语，若“逝者如斯夫不舍昼夜”之类，每好以体用观念说之，乃求之过深，非《论语》正解。究论宋人此类论点之所以成立，就思想史之关系言，有其所从出之历史渊源。然即就孔子原意论，孔子之语亦正是一种“天人合一”情怀之表露。此种情怀之思

---

⑰ 钱先生早年著《论语要略》时，曾以《论语》书中自有之“直”字释“仁”（说详第五章《孔子之学说》；商务版，同前，页八七—九三。《全集》版《四书释义》，同前，页八七—九二）。稍后著《王守仁》时，则谓理学创始自宋，结束于明，阳明为明代理学之重镇，理学至于阳明可谓达于顶峰；书中于阳明《答顾东樵书》中所谓“拔本塞源之论”且极辞称赏，谓乃千古大议论（正中版，同前，页一、七五—八六；《全集》版，同前，页一、八二—九二）。是钱先生早年亦曾留意儒学未来发展走向陆王之可能，然钱先生最终仍是择定朱子作为统摄后世儒学之核心；即使“知识”与类知识之“历史认知”于钱先生之论中亦未必有精细之划分。其所以如是，此所言良知决断与理解力之运用不当混同，应亦是因素之一。

⑱ 该文篇名《中国文化对人类未来可有的贡献》，文载《联合报》第二八、二九版，台北：一九九〇年九月二十六日。本文后收入《全集》第四十三册重编本《世界局势与中国文化》一书中。

想意蕴，固可以《论语》中所传达与“知命”相关之语句加以理解。特在孔子心中，仍保留对于宗教义之“天”之一种温情与敬意，并未完全抹去此层；亦不曾确然创为一种无神的本体学如后人所释。故“逝者如斯夫”一叹所表达之“流动的”“生生不息的”之意涵，止能以生命情调之性质说之。将之哲学化，成为一种特定的“天德”概念，仍应俟之较晚出之《易传》。

孔子之“天人合一”，其方式系情感的，而非概念的；至于明白以“天”“人”相对之概念，分指“自然”与“人道”而语其合，意态近于孔子者，则为庄子。《庄子》书内篇《齐物论》中“天籁”之譬，即是一最重要的披露。《庄》书不唯见有此概念，抑且贯穿全书，俯拾皆是。唯庄子之主张于“天人合一”，仅主人依顺天，不主人于“天”之基础上，应另有人文之创造，故其“天人合一”之形态与孔子合“人道”于“天”之思惟有所差异。与庄子同时，则有孟子。孟子道性善，举出人所同有、必有之四端，且曰：“尽心可以知性，知性则知天矣”，盖重德命而轻福命，主张居易以俟命之自至。此下《易传》《中庸》虽结合道家之气化观，然“见智”之外“见仁”，尽性必至于命，仍是同于孟子所主张。再下至理学家出，以浑然与万物同体为“仁”，又曰：学者首当识“仁”，进一步融合儒义与道家庄子浑合内外之旨；义更丰富。早期儒、道两家比较不在情感上主张天人合一，而仅于体用论上讨论“常”“变”者，唯老子与荀子两家。老子主知常，荀子主师化，于“人”“天”之论法虽不同，然皆是深在治术一面，情感之意较为淡薄。

以上所叙，为依实况言，儒、道两家思想中可能与“天人关系”相关之讨论。钱先生于所著书中，既常依个人之观点，历考儒、道两家在思想史上相互影响之状况，又不主儒、道两家于思想上应予严格区分，则其所谓“中国思想之贡献”云云，必然不专指儒家，此点即在最后的遗言录中亦已清楚表示。

若以儒、道合论，则似可谓钱先生之主张“天人合一”，乃是一种以人之“创造性作为”与人之“生活艺术情境”同时即是自然之延伸与自然之完成之说。盖人性既出于天命，尽性至命，便应以“人”而完成“天”。然人若不知常而妄作（借《老子》语），人文即可能违反自然。人与自然之当合为一，不仅应有此认识，抑且应有此情感。钱先生一生所处正值西化运动浪潮高涨之时代，当时国人正希慕一种藉科学文化以达至“人定胜天”之理想前景，而钱先生则退而倾注其毕生之力，以图表章中国固有的文化思想中，一种圆满意境之想望，以抗拒全盘否定论，此中所见出之识见与情感正寓含有深刻的矫挽时弊之意旨，值得玩味。

四、钱先生之学术观念及其所显示之学术史意义

钱先生论学术史既有所谓“集大成”之说，显示钱先生对于儒学仍持有一种“体”之概念。然此一学术之“体”之概念究竟为何？就历史发展言，中国学术语言中使用“体”“用”概念，有两种指意之方式：一类区别为“内”“外”之体用，即以事功与德性为表里；另一类则以所宗主者为“体”，而视其余为“用”。以前者言，近代学、政业已逐渐分途，学者之从政既不视为常态，学者个人亦不必然肩负天下之殷望，此事即在前叙之梁任公一生中已可见出此种转变。任公早年以年少俊艾投身变法，国人莫不以国士目之。然政变失败后，任公流亡海外，改以教育国民为己任，倡新学以新天下耳目，而国人尊之益甚。同时与稍后则有章太炎、胡适之等人，并称大师。固然此诸大师之在当世，未尝无政治之活动，然天下人之所以敬礼此诸君子，实皆在彼不在此。任公返国后，曾于一短时期间出任北洋政府司法与财政总长，然任公之最终去职，功业未就，论者不以为憾。此正见学术之重要，已不专在培养政治人才，王静

安于清末所主张政、学宜分途者，已渐成事实。[①]此下学术人才大多入上庠列讲席，参加政党位居要津，即减士望。其他不必论，即北方北京、清华、燕京诸大学所访得之著名学人，已不可胜数。梁漱溟晚年回忆与北京大学一校之关系，曾谓乃北大培养一梁漱溟，而梁漱溟亦贡献于北大。[②]冯友兰为《三松堂自序》，[③]亦叙述当年求学日在校所亲见、接闻之事，历历犹在脑际；正见当时新教育、新风气所可能产生之深远影响。故据此以论，钱先生自学而成，固证人才可以无所凭借，拔地而兴，然钱先生日后能有重大成就与影响，亦仍是如梁氏语，乃当时优渥的学术环境所培养造就。自是以往，国人对于学界不世出之人才，已不复期待其为变法时期之康、梁，而转冀望其为中年以后之任公，或则为胡适之与钱先生。学术既与政治分途，学术所以贡献于政治之方式，亦自有所不同。就长远的效益言，此后学者亦唯有坚信一理，即：纯粹学理探讨之标准愈趋严格，智识人口之质量愈益提升与增多，一切社会改革与文化创造方始有以日近于光明。而此项体认本身即是今后学者投注其关怀社会之悲心且日进于义理之一起点。钱先生一生强调所谓“中国士人政治”之善，然世异时移，即钱先生本人之在当时，亦属一新时代下之新人物，古人有言取其意者不必师其事，近代中国正有一

---

① 王国维曾著《论哲学家与美术家之天职》一文，收入早年所辑《静安文集》（《遗书》第四册，同前，页一七一二——一七一七），文中区分当世的政治之用与具独立价值之纯粹的哲学与美术之用，申言中国无纯粹之哲学，凡哲学家莫不兼为政治家，故其最完备者，唯道德哲学与政治哲学，即周秦、两宋之形上学，亦不过欲固道德哲学之根柢，故期望今后之哲学家能勿忘其神圣的天职。而同集中另有之《论近年之学术界》（页一六九八——一七〇五），则谓当时之学术界，一面应破本国、外国之见，一面则应勿以学术意见为政论之手段，学术庶可有发达之日。

② 梁漱溟语引见汪东林著《梁漱溟问答录》，长沙：湖南出版社，增订本，一九九一，二版三刷，页三三。

③ 《三松堂自序》，香港：生活、读书、新知三联出版社，一九八四。收入《三松堂全集》第一卷，郑州：河南人民出版社，一九八五。

不同于往昔之变改。

学术之“体”，若以后一类言，于“宗主”取义，则凡宗主而可以以“体”“用”之“体”言之者，多为一义理性之体，否则虽有宗主，无所谓“为体”之义。后世论说儒义而有体用之宗主者，可别为二：一为经学上之宗主，一为理学上之宗主。今经学之宗主既破，凡经学所关注讨论之问题，皆已为个别的学科研究，如政治学、社会学、伦理学、教育学之类所取代，则亦唯有理学上之宗主。理学之宗主，大别不外前叙之程朱与陆王两派，虽亦间有宗主横渠者，其流未广。故近现代以来，今文经学既难为继，言儒学而真有所宗主者，亦仍大体可以此两种理论之形态作为区分之基型。钱先生“集成”之说，就立场言，自是主张程朱，然若进一步细论，则实际重点止是朱子。此因钱先生极重视理学中程门学风传衍至朱子之一种重大的转变，《朱子新学案》中曾有专文讨论。④故此一种宗主之说，不仅是理学的，亦已扩大为儒学史的；前论已释。今若就儒学所重视之经学与史学言，经义之整体性既已打破，未来经籍之研究只能是各别地散入其他学门之中；有关历来“经学”之研究，则是属于学术史范围。经与经学本身之研究大体当以归入史学研究者最多。至于儒家典籍中之《论》《孟》《学》《庸》，最为朱子所重视，谓是义理学核心，然《大学》一篇自明末以来以迄清初，如陈确（字乾初）（一六〇四——一六七七年）、姚际恒（字立方）（一六四七—？一七一五年）等，已因疑辨而主张不应过分重视，⑤

④ 参考第二节注㊴。

⑤ 陈确《大学辨》四卷及相关文献四篇，现收入新校本《陈确集》下册，卷一四——七，北京：中华书局，页五五二—六二四。姚际恒《礼记通论》，书今不传，其辨《大学》语，唯引见杭大宗（世骏）（一六九六——七七三）《续礼记集说》卷九十七（台北：明文书局景浙江书局刊本，一九九二），林庆彰主编《姚际恒著作集》所收《礼记通论辑本》（简启桢、江永川辑校，收入第三册，台北：中研院文哲研究所，一九九四，页四三三—四四七）即从杭著中辑出。

今则学者又续考《中庸》，谓系晚出而兼有道家之义，则《学》《庸》非不可贵，其作为具有原创性贡献之重要性不得与《论》《孟》相埒。钱先生曾提出未来中国人应有九部必读书之构想，即于传统四书外，另增添《老子》《庄子》《六祖坛经》《近思录》《传习录》五部。⑥今姑不论此九部书放置一处是否可以于思想上构成一体，钱先生此项意见至少表示中国思想不唯分有儒、道、释三支，且三支非不可于某种意义上加以融合。

书所表现之义理不同，而我有以融会之，则所凭以融会者在我，而融会后之义理亦在我，此在朱子与阳明，本即是区分两途。钱先生最终不取径于阳明"以心通史"之义，而较近朱子之"格物穷理"说，正是可以符合其相对而言"宽松的"儒学定义。唯依前论，传统经学中经义之现况既是如此，则舍去历史过往情形不论，往后以儒家义理为着眼，孔子与孟子固仍是可尊，然儒学已无一庞大的经学系统可以依据，学问之主要领域即应是史学。此处有一必然将发生之问题，即是：史学既久已独立成学，史学是否需要一儒学之立场？史学又是否可以有一儒学之立场？史学如必须要有一儒学之立场，则无儒学即不应有史学，此显然非事实，中国历来以史学名家而儒学色彩不浓厚者正不在少数。至于史学是否可以有一儒学立场，则应检视此立场是否于史学不妨害？此项标准应在史学而不在儒学。固然此可引发另一问题，即是：史学既根本可以独立于儒学之外，则儒学与史学真正的关连何在？

所以谓儒学是否于史学不妨害，标准之建立应在史学，不在儒学者，因儒学中发展出理学，就知识观念言，最初的要义乃是欲在儒家形上学中确立人所应认知之知识对象，并说明其性质，至于当

⑥ 说详《复兴中华文化人人必读的几部书》，收入《中国文化丛谈》(二)，台北：三民书局，一九六九，页三五九—三八三。《全集》，第四十四册，同前，页二一七—二四四。

如何“格物”，则除与人事相关的义理外，并无其他方法学上之进展。而所以谓除义理外并无确实的方法学上之进展者，系因理学家口中之理，若以现代学术观点加以分析，既包有普遍法则之理，亦包有道德判断之理，亦包有人事诠释之理，理学家既未尝试加以分别，对于知识命题之需要特定条件下之证明，亦无传统上驱迫其循此深究之压力，故理学虽于部分哲学问题之讨论上有其成就，却非真能开启出严格义之系统科学。此事并非偶然地事实上未发生，而是未具有可以发生之哲学上之因素；中国以往凡属科学领域之知识研究，如数学、天文、乐理之类，以及若干技术之进展，皆仍停留于各别研究阶段，且亦缺乏有关方法学上之讨论。理学家关于此点固无途径得以自我觉察。朱子所谓穷得理多可以豁然贯通者，其实另有其特殊的形上学假设，与构成现代知识基础之认识论，立场并非一致。此点即前叙各家致力诠解朱子理气说者，皆有所未辨，钱先生亦不为例外。故凡今日有意于择取理学家之哲学意见，皆应清楚底认识此一限定之义。

虽则如此，就史学言，由于历史研究本身研究对象之特殊，黑格尔（Georg Wilhelm Friedrich Hegel, 1770-1831）所谓历史学应是一世界史之哲学解释，不唯其本身历史哲学之建构乃是失败的，深信自己所作研究为“科学的”之马克思，亦未能真正成功。故历史学研究至今仍属一种合理推测于历史发展程序之诠释之学，而非真能为一种说明发生“理由”之解释之学。故儒学之精神特质若止停留为一种“文化关怀”之态度，就事论事，留置“意义”一层于学者自身之文化思惟与义理体会之中，则儒学者与非儒学者于作为一历史研究者之立场上，可谓无分别。就史学言，所有研究者所可于分析中操作之概念与方法皆仅是工具，故止需有一种针对研究者如何于史料基础上设定史学议题，并有效底依工具性功能使用概念之批评，即可建立成学，至于史家之形上学或伦理学立场皆可暂置勿论。

史学于学术方法之本质上乃独立于理学或任何其他哲学系统之外，此语即如同谓其方法无真正的、完整的形上学基础。然对于理学作为儒学而言，则理学与史学之形式结合意义极为重大。因理学除了可辨识的哲学特质之外，理学亦仍是儒学。钱先生之主张凡理学应与同时期之经、史学合一，正是站立于儒学之需求上言。金岳霖、冯友兰于当代提倡新理学，主张“接着讲”而非“照着讲”⑦。然如所谓“接着讲”，仅是接着哲学中形上学之议题讲，则新理学将止成为一与儒家立场有关之新的哲学，而非能涵盖旧义之所谓儒学。钱先生于主观之意愿上未将“儒学”之概念放弃，却于实际之作为中将儒家义理之信仰性降低，并将其内容放宽，使儒学发展成为一种以历史学研究为基础之人文思惟，固正是另一种“接着讲”，而非“照着讲”。

比较而言，具有理学立场之历史学者，对于人类心灵，若仅将之视为意志之根源与行为之主体，同时承认事变中所具有之复杂性与不可归约性，则以事理为人所企图认知之对象，在心理上较易使研究者注意分辨事理中明显与行为个体意志无关之部分。然若于形上学之设论中，将事理之呈现视为与精神之“客体化”不可分割，则哲学性之整体思惟势将取代具有史学意义之历史思惟，而成为其内容。在此况状下，由于哲学立论乃系逻辑的，而非事实性的，此种思惟即使不发展成为系统性之历史哲学，论者对于局部的、不相关连的历史研究亦必然易在心理上产生拒斥。并且由于哲学思惟本即具有驱迫自身迈向系统理论之压力，论者如先已重视客体精神呈现于主体心理之内容，则论史时即易过于将个人内心经验扩大，从而衍绎出独断的史见；主观心理因素干扰于历史研究之可能，必因

⑦ 参见冯友兰《中国哲学史新编》第七册第七十八章，蓝灯版，同前，页一四四；单行本，同前，页一八一。

此大幅增加。理学立场中真正能与史学兼容者，为朱子而非阳明，原因即在于此。至于个人论史，才性之外，亦受时代限制，历史研究观点与方法之建立，本身即系一变动的历史，避免主观心理之干扰，除立心平正外，亦须以观念摧破观念，事与学术立场不尽相关；无论衡论古人如朱子，今人如钱先生，乃至同时期其他人，皆是如此。

理学具有明确的哲学性质与价值，且此性质与价值业经证明系能以普遍的哲学标准加以认定。至于理学作为儒学，则可结合经由历史研究发展而得之人文思惟，发展成为一种讨论义理之方式。此两项透过中国近现代有关学术史研究而获致之见解，已成功地消解了中国近现代西化浪潮中激进主义所持全盘否定论所带来之思想冲击。钱先生自系完成此一集体性工作少数最重要的学者之一。唯在此复杂的学术史、思想史与哲学史之研究中，虽显示民族文化中某些观念之存在可以成为该文化体创造文明之思想驱力，且亦即此间接地证明了学者阶层存在于社会之重要性，然中国文化有其价值，中国历史有其特殊性，不即表示揭露某些文化特质，加以强调，即能使中国具备足以完整底推动现代化之精神条件；在此一点上，启蒙派学者之提示，仍是极为重要。

启蒙派学者指言中国文化所欠缺者，主要有两项：曰民主与科学。此两项就现实意义言，由废科举兴学校，以至建立现代化所需之科学教育与研究机构，科学技术方面，中国已克服先期最困难阶段之障碍。至于两次革命，其后续的发展，虽始终距离理想目标极为遥远，然至少在理论之信仰上，众人所标举者，皆已是“民主”之理念，中国之国家机器与社会结构，亦已于万般艰苦与痛苦中有大幅度之改造。唯民主与科学，本系一种文化特质之产物，此种特质于文化思惟与文化习性上，与中国历史中所表现之人文性，确实存在某种冲突。此种冲突之消除，必须奠基于极深刻的文化反省；

并非指出中国哲学中认识论之贫弱，或中国政治体制与政治文化上之缺陷即可达致。新文化运动初期，论者所强调：中国缺乏西方形态之理性精神与个体主义之自由、平等概念，仍是一项重要的发现。中国近代“现代化”过程中，以民族历史经验为核心之伦理意识，与世界思潮中平等理想之结合，虽是取得中国以如是庞大的社会进行改革时所需要之社会动力，然此种经结合而形成之心理发展，除有其属于“现代”之面貌外，亦仍是与中国社会之传统特性相近，而与西方启蒙运动以来之精神相远。中国现代化之道途，真要跨出“适应以生存”一义之外，仍尚有不易克服之困难。

中国近现代对于学术思想史之研究，除尚未真正比较出中国人文思惟与西方思惟深刻面之差异并寻找出其成因外，另有一可能的误解，即是因过分强调中国思惟中之现世性与人文性，因而忽略了亦属于中国后世思惟中所有之出世性与宗教性。此一可能的误解主要来自一新的佛教与佛学之观念。

佛教系一伦理性宗教，然此“伦理性”乃就宗教说，为宗教中之类别。⑧故就佛教之宗教立场言，因宣示教义而有“经”，与因论辩教义而有“学”，两者并皆以信仰为中心，并无脱离佛教而另有之佛学。近代以来依学术而讲“佛学”，与依佛学而讲“佛教”，两事不同而有关。梁任公《清代学术概论》曾谓清中晚期今文学家自龚（自珍）（一七九二——八四一年）、魏（源）（一七九四—一八五六年）以下多兼治佛学，又特举以居士讲佛学有名之杨仁山（文会）（一八三七——九一一年），谓仁山兼通法相、华严，而以净宗教学者，学者敬信之，谭嗣同本其所得以著《仁学》，且常鞭策其友梁启超。任公此言“本其所得”，虽仅四字，然其中颇有与

⑧ local religion与ethical religion之分别，及其与文献记录一事之关系，参见Jack Goody，*The Logic of Writing and the Organization of Society*（Cambridge：Cambridge University Press, 1986）。

近现代中国学术发展相关者，则在两事中之前一事。

梁任公所叙及之杨仁山，虽以居士谈说佛法，然此乃寻常讲论，非抗颜为师。今审其书，曾言及当时论佛经者已颇有自哲学与心理学之角度说之者，或则疑凡佛经中所言“六种震动”“人天两乘境界”等皆是比喻说教，然仁山不谓然，谓说经者不当破事说义。⑨是仁山仍持守旧有矩矱未变，变之者犹后在谭氏，乃至同时期其他人。任公论杨、谭关系语中所谓“本其所得”，当意指谭氏乃受仁山启发而自得之。然此项“启发”究竟为何？细按当时，谭氏之著《仁学》，以儒通佛，立论本非恪守一佛家立场，而另外则有从杨氏游，明白抗颜为佛教信众僧、俗师得大名者，为前论所叙及之欧阳竟无。欧阳氏《支那内学院院训释·释悲训》中曾有一语，谓：“有悲者不住涅槃，无悲者沉空趣寂断灭而醒醉。法界之所足，世界之所成，一悲之流行而已”，⑩《释教训》则曰：“毕竟空义无所云教，而众生不知，方便大悲教乃权立。”⑪其所云“世界之所成，一悲之流行而已”，若就前引欧阳氏他处辨“体”“用”之语理解，立论与谭氏《仁学》借名“以太”（ether）以为造化之所本，即电即仁即兼爱之说，⑫论旨虽异，论题则颇有相近之处。谭氏“以太”之说，

⑨ 仁山语见《与释幻人书一》，收入《杨仁山居士遗著》，台北：文海出版社景刻本，一九六九，《等不等观杂录》卷五页五b。

⑩ 见《内学年刊·第三辑》，鼎文版，同前，页四六六—四六七。

⑪ 《支那内学院院训释·释教训》，《内学年刊》一—四辑中未见；现收入《欧阳大师遗集》第一册，同前；引文见页一三八。

⑫ 《仁学》卷上，同前，页六一九。

比附科学，合心物于其所谓“电”，论诚荒浅，⑬然其听闻佛学而造此论，其后欧阳氏亦以特殊的方式重新诠释佛教，⑭一师而得弟子二人如此，显示仁山之以学者身份谈说佛义，当时环境必有于思想上促动儒、释合流之关切点，从而产生启示性之刺激，其事非尽关乎个人而已。

竟无《院训释》中有《劝学》篇，谓物本天然，递嬗迁流之迹，彰然不诬；取天下之物，率天下之人，制物品类而养其欲乐，群焉分治，皆世道所有，然而应有究竟之学，取宇宙何以必须有山河大地之理而究之，以统大全。⑮文中“递嬗迁流”云云，指物化之变迁与生物种类之分衍，虽不必即是等同于十九世纪后半以来西方科学界新获更议之特定的所谓“物竞天择”（natural selection）之进化

---

⑬ 本节注①所引王国维《论近年之学术界》一文，亦曾论及谭说之浅薄，其言云：“近七八年前侯官严氏（复）所译之赫胥黎天演论……出，一新世人之耳目，……嗣是以后达尔文、斯宾赛之名腾于众人之口，‘物竞天择’之语见于通俗之文。顾严氏所奉者，英吉利之功利论及进化论之哲学耳。其兴味之所存，不存于纯粹哲学，而存于哲学之各分科，如经济、社会等学，其所最好者也。故严氏之学风，非哲学的，而宁科学的也。此其所以不能感动吾国之思想界者也。近三四年法国十八世纪之自然主义，由日本之介绍而入于中国，一时学海波涛沸渭矣。然附和此说者，非出于知识，而出于情意。彼等于自然主义之根本思想，固懵无所知，聊借其枝叶之语，以图遂其政治上之目的耳。由学术之方面观之，谓之无价值可也。其有蒙西洋学说之影响，而改造古代之学说，于吾国思想界占一时之势力者，则有南海康有为《孔子改制考》、《春秋董氏学》，浏阳谭嗣同之《仁学》。康氏以元统天，大有泛神论之臭味，……谭氏之说，则出于上海教会中所译之治心免病法，其形而上学之‘以太’说，半唯物论、半唯心论也。人之读此书者，兴味不在此等幼稚之形而上学，而在其政治上之意见，谭氏此书之目的，亦在此而不在彼。固与南海康氏同也。”（同前，页一六九九——七〇一）王氏此说有所见，有所未见，然王氏乃当时人，此一种叙述性的说明，亦有其值得注意之处。

⑭ 欧阳氏后曾讲一题，名《佛法非宗教非哲学而为今日所必需》，刊载《民铎》三卷三期（一九二二），代表其意见，颇为时论所注意。文现收入《欧阳大师遗集》第四册，同前，页三四五七—三四八二。

⑮ 语见《释悲训·六》，《内学年刊·第三辑》，鼎文版，同前，页四九二—四九三。

说，[16]然细究此说所从出之本始关切点，与下文“制”“养”云云所指涉社会中政治、经济种种体制发展，两者皆前论光绪间进化哲学思潮建说之要项，竟无不得不谓之“彰然不诬”“世道所有”，正显示此一思想趋势及其所衍生之课题压力，对学者言乃无可逃避。[17]其间差异者，谭氏虽主所谓“冲决罗网”，毁弃名教，精神仍在俗义之世间，故仅求解放不求解脱，释教仅以作思想之启导。竟无以佛义为究竟，则旨在超凡，解脱俗见乃是宗旨。特竟无于说义

---

⑯ 达尔文之进化说，由于将演化中生物之结构变演以“突变”之方式说之，故对十九世纪初以来仍然保有目的性之演化观，冲击甚大。Eugen Dühring（一八三三—一九二一年）在其 *Kurus der Philosophie*（一八七五；《哲学教程》，郭官义、李黎译，北京：商务印书馆，一九九一）一书中极力为 Lamarckism 辩护，以抗拒逐渐取得优势之 Darwinism，即是显示此种哲学效应之影响。

⑰ 学者当时承受此压力而思借助于佛学，以完成一种可以满足本体学、认识论与人生义理之哲学系统，可于另外两例见之。一为前文所论及重新诠解中国学术之章太炎，一为与欧阳竟无义属同门之太虚法师（一八八九／一八九〇—一九四七年）。太炎光绪乙未（一八九五）前后曾受夏曾佑、宋恕（字平子）（一八六二—一九一〇年）影响，涉猎《法华》《华严》《涅槃》诸经，然未有深得，甲辰年（一九〇四）于狱中获读《瑜伽师地论》《因名入正理论》《成唯识论》诸书，乃颇有造境。越两年，发表《俱分进化论》《无神论》《建立宗教论》《人无我论》诸文，其明年撰《五无论》，又一年则撰《四惑论》（俱见《太炎文录·别录》，收入前所引叙之《章氏丛书》正编），论中多取其本人由佛学所得之启示，以与部分的进化哲学参合为说，并据以衡论各类哲学与宗教之观点，受到学界注意。至于太虚，其论佛学虽处处与欧阳氏不同，然其后亦于一九四四年发表《人生佛教与层创进化论》讲辞，提出其自所定义之“层创进化论”；与 Samuel Alexander（一八五九—一九三八年），C. Lloyd Morgan（一八五二—一九三六年）等人之 *Emergent Evolutionism* 有类近处（有关太虚部分可参考杨惠南《从人生佛教到人间佛教》，收入所著《当代佛教思想展望》，台北：东大图书公司，一九九一，页一〇一；又，当时 C. Lloyd Morgan 之 *Emergent Evolution* 一书中文曾有施友忠译本，题为《摩尔根》，长沙：商务印书馆，一九三八，收入《汉译世界名著》中）。

中尝力申佛教非宗教非哲学，[18]在其见解中本亦不信幻有可无，故主《经》言“不生不灭”乃所以诠论其所谓“体中之体”，[19]而非可如旧说以释寂静之涅槃，涅槃必应仍以生灭中之“无住”为大乘最胜义，遂进谓论佛义主“断灭”者乃无悲而沈空，并明谓大悲教乃依权便而设立。若然，则此论虽不必然于宗教所言之事一体推翻，然义依己诠，已是欲改佛教以为纯粹的佛学。其论中尝摘净宗专主宗教义之“信”“愿”一事，谓乃偏执法门，即是一证。而其所主“究竟之学”云云，即使并非可纯用思辨之方法以证成，其所指言之“究竟”义，于思想上仍应定位为哲学中之本体学。本体学则正亦是谭氏论“仁”上推之“以太”之所欲建设。谭氏书著于光绪二十二年，竟无书则迟至一九一七年始问世，而与竟无论相先后，则有前所叙及梁漱溟之《究元决疑论》。梁氏论中取用佛语，参合西学，而以“无明涡动”为化本，主题亦与《仁学》同，而《决疑论》一文则正又是梁氏与熊十力订交论学之所缘。凡此皆可证，前论所谓“以哲学论佛学”、“以佛学论佛教”，由一事生出另一事，势有不可遏。然此间关系实不在佛门本身，而在儒学者。亦即此事

⑱ 讨论佛教是否为宗教，于“宗教”应先有定义。大体言，宗教与哲学最大界别，在于宗教立基于信仰，哲学立基于理性。所谓宗教立基于信仰，系指宗教必有“此世”外“他界”存在之信仰，且此项信仰于信仰者并不以应充分解答理性之质疑为必要。因此宗教虽可依哲学而说明，其信仰之核心部分，则并非哲学性质。唯因如此，故宗教基于信仰需求，必有表达或深化其信仰之仪轨，而哲学则不论是否发展成为义理信仰，必不能真正自发底创造仪式行为。欧阳氏论中辨佛教非宗教，但取特定的一神论为比较，若单就此一命题言，实是辨理未精。必当如章太炎，明言礼佛、念佛，除礼、念己心外，再无对越之对象，乃始是为自己所提“佛教非宗教”一说掌握要点。章氏说见于内藤湖南（武男）（一八六六—一九三四年）旧藏章氏旅居东京时为讲演所备之《佛学手稿》，此据汤志钧《章太炎传》所引，台北：商务印书馆，一九九六，页四〇一。

⑲ 谭嗣同以“仁”为造化所本之“心力”，谓不生不灭者，仁之体；见《仁学》卷上，《全集》，同前，页七。

就其在近代中国之起缘论，自始乃由儒学中之变化肇因，特论者有所取资于佛学，遂亦逐渐影响佛教；非佛教之教义发展中先有此变化，而后遭时际会有以影响儒学。

所以谓此事关键在于儒学者，佛教本为出世法，其说教之企图不仅在于“了烦恼”，“了烦恼”乃所以“了生死”；此两层于宗教义中相关而不同。舍去“了生死”一层究竟目的，即失去其所以为宗教之本质。故以大悲教为权教乃世间想法，佛教之传承中，自来并未承认此论。究论当时儒学者之所以采取此说，本另有一思想上之来历，即是西方近代以哲学、社会学与心理学讨论宗教形式演进时，对于宗教起源与其所内涵之人文性质之诠释。严又陵所译赫胥黎《天演论》中，赫胥黎即曾举佛教为例，谓轮回因果之说乃天竺圣人持可言之理，引不可知之事，以解天道之难知。严氏且于所谓“可言之理”又加引义，谓佛义有不可思议，在于“寂不真寂”“灭不真灭”，最上之一理，孤立无对而无不冒，故以不着文字言说相者为真喻。严译《天演论》既大行世，此说乃亦随同受到学者注意。凡欧阳氏论中所谓“毕竟空义无可云教”，乃至以本体学论点讨论“涅槃”一义之体用，实亦受有赫胥黎说与严《案》之影响。⑳ 西方此种新形态之研究，倘若辨明其严格的意义，虽于观点上可以标识出一种赫胥黎所指称之“不可知论”（Agnosticism）㉑ 立场，在其研究时，并不即能否定或忽视宗教创始时信仰者之真实的信仰心理，故于论说上并无普遍的轻指一切宗教之“信”“愿”皆

⑳ 严氏《评点老子道德经》（一九〇五；台北：广文书局，一九七〇台二版）于《老子》“有物混成，先天地生，寂兮寥兮，独立不改。周行而不殆，可以为天下母”句，批云：“……不生灭，无增减，万物皆对待，而此独立；万物皆迁流而此不改”，以“不生灭”释“体”之独立不改，义可与此所引《案语》说相互发明。

㉑ “不可知论”于严格的命义中并不否定任何可能的最高实体之存在，而仅是否定人于此有触知之能力，然就非以哲学为专业之学者言，常易将之混同于无神论（Atheism）之主张。

乃权立非实教之说。虽则如此，宗教研究中，依于此一观点专论佛教之性质，以佛教之宗教形式乃因方便而设教，确有一特殊的立说上之原因，即赫胥黎氏亦是受其影响而造论。此即是在此前后西方学者研究现存之残缺的巴利语（Pāli）与梵语（Sanskrit）佛典，㉒以及局部的、极为有限的印度历史现象，而非真正深入的实践义之佛教后，所得之若干臆测的论点。㉓ 此种论点后并得若干日本学者之

㉒ 关于佛教经典使用之语言问题，可参考Franklin Edgerten（一八八五——九六三年），*Buddhist Hybrid Sanskrit-Grammar and Dictionary*（New Haven：Yale University Press, 1953; Reprint Edition，Delhi：Motilal Banarsidass Publishers, 1993）一书中之说明（该书导论部分曾由学者译出，参见陈美冶译：《佛教混合梵文导论》，收入前引《译丛》第二十二册《佛教语言论集》；同前），及季羡林《原始佛教的语言问题》《再论原始佛教的语言问题》《三论原始佛教的语言问题》诸文（收入《季羡林佛教学术论文集》，台北：东初出版社，一九九五，页五五一八九，九一——二四，一二五——八一）。

㉓ 最初著名之例，如十九世纪学者 E. Burnouf（一八〇一——八五二年）所作有关巴利语与梵语佛典之研究，及彼所提出有关佛教教典研究与探讨佛教教义原始成分两者间关系之看法，即属一种纯粹文献考辨之方式。此种方式日后之发展由于借助宗教史研究中经常使用之“消减法”（即 substraction，比利时学者 Louis de La Vallée Poussin 用语），对于宗教中必有的神迹神话，乃系采取一自然主义神学之观念加以诠释，故有关教义部份之结构亦常以此种神话学之说法为主轴（概略之状况可参见 J. W. de Jong, *A Brief History of Buddhist Studies in Europe and America*）。此种方法，纯就方法言，固是可以成说，然如未能兼顾（或不具备条件兼顾）完整的宗教实践加以观察，则终属一种臆测。西方学者有关“涅槃”（Nirvāna）之诠释，自十九世纪以来，随研究者对于佛教综合的了解之增加而变改，即是一证。有关“涅槃”义之西方诠释之粗浅的说明，可参考 Guy Richard Welbon, *The Buddhist Nirvāna and Its Western Interpreters*（Chicago：The University of Chicago Press, 1968）及 J. W. de Jong 之评论，文载 *Journal of Indian Philosophy*, l, 1972, pp.396-403，中文译文附录于 de John 前揭书之霍韬晦译本《欧美佛学研究小史》（辑入《译丛》第七十一册；同前）后。

承衍，以助成特定的所谓“根本佛教”与“原始佛教”之说。㉔大旨谓佛教教义之原始本质仅是针对世间伦理而有，凡较早期经典中所涉及之信仰核心，如轮回、果报、涅槃等观念，皆系因袭印度婆罗门教（Brahmanism）所本有，佛陀瞿昙（释迦牟尼）（Gautama the Buddha/Sakya-muni, ？ 436-？ 383B.C.）及其后继者为求淑世，不得不因势利导，方便设教，故随顺于此以为说；凡此皆属“不了义”。实则“了义”之谓出离，宗旨、精神皆仍在世间，并无实然拔离生灭流转而有之涅槃。凡佛教所传世俗义之种种宗教形式与出世间之神话，实皆于释尊入灭后，经后人沾染婆罗门教言以及其他地域性宗教风习所增成，且又派生出种种立场不同之经典。其间唯大乘初期龙树（Nāgārjuna）“中观”一派保有较多的原始精神，且亟思矫挽，然风习既成，流行益远，外来成分益多，卒不免于堕落。此为佛教真正于印度衰亡之原因。至于传入中国与西藏之外国佛教，仅各自为“发展的”佛教之一种面相，不能不加分辨。西方与日本部分学者此一专就宗教形式与典籍内容之变化以重新定义佛教之说法，于“设象立教”一点虽近于章实斋《文史通义·易教》篇中所

㉔ “根本佛教”与“原始佛教”本系日本学者姊崎正治（一八七三——九四九年）、木村泰贤（一八八一——九三〇年）相对于欧洲学者如 Thomas William Rhys Davids（一八四三——八九二年）等所谓 Early Buddhism 而提出之对应词，而自宇井柏寿（一八八二——九六三年）主张应于所谓 Early Buddhism 更加细分，遂别为两种，而颇为此下日本、中国以新方法考论原始佛教圣典之学者所承用，特各家所设立之定义与标准互有不同。姊崎说见于所著《根本佛教》（一九〇九），木村说见于所著《原始佛教思想论》（[一九二三]。欧阳瀚存中译本，上海：商务印书馆，一九三三；台北：台湾商务印书馆，一九五八），宇井说见于所著《原始佛教资料论》（刊载《东洋哲学》，[一九二二]。后收入宇井著《印度哲学研究·第二》，东京：甲子书房，[一九二六]；岩波书店，一九六五）。关于此问题亦可参考宫本正尊《原始佛教与根本佛教》（妙峰译，收入张曼涛主编《现代佛教学术丛刊》第九四册《原始佛教研究》，台北：大乘文化出版社，一九七八，页二四三－二五三）一文。

论，[25]然章氏乃至前人同于此说者之于此，本皆臆测无考据，故无真正影响；此辈学者则因有运用于佛典之新式的考证为依凭，故论启而势不可止。然其立说实亦颇有可议，最不当之处乃在论者各依其立论之需要，自订根本义与方便义之分别，而于所谓“了义”无正解。盖宗教心理、宗教义旨之诠释与宗教文献之考辨，本属宗教之历史研究中性质应予区分之两种方法，两者之操作虽可于同一学者之假说中相互支撑，却不必然存在严格的证明关系；无论于比较神话学或比较宗教学皆然。此点与思想史研究法中之所谓取证相仿。故倘若宗教史之研究自始即采取一实用的“不可知论”之研究观点，则不论其假立之诠释如何具有近真之可能，必无法自离一外在于宗教经验之立场，因而难于重建宗教经验之实境。就佛教言，设立“了义”“不了义”之说解，本牵涉宣示教义时所以必要区分层次之实践上的理由，非真实进入宗教经验之深层，并彻底明白其意义者不能确知。故学者倘欲克服此种认知上之障碍，必应于另一种心境中尝试宗教经验之观察。否则轻执一种意见，却误认此种假设性之诠释乃经由文献之考辨得出，必将丧失应有的批判精神。十九世纪至二十世纪初期西方与日本之佛教史学者正因有此自信的“了义”与“不了义”之分别，故于佛义之关键点颇多误解。在彼辈之研究中，宗教与“类宗教”之区分，乃至宗教形式存在于社会应有

㉕《文史通义·内篇一·易教下》云：“……佛氏之学，来自西域，毋论彼非世官典守之遗，且亦生于中国，言语不通，没于中国，文字未达也。然其所言与其文字，持之有故而言之成理者，殆较诸子百家为尤盛。反复审之，而知其本原出于《易》教也。盖其所谓心性理道，名目有殊，推其义指，初不异于圣人之言；其异于圣人者，唯舍事物而别见有所谓道尔。至于丈六金身，庄严色相，以至天堂清明，地狱阴惨，天女散花，夜叉披发，种种诡幻，非人所见，儒者斥之为妄。不知彼以象教，不啻《易》之龙血元（玄）黄，张弧载鬼。是以阎摩变相，皆即人心营构之象而言，非彼造作诳诬以惑世也。”（同前，页九；据原刻本改用繁体字）章氏此论盖自儒家（如荀子）“神道设教”之政教观点来，而益之以一种“象教”之论法；与近人说有相近处。

之条件，或历史上所以引致某一宗教由盛而衰而绝之客观原因，皆未作出仔细的称量与考虑。杨仁山曾于光绪四年随曾纪泽（字劼刚）（一八三九——一八九〇年）出使欧洲，结识日本净土真宗大谷派学者南条文雄（号硕果）（一八四九——一九二七年）。自是两人书信往返，杨氏多问及巴利语及梵语经典存留之状况。杨氏后又因南条氏之助，访得隋唐逸书逾数百种，此事海内遍知，则从杨氏游者注意日人著作，因受影响，自是可能。欧阳氏从游杨氏之日，曾受命赴日习密，后则以治唯识而又倡言能辨“唯识”、“名相”为二宗得盛名，彼于论中所指言“权立”之说，虽与时论不尽相同，依风气言，固亦是沾染而有。㉖欧阳氏后创立支那内学院，强调治佛学应有递嬗之观，㉗院内弟子若吕澂、王恩洋（字化中，或谓一名化中）（一八九七——一九六四年）俱以治佛学史为人知，而彼辈论著中皆甚重境外佛学与西人、日人之说，当亦是循此而然。

倘若佛学脱离佛教之宗教义，而独立为佛教之新的中心，则继此以往，僧团之地位与戒律之必要性必将连带起革命性的变化。欧阳氏非唯力斥“白衣不得说法”之旧例，㉘其筹设支那内学院《简章》之第一条，且明谓将以养成弘法利世之才而非出家自利之士为宗旨；此条后虽因同门太虚之摘疑而改订，㉙然佛学而仅以抉择与抉择之知见说之，即有僧团亦不过为佛教学术之宣讲团，居士讲法至此，已

㉖ 论者亦有据欧阳竟无自叙为学次第，而主张其论中考辨佛义，乃援乾嘉之方法以入佛学之研究者；说与此异。参见徐清祥、王国炎《欧阳竟无评传》（南昌：百花洲文艺出版社，一九九五），第三章，页二三。

㉗ 详《今日之佛法研究》，收入《内学年刊·第一辑》，鼎文版，同前，页一三。

㉘ 详《支那内学院院训释·释师训第一·辟谬五》，收入《内学年刊·第三辑》，鼎文版，同前，页四六一。

㉙ 《支那内学院简章》参见前注所叙及之《评传》附录二，页二〇七—二一四，太虚《关于支那内学院文件之摘疑》一文则收入《太虚大师全书》第十六编（台北：善导寺）。

非仅是宗教于教义许可之范围内所从事之俗世化，而系宗教受哲学影响所产生之一种“非宗教化”发展。

欧阳氏“方便大悲教乃权立”之说，虽于佛教是否具备宗教性之判定上，或受有新说影响，欧阳氏与此处所叙及之日本学者对于佛学根本特质之认识，则见解差异极大。盖若依日人此种特定说法，佛陀训示之本质乃是伦理学的，有关形上学之讨论，佛陀之见皆在破斥，不在建立，则印度之有佛陀，不过如中国之有孔子，原初佛学之伦理学充其量仅能是一种高妙的心理学，为解除人生烦恼之一种思惟方法或技术。[30]声明其“原始”之义，除可作一种佛学学术史之研究起点外，其余的意义则无非在力辨后世佛教之背离原本宗旨。果若依于此说，则佛陀于理论上实并无必尊之理。欧阳氏则不然。欧阳氏诠立佛学，虽强调证不外假，圣言如公理许人论议，[31]然于说中又坚信佛法乃悟后成说，非由常见推知，佛之得悟，乃历劫修证而得，[32]则其立论之基础，明显底系以特殊的认识论为依据，取择在

㉚ 关于西方心理学界对于佛教“无我”思想之兴趣与其研究，可参考 Eric Fromm, D. T. Suzuki & R. De Martino, *Zen Buddhism and Psychoanalysis*（New York：Harper & Row, 1960）；*John R. Suler, Contemporary Psychoanalysis and Eastern Thought*（Albany：State University of New York Press, 1993）。

㉛ 详 289 页注 ⑭ 所叙及之《佛法非宗教非哲学而为今日所必需》一文，所引说见《遗集》页三四五八—三四五九。

㉜ 同上注，页三四七一。

宗教与哲学之间，类近设立一种哲学之东方主义，[33]而非仅是宣示一项伦理学之主张，或强调一种人文智慧。吕澄为其师著传，曾谓欧阳氏早岁时[34]尝患杂学则无要，故宗主陆王，年三十余乃从仁山学。今考其书，如云："悲者，法尔如是，自然而具，现成不求，固有不后，尽人能由，而不知其所由"，[35]文中所谓"悲"，虽是依"真"而议，非同于阳明据恻隐而上溯，然因其别处论说，如前所述，强调"用"即是生灭，且曰："涅槃是体，菩提是用"，则用当而体现，能缘净则所缘即真，[36]真义所标心感之恻隐仍与"体"义符应，其视佛法，盖乃以其所认定之特殊的证会为究竟，故类如上引其语之谓"世界之所以成，一悲之流行而已"，其义之合智于悲，仍与阳明推求"良知"之说于"贯通"一旨相近。依此可谓欧阳氏之由陆王契入彼所自认之唯识，与前释梁、熊之探论于宇宙本体者，说

㉝ 此种哲学立场，因先有关乎"信仰"之结论，故与依哲学而产生之信仰，如 Martin Heidegger（一八八九——九七六年）所谓"哲学信仰"，亦有根本性质上之差异（M. Heidegger 说参见所著 *Sein und Zeit*, 1927; Türbingen：Max Niemyer, 1979; *Being and Time*, translated into English by John Macquarrie & Edward Robinson, New York：Harper, 1962；王庆节、陈嘉映中译本，《存在与时间》，台北：久大、桂冠图书公司，一九九〇）。M. Heidegger 所谓人由"存有者的"（*outisch*）存在状态提升为"存有学的"（*ontologisch*）存在，虽亦需要存有者于自身生存状态的处境中，寻求真实，然其整个真境之说明，所站立之基础，依然为人于自己意识中所可依于实时的生存状态而掌握之悟解能力，故所谓"信仰"乃是哲学地发展自我所显示之一种过程性质，而非是对于所希求达至之不可思议境界之直接的认定。

㉞ 欧阳竟无宗主陆王系于甲午战后，吕澄《亲教师欧阳先生事略》（收见问学出版社版《竟无内学》，台北：问学出版社，一九七九，页一—六）谓事在年二十时，微误，徐、王《评传》谱其事于光绪二十一年（见该书附录一，页一八九），竟无年二十五，较是。

㉟ 详《支那内学院院训释·释悲第二·体相一》，收入《内学年刊·第三辑》，鼎文版，同前，页四六六。

㊱ "涅槃"依欧阳氏说，若兼指体用言，则涅槃实具全体大用而无所欠缺；若专就体言者，则"用"与之对。文中此引诸语并见《唯识抉择谈》，同前，页一三六六。

虽有异，事本符会。欧阳氏所得既在此，故其佛学有一核心，即是其所谓“佛知见”。㊲佛知见者，即是佛陀证后依“得”而示（欧阳氏谓之“后得”）之一种本体学。此种本体学，严又陵于《天演论》按语中称之为诸理会归最上之一理，乃谈理见极“超诸理解”之辩言，特严氏以此种“不可思议”者可由理解而追溯，其立场仍是依循常见，而欧阳氏则以超证为根源，两家形容“涅槃”之境虽似，理据自有不同。虽则不同，欧阳氏之合智于悲，就凡众而言，仍当以“理解”为前事之功，盖既有佛而有圣言，超悟者即须假借，凡起悲而不能悟入佛知见，即于实境无造诣。若然，则教无古今，能悟于此即真，不悟于此即妄。佛之后有师，且亦必须有师，不论为缁为素，不得以绍、袭者即谓非真，陆王精神与程朱学问非不可于此处合一；欧阳氏《院训释》论中有《作师》㊳之篇，义旨即在于此。

前叙熊十力《十力语要》中答牟宗三书，曾有一语，谓其学根本在于“证量”；此语由于涉及“证量”之超验义，并且关系欧阳氏与熊氏思想上之共同基础，故可作“唯识学”之所以受当时宗主陆王、或最初由陆王悟入学问者重视之一重要提示。此所举熊氏、牟氏两人往返书信，收于《语要》卷三，当在一九四〇年夏卷二出版后作，而早在其前，梁任公于一九二二年曾赴心理学会演讲，讲题名《佛教心理学浅测》，㊴叙言达成佛教义之“无我”，有两径：一曰证，一曰学；“证”者，纯用直观，摆落言诠，炯然见出“无我”之圆相，而“学”则是由学理上说明“我”之所以无。且进言佛学中最高之“证”虽是超越于心理学，然佛学中讨论“心识之相”即

㊲ 详《支那内学院院训释·释师第一·师体三》，收入《内学年刊·第三辑》，鼎文版，同前，页四五四—四五五。

㊳ 详《支那内学院院训释·释师第一·作师一》，收入《内学年刊·第三辑》，鼎文版，同前，页四四九—四五一。

㊴ 梁氏讲词稿《佛教心理学浅测》后编为所著《佛学研究十八篇》一书附录。现收入《专集》第七册，同前。

是心理学。任公此说在梁漱溟发表《东西文化及其哲学》后次年，而为其往支那内学院聆听欧阳竟无谈唯识学之同年稍前，欧阳氏即于是年演说《唯识抉择》，而张君劢之提出“直观”说亦在同年。任公论说佛义虽仅是依时论为响影，然当时谈本体者群趋于注意唯识之学，对于以重新定义之“超越的证悟”为东方本体学之方法，正有同会；特各人取义、造境间有殊异而已。欧阳竟无之言佛教非宗教非哲学，大体亦是类同此意。前叙仁山言，有谓时论不乏以哲学、心理学说佛教者，两途终因时代思想议题之驱迫趋于合流。

宗教本以信仰为中心，故必重原始教义，凡宗教皆然。然若以学术为中心，则原始非原始仅是一考据问题。佛学之性质既经由学者改以现代学术所概略承认之哲学与心理学之方法加以理解，而所谓理解之方式，又系排除神秘经验之基础，则语言表述与行为模式之一种旁观的解读，遂成为归纳教僧思想系统唯一的依据，中国与印度各成系统之佛学史由是逐渐建立。而此一独立的、学术史式的“中国佛学史”之概念一旦成立，则佛学史亦自然成为论中国思想史时不可分割的部分。此种佛学史与中国学术史参合而有之观点，当时乃由部分居士佛学家与中国一般人文学者所共同达致。中国文化“人文性”特质之获极度凸显，此一种观点之建立，影响极大。其间提倡最力者，即为梁任公。前论钱先生最终遗言，有谓中国思想于世界最大的贡献曰“天人合一”，此说除兼括儒、道两家义如前所释外，若以钱先生往昔论述中之所论推说，固当包含其所释若干中国佛教或佛学之精神在内；凡此亦为此一影响下所形成之观点。

梁任公之强调于所谓“中国的佛教”，大体可分两期，第一期为其著《中国学术思想变迁之大势》时所持之旧见；第二期则为自一九〇二年起写作《佛学研究十八篇》[40]时之新见。新、旧见之差异，在于前一期任公虽已有“宗教演进”之概念，然于印度佛学所知者尚少，故极言大乘教义，乃初萌于印度，而大成于支那，求大乘法者，当不于彼而于我；[41]至于后期，任公于佛学之新研究渐有所知，故教义部分已有保留，乃谓佛教之入中国，为进化、为退化乃自属一问题。[42]然不论前期后期，任公皆强调中国之佛教必当就其“中国的特色”重视之。此中国的特色之造成，除流布之过程中受有各种可能的因素影响外，主要即是因译经、解经皆是以熟悉中国学术观念之中国智识分子为吸纳、阐扬之主体；外僧之由多而少，渐至中国本身亦创立印度所无之教派，成立有别于印度之佛教，正是中国文化特有的表现。任公之提出此说，由于并非纯就教义之理论谈，在其讨论之过程中，已多注意社会环境中各项因素之互动，尤以后期为然，故观点虽不纯由己发，议论亦多引而未就，然对于有关玄学与佛学之关系，道教与佛教之关系，中国教派与印度教派之异同，乃至佛典之翻译与辨伪，中印之交通等等研究，提示极多，且又时时归结于一文化史之观点，故与零碎只求一事一义，或受限于单一观点者，颇有不同。汤用彤（锡予）（一八九三——九六四年）、陈援庵（垣）（一八八〇——一九七一年）等人后来皆以史学治宗教史有成，与专言佛教思想发展者有异，任公之影响固不宜忽视。前所叙及钱先生早年之著作《国学概论》，于佛教传布部分多抄录任公说，亦可为任公说受时人重视之一证。[43]

---

[40] 参见前注[39]。任公另有《论佛教与群治之关系》（一九〇二）一文，收入《文集》第四册（同前），亦受时人注意。

[41] 详见《中国学术思想变迁之大势·佛学时代》第四节：《中国佛学之特色及其伟人》；同前，页七二—七七。

[42] 语见《佛教教理在中国之发展》页一。收入《佛学研究十八篇》；同前。

[43] 详见《国学概论》第七章《南北朝隋唐之经学注疏及佛典翻译》，商务版，同前，页一七七——九二；《全集》版，同前，页一九八—二一四。

宗教发展如何受文化因素影响，此系一复杂的史学问题，自必有历史研究之手段，历史研究之手段不足，徒有概念无所用之，即用之亦易致误；任公提示之影响在此。然任公前后各家以佛学论佛教者有一与前论西人日人研究相近之易于致误之方法上的缺点，即是：宗教思惟系一特殊的思惟，与学术思惟不同，轻易以学术思惟认系某一宗教思惟之本质，一点错即可能全盘错。佛学复杂，看似多歧，中间许多说义之差别乃牵涉解悟之层次、修行之法门，乃至传法之因缘问题；非实地修行而确有悟境者不知。古人判教，“权”“实”之分别虽是各据立场，立论者之修证实为必要基础。非如今人仅是依佛教语料之可能的哲学义涵，作为判别教义结构之唯一依据。故凡综括底研究中国史者，倘于此关无法克服，由此种研究推论而得之文化影响与文化特质之说，恐仍是难于确认。

任公所谓“中国的佛教”，依于此言，若于佛教根本的宗教性质未能厘清，则有关其学术性质之论说必易有所谬差。虽则如此，任公论学术史能打破历来视佛学为另类之立场限制，使所谓“子学”“玄学”“佛学”“理学”皆纳入一连贯的学术之流中予以理解，自有其意义。特思想有易变的部分有不易变的部分，亦必须深入其义理立场。此种研究，若仅就个别的文化性观念加以历史的考察，则因文化性观念系与社会共成，既引领思惟，亦受思惟之影响而有时变改其内涵，故不论思惟者之立场或其思惟之性质如何，单以“观念”作为理解思想史中部分思想发展之线索，其研究易有成绩。任公本人于《先秦政治思想史》一书中所作有关《诗》《书》“天道”观念之时代性研究，即有大贡献，[44]后来论此者无不受其影响；傅孟真、郭沫若、钱先生皆然。此事本在当时有起因，非真如傅氏所云

[44] 任公说即前注所提及《先秦政治思想史·前论》之第二章及其附录，附录共两篇，一篇名《“天道”观念表现于《诗》《书》两经者》，另篇名《“天道”观念之历史的变迁》。

乃上承乾嘉时代之遗轨。钱先生在港之日曾著《王弼郭象注易老庄用理字条录》文，历考“理”字观念之变衍，自先秦子学以下，经两汉迄魏晋王弼、郭象诸家，为详辨其义。并强调一说，谓中国自魏晋以前，最重要的观念为“道”，魏晋以后，则“理”字之重要性，超出于“道”。其立论贯通子学、玄学、佛学、理学而一之，即是继任公观念史之研究而来，故成绩远胜于乾嘉时代戴东原《孟子字义疏证》中相关之部分。然若就思想之整个系统论，任公取择清人攻击程朱之说，谓宋儒理学乃变造佛学而成，为儒表佛里，[45]已嫌荒疏，后人承其论学术史时所持“变迁大势”之论之影响，乃多认为中国之自始易于接受佛教，即因佛教重修证、信自力与中国思惟之路径近似，而中国人之人文性乃又高出于印度，故能造就具有中国特色之佛教；[46]观念如此，自易于将相关的学术史变迁问题直接联系于所谓中国文化之“人文性特质”一事，加以思考。若然，则中国思想之由汉末而魏晋，而南北朝，而隋唐，而宋，由儒而道，而释，又由道、释重返于儒，正可得一“往而复返”之诠释。此种说法虽具说服力，然事实是否如此，仍须研究。胡适之后论中国禅宗之发展，曾提出中国新禅学乃中国宗教界一大革命之说。今姑舍其有关禅宗传法史之考证部分不论，[47]其最初建立此宗教“革命”之概念，盖非仅是参考西方论宗教时一种历史变衍之观察角度，在其

---

[45] 说参见《清代学术概论·三》，同前，页七。

[46] 钱先生论佛教于中国所以得发展并建立中国化之宗派之原因，意见与梁氏相近处，可参考《中国思想史·二五、南北朝隋唐之佛学》（学生版，同前，页一四七——一五〇；《全集》版，同前，页一四〇——一四三）一节中所论。

[47] 胡适有关禅宗史之考证曾受有日本曹洞宗学者忽滑谷快天（一八六七——一九三四年）影响，参见江灿腾《胡适禅宗研究的开展与争辩》（收入所著《中国近代佛教思想的争辩与发展》，台北：南天书局，一九九八，页五〇三—五四二）。忽滑谷快天所作《达摩以前中土之禅学》有澹庐译文，刊于《微妙声》第一—四期（收入《现代佛教学术丛刊》第四册《禅宗史实考辨》，同前，页二九—七七）。

前任公《清代学术概论》一书中已主张今后中国佛教之复活，应为一“佛教之宗教改革”，[48]胡氏多少亦受有其影响；故即任公所言历史上“中国的佛教”之特色，推演为一条贯式的设论。钱先生虽于《六祖坛经》之著成一案，不同意于胡氏等人之说，[49]然钱先生论唐代中国佛教之发展，特重任公所指出之华严、天台，与禅宗，且于《中国思想史》一书中著论，谓中国之出现禅宗思想实乃中国思想史上一大转捩，中国出世之念复返于入世，此为重要的一步，此下宋明儒复兴儒学，创造出理学上种种变化，最先的契机即始于此。[50]其说固亦由此而来。

“文化特质”问题系有关历史意义之探讨中，性质最为复杂之一项。设立此一概念用为诠释历史现象所以肇生之原因，本身即充满争议。唯对于危机社会言，此类反省却又常系影响智识阶层价值取向之一重要因素。近现代有关中国社会史与思想史之研究，就其成为一时代之反省言，研究者皆不免须触及于此。然就大规模社会言，究竟应视社会为文化之“机体”，抑应视社会为文化之“载体”，恐亦是必将涉论之问题。就思想之倾向言，以思想史研究为主之学者，较易视社会为文化之机体，或期望社会成为文化之机体。而以社会史研究为主之学者，则较易仅视社会为文化之载体。此两种观点各有其价值。钱先生以宏观所得之形态，作为文化精神呈现自我

---

[48] 说详《清代学术概论·三十三》，同前，页七九。

[49] 钱先生驳胡适之主张神会乃唐代新禅学之建立者，亦即胡氏所称“凡言禅皆本曹溪，其实皆本荷泽”之说，以及相关问题之各文，经收入于东大版《中国学术思想史论丛》第四册者，计有《神会与坛经》《读六祖坛经》《六祖坛经大义》《记坛经与大涅槃经之定慧等学》《评胡适与铃木大拙讨论禅》等，《全集》（第十九册）版则增入《略述有关六祖坛经之真伪问题》《再论关于六祖坛经》二篇。至于胡适之考论禅学各文，可参考柳田圣山编《胡适禅学案》（台北：正中书局，一九七四）。

[50] 说详《中国思想史》一书《二八、慧能以下之禅宗》《二九、宋元明时代》两节，学生版，同前，页一七〇——七一；《全集》版，同前，页一六二——六三。

之方式，自是偏向于前者。在此一点上，凡受有某种“儒学”观念之启示者，不论其观察历史之眼光有宽窄，或其观察历史之识见有深浅，固有其相近处。而就钱先生毕生之理想言，世界史之多元组合，既依文化竞争实然汰存后之深厚者为其构成主体，较论其异同，不唯可以建立历史宏观诠释之基础，此种以特定的形态学为着眼之方法，亦即是透过文化歧异性之研究以达成人性探讨之最佳途径；钱先生观念中设想之“文化学”，概见于前所叙及之《文化学大要》者，盖即以此种研究，为其具体的内涵。凡遗言录中所以精思于中国文化之究竟价值者，亦即起自此一始终未变之观察角度。钱先生于晚岁双目失明后，随思虑所及多所申议，以成《晚学盲言》[51]一种，亦正为同一观点之延伸。

综括以上所叙，民国以来之中国学界，讨论之问题诚多，意见亦极分歧。然有一点至明确，即不论论者之立场为何，皆不能忽视现代学术观念与学术方法所展现之冲击力，[52]中国传统学术体质之调整，必以充分理解此一冲击之意义为方向。民初学界人才萃聚所显示之多方面的可能，正使中国逐渐积累可贵的经验。特此一发展乃一共业的结果，且亦必须就整体合观，个人的努力皆是于此一结果上呈显；钱先生亦系其中重要的一人。所惜者，前期之盛，一挫于中日全面战争，再挫于政治无情的摧抑，遂使学术之传承大受影响。有本已讲明者，转趋暗晦；本已建立者，扫地以尽。钱先生病逝前后，如朱孟实（光潜）（一八九八—一九八六年）、梁漱溟、冯友兰诸人，亦皆以耄耋，相继凋零，而此一世纪亦近尾声。世人总括论

---

[51] 《晚学盲言》（上）（下），台北：东大图书公司，一九八七。《全集》，第四十八—四十九册；同前。

[52] 钱先生晚年对于日后中国之学术发展，学界应秉持何种态度，曾有一列举之讨论，经结集为《现代中国学术论衡》（台北：东大图书公司，一九八四。《全集》，第二十五册；同前）。

之，皆谓中国值此世纪之末正犹如一新生儿，拥有无穷美景在前；然社会经此重创，正不知文化之前景是否亦可如政治改革以来经济状况之乐观。抗战初获胜利，学者竞返平津，钱先生曾择太湖，傍水而居，日雇一小舟，徜徉湖上，随所思以成《湖上闲思录》[53]一小册，且又哀抚时局而发意笺注《庄子》[54]一书，[55]自当时一刻至于今日，忽忽已历半世纪之久，此五十年来，世事诚无人所曾逆料。居后而论前，彼一辈名世学人，不论意见为何，皆系为此土与斯民贡献一生，然最终如钱先生之获全而著述不断者固无几人。钱先生一生于政治、经济问题之外，每强调学术与人才之关系，故极力凸显学术与思想对于历史之重要，而钱先生所处之时代，实亦系历史巨流一缩影，历史已以自身作出一实然的见证；后有知者当有识于此。

---

[53] 《湖上闲思录》，香港：人生出版社，一九六〇，台北：东大图书公司，一九八〇。《全集》第三十九册；同前。

[54] 《庄子纂笺》，香港：自印本，一九五一；台北：自印本，一九六九；台北：东大图书公司，一九八五。《全集》，第六册；同前。

[55] 两书之撰述并始于一九四八年。

附　录*

一　无锡钱宾四先生事略

先生讳穆，江苏无锡人，生于清光绪二十一年，即民国前十七年六月初九日，姓钱氏。其先出五代吴越王镠后，十八世祖始来徙延祥之啸傲泾，为钱氏七房桥之所从出。先生一脉，自伯父辈上溯六世祖，得五代同堂；其祖鞠如公父季臣公，则皆盛年而早逝。季臣公弃世，先生年方十二，上有寡母一兄，下有二弟，家中生计胥赖兄声一先生以教学宗里之所得为养。先生虽聪颖早慧，迈逾侪辈，然以家贫，其就外傅，仅止于常州、钟英两中学而已。故自民元，即为乡里小学师，历十年之久。然先生虽辍学，其平居，每自砥砺，固未尝以此稍挫其志也。

民十一年秋，先生始获中学聘。其所授课，有《论》、《孟》两科，又有国学概论。时报章杂志，方受新思想新风气之鼓舞，竞谈疑古辨伪，先生乃考论孔孟之生卒行事等，并旁及先秦各家学术之流变，欲以求其真。搜讨既远，遂立志草为《先秦诸子系年》一书。唯以持见多与时论违异，为避争扰，仅藏其稿于箧笥，默自改定。后其书偶为顾颉刚所见，遂荐先生于中山、燕京诸大学。先生卒于

* 简体版编者注：原文中一九四九年以后的“民国”纪年，简体版改为公元纪年；个别处加以引号。

民十八年前往燕大任教。时顾氏方主编《燕京学报》，遂刊先生两稿，一论刘向歆父子，一论《老子》成书年代。二文既布，先生之名乃为北方学者所共知。

先生既至燕大，其明年，北京大学亦来聘，遂转北大。其最初所授为上古史、秦汉史与近三百年学术史三课，而近三百年学术史尤受注意。盖当时学界义理考据之争正炽，问题所系，每上涉清人汉宋门户之旧案。其前唯梁启超曾于清华大学开此课，为时所重。今先生重讲，另辟畦径，故亦同受瞩目。其时北大又有通史一课，本由治专史者分授，先生讲史多重通识，后遂委由先生一人独任。先生每登堂，听者恒两三百人，传为一时之盛事。先生于北大任此课，凡四年，后又于西南联合大学续讲两年，卒于民二十八年完成《国史大纲》一名著。

抗战军兴，先生随学校转往西南，除联大外，曾先后任教于武汉、齐鲁、华西、四川各大学。播迁途中，家人皆留置苏州，未以相随。其间唯二十八年曾潜返苏州谒母，侍亲侧者得一年，寻返后方。然辞别亲颜未久，太夫人即病逝。先生以道路阻绝，不克奔丧，唯日夜伤悼而已。民三十四年，抗战胜利，先生以体弱滞留成都华西坝一年，次年始返苏州。未几，国共分裂日显，国事蜩螗，学校亦多风潮，先生乃避地昆明，任教五华书院。三十七年春复返无锡，任教江南大学。江南大学滨太湖，其地多山水清幽之胜，先生抚念时局，日徜徉其间，乃注《庄子》以自遣。三十八年战事益紧，先生遂又只身往广州，旋抵香港。

先生至港未久，大陆即“沦陷”。先生乃思自创一校，以招纳流亡至港青年，勿使失学。此即日后之新亚书院。然初期港地民生多艰困，私人捐献，其事难持续。且学校既立，责任随即加身。先生除校务、课业外，仍须四处奔走，以求纾解学校财务之窘迫。其始则幸赖当时来台之“总统”蒋氏私人之协助，暂得维系；继则又喜有美国雅礼协会、亚洲协会与哈佛燕京社等组织之支持，新亚遂得逐步奠定规模。而新亚之研究所，亦获如愿成立。先生为此尽心者，凡十余年。而新亚之校誉，亦在先生与同仁共同努力下，蒸蒸日上。一九五五年夏，香港大学授先生以名誉博士之荣衔。四十八年美国耶鲁大学亦来邀先生往访，讲学半年，并特赠先生名誉博士之学位。一九六四年，新亚正式纳入新设之中文大学。先生乃于中大创立后半年，辞去新亚院长之职。

先生旅港办学之生涯既竟，乃应马来亚大学聘，前往讲学。返港后，则致力撰写《朱子新学案》一巨著。未久，香港难民潮起，乃决计迁居来台。其所预择地，即外双溪素书楼今址。事为“政府”所悉，乃以其地建宾馆，以礼先生。先生遂于一九六七年来台北，并于翌年七月迁居外双溪。其明年，友人张其昀来邀，先生遂为中国文化学院开设一讲座，授课于素书楼，迄一九八六年夏。先生在台期间，曾于一九六八年获选中央研究院院士；一九八四年获颁行政院文化奖章；并于一九八六年受聘为“总统府”资政，凡四年。

先生之避难至港，子女皆留大陆，未及携出。数年生活乃孑然一身。逮一九五六年一月，继配胡美琦女士来归，先生乃重获家庭温暖。此后在港十二年，在台二十三年，朝夕取给，酬应外交，乃至文稿书记，皆赖夫人掌理。尤以先生晚岁多病，目力日减，犹能著述不辍，斐然可观，更系夫人从旁襄助之功。一九八〇、一九八四两年，先生留滞大陆之三子，拙、行、逊；二女，易、辉，先后获准至港与先生晤面。阔别重逢，亲情如一，绝未因生活之隔阂而疏远，卒使先生以耄耋之龄而无憾恨，凡此亦胥是夫人之体贴周密，有以使然。今先生之子女，唯长子拙，已于一九八〇年一谒亲颜后故去。三子逊长女易，现任教清华大学；次子行次女辉，任教中学。其余婿媳，亦多任教职。有孙四人，孙女两人，外孙三人，外孙女一人。其长者，皆忠信；其弱者，胥孝悌。子孙两代，虽亲接先生慈颜之日无多，然先生之教言无敢忘，先生之音容常在心。先生又有侄，曰伟长，乃声一先生遗孤，视先生犹父，而先生待之若子。其治学有声，其理事有方；与诸堂弟妹亦皆有亲。

先生晚岁居素书楼，非有事足迹不履城市，有来学则不予屏绝。平日所喜，唯在庭院之花木及与宾客之对谈。其所思，则文化历久之积业；其所笔，则毕生坚信之真理。未有弦歌，而弦歌之音常在。乃忽忽焉不知老之既至。综其平生，亦可谓学不厌、诲不倦，久而志弥坚也。

一九九〇年八月三十日，先生以九六之高龄，寿终于其新迁之杭州南路寓所。辞世之日，凡识与不识，知先生之名，慕先生之学，尊仰先生之志节者，闻之莫不哀悼。

一九九〇年九月二十二日弟子戴景贤从众议秉笔谨述

二　钱宾四先生著作目录

《论语文解》，上海：商务印书馆，一九一八。《全集》，第二册，台北：联经出版公司，一九九八。

《论语要略》，上海：商务印书馆，一九二五；台北：商务印书馆，一九六四。亦辑入《四书释义》。《全集》，第二册，同前。

《墨子》，收入《万有文库》第一集，上海：商务印书馆，一九三〇。《全集》，第六册，同前。

《王守仁》，收入《万有文库》第一集，上海：商务印书馆，一九三〇；台北：正中书局再版，更名为《阳明学述要》，一九五五。《全集》，第十册，同前。

《周公》，译自日本林泰辅原著，上海：商务印书馆，一九三一；台北：商务印书馆，一九六七。《全集》，第二十六册，同前。

《国学概论》，上海：商务印书馆，一九三一；台北：商务印书馆，一九五六；台北：商务印书馆，重排本，一九九五。《全集》，第一册，同前。

《惠施公孙龙》，上海：商务印书馆，一九三一。《全集》，第六册，同前。本书现亦收入《民国丛书》第四编第九册，用商务一九三四年版，上海：上海书店，一九九二。

《孟子研究》，上海：商务印书馆，一九三三；上海：开明书店，一九四八。后辑入《四书释义》。本书现亦收入《民国丛书》第四编第四册，用开明本，同前。

《老子辨》，上海：大华书局，一九三五。增篇后辑为《庄老通辨》。

《先秦诸子系年考辨》，上海：商务印书馆，一九三五；收入《民国丛书》第一集，上海：上海书店，一九八九。增订本《先秦诸子系年》，香港：香港大学出版部，一九五六；台北：三民书局，一九七五；台北：东大图书公司，一九八六；《全集》，第五册，同前。

《中国近三百年学术史》，上海：商务印书馆，一九三七；台北：商务印书馆，一九五七；台北：商务印书馆，重排本，一九九五。《全集》，第十六、十七册，同前。

《国史大纲》，上海：商务印书馆，一九四〇；修订本，台北：商务印书馆，一九七四；修订二版，台北：商务印书馆，一九九四；修订三版，台北：商务印书馆，一九九五。《全集》，第二十七、二十八册，同前。

《文化与教育》，重庆：国民出版社，一九四三；台北：东大图书公司，一九七六。《全集》，第四十一册，同前。

《刘向歆父子年谱》，原刊：北京：《燕京学报》第七期，一九三〇；重庆：中国文化服务社，一九四四；台北：商务印书馆，一九八〇。亦收入《两汉经学今古文平议》。

《黄帝》，与姚汉源合著，重庆：胜利出版社，一九四四；台北：胜利出版社，一九七一；台北：东大图书公司，一九七八。《全集》未收。

《政学私言》，重庆：商务印书馆，一九四五；台北：商务印书馆，一九六七。《全集》，第四十册，同前。

《中国文化史导论》，重庆：正中书局，一九四八；台北：正中书局，一九五一；修订本，台北：商务印书馆，一九九三。《全集》，第二十九册，同前。

《中国人之宗教社会及人生观》，香港：自由出版社，一九四九。本书所收各文后辑入《庄老通辨》《人生十论》《灵魂与心》等书。

《庄子纂笺》，香港：自印本，一九五一；台北：自印本，一九六九；台北：东大图书公司，一九八五。《全集》，第六册，同前。

《中国历史精神》，印度尼西亚：雅加达《天声日报》，一九五二；台北：国民出版社，一九五四；香港：自印本，一九六三；台北：自印本，一九六五；台北：东大图书公司，一九七七。《全集》，第二十九册，同前。

《文化学大义》，台北：正中书局，一九五二。《全集》，第三十七册，同前。

《中国历代政治得失》，自印本，一九五二；香港：人生出版社，一九五二；台北：东大图书公司，一九七七。《全集》，第三十一册，同前。

《中国思想史》，台北：中华文化出版事业委员会，一九五二；台北：学生书局，一九七七。《全集》，第二十四册，同前。

《国史新论》，香港：自印本，一九五三；台北：东大图书公司，一九八一。《全集》，第三十册，同前。

《宋明理学概述》，台北：中华文化出版事业委员会，一九五三；台北：学生书局，一九七七。《全集》，第九册，同前。

《四书释义》，台北：中华文化出版事业委员会，一九五三；台北：学生书局，一九七八。《全集》，第二册，同前。

《人生十论》，香港：人生出版社，一九五五；增订本，台北：东大图书公司，一九八二。《全集》，第三十九册，同前。

《中国思想通俗讲话》，台北：国民出版社，一九五五；香港：自印本，一九六二；增订本，台北：东大图书公司，一九九〇。《全集》，第二十四册，同前。

《阳明传习录及大学问节本》，香港：人生出版社，一九五六。后辑入《中国学术思想史论丛》。

《秦汉史》，一九三二年北京大学讲义，香港：自印本，一九五七；台北：东大图书公司，一九八五。《全集》，第二十六册，同前。

《庄老通辨》，香港：新亚研究所，一九五七；增订本，台北：三民书局，一九七一；增订二版，台北：东大图书公司，一九九一。《全集》，第七册，同前。

《学钥》，香港：自印本，一九五八；台北：东大图书公司。《全集》，第二十四册，同前。

《两汉经学今古文平议》，香港：新亚研究所，一九五八；台北：东大图书公司，一九七一。《全集》，第八册，同前。

《湖上闲思录》，香港：人生出版社，一九六〇；台北：东大图书公司，一九八〇。《全集》，第三十九册，同前。

《民族与文化》，香港：自印本，一九六〇；台北：联合出版中心；台北：自印本，一九六九；增订本，台北：东大图书公司，一九八九。《全集》，第三十七册，同前。

《中国历史研究法》，香港：孟子基金会，一九六一；台北：自印本，一九七〇；台北：东大图书公司，一九八八。《全集》，第三十一册，同前。

《史记地名考》，上海：开明书店排样；香港：龙门书店，一九六二。《全集》，第三十四—三十五册，同前。

《中国文学讲演集》，香港：人生出版社，一九六三；台北：自印本，一九六八。后增辑为《中国文学论丛》。

《论语新解》，香港：新亚研究所，一九六三，台北：自印本，一九六五；台北：东大图书公司，一九八八。《全集》，第三册，同前。

《中国文化十讲》，台北：空军总政战部，一九六七。后增辑为《中国文化十二讲》，台北：自印本，一九六八；台北：东大图书公司，一九八五。《全集》，第三十八册，同前。

《中国文化丛谈》(一)(二)，台北：三民书局，一九六九。《全集》，第四十四册，同前。

《史学导言》，台北："中央日报社"，一九七〇。后辑入《中国史学发微》。

《中国文化精神》，台北：自印本，一九七一。《全集》，第三十八册，同前。

《朱子新学案》，台北：自印本，一九七一；台北：三民书局，一九八二。《全集》，第十一—十五册，同前。

《朱子学提纲》(单行本)，台北：自印本，一九七一；台北：东大图书公司，一九八六。亦收入《朱子新学案》第一册。

《中国史学名著》(一)(二)，台北：三民书局，一九七三。《全集》，第三十三册，同前。

《理学六家诗钞》，台北：中华书局，一九七四。《全集》，第四十六册，同前。

《孔子与论语》，台北：联经出版公司，一九七四。《全集》，第四册，同前。

《孔子传》，台北：综合月刊社，一九七五；台北：东大图书公司，一九八七。《全集》，第四册，同前。

《孔子传略·论语新编》，台北：广学社印书馆，一九七五。《全集》未收。

《中国学术通义》，台北：学生书局，一九七五；增订本，台北：学生书局，一九八二。《全集》，第二十五册，同前。

《灵魂与心》，台北：联经出版公司，一九七六。《全集》，第四十六册，同前。

《中国学术思想史论丛》(一)～(八)，台北：东大图书公司，一九七六——一九八〇。增补重编定本，《全集》，第十八—二十三册，同前。

《世界局势与中国文化》，台北："教育部"社教司，一九七七；台北：东大图书公司。《全集》，第四十三册，同前。

《历史与文化论丛》，台北：东大图书公司，一九七九。《全集》，第四十二册，同前。

《双溪独语》，台北：学生书局，一九八一。《全集》，第四十七册，同前。

《古史地理论丛》，台北：东大图书公司，一九八二。《全集》，第三十六册，同前。

《中国文学论丛》，台北：东大图书公司，一九八三。《全集》，第四十五册，同前。

《八十忆双亲、师友杂忆合刊》，台北：东大图书公司，一九八三。《全集》，第五十一册，同前。

《宋代理学三书随札》，台北：东大图书公司，一九八三。《全集》，第十册，同前。

《现代中国学术论衡》，台北：东大图书公司，一九八四。《全集》，第二十五册，同前。

《晚学盲言》（上）（下），台北：东大图书公司，一九八七。《全集》，第四十八—四十九册，同前。

《新亚遗铎》，台北：东大图书公司，一九八九。《全集》，第五十册，同前。

《中国史学发微》，台北：东大图书公司，一九八九。《全集》，第三十二册，同前。

《讲堂遗录》《全集》，第五十二册，同前。

《素书楼余沛》《全集》，第五十三册，同前。

《钱宾四先生全集》，台北：联经出版公司，一九九八；计甲编二十二种二十五册，乙编十二种十一册，丙编二十二种十八册。

此外，未经授权辑印者有：

《历史与时代》，台北：仙人掌出版社，一九七〇。

《中国文化与科学》，台北：进学书局，一九七〇。

《中国通史纲要及参考材料》，北京大学讲义，台北：东升文化事业公司，一九八〇。

冯友兰

沈清松　著

目　录

一、生平与著述

冯友兰，字芝生，一八九五年生于河南省唐河县祁仪镇。其父于前清光绪戊戌（公元一八九八年）年赐同进士出身，曾任崇阳县知县，著有《复斋遗集》七卷；其伯父、叔父亦皆为前清秀才。冯友兰六岁入家塾，先读《三字经》，再读《论》、《孟》，最后读《学》、《庸》。其后，随父亲至武昌，继续读《周易》、《左传》、《礼记》。一九〇七年，随父赴任湖北崇阳县知县，跟随教读师爷读《桐城吴氏古文读本》，闲来翻看乃父签押房中书刊，尤其爱读其中《外交报》，因此略知世界知识和国际情况。

次年，父因脑溢血去世，随其母吴太夫人返回唐河，继续以家教方式学习，读黄宗羲《明夷待访录》。直至一九一一年年初，冯友兰十六岁，考取中州公学中学班，次年转武昌中华学校。是年冬，由河南省选派二十名学生至上海中国公学就读，冯友兰亦被选上，于是转赴上海。在上海中国公学，因为对逻辑感到兴趣，遂萌志要学习哲学。冯友兰在《三松堂自序》中说：

> 我有一门课程是逻辑，所用的课本，是耶芳斯的逻辑要义。先来了一位先生，他公开地把这本书当一本英文读本来教。……后来又换了一位先生。他倒是有意要讲点逻辑，可是他实在不懂什么是逻辑。我当时对逻辑很有兴趣，就自己学习。这本书的后面有很多

练习题，我就自己做练习。有一道题，实在做不下来了，我就去问这位先生。他想了一会儿说，“等下一次告诉你”。可是，他以后就不来了。当时在中国，稍微懂得一点逻辑的人实在是很少有。我学逻辑，虽然仅仅是一个开始，但是这个开始引起了我学哲学的兴趣。我决心以后要学哲学。对于逻辑的兴趣，很自然地使我特别想学西方哲学。

一九一五年下半年，冯氏毕业于中国公学，自上海考上北京大学。原报考法科，入学后转入文科哲学门。此一事件也显示冯友兰所持理想虽然坚定，但在现实上也会趋向妥协。因为他本来就立意要读文科，但是在上海北京大学招考办事处报名时，办事员告诉他，“你还是先报考法科。如果你还是要上文科，由法科改文科，那是没有不准的。如果你现在就报文科，将来你再想改到法科，那就非常困难了，你会后悔莫及的”。冯友兰于是就听了他的话，报考法科，等到九月入学时，再申请改入文科。结果是一样的，但面对不同的意见，他还是做了妥协。

然而，冯友兰虽入了文科，并没有达到原先要学习西洋哲学的目的。因为当时北大哲学系按照章程虽有“中国哲学门”、“西洋哲学门”、“印度哲学门”三个学门，实际上，“印度哲学门”尚未开办，“西洋哲学门”虽定于当年开始，但当时师资只有一位周慕西教授，且不久去世，为此冯氏只好就读“中国哲学门”。在老师中，有章士钊、胡适、梁漱溟……等人。

一九一八年三月，冯氏与黄建中、孙本文、陈钟凡、嵇明等人发起组织北京大学哲学会，以“商榷东西诸家哲学，瀹启新知为宗旨”。会址设在二道桥哲学门研究所内。四日晚七时在理科第七教室出席成立会，讨论哲学会简章，到会二十人。

一九一八年六月底，冯氏毕业于北京大学哲学系。同时，任载坤女士亦毕业于北京女子师范学校，两人一齐返回河南开封，并于当年夏天结婚。自九月起，冯友兰担任河南第一工业学校语文、修身教员。其后并与嵇明、韩席卿等人合办《心声杂志》。

一九一九年六月，冯氏赴北京参加教育部选派留美学生考试的复试，并为留美选校事宜去拜访胡适，胡适告之以“美国的哈佛大学和哥伦比亚大学都是有名的，但是哈佛的哲学是旧的，哥伦比亚大学的哲学是新的”。于是决心赴美国哥伦比亚大学研究院哲学系研究。同年十二月，搭乘中国邮船公司“南京号”海轮由上海出发抵纽约，先从法伯（Farber）先生学习一段时间英文之后，于次年一月二十二日办妥哥伦比亚大学研究院入学手续，开始研究西洋哲学。对于由北大到哥大的心志，他在自述中有所说明：

我觉得在北大的三年收获很大。这三年可以分为两个阶段。在第一个阶段，我开始知道，在八股文、试帖诗和策论之外，还有真正的学问，这就像是进入了一个新天地。在第二个阶段，我开始知道，于那个新天地之外，还有一个更新的天地。……这两个天地是有矛盾的。这是两种文化的矛盾。这个矛盾贯穿于中国历史的近代和现代。……从一九一九年我考上了公费留学，于同年冬到入美国哥伦比亚大学研究院哲学系当研究生。我是带着这个问题去的。也可以说是带着中国的实际去的。当时我想，现在有了继续学哲学的机会，要着重哲学上解决这个问题。这就是我的哲学活动的开始。

于是冯友兰打算在哥大潜心研读西洋哲学，并留意中西比较问题。初抵纽约时，研读英文哲学史关于柏拉图理型（idea）与质料（matter）之说，便觉得其颇似真如与无明，因谓“人之思想，绝对相类”。在一九二〇年二月七、八两日的日记中，冯氏更取西洋哲学史与中国哲学史相互比较，而列表如下：

经院哲学 { 第一期以宗教、哲学为一事………三国六朝
第二期渐攻宗教而唱哲学独立……唐五代宋初 }

近代哲学 { 培根………………………………程朱派
笛卡尔……………………………陆王派 }

近代科学…………………………………………清儒考据

希腊哲学最盛时代………………………………战国哲学最盛时代

怀疑派推翻哲学…………………………………秦皇焚书使世无哲学，
汉儒咬文嚼字使世厌哲学

耶教兴……………………………………………佛道二教兴

以上的比较虽然仍十分表面，但已可以看出冯友兰在此时期所关心的问题，也就是要着重在哲学上解决中西文化的问题。一九二〇年冬，写成"Why China has no Science：an Interpretation of the History and the Consequence of Chinese Philosophy"（《为什么中国没有科学——对中国哲学的历史及其后果的一种解释》），并于一九二一年秋在哥伦比亚大学哲学学会中宣读该文，其后该文刊于芝加哥出版的*International Journal of Ethics*《国际伦理学杂志》三十二卷三期（一九八三年由涂又光译成中文，收入《中国哲学史补》）。该文认为中国哲学有三大学派，道家主张自然，墨家主张人为，儒家主张中道。但墨家失败，人为路线消亡，从此中国思想注重人伦日用，只在内心寻求善与幸福，此即中国没有科学的原因。此文中所提出的思想其后又继续在博士论文中加以发挥。

一九二三年暑期，冯友兰完成其博士论文"The Way of Decrease and Increase with Interpretations and Illustrations from the Philosophies of the East and the West"（《天人损益论》）并通过答辩，随即经加拿大搭船返国。暑期过后，立即担任中州大学教授兼哲学系主任与文科主任（即后来文学院院长）。按哥大规定，博

士论文须正式出版，始能获正式文凭，于是冯氏将博士论文改名“A Comparative Study of Life Ideals”(《人生理想之比较研究》)，于一九二四年冬，由商务印书馆出版，出版后便获哥大哲学博士学位文凭。同年，由刘积学介绍，加入中国国民党，并被选为河南省党部执行委员会候补委员。

一九二五年九月，冯氏见报载教育部将设国立编译馆，为此曾致函胡适，请代为在教育部国立编译馆谋一职，以方便研究，然未果，便转赴广东，一方面应友人陈中凡之邀，一方面亦想看看革命发源地，乃赴任广东大学哲学系教授兼系主任一学期。之后，由于见到广东乱局与香港大罢工，乃离开广东，转赴北京，于一九二六年二月起，担任燕京大学哲学教授兼研究所导师，讲中国哲学史；又兼北大讲师，讲西洋哲学史；并在东单四条五号华语学校讲《庄子》，并译《庄子》内篇以为讲义。其间曾中译《赫拉颉利图斯残句》刊于《文艺》一卷二期，并将“A Comparative Study of Life Ideals”改写为中文版，并加改写之《一种人生观》为最后两章，以《人生哲学》为名，在商务印书馆出版。此后，冯氏亦经常发表各类文章，校阅译稿，其中值得注意的是于一九二七年六月于初创刊之《燕京学报》发表的《中国哲学中之神秘主义》一文。该文认为佛家哲学是神秘主义，但严格说佛学不是中国哲学。中国哲学以道儒两家为主，而两家“皆以神秘底境界为最高境界，以神秘经验为个人修养之最高成就”。

一九二八年八月，国民政府改清华学校为国立清华大学，任命罗家伦为校长。罗邀冯友兰至清华，担任哲学系教授兼校秘书长，直到次年二月，因同时教中国哲学史、知识论、伦理学，授课时数增加，辞校秘书长职，专任教授，并于九月起，担任清华哲学系主任。后来在回忆中，冯氏曾写道：

我在燕京两年多，在讲课这方面，我开始写两卷本《中国哲学史》。……罗家伦聘请杨振声为教务长，我为哲学系教授兼秘书长。……使我满意的是，这是个中国人办的学校，可以作为我的安身立命之地，值得我为之“献身”，所以就待下去，一待就待了二十多年。一直到一九五二年院系调整才被调整到北大。

在这段期间，最重要的就是完成了《中国哲学史》的写作。该书上卷于一九二九年写毕，先分赠师友征求意见，其后，再于一九三一年二月，作为清华大学丛书之一，由上海神州国光社出版。是年英译《庄子内篇》（*Chuang Tzu*）于商务印书馆出版。《中国哲学史》下卷于一九三三年六月写毕。冯氏作《自序》一篇，曰：

此书第一篇出版后，胡适之先生以为书中之主要观点系正统派的。今此书第二篇继续出版，其中之主要观点尤为正统派的。此不待别人之言，吾已自觉之。然吾之观点之为正统派的，乃系用批判的态度以得之者。……此第二篇稿最后校改时，故都正在危急之中。身处其境，乃真知古人铜驼荆棘之语之悲也。值此存亡绝续之交，吾人重思先哲之思想，其感觉当如人疾痛时之见父母也。吾先哲之思想，有不必无错误者，然“为天地立心，为生民立命，为往圣继绝学，为万世开太平”，乃吾一切先哲著书立说之宗旨。无论其派别为何，而其言之字里行间，皆有此精神之弥漫，则善读者可觉而知也。“魂兮归来哀江南”，此书能为巫阳之下招欤？是所望也。

自一九三三年八月起，冯氏休假一年，应邀赴欧讲学，于九月十二日搭意大利邮轮 Conte Verdi 号由上海出发，于十月五日抵意大利，乘火车沿途游庞培、那不勒斯、罗马、佛罗伦萨、威尼斯、米兰等地，于十一月底经巴黎抵伦敦，住于大英博物馆附近。此时乃依据《中国哲学史》写成讲稿十篇，先后往伦敦、剑桥、牛津、利物浦、曼彻斯特、伯明汉、格拉斯哥、爱丁堡等大学讲学，并曾寄讲稿给罗素，罗素复函表示欢迎来英向英人介绍中华文化。此外，并曾拜访维根斯坦，与之漫谈哲学问题。期间，亦曾在大英博物馆读马克思、恩格斯著作，并受其历史唯物论影响。后来他在《〈新理学〉底自我检讨》中表示，“一直到解放前，我一直相信我可以在历史研究方面持唯物论，而在本体论方面不必持唯物论”。

冯友兰在英国讲学完毕，乃离英往游欧洲各大国，又经波兰至苏联，再离苏赴布拉格出席第八届国际哲学会议，在会中发表“Philosophy in Contemporary China”（《哲学在当代中国》）一文，文中表示，“对于中国的与欧洲的哲学观念在作比较和研究，没有任何意图去断定哪个一定正确，哪个一定错误，只不过怀有兴趣要弄清一种观念用另一种观念讲是什么。希望不久以后我们可以看到，欧洲哲学观念得到中国哲学直觉和体验的补充，中国哲学得到逻辑和清晰思想的澄清”。

冯友兰于会后由威尼斯搭意大利海轮返国，于十月上旬回到北平，继续担任清华大学文学院院长及哲学系系主任。约同时，《中国哲学史》上下册由商务印书馆出版，作为大学丛书之一。一九三六年十一月，《中国哲学史补》由商务印书馆出版，其中收到两年来所撰《原儒墨》、《原儒墨补》、《原名法阴阳道德》，冯氏认为“此三篇合而观之，成为一先秦子学诸家起源考，可补拙著《中国哲学史》之不足，并正其错误”。

及抗战军兴，清华校园渐乱。一九三七年九月，清华大学决定南迁，先是与北京大学、南开大学合并为“长沙临时大学”。冯友兰遂南下，度一艰困之战时教学与研究生涯。十月，迁南岳。次年一月，写成《新理学》一书，冯氏在该书自序中表示：

数年来即拟写《新理学》一书，因杂事多未果。去年中日战起，随学校南来，居于南岳，所见胜迹，多与哲学史有关者。怀昔贤之高风，对当世之巨变，心中感发，不能自已。又以山居，除授课外无杂事，每日皆写数千字。积二月余力，遂成此书。数年积思，得有寄托，亦一快也。

四月，由于京沪失守，武汉震动，长沙临时大学乃转迁昆明，改名“西南联合大学”，冯氏在昆明继续修改《新理学》稿，先交蒙自一石印馆石印，分赠师友，并进而开始逐篇撰《新事论》、《新世训》、《新原道》、《新知言》、《新原人》，以上合称《贞元六书》。《新理学》至一九三九年五月始由商务印书馆在长沙正式出版。《新事论》于次年五月由商务印书馆出版。七月，《新世训》由上海开明出版社出版。一九四五年，《新原道》由商务印书馆在重庆出版。次年底，《新知言》、《新原人》由商务印书馆在上海出版。

一九四三年秋，冯氏在蒋梦麟家出席联大国民党党员教授会议，会中公推冯氏起草致函蒋委员长，敦促其及早立宪。信中曰，“睹一叶之飘零，知深秋之将至，……昔清室迟迟不肯实行宪政，以致失去人心，使本党得以成功。前事不远，可为殷鉴”。为此乃敦促实行宪政，以收拾人心。一九四五年初，母丧，与乃弟景兰历万难返乡奔丧，写《祭母文》，文曰，“维人杰之挺生，皆造化之钟灵，但多伤于偏至，鲜能合乎中行。……惟吾母之懿质，集诸德之大成。八十年之人生，信始终之全完。备洪范之五福，宜无憾于人间”。冯氏后来在一九六六年自我检讨的《我的反动历史和社会关系》中表示，上述给蒋委员长的信函与《祭母文》二篇是他的“忠孝大文”。

西南联大时期，冯氏曾多次在重庆为国民党中央训练团演讲“中国固有哲学”。亦曾于一九四五年五月出席国民党第六次全国代表大会。由此可见，直至此时，冯氏政党的隶属还是国民党。

随后战局急转直下，日本于一九四五年九月九日投降，抗战结束，西南联合大学于次年夏天告终，各校迁返北京。一九四六年夏，冯氏于返回北京后，八月上旬在建国东堂为第十一战区政治部主办之学术讲座，演讲《中国哲学与民主政治》，听众千余人。冯在演讲中表示，民主政治的必要条件有四：第一、要有人是人的感觉，人有独立人格，自由意志，彼此平等，不以任何人为工具；第二、对一切事物都有多元论的看法；第三、要有超越感，彼此互忍相让；第四、要有幽默感，凡事成功不易，不成功就“一笑了之”。此外，他并认为孟子说“人皆可为尧舜”、“尧舜与人同尔”，是最平等的思想；儒家不但不反对异，而且主张必须有异。他说，“中国哲学家实在具有此等（以上四种）见解和态度，对于民主政治的实行，的确是相合的”。

一九四六年底，冯氏应邀赴美宾夕法尼亚大学担任客座教授，讲中国哲学史。出国后，国民党北平市党部曾电请冯氏前往登记，但由于冯氏已出国，其夫人并未代为前往登记。次年四月，冯氏获颁普林斯顿大学名誉博士学位。当年秋冬，赴任夏威夷大学客座教授，仍讲中国哲学史。如此一再讲述，自己也觉得成了博物馆里的陈列品了，心里很不是滋味，心想还是要先把自己的国家搞好。于是，在结束夏大讲学后，于一九四八年三月返国，于清华重开讲席。时国共内斗激烈，时局紧张，濒临崩溃，能走者纷纷走避共产党。年底，校长梅贻琦于校务会议之后与冯氏话别。梅氏走后，冯友兰被校务会议推为校务会议临时主席。冯氏后来在自我检讨发言稿《自我揭发·自我批判》中表示，“我之所以在解放时没有走，主要是由于对国民党反动派的失望，并不是由于对共产党的欢迎”。

一九四九年，成立中华人民共和国。冯氏主持校务会议，至当年五月，清华成立校务委员会，冯仍任校委会委员、文学院院长、哲学系主任，冯氏因为被认为思想与共产党不合，乃于八月三十一日以“能力不胜”为由，请辞三项职务，却被告知应好好反省自己的反动言行，直至九月下旬，才以自己曾两次参加国民党，其间言行错误甚多为由，辞去一切兼职，只担任哲学教授，此时冯氏顿然有“无官一身轻”之感。但仍不自知，认为自己的学术地位仍被重视，其实，中共已多次要求其认真检讨过去，改造思想。尔后检讨，冯氏认为自己当时有两点反动思想：

（1）我认为，我是中国人，人民政府是中国政府，我当然服从，但我不是共产党，党与我没有直接关系。

（2）我既然服从人民政府，当然跟台湾断绝关系，但是不骂台湾。“君子绝交，不出恶言。”我认为《礼记》这两句话很有道理。

不过，为了表态，他仍在当年十月五日致函毛泽东，表示过去讲的是封建哲学，帮了国民党的忙，从今以后，决心改造思想，学习马克思主义，准备在五年内用马克思主义的立场、观点、方法，重新写一部《中国哲学史》。

自五〇年代起，冯友兰开始一连串学习马克思主义与自我检讨的历程。先是在北京近郊张仪村、卢沟桥等地参加土改，在土改中学习“共产党办事的办法”，并表示，“对于一般与个别相结合，领导与群众相结合，理论与实践相结合，有了认识与体会，又了解了‘具体的共相’这一哲学名辞，因而开始了解我以前哲学思想的偏差”。之后，又开始检讨《新理学》，认为自己“过去只注重事物中的对立底对立”，但是辩证唯物论则“注重事物中的对立及对立底统一”。一九五二年，参加三反运动，多次检查自己四九年前后思想，承认自己有名位思想，有反共拥蒋思想，但这些检讨均未获通过。为此，曾一度萌生辞职之念，拟自谋生活，闭门读书。同年，进行院系调整，全国哲学系师资皆集中到北京大学。冯氏从此转往北大教书。此后，不但须继续再自我检讨，而且不得不检讨胡适、梁漱溟等人思想。

一九五五年，参加肃反运动，自我检查，认为自己（1）对反革命麻痹大意；(2) 以旧眼光看新事物；(3) 个人英雄主义。以后继续参加肃反运动，对自己的政治问题、思想问题、作风问题皆有所检讨，并交代与其著作英译者卜德、休士的关系。同时其思想也不断遭到同事和其他人的批判。

一九五六年，冯友兰曾申请加入共产党，没有被批准，后来在交心运动时写的材料中曾回忆到，"当时我觉得没有批准也好，作一个群众比较自由些"。在政治上失望之余，仍须继续自我批判。当年五月，《人民日报》刊出《科学研究在北京——冯友兰教授自我批判》。六月份，《北京大学学报》当年份第二期注销冯氏著《过去哲学史底自我批判》。文中认为自己过去的《中国哲学史》中贯穿以封建哲学为形式，以资产阶级为内容的思想，是帝国主义、封建主义联盟从思想上统治人民的最有效工具。文中又认为《中国哲学史》是以不可知论解释历史，表面上持超然态度，实际上同情客观唯心主义和神秘主义，拥护封建社会正统思想——程朱思想。至于《新理学》则错在认为"理在事先"，认为一般可以脱离个别而存在。《新原道》则错在以"极高明而道中庸"为中国哲学史的主流，教人安于现状。在自我检讨中，他认为唯有批判以上这些思想，才能扫清道路，表彰中国哲学史中的唯物论传统，迎接文化高潮的来临。

同期的《北京大学学报》也注销汪子嵩撰《批判冯友兰先生过去的哲学思想》，认为《贞元六书》是"用封建主义哲学的旧瓶装帝国主义哲学的新酒而成的客观唯心主义哲学，……为当时蒋介石的反动统治制造理论根据，……阻碍社会发展的进程"。以上二文一再转载，成为批冯与冯自批的主要文件。

非但冯氏过去的作品遭批，新作亦然。一九五七年初，冯著《中国哲学遗产底继承问题》刊于《光明日报》，该文认为对于中国哲学史中有些命题应区分其抽象意义与具体意义，如过于强调具体意义，则可继承者太少，此乃近年来对古代哲学否定太多之因；如过于强调抽象意义，则可继承者又太多。只有两方面适当照顾，才能对古代哲学有全面了解。此一观点后来被称为“抽象继承法”，并且严加批判。冯氏后来在自序中认为，“把我的主张名为‘抽象继承法’，就是要利用人们对于抽象的这种混乱的见解，以说明我的主张的荒谬和不可能，这也是戴帽子的一种办法。……还有人说，毛主席、共产党提倡的是批判继承，你为什么讲抽象继承？这是标新立异，制造混乱”。

冯氏的旧作与新思不断地受到其同事与学生的检讨和批判，而他自己也须以批判自己的哲学思想作为自我改造工作的第一步。一九五八年五月，北大庆祝六十年校庆，彼时彭真、陈伯达、郭沫若、杨秀峰等人皆到会。陈伯达讲话时指出，“北大的老教授大体上应放下两个包袱，一是西方资本主义没落时期的教育，一是受中国封建意识的影响。而其中冯友兰的包袱‘特别大’”。于是，北大更积极动员师生批冯，指出冯的病根“在于没有向无产阶级缴械”。冯亦于当月二十四日在《光明日报》发表《自我改造必须自我批判》，其中提到，“现在北大哲学系已经计划系统地批判我的著作，我也加入这个战斗”。以后的批判并不止于思想，也针对其政治问题与作风问题进行批判。

在一九五九年继续挨批的气氛中，冯氏出版了《四十年的回顾》。然而，在六〇年北大哲学系中国哲学史教研室所编撰的《冯友兰先生所授中国哲学史一课情况》一文中仍说：

冯是解放前帝国主义反动哲学新实在论在中国的贩卖者，一贯敌视马克思主义。解放后立场不变，一九五六年国际反共潮流嚣张，冯友兰提出抽象继承法与马克思主义和党的领导相抗争，企图使反动的资产阶级哲学复辟。后来在形式上作过一些自我批判，实际上并没有解决问题。一九五九年所写《四十年的回顾》一书，乃是自我批判为名，对自己过去反动哲学思想大加吹嘘和标榜。一九五九年我们决定由冯友兰开办中国哲学史课时，就是想让他发挥一下反面教员的作用。……我们觉得这一年来，冯的反面教员的作用已经起到了，没有必要再让他逐堂讲下去了。……下学期结束之后，不打算再叫冯开哲学史通史课，通史课全部改由党员和青年教员开。

由此可见冯的处境之尴尬与艰难。不过，在如此艰难情况下，冯仍继续不辍地写其《中国哲学史新编》，其第一、二卷在“文革”期间便已由人民出版社出版。“文革”期间，他备受红卫兵抄家、批斗、虐待，甚至发生身患重病，只完成第一步手术，医院便不让住院，而且北大还成立“批冯联络站”，继续加以批斗的惨境。冯在这期间，又写了许多自我批判和交待的材料。其后，冯被利用来批林批孔。“四人帮”猖獗时，冯曾经被江青拉去开会，并为诗为文。其后，一九七六年九月，毛泽东逝世，“四人帮”垮台，又因为这些活动与诗文而被批斗。总之，这段时期是冯氏最身不由己，身心备受折磨的苦日子。虽然如此，冯仍然坚持以“革新前进”、“保守倒退”两条路线为纲，重写《中国哲学史新编》一、二册，并陆续完成尔后各册，共计七卷。

八〇年代以后，随着中共改革开放的脚步放宽，冯友兰才逐渐恢复其在学界之地位。原先批判他的人也转回头尊敬他，可见过去对冯的批判要不是为了表态，就是政治情势中的无奈之举。冯氏历来作品外译甚多，对国际的中国哲学研究与汉学研究颇有影响。在中共改革开放之后，国际学界也敢于回馈冯氏。一九八二年七月，冯应邀参加夏威夷大学举办之国际朱熹学术会议，期间发表英文论文《宋明道学通论》，认为道学家强调“公私之分”、“义利之辨”，这在新的历史条件下，仍然是判断人的行为的最高标准。九月九日，转往纽约，十日，在哥伦比亚大学纪念图书馆圆形大厅接受该校名誉文学博士学位。

此时大陆学界，亦开始恢复对冯的尊敬。一九八三年十二月，北大哲学系庆祝冯友兰从事教学科研六十年，张岱年从事教学科研五十年，在勺园留学生楼举行茶话会。哲学界同事、友人，学生百余人出席，盛况空前，场面温馨。一九九〇年年底，中国文化书院在北京图书馆举办“冯友兰哲学思想国际研讨会”，惜冯氏已无法参加，因其已于十一月二十六日逝世，享年九十五岁。

在冯友兰哲学思想国际研讨会期间，《人民日报》刊载报导“著名学者冯友兰遗体火化”，其中除了报导他的研究、写作与教育的成果以外，更特别表示：

冯友兰始终是一个爱国者。他一生致力于研究和传播中华文化。解放前夕，他毅然从美国归来，主持清华大学的日常工作，辞绝了国民党政府要他赴台的邀请。解放以后，他积极学习马克思主义理论，努力以马列主义为指导重新研究中国哲学史。“文革”中他曾被作为反动学术权威加以不公正的批判，身心受到了很大摧残。粉碎“四人帮”以后，特别是党的十一届三中全会以来，他不顾年迈，用十年时间写成七卷本《中国哲学史新编》，把余生献给了建设有中国特色的社会主义事业。冯友兰生前曾写下一副对联，“阐旧邦以辅新，极高明而道中庸”，上联是自道平生志事，下联是所追求理想境界，充分表达了他的为人为学。

其实，冯友兰挨批、自批，是四九年以后不断发生的事，并不仅限于《人民日报》该文所谓的“文革”期间。不过，在《人民日报》这篇报导中，冯友兰的一切都变成了赞美与尊敬的对象。由于《人民日报》是中共的机关报，这一篇报导或许正表示，冯友兰不但在中共而言已然“平反”，不再是“反动”了，而且更表示，他从此在大陆哲学界获得了屹立不摇的地位。

二、冯友兰的思想概述

整体而言，冯友兰的思想是一种融合中西新旧的方式。一般说来，这也是中国哲学第四时期的一般特征。因为中国哲学的发展，继第一阶段的先秦时期，第二阶段的两汉、魏晋南北朝、隋唐时期，与第三个阶段的宋明哲学时期之后，第四个时期是始于一五八三年，意大利天主教耶稣会士利玛窦（Matteo Ricci）带来西方的科学、哲学与基督宗教，因而对于中国的思想界产生新的挑战。从此以后，整个近代中国哲学思想工作的最重要的课题，就是面对西学的挑战，融合西方的思想。可以说，近代以来中国哲学的根本特性，就是在综合中西哲学，进行融合工作。就此而言，冯友兰的哲学思想也不例外。

1. 冯友兰的中西融合方向

冯友兰的哲学应该定位为融合中西与新旧、普遍与特殊的一种思想上的尝试，而且他这种融合的努力，在一九四九年以前是在融合新实在论与中国名学和宋明理学上，在一九四九年以后大体上是集中在融合马克思主义和中国哲学上面。前者表现于《中国哲学史》、《贞元六书》，尤其是《新理学》，后者则表现于《中国哲学史新编》。

特就融合马克思主义和中国哲学而言，从他在一九八二年九月于哥伦比亚大学获颁名誉文学博士学位之时的致词中可以看出来。冯友兰在该致词中提到他的《中国哲学史新编》所努力的基本精神是在延续《诗经》所谓“周虽旧邦，其命维新”的精神。他认为中国哲学是旧邦的产物，其“新命”则是中国的现代化，尤其在马列主义带领下，设法避免资本主义社会弊端而进行的现代化途径。他认为自己的努力就是一方面保持旧邦的同一性和个性，另外一方面又能够促进新命的实现。他也觉察到有许多人对他的批评，是未能够认清他心中所自认的这一项使命，因而，在获颁名誉学位的致答词中，他有下列一段话指陈心意：

右翼人士赞扬我保持旧邦同一性和个性的努力，而谴责我实现新命的努力；左翼人士欣赏我实现新命的努力，而谴责我保持旧邦同一性和个性的努力。我理解他们的道理，既接受赞扬也接受谴责。赞扬和谴责可以彼此抵消，我按照自己的判断继续前进。

这最后一句话“赞扬和谴责可以彼此抵销，我按照自己的判断继续前进”，显示在一九八二年，冯友兰这一位坚定而顽固的老人对自己的使命的自觉。尤其当时正值中共改革开放之后，对于学术的钳制较不如前，所以有些学者敢于对冯友兰“促进新命”的努力加以谴责，甚或有“新编不如旧编”的评价。然而，基本上冯友兰在《中国哲学史新编》的思想中，已经将马列主义的思想框架内化为自己的思想，再加上他先前一生相伴的中国哲学，他立意要将两者结合，并认为这是提供中国哲学未来的营养，这一种坚定的心情是任谁也难以阻挡的。

不过，冯友兰在《中国哲学史新编》中虽是按照自己的判断前进，而任凭赞扬和谴责彼此抵消，但基本上这个工作仍是一种协调性的工作——也就是协调新与旧、旧邦与新命、中国哲学与马列式现代化的工作。从上文所追溯的冯友兰一生可以看出，虽然他的思想发展经历了多重阶段，但基本上他的思路仍是一个协调新旧与中西的思想，他的思想性格亦是一种协调性的思想。这种协调性的思想，若从他的自传看来，或许受早年北大校长蔡元培的影响甚大。在自传中，冯友兰曾引述程颐为程颢所写的《行状》中之言："纯粹如精玉、温润如良玉，宽而有制，和而不流。……胸怀洞然，彻视无间，测其蕴则浩乎若沧溟之无际；极其德，美言盖不足以形容。”冯友兰并认为这几句话对蔡元培完全适用，绝不是夸张，而冯友兰当时所心仪的就是蔡元培所说的“兼通新旧，融合中西”。换言之，冯友兰本人也是以这种“兼通新旧，融合中西”的协调性理念作为他自己一生中最重要的理想。正如前面所说，“阐旧邦以辅新”是他自许的思想工作，而“极高明而道中庸”则是他所向往的思想境界。

2. 冯友兰思想的分期

然而，这种协调中西与新旧的思想，在其一生的哲学思想中也经历了不同的发展阶段，既不是一成不变，也不是宛如变色龙，一直随环境而变，却是在与环境和思潮的互动中，环绕着“阐旧邦以辅新，极高明而道中庸”的关怀而变化发展。按照冯友兰自己的分法，他曾将自己思想的发展，分为下列四个时期：

第一时期：一九一九—一九二六年，代表作是《人生哲学》。
第二时期：一九二七—一九三五年，代表作是《中国哲学史》。
第三时期：一九三六—一九四八年，代表作是《贞元六书》。
第四时期：一九四九年以后，主要工作是《中国哲学史新编》。

从以上的分析来说，冯友兰思想工作的主要的目的，都是在对中国传统文化和中国哲学进行诠释。然而，他用以诠释的概念框架基本上还是在于融合新旧中西，只是随着时期的变化，这种调和的方式也有所差异罢了。

首先，冯友兰在二〇年代所著《人生哲学》，主要根据是其博士论文所谓的“天人损益论”，其主要的目的是在调和自然与人生，因为冯友兰认为“天道”是属于“损道”，“人道”则是属于“益道”，而其本人所主张的则是“中道”，也就是调和“自然”和“人为”，并且以“人为”辅助“自然”、辅助“天然”之意。

其次，第二个时期的《中国哲学史》，其主要的工作则是在调节西洋哲学与中国哲学。在贺麟所著《五十年来的中国哲学》一书中曾经提到，从二〇年代到四〇年代之中，哲学界出了三部哲学史。其一是胡适之的《中国哲学史大纲》；其二是冯友兰的《中国哲学史》；其三是汤用彤的《汉魏两晋南北朝佛教史》。其中只有胡适之与冯友兰的两部是涉及西洋哲学与中国哲学的相互协调的。然而，胡适之与冯友兰的调和方式又各自有所差异。胡适之主张“全盘西化论”是大家所熟知的。从全盘西化论出发，他进而根据其所主张的功利主义与实用主义的角度，对中国哲学进行诠释。在这一点上，他大不同于冯氏亲润中国哲学又结合西洋逻辑分析的做法。冯友兰和胡适之两人的差异，正如冯友兰所言，可以总结为以下两点：

其一，胡适之主张疑古，而冯友兰主张释古。冯友兰既不主张如传统派那样地“信古”，也不主张如胡适之秉持西方现代思想来对传统进行“怀疑”。冯友兰主张的是秉持新颖而严整的观念，来对传统进行“诠释”。

其二，胡适之为学近于汉学，长于考证、训诂，而较弱于义理。冯友兰则较近于宋学，擅长对义理进行诠释。

综合言之，冯友兰称自己的《中国哲学史》是一种“批判的正统派”，这已经显示出他面对新旧、中西的协调性思想，既要立基于正统，又要对正统进行批判。虽秉承“正统”却不愿落入“信古”之流；虽理性“批判”却不愿落入“疑古”之流。所谓“释古”者，就是以批判的态度诠释传统，也因此，在陈寅恪对冯著的审查报告中，就曾指出：“今一求中国哲学史能矫附会之恶习，而具了解之同情者，则冯君此作庶几近之。”陈氏此文之意，正指出冯友兰既能了解传统，而又能够不因循附会，却能加之以理性批判的态度。

第三个时期，冯友兰所著的《贞元六书》，是指从一九三九年起一系列出版的六本书，其中包括了一九三九年商务印书馆出版的《新理学》，一九四〇年出版的《新事论》与《新世训》，一九四三年出版的《新原人》，一九四四年出版的《新原道》，一九四六年的《新知言》。按照冯友兰的构想，这一系列的书应该是他自己的思想体系的建构。换言之，不再是做哲学史家的工作，只图进行“照着讲”；而是做真正哲学家的工作，在于“接着讲”，即接着前人的思想，发挥自己的体系。出版这些书的年代正值抗战时期，冯友兰以为抗战的困苦乃是中华民族复兴的契机，因此此时所著之书，名之为《贞元六书》。实际上，在冯友兰看来，六部书合起来只是一部书，只是分为六个章节而已，其内容是对中华民族传统精神生活的反省，而其中多少怀藏着他对传统中国文化的眷恋。写作过程当中，让冯友兰津津乐道者，是当抗日之时，他在西南颠沛流离，专心著述《新理学》之时，金岳霖正在撰写《论道》，冯友兰自谓其对金岳霖的影响是在发思古之幽情方面，而金岳霖所论的道，也是因为“道”字而有中国味。由这一点可以看出，在抗战之时、民族文化正遭日本侵略摧残之际，冯友兰著《贞元六书》，其目的亦是放置在调和新旧的角度上，希望从调和新旧、中西之中，开创出中国哲学的新生命。

3.“新理学”的思想体系

《贞元六书》的整个思想体系，冯友兰称之为“新理学”，以明白显示其承接宋明理学一派而赋予新义的抱负。所以，他认为“新理学”一方面是指一九三九年的一部书，但同时也是他整个四〇年代的思想体系，而此一思想体系是以《新理学》一书为其总纲。事实上，他是以“共相和殊相”、“真际和实际”这些西方形上学语词，来重新诠释“理”、“气”、“道体”、“大全”等中国哲学的概念。例如，所谓“理”者，也就是“共相”是也、“真际”是也；至于经验中的个别存在物，则是“殊相”是也、“实际”是也。冯友兰认为，从形上学的体系而言，“理在事先，事在理上”，这是新理学和程朱理学的共同主张；然而，就共相与殊相的正确关系而言，则应是“理在事中”，由此可见冯氏协调性思想思路的发展。而此一“理在事中”的思想，较为专门的在一九四〇年所著的《新事论》中加以发挥。所谓“事”，乃是针对“理”而言，因此，《新事论》可谓“新理学”运用在中西文化问题的讨论上的结果。

在《新事论》中，他认为自己改变了对中西文化问题的看法，主张所谓中西文化的问题并不只是时代的问题，而是一种类型的问题。东西的差别主要是城乡的问题，也就是近代化与否的问题。换言之，东方是乡村的文明，而西方则是城市、近代化的文明，主要差别在于近代化。然而，中国社会与西方社会的差别，在于西方是以社会为本位，中国则是以家为本位；这也就显示了中国的殊相。就此而言，他认为中国走向自由之路，即在于不断追求近代化和工业化，从以家为本位的社会，走向以社会为本位的社会。

冯友兰主张中国应走向以社会为本位的社会，然而，由于其后冯友兰看出，资本主义的近代化仍不是彻底以社会为本位的，也因此在这里已经埋伏下他将马克思主义引入、内化为他自己的思想的机缘，促使他后来认为马克思主义是将人带到真正以社会为本位的思想，是以集体所有制为前提，来进行工业化、近代化的一种努力。这个想法就是尔后《中国哲学史新编》为结合中国哲学与马克思主义，为真正的近代化、为真正走向以社会为本位的工程，倾注以哲学养分的动机之所在。

除此以外，《新知言》也可以说是提出了一套新的哲学方法论，其目的也仍是在协调当时冯友兰所认识的中国哲学与西方哲学，他当时所接受的是维也纳学圈（Vienna circle）的逻辑实证论（logical positivism），以及新实在论（new realism）的思想，其目的则是在重新阐扬中国的形上学。换言之，他的哲学方法就是在透过逻辑实证论和新实在论的逻辑分析观点，来重建中国的形上学，这也是一种妥协性、协调性思想的表达方式。

在《新原人》一书中，冯友兰提出了他的“人生四境界论”，这四层境界是由不自觉自己所为的“自然境界”，提高到主要为自己利益而生活的“功利境界”，再提高到为社会服务的“道德境界”，最高则是成为天民而事天的“天地境界”。

至于《新原道》，也就是将中国传统哲学中的理、气、道体、大全等等概念，加以发挥，借以阐释中国形上学的基本精神。此一基本精神，在冯友兰而言，正是《中庸》所谓："极高明而道中庸"之意。此种折衷"高明"与"中庸"之道，也正显示出冯友兰这种妥协性、协调性的思考方式，致力于协调"高明"与"中庸"、"形上"与"经验"，宁持中道而不愿偏于一边。

在今天看来，冯友兰《贞元六书》的概念体系仍嫌过于简单，冯友兰的长处和短处即在于他自己所谓的"把复杂的问题想成简单"。无论是在今天或是在未来，中国哲人在融合中西与创新的努力有了丰富的体系性成就之后，再来看待冯友兰所谓"接着讲"的体系，或许并不能赋予他太高的评价。话虽如此，观中国哲学数十年来在哲学史上整理的成绩，就中西比较的融合性和体系性而言，竟然还没有一部在分量上超越冯友兰的《中国哲学史》。如果说一再地诠释中国哲学史的工作，即是一种赋予中国哲学以生命的方式，则冯友兰的《中国哲学史》也应该有其不朽的价值。

至于冯友兰晚年完成的《中国哲学史新编》，是在他认定马克思主义能以社会为本位的方式进行中国的现代化的心情下，以"周虽旧邦，其命维新"的担当来写作的。然而，其中也有许多勉强套用、强加框架的情形，恐怕是许多治中国哲学与西洋哲学的学者所难以苟同的。例如：《新编》的写作方式，基本上是以马克思主义阶级斗争与唯物辩证法的架构，对中国哲学史的再整理，在这种预设立场之下，出现了许多不必要的牵强附会。像是冯友兰将魏晋的"门第"视为是"阶级"，而将魏晋人士清谈时的种种作风，视为是阶级斗争的伎俩。他又把裴頠的"崇有论"视为是"正"，而进一步将王弼的"贵无论"视为是"反"，套用正反合的道理来强加分割中国哲学史的材料。诸如此类，不一而足。这种作法不仅台湾的学者觉得不妥，大陆的学者也不尽同意，也因此大陆学者遂有"新编不如旧编"的说法。

不过，在《新编》第七卷中，冯友兰一方面改变过去生搬硬套马列主义与日丹诺夫的阶级分析和唯物与唯心斗争原则来分析中国哲学史，另一方面更回归中华文化与儒家思想。就前者言，他提出毛泽东思想三阶段论，迄一九四九是“科学的”，自一九五〇迄一九五六是“空想的”，自一九六六至一九七六则是“荒谬的”。此外，更提出儒家的“仇必合而解”来克服马列主义的“仇必仇到底”。就后者而言，冯友兰回归到儒家仁的思想与义利之辨，并且改变了过去对于太平天国与曾国藩的评价。冯氏过去曾在马列主义影响下称赞太平天国的革命起义，并批判曾国藩对太平天国的打击，但在《新编》第七卷之中，他批评洪秀全及太平天国的封建主义，批评其学习西方神权政治，违反近代化精神，并称赞曾国藩维护中华文化的义举。基本上，这是建立在冯友兰重新肯定并维护中华文化价值的精神上。

三、结论

对于一个哲学家的评价，必须针对其哲学上的成就，而不是针对其哲学史上的成就。就哲学史而言，两卷本《中国哲学史》是冯友兰前半生的力作，而《中国哲学史新编》七卷本亦为其后半生呕心沥血之作，皆有可观者焉。然而，其本人的思想体系，可以说是完成在其《贞元六书》所展示的“新理学”体系中。此一体系自然也是冯友兰综合中西新旧的结果。

首先，冯友兰“新理学”的建立，是引用逻辑实证论和新实在论来应用在中国名家与程朱哲学的结果。例如：

（1）“理”的概念：冯氏对于“理”的了解，是从西方逻辑的观点，对于程朱“有物必有则”之理的一种诠释。此“理”是西方逻辑所谓的“共相”，较适于诠释名家所谓共名、大共名，而不宜于程朱所谓理。理可就其本身考虑，不必指涉时空中之存在。理属于“真际”，而冯氏对“真”的理解，是指“逻辑之真”，至于“实际”则是经验所对的具体存在物。所以，“真际”之理，多于“实际”之物，而理之全体，则是“太极”。

（2）“气”的概念：冯氏对于“气”的概念，则是用希腊哲学的质料（matter）概念诠释程朱所谓“有理必有气”的结果。气作为物具体化的材料，既不属于理世界，又不属于实际世界，气“完全是一逻辑底概念”。

（3）“道体”的概念：是从“无极而太极”导出，以宇宙为一大化流行、日新又新、变化无已之历程。

（4）“大全”的概念：将一切凡可称为有者，作为一整体而思之，则得西洋哲学所谓“宇宙”，或中国哲学所谓“天地”。如用一名以谓大全，使人见之可起一种情感者，则可用“天”之名。冯氏引向秀之言，“天者何？万物之总名。人者何？天中之一物”。并曰：“天者，万有之总名也。”用“总名”来解大全或天，其中包含了“真际”与“实际”，不能再用较低层次的概念予以言说和思考。因此，“大全”、“天”是不可言说，不可思议的。

从以上看来，冯友兰的新理学是把“理学”的观念转变为“逻辑”的观念，从而改变了“理学”的性质，一方面使“理学”由“内在哲学”变成“超越的哲学”，另一方面亦使理学中本为建立道德与价值本源的努力转成逻辑的论述。而且，冯氏的真也仅止于逻辑的真，也就是以符应为真，而忽视了以开显为真。冯氏此乃受限于逻辑实证论和新实在论的概念框架，而且难免有生搬硬套之嫌。以开显为真，这在当代西洋哲学的现象学和诠释学中受到较为公允的重视。无论是就方法而言，或是就思趣而言，现象学和诠释学都比逻辑实证论和新实在论更接近中国哲学。可惜，冯友兰对逻辑实证论和新实在论以外的当代西洋哲学，认识难免有限，更不知如何妥善选择。

其次，有关冯氏晚年所致力的融合中国哲学与马列主义的努力，随着苏联垮台，马列主义在历史中实践的失败，此一融合工作的世界意义可谓越来越趋薄弱。不过，若不就世局，而仅就两岸关系而论，则仍有相当重要的意义。在两岸文化活动日益频繁的今日，我们重新发现整个中国所面对的文化问题复杂万端，然而，融合中西，接引中华文化与现代化，以便在现代化的脉络中重新创造中华文化，毕竟是未来文化发展的大方向。在这个大方向中，如何重新定位马克思主义？究竟马克思主义有何优良的传统，可以融入中华文化的动力之中？这些仍然是有待评估的问题。我们当然无法把这数十年来马克思主义在中国地区的实践抹成一片空白。

无疑地，将来中华文化的新模样应该保有马克思主义中的一些优良素质，诸如：以劳动为人性的实现、讲求平均分配、无私等等。两岸的文化交流，假定了双方各自解决自己内部的问题，而不将问题抛给对方，就此而言，如果马列主义有哪些可以使中华文化发挥弃劣扬优的作用，进行良性的综合，这也正是大陆学者的工作所在。冯友兰的《中国哲学史新编》虽不成功，但总可视为是一个综合的开端，然而，真正成功的综合，总须建立在双方在更高共相中的融合，进而实现于中华文化具体的动力之中。如何发挥“具体的共相”概念之要谛，恐是今后大陆学者与台湾学者所共同努力的方向。

总之，冯友兰妥协性的性格与协调性的思想，正是他一生的功过所在。他融合中西与新旧、共相与殊相、高明与中庸，都是他的折衷思想的产物；尤其，冯友兰在“文革”时期遭受批斗之下，一再地自我批判与妥协，恐也不只是为了求生存而已，而是在他妥协的性格上有所依据。协调，是一种接引的方式，然而，接引应该形成一种创造性的综合，而不只是停留于妥协而已。冯友兰是做了“接引”的工作了，但这个接引或许也只是一种妥协的结果而已，至于中国人真正的创造性的综合，恐怕还有待于后人继续努力。

参考书目

（一）冯友兰的著作

《一种人生观》，上海，商务，一九二四年，四八页。

《人生哲学》，上海，商务，一九二六年，三四一页。

《中国哲学史》上卷，上海，神州国光社，一九三一年，四五八页。

《中国哲学史》，上海，商务，一九三四年，一〇四一页。

《中国哲学史补》（又名：《生活方法新论》），上海，商务，一九三六年，一七九页。

《中国哲学小史》，上海，商务，一九三三年，九五页。

《新理学》，长沙，商务，一九四二年，三一二页。

《新事论》（又名：《中国自由之路》），上海，商务，一九四四年，二三〇页。

《新世训》，上海，商务，一九四二年，一九八页。

《新原人》，重庆，商务，一九四三年，一四七页。

《新原道》（又名：《中国哲学之精神》），重庆，商务，一九四五年，一二三页。
《新知言》，上海，商务，一九四六年，一〇四页。
《中国哲学问题讨论专辑》，科学出版社，一九五七年，五二六页。
《中国哲学史论文集》，上海，人民，一九五八年，一四四页。
《中国哲学史论文二集》，上海，人民，一九六二年，四七七页。
《南渡集》，收入《资产阶级学术思想批判参考资料》，科学出版社，一九五九年。
《四十年的回顾》，科学出版社，一九五七年，八〇页。
《中国哲学史史料学初稿》，上海，人民，一九六二年，二七四页。
《论孔丘》，上海，人民，一九七五年，一二三页。
《中国哲学史新编》（第一、二册），上海，人民，一九六二年，六〇七页。
《中国哲学史新编》（第一册，一九八〇年修订本），上海，人民，一九八二年，二五一页。
《中国哲学史新编》（第二册，一九八三年修订本），上海，人民，一九八四年，四七四页。
《中国哲学史新编》（第三册，一九八四年修订本），上海，人民，一九八五年，三二八页。
《中国哲学史新编》（第四册），上海，人民，一九八六年，三四〇页。
《中国哲学史新编》（第五册），上海，人民，一九八八年，二九八页。
《中国哲学史新编》（第六册），上海，人民，一九八九年，二〇七页。
《中国哲学史新编》（第七册），已于一九九〇年七月十六日完稿，交由人民出版社出版。

《中国哲学简史》，北京，北京大学出版社，一九八五年，三九五页。
《三松堂学术文集》，北京，北京大学出版社，一九八四年，六五二页。
《三松堂自序》，北京，三联，一九八四年，三七〇页。
《三松堂全集》（第一卷），河南，人民，一九八五年，五八四页。
《三松堂全集》（第二卷），河南，人民，一九八八年，五一五页。
《三松堂全集》（第三卷），河南，人民，一九八九年，五三六页。
《三松堂全集》（第四卷），河南，人民，一九八六年，六九七页。
《三松堂全集》（第五卷），河南，人民，一九八六年，五二七页。
《三松堂全集》（第六卷），河南，人民，一九八九年，五八七页。

（二）其他著作

《冯友兰学术精华录》，北京，北京师范学院出版社，一九八八年，五八六页。
《冯友兰先生纪念文集》，陈岱孙、季羡林、张岱年等著，北京，北京大学出版社，一九九三年，五五七页。
《冯友兰先生百年诞辰纪念文集》，冯钟璞、蔡仲德编，北京，清华大学出版社，一九九五年，五〇一页。

方东美

沈清松　著

目　录

一、生平与著述

方东美，名珣，字东美，以字行，安徽桐城人，生于一八九九年二月九日，系国学世家方苞第十六世嫡孙。自幼天赋聪慧，秉承家学，浸润诗礼，博览群经，记诵过人，试笔成文，奠定尔后国学之深厚基础。一九一三年秋，考入桐城中学，四年后毕业。同学中有朱光潜，字孟实，后亦成为有名之哲学家、美学家，与方东美交谊极深。

一九一七年夏，方东美考入金陵大学预科第一部，一年后升读文科哲学系，于十年夏毕业。在学时，曾任学生自治会会长，金陵大学学报《金陵光》总编辑，与学生社团“中国哲学会”主席。一九一八年，美国哲学家杜威（John Deway）来华，次年南下到南京金陵大学讲学，由方东美代表用英语向杜威致欢迎词。方东美的第一位上古西洋哲学史教师，就是杜威先生。一九二〇年六月，方东美译成 D. L. Murray 所著《实验主义》一书，署名“方东英”，由中华书局出版。该书为方东美以书的形式出版的唯一译作。

一九一八年，方东美于就读金陵大学期间，正值“少年中国学会”筹设于北京，由于王光祈、陈愚生两人南下邀集，与左舜生、黄仲苏、方东美、赵叔愚等人筹组“少年中国学会”南京分会。一九一九年七月一日，“少年中国学会”于五四运动高潮中正式成立，以“本科学的精神，为社会的活动，以创造少年中国”为学会宗旨，并标举“奋斗、实践、坚忍、俭朴”四项，为同人遵循之信条。方东美积极参与少中南京分会，并为五四运动南方领导策划人之一。“少年中国学会”出版《少年中国月刊》，由北京总会编辑出版。另创《少年世界月刊》，由南京分会编辑出版，由方东美担任总编辑。其后《少年中国》移沪，托左舜生主编发行，方东美亦担任编辑之一，直至负笈赴美为止。

方东美此一时期在《少年中国月刊》发表之文章，计有《博格森生之哲学》（一卷七期）、《唯实主义的生之哲学》（一卷十一期）、《詹姆士底宗教哲学》（二卷十一期）等三篇；在《少年世界月刊》则发表《美国群学会的年会》、《国际间两大学术团体》二篇创作，以及《一九一九年之俄罗斯》、《罗素眼中苏维埃之俄罗斯》二篇译文。由以上创作与译文可见方东美自学生时代即关怀世局，而且也透露他在哲学上对生命哲学情有独钟。

一九二一年，方东美自金大毕业，获学校推荐赴美深造。八月十二日，自上海搭乘“中国号”轮船赴美，同船有九十二名学生，清华官费生薛祖康、蒲薛凤、段茂澜、吴国桢等人，其他有金大郑厚怀、北大顾翊群等私费生，一起横渡太平洋，经檀香山，到美国留学。抵美后，方东美就读于威斯康辛大学，期间研习法文、德文，能以原文研读詹姆士、罗素、康德、黑格尔、歌德、尼采、博格森等诸家，并撰成《博格森生命哲学之评述》（A Critical Exposition of the Bergsonian Philosophy of Life）论文，获得硕士学位。该论文深受该校名教授麦奇威教授（Prof. Evander B. McGilvary）赞赏，并到处传观，直称美国研究生写不出同样水平的论文。方东美在留学威大期间，曾一度转赴俄亥俄大学，从黑格尔专家蓝赛教授研学黑格尔一年，之后又返回威大，直至一九二四年夏，以论文《英国与美国唯实主义的比较研究》（A Comparative Study of British and American Realism）通过博士学位考试，唯以阮囊羞涩，且国内友人与家人催促甚急，乃匆匆束装返国，因而未及按照规定，将论文正式出版，以致未取得正式博士证书。

返国后，先是担任武昌高师（武汉大学前身）哲学教授，次年转任南京东南大学，其后该校改名“国立中央大学”。一九二八年，方东美与高芙初女士结婚。自民国十八年起，担任中央大学哲学教授。一九三一年，发表《生命情调与美感》一文，刊于国立中央大学《文艺丛刊》第一卷第一期。一九三七年元月二十四日，于中国哲学会第三届年会中宣读《哲学三慧》一文。《科学哲学与人生》一书亦出版。

方东美所谓“哲学三慧”，分别指称古希腊、近代欧洲与中国三种哲学智慧类型，乃三种体现于全民族文化精神之“共命慧”，非指个别哲学家之“自证慧”。就共命慧言，方氏认为希腊人以实智照理，起“如实慧”。如实慧演为“契理文化”，其要在援理证真。欧洲人以方便应机，生“方便慧”，形之于业力，又称方便巧。方便巧演为“尚能文化”，其要在驰情入幻。中国人以妙性知化，依如实慧，运方便巧，起“平等慧”。平等慧演为“妙性文化”，其要在挈幻归真。就体、相、用三层而言，方氏认为“中国慧体为一种充量和谐、交响和谐；慧相为尔我相待，彼是相因，两极相应，内外相孚。慧用为创建各种同情交感之中道”。

一九三七年，日阀侵华益急，全民抗战即将发动，方东美应教育部之邀请，于该年四月间，透过中央广播电台，分八次向全国青年宣讲《中国先哲的人生哲学》。及抗战前夕，方东美应邀赴庐山会议，会中即席发言，力陈民族精神与文化命脉之重要，慷慨陈辞，声泪俱下，与会者自蒋委员长以下，莫不动容。抗战爆发之后，南方吃紧，随政府迁往陪都重庆，任沙坪坝中央大学哲学系教授兼系主任及哲学研究所所长。

一九四八年，方东美衔命转赴台湾，接掌台湾大学哲学系，任该系教授兼系主任。由于历经国难，关怀国运之心益切，到了台湾之后，学思逐渐转往中国哲学，但仍对其西洋哲学研究心得作一总结。其机缘为应蒋中正总统之邀请，讲演批判共产党唯物辩证法，其后整理为一篇七万字之长文，题为《黑格尔哲学之当前难题与历史背景》，收入一九五六年出版之《黑格尔论文集》。该文畅述黑格尔哲学与康德、菲希特、莱布尼兹之义理关联，并追溯至柏拉图、亚里士多德的哲学，其目的在构想一有机与整体的宇宙层级图像，区分各种差别境界，并定其相互关系，借以形成一广大和谐的宇宙观。文末缀以歌德分述宇宙和谐与自我毁灭的两段诗歌，最后结语为，“关于宇宙的未来和人生的命运，前面安排着两种路向，一是和谐创造的坦途，一是矛盾毁灭的邪径”。由此可见，方东美此时已逐渐形成其所谓“广大和谐”（comprehensive harmony）的思想意趣，而《黑格尔哲学之当前难题与历史背景》一文之作，正显示此一思想在西洋哲学方面之依据。

方东美由于在重庆沙坪坝期间，尝与来访的印度哲学大哲拉达克里思南（S. Radahkrishnan）对谈，言及若不满意西方对中国哲学的著作或翻译，何不自己用英文撰写，方氏受此鼓励，此后乃致力于用英文撰述，向国际学界阐扬中国哲学精义。来台稍为安定之后，乃致力撰写《中国人生哲学》（*Chinese View of Life*）英文本的写作，并于一九五七年出版于香港之 The Union Press。方氏在该书中正式提出“广大和谐”（comprehensive harmony）的观念，以之为中国哲学智慧之根本意趣，并分论中国哲学的宇宙论、人性论、生命精神、道德观念、艺术理想，最后以政治思想作为总结。脱稿后，并缀以短律，以抒其志：

殊语传深意，终然是夏声。八纮中一指，万类趋仝生。大德新新运，危心局局平。艰难存懿迹，激浊为扬清。

从此之后，方东美开始一连串的国际学术活动。一九五九年出国讲学，任美国南达科达州立大学及密苏里大学客座教授。一九六四年出席夏威夷举行之第四届东西哲学家会议，发表《中国形上学中之宇宙与个人》（The World and the Individual in Chinese Metaphysics）英文稿，畅论儒释道三家形上学中之宇宙与个人，并以下列一段话作为结论：

从中国哲学家之眼光看来，现实世界之发展致乎究极本体境界，必须超越一切相对性相差别，其全体大用始充分彰显。从严格义之哲学眼光看来，现实世界应当点化之，成为理想形态，纳于至善完美之最高价值统会。中国人恒向往此价值化、理想化之世界：诸如象征精神自由空灵超脱之艺术境界；巍然崇高之道德境界；妙造重玄之形上境界；以及虔敬肃穆之宗教境界。任何生活领域，其境界造诣不及于此者，即沦于痛苦忧戚之域，令人黯然神丧，生趣索然。此儒家之所以向往天道生生不已，创进不息之乾元精神，以缔造一广大和谐之道德宇宙秩序者也。此道家之所以宗尚重玄，一心怀抱“无”之理想，以超脱“有”界万物之相对性者也。此中国佛家之所以悲智双运，勇猛精进，锲而不舍，内参佛性，修菩提道，证一乘果者也。

该文获大会一致称赞，被誉为“通篇具权威性”（authoritative throughout）。于研讨会时，并曾旁征博引中西哲学，雄辩英国代表芬德雷教授（Prof. Findlay），获全场掌声。会后许多西方学者排队和他握手，表示钦佩。大会发起人摩尔（Charles Moore）说，“如今方知谁真正是中国最伟大的哲学家”。日本代表铃木大拙亦谓，“本届东西哲学会议所有发表的论文中，当以方先生大作冠绝一时，允称绝步，不愧精心结构的压卷之作”。

会后，方东美赴任美国密西根大学客座教授两年，主讲“柏拉图与苏格拉底”、“东西比较哲学”等研究所课程。至一九六六年离去时，该校校长隆重设宴饯行，邀全校教授作陪观礼，赠以“最杰出客座教授”荣衔。彼时，虽有纽约州立大学水牛城校区哲学系系主任李璧教授（Prof. Riepe）礼聘先生赴该校讲学，先生固辞，翩然东归，再返台大讲学。自此，因有感于西方人士对中国哲学之隔阂，与乎国人之不重视、不发挥中国哲学智慧，乃尽辞西洋哲学课程，开始讲授“中国哲学之精神及其发展”，至一九七三年从台大退休止，积有录音带百余卷，成为后来整理方氏全集的重要参考资料之一。

方东美自迁居台湾至去世的下半生，均潜心致力于研究、写作与培育学生，间或亦从事国际学术活动。一九六九年，出席第五届夏威夷东西哲学家会议，发表《从宗教、哲学与哲学人性论看“人的疏离”》论文。在该文中，方先生指出“人的疏离”实为西方人的发明，是立基于二元论之思考，然而中国哲学采机体主义，对人、神与世界能达至旁通统贯的理解，才是克服疏离之道。方东美在该文中指出，人藉宗教可发展三方面的关系：与神明“内在融通”的关系，与人类“互爱互助”的关系，与世界“参赞化育”的关系。最值得注意的，是方东美在该文中提出一个旁通和谐的人与世界关系图像，区分人与世界之种种差别境界，最后会通于深微奥妙的无差别境界。这一图像可谓方东美思想体系之最后定论，然在该文中限于篇幅，仅先行提出，未及详论。

一九七二年，方东美再赴夏威夷，参加阳明五百周年纪念会议，发表《从历史透视看阳明哲学精义》英文稿。该文以王阳明哲学印证其所谓机体主义之说，认为“机体主义旨在融贯万有，囊括一切，举凡有关实有、存在、生命、价值之丰富与充实，相与浃而俱化，悉统摄于一本质上彼是相因、交融互摄、价值交流之广大和谐系统，而一以贯之”。并认为，王阳明体现机体主义之方式，是将陆象山之“超越理想性原理”转化为“内在理想性原理”，并据此引申出“二元相对性统一原理”，将诸种对反概念一以贯之，于是乎确立“心外无事，即存在即价值”、“心即理，心外无理”、“知行合一”、“心即性，性即天”诸哲学洞见，而总归于“唯心一元论”。方氏认为，新儒学始于理学，演为性学，集成于心学，而王阳明心学之精义，即在体认到：“良知之明觉精察处，即是天理流行。此心澈上澈下，弥贯天地，周流六虚，广大悉备，无所不赅，而虚灵不昧，笃实光辉，含光与热，和熙如朝阳。”

一九七三年，方东美应邀在举行于台北之“世界诗人大会”中致辞，发表《诗与生命》一文。文中援引司空图《诗品》劲健、雄浑、流动入高古三首，代表儒、道、大乘佛学三家思想为生命礼赞的合鸣，并认为诗正是借着创造的幻想，发为灿溢的美感，以表现人生。又认为健全之哲学精神、优美的诗歌艺术、崇高的宗教情操，三者互彻交融；且诗之功能就在于做人生之大梦，唯有诗人本身能无分畛域国别，做其最美的人生之梦。

同年六月，方氏自台湾大学哲学系退休，在六月八日晚欢送茶会，也是庆祝方东美讲学五十周年的茶会上，在师生环绕之中，手持蜡烛，分传与会中外学生，并即席发表《传灯微言》，拈取人人手上烛光相照之事象，畅言华严光体互摄之妙理，兼于爱国保种之义，并表明自己的后嗣并未继承学术衣钵，盼学生们今后能热诚贯注于学术研究，成为其学术后裔。

退休后，任辅仁大学哲学研究所讲座教授，继续讲授中国哲学。从一九七三年九月至一九七六年生病无法上课止，共讲授“原始儒家与原始道家”、“中国大乘佛学”、“华严宗哲学”、“宋明清哲学”等课程。授课内容皆在其逝世后，由其学生根据录音整理出书，纳入全集。当年十一月二日晚，在台北耕莘文教院以《中国哲学对未来世界的影响》为题，发表学术演讲，详细阐明其机体主义的人与世界关系蓝图，指出人应由自然层次上抵形上层次，而世界则由自然层次上抵超越层次，两相关联而形成逐层上升之物质世界、生命世界、心灵世界、艺术世界、道德境界、宗教境界，直至言语道断、无差别境之终极真实。由下层向上提升之运动称为“上回向”，而由上层往下贯注力量之运动，称之为“下回向”。方东美认为在此一立体宇宙图像中，可以成就人类的生命价值，进而逐步提升人类的生活与文化，发挥中国人本有的哲学智慧，再造泱泱大度的文化大国。

方东美于一九七六年完成其《中国哲学之精神及其发展》（Chinese Philosophy：Its Spirit and Its Development）巨著英文稿。为了赴美洽商出版事宜，先在医院作身体检查，发现患有肺癌，乃住院医疗，病中，尝拟诗表其心迹，兹略录两首如下：

病中示问疾者并谢亲友盛意　　方东美

众生未病吾斯病
我病众生病亦痊
病病惟因真不病
重玄妙法洽自然

又，方东美临死之前最后短作如下：

梦登独秀峰
独尊分与群山峻
八面清风脚底来

问人间千万士
可曾作意与余偕

由上面诗作可以体会方东美效法文殊菩萨为众生而病的精神，也可体会到他怀有“群峰竞秀”的宽大胸襟，以及其最后达至的自由解脱境界。不过，由于罹患绝症，身形日愈消瘦，终至不治。一九七七年七月十三日，病逝于台北邮政医院，享年七十九岁。

逝世后，其英文本《中国哲学之精神及其发展》（*Chinese Philosophy*：*Its Spirit and Its Development*），及名为《人与自然中的生生之德》（*Creativity in Man and Nature*）的英文论文集二书，由台北联经出版社出版。其中文论文集《生生之德》，演讲集《方东美演讲集》，与诗集《坚白精舍诗集》则由黎明文化公司出版。其在辅仁大学讲课内容，皆在其逝世后，由其学生根据录音整理出书，纳入全集，计有《原始儒家道家哲学》、《中国大乘佛学》、《华严宗哲学》、《新儒家哲学十八讲》等书，其中《新儒家哲学十八讲》原为“宋明清哲学”课程部分内容，由于方氏生病中辍，未及授毕，仅讲授至张横渠，为此在整理后，暂以《新儒家哲学十八讲》为名出版。

二、方东美哲学在当代中国哲学中之定位

1. 中国哲学之分期与当代中国哲学之特色

欲在当代哲学中定位方东美的哲学，须先确立当代中国哲学之特色。然而，欲明当代中国哲学之特色，须取与整体中国哲学相较，以确立其关系与特点。众所周知，中国哲学有其长远的传统，以下首先要略陈中国哲学的分期，以便明白当代中国哲学与整个传统哲学之间的关系，如此方可确认其特色。一般而言，中国哲学的发展可以区分为四个时期：

第一阶段是先秦时期，从商、周远古的思想，一直发展到先秦诸子的兴起，其中有儒、道、名、法、墨等等各家各派的思想，蓬勃发展，可说是中国哲学的黄金时代，在精神上大致可以呼应当代德国哲学家雅斯培（K. Jaspers）等人所谓的“轴心时期”。这个时期的思想奠定了中国人尔后对于人性的尊严、价值观以及对人与自然关系的基本看法。

第二阶段是从两汉、魏晋南北朝一直到隋唐。在这时期，儒家与道家继续发展，不过大体上没有重大的创新。真正说来，这个时期由于印度佛学的传入，出现新的思想因素，中国思想家开始致力融合佛学的体系，产生了所谓中国大乘佛学，如三论宗、华严宗、

唯识宗、天台宗、禅宗等派别。这个时期可说是本土的思想衰微，但中国人在原有的本土思想基础上响应外来思想的挑战，并在此响应的过程中自我振兴，因此形成中国大乘佛学思想的各种体系。

第三个阶段是宋明哲学的时期。这时期所形成的哲学思想大体上分为理学、性学与心学，主要是以儒家的思想为本，进一步融合佛家与道家。所以这个时期是中国思想本身再进一步不断融合的过程，称为“新儒学”时期。新儒学的思想家知道为学艰难，为了维护中国哲学本身的思想，而面对其他因素的挑战，进行融合。

第四个时期始于一五八三年，意大利天主教耶稣会士利玛窦（Matteo Ricci）带来西方的科学、哲学与基督宗教，对于中国的思想界产生新的挑战。从此以后，整个近代中国哲学思想工作的最重要的课题，就是面对西方思想的挑战，融合西方的思想。可以说，近代以来中国哲学的根本特性，就是在综合中西哲学，进行融合工作。

当代中国哲学在台湾的发展，大体上是上述第四时期问题的赓续与发展，面对西方的挑战，并加以调和；就如同当初第二时期中国哲学面对佛学的挑战一样。

不过，在现实脉络上，在一九四九年之前，国民政府忙于北伐、剿共、抗战，而自一九四九年迁台以来，“国民政府” * 为了致力于国家建设，较为崇尚经建方面的发展，加上社会风气崇尚功利与实效，整体说来，“政府”在教育政策与科学政策上对于哲学并未加以重视。虽然哲学是人文社会科学之根本，然而“国家”发展与社会风气皆未能注意及此，使得哲学界一直是在艰难中发展。值得注意的是，近五十年来，台湾地区的哲学研究已经产生某种程度的中西融合体系，不再像过去，只有介绍西洋哲学和整理古代哲学而无独创

* 简体版编者注：一九四九年以后“国民政府”加以引号。

的哲学之感叹，像方东美、唐君毅、牟宗三、罗光各位先生都是在一九四九年以后迄今四十余年的时期之内才完成其所致力的中西融合的哲学体系。

近五十年来，在台湾的学术界中，以哲学界最具有融合中西的自觉和努力。至于自然科学或工程科学，无论是在理论、工程、技术各方面，都是在西方近现代科技典范的影响之下从事研究，输入西方科技，追赶西方科技。至于各社会科学学门也无不大量的输入愈来愈多西方的理论和技术。其中政治学、法学一方面致力于引进西方的理论和方法，另一方面由于涉及本国合法性传统的问题，也因而有中西并陈的态势，可是都未能有自觉的从事中西的融合。大体上，无论自然科学或社会科学，在当前的情况皆是崇尚实证研究，此种实证的风气可以追溯到乾嘉学风、自强运动、五四运动以来一般西化历程的加深以及学术实证化的过程。在实证研究的方法当中，所谓中国本土的自觉，不但越趋稀薄，甚至受到嘲弄。近几年来，在社会科学领域当中，虽然也产生“社会科学中国化”的议论，但皆属于刚起步的阶段，而且不同的议论杂陈，接受的程度也不一样。有以将西方的研究方法应用于本土的实证研究者；有以本土的研究议题，例如：缘分、人情等作为研究题材而称为中国化者；有主张在方法和研究题材甚至理论皆应中国化者。总之，议论纷纷，未有定论。如果从有自觉地融合中西而言，哲学学门在目前的成绩，可说是率台湾学界之先。

近五十年来台湾的哲学界已经发展出几种融合中国哲学与西洋哲学的体系。融合中西哲学可以说是当代中国哲学的主调，而且在台湾的哲学界也已经形成一些综合性的哲学体系，可说是目前哲学在台湾最重要的研究成果，其意义相当深远。

基本上，可以将它们归纳为三个融合中西哲学的方向：

第一、机体主义或兼综的融合导向。所谓“兼综”的意思是指它在融合对象的方面，在西洋的部分，不计较它是西洋上古哲学、中古哲学、近代哲学或当代哲学；而在中国的部分，也不偏待儒家、道家或是佛家，甚至印度哲学的精义，只要能够对于实在界，或对人性有宏大完备的了解，换言之，只要能够发挥形上学和人性论的精义，都拿来加以综合。此一综合的导向，是以方东美先生为代表，而方东美自称其哲学隶属于机体主义传统，然最喜称其自己的哲学为一“生生哲学”。

第二、当代新儒家的融合导向。新儒学在当代继续发展，主要是针对清代的学风和不断西化的趋势，重振新儒学，是继续宋明新儒学，特别是陆王心学的发展，重视其中的心性之学，奠立人的典范，挺立人的主体性，尤其要在马列主义或西方科技的影响之下，重立中国人的主体性。在西洋哲学方面，则致力融合近代的德国观念论，如康德哲学、费希特与黑格尔的哲学，主要强调人的主体性的先验结构与发展动力，期能为现代化的科学与民主奠基。这方面的融合导向以唐君毅与牟宗三为代表。

第三、中国士林哲学的融合导向。继承利玛窦及中国士人如徐光启、李之藻等人在综合士林哲学与中国哲学方面所做的努力，在中国哲学方面较重视先秦儒家，西洋哲学则较重视从亚里士多德、多玛斯以降之士林哲学传统，并旁及当代新士林哲学以及其他当代哲学思潮。这个导向以罗光、吴经熊等人为代表。

至于乾嘉以来，借西方数学、逻辑与科学方法，治中国古籍的融合方式，一方面由于过分烦琐，仅能作为治哲学史之预备，无法产生哲学体系；另一方面由于其后历经洋务、五四诸运动，越显洋化，转为自然科学与社会科学的实证性研究。在台湾四十余年来，此路在哲学上之发展，仅为逻辑实证论与语言分析之引介与研究，鲜少涉及中国哲学，更谈不上产生融合性之体系。

2. 方东美机体主义融合导向之旨趣

机体主义的融合导向以方东美为代表。自利玛窦输入西学，四百年来，精通英、法、德文，并略识希腊、拉丁、梵文，属文芳菲典雅，一身兼哲学家与诗人，能以无偏无颇的态度综合中西印哲学优长，创发一以形上学和人性论为骨干之融合体系者，以方东美成就为最高。方东美自幼熏习桐城文风，一生研究中西哲学，其所树立的融合体系，堪为后学典范。

在中国哲学方面，方东美曾从形上学的进路，重构中国哲学的精神及其历史发展，以英文著述《中国哲学之精神及其发展》，赅综儒家、道家、中华各宗大乘佛学，及三派新儒家之哲学体系。方东美逝世后，其弟子又整理其在辅仁大学的授课录音，并参考台湾大学时期录音，出版《原始儒家道家哲学》、《中国大乘佛学》、《华严宗哲学》、《新儒家哲学十八讲》等授课录，发挥中国哲学的“既超越又内在”、“即超越即内在”的形上学，贯通存在与价值、天道与人性。他将整体中国哲学，统宗会元于三个基点：

（1）宇宙与人生是旁通统贯的广大和谐体系，因而万有的本体、存在、生命、价值皆可获得统一相融，自在无碍。

（2）天人合德的高妙理想，既肯定天道生生之德充塞宇宙，生发万物，同时亦强调人性的内在价值，翕含辟弘，提升发扬，将可妙与宇宙秩序合德无间。

（3）以价值为中心的本体论与人生论，使得人人可凭借先天善性与优美懿德，充量尽类，发展成为大人、贤圣，乃至神人。

由此可见，方东美所谓中国的形上学实包含存有学、宇宙论、人性论与价值论四大部分，并以此四者的系统性与统一性来整理、贯通整体的中国哲学。这可以说是方东美在一九六六年以后至一九七七年之间所致力完成的体系。

至于西洋哲学方面，方东美自初习哲学以来，致力甚深，尝自古希腊至黑格尔止，剖其哲理脉络，明其历史发展，揭其文化意趣，又以流畅雅美之文字，一一予以点化，著有《科学哲学与人生》、《哲学三慧》、《生命情调与美感》、《黑格尔哲学之当前难题与历史背景》等专书与论文。在清晰的概念间架中，实之以诗艺睿见，处处流露中国哲人风范。其所以能精通西洋哲学，复能返本归源，实非偶然。对于西洋当代哲学，方氏早期研究博格森（H. Bergson）的生命哲学与英美的新实在论，皆著有论文，又尝译述实用主义。对西洋诸哲学大家皆能以原文研读，可见他在一九四九年以前对廿世纪上半叶的西洋哲学认识甚深，非一般土法揣摩者可比拟一二。晚年方氏较喜怀德海的历程哲学，并常论及现象学、逻辑实证论、存在主义、分析哲学，言及海德格、维根斯坦、雅士培、德日进等人的思想，并一一以中国哲学中相关的思想予以比较和批评。唯有晚近发展的结构主义、诠释学、批判理论、解构主义、后现代主义……等思潮，未被方先生涉猎，亦未纳入综合。

方东美对印度哲学亦深有研究，每每讲述中国大乘佛学之前，必先穷流溯源于印度佛学。他对印度哲学有一精要之总结，称为一源（吠陀）、一支（耆那）、二本（梵书与奥义书）、三流（本事诗篇、前后期佛学、婆罗门传统）、六派（数论、瑜伽、胜论、正理与前后弥曼差），方氏此说颇能厘清源流，妥善归类。

方东美成名甚早。全增嘏在一九三七年出版的《十年来的中国哲学界》一文中尝说："……讲到色彩的鲜明，则推方东美最能予人以烟士披里纯。* 桑他耶那说：'一个哲学家在他最美满的时候，就是一个诗人。'我们一读方东美的《哲学科学与人生》，便觉得这

* 简体版编者注：英文 inspiration，"灵感"之意。

话真实不虚。”

话虽如此，方东美大部分融合中西的工作皆是在来台之后完成的。其所著《中国哲学之精神及其发展》以及据此演义之诸授课录，可谓在融合中西的线索下重构中国哲学史之作。《生生之德》一书所含诸篇主要论文，则大略勾勒出一个兼综统贯的哲学体系。吾人可以下列数点综述方式的融合导向如下：

方东美的哲学体系，是以美感经验为其源起，并以之为融合中西之主要线索。一部廿二子，方东美只圈点《庄子·知北游》“原天地之美而达万物之理”一语。由此可见，美感经验是其思想主要格调。尤其是方氏文字之美，典雅芳菲，足以凝聚思想，切中事理，昂扬心志。

方东美的哲学特重思想与存在的创新性、合理性和相摄性，并以形上学和人性论为其两大骨干，借以架构起方氏所谓合乎机体主义、具有旁通统贯性质的哲学体系。

就形上学言，方氏肯定存在的多重性。他融合中国哲学、希腊哲学和近世哲学的层级存在观，指出存在界由物理、生物、心理（以上属自然界）逐层上升，达至美感、道德、宗教（以上属超越界），并认为下层可向上层演进，逐层提升，方氏称为“上回向”；而上层亦可向下层穿透，贯注力量，拯救现象，方氏称为“下回向”。

就人性论言，方氏采儒释道皆主张的人性可完美（可成圣、成佛）之说，结合黑格尔的《精神现象学》，修改康德的人类才能三分（知、情、意）之说，而成立一个动态发展的人性结构理论。认为人可由工匠人（homo faber）上达到创作人（homo creator），再上达到知识人（homo sapiens）——以上为自然人，进而再上达至象征人（homo symbolicus），再上达到道德人（homo honaestatis），再上达到宗教人（homo religiosus）——以上为超自然人。总之，人性亦可由低层逐一往上发展（亦称为“上回向”），亦可由上层逐一往下层贯注力量（亦称为“下回向”）。

以上人性与世界的各层级，两相蝉连呼应，形成诸种差别世界：物质世界、生命世界、心灵世界、艺术境界、道德境界、宗教境界，各界之间彼此亦各有上下回向之关系。

进一步，存在与人性相合于其顶峰——至人之境，后者更能超升而达于神性，通于深微奥妙、不可思议、玄之又玄的境界。

差别境界与不可思议境界彼此有互动关系，因为诸差别境界可以秉持动力，次第发展，逐渐提升，摄入不可思议境界；而不可思议境界又为一切创造力之泉源，可循下回向逐一贯注于存在与人性之各层次，而各差别境界复可持之以为动力，向上发展。整个过程，诚如李白所谓“援彼造化力，恃为我神通”，于是形成一个不断发展，循环不息的宇宙观。

总之，方东美的兼综的融合导向，以艺术美感为源起，以生生哲学为总纲，以贯串诸差别境界和不可思议境界为主题，融合西方哲学与中国哲学各代、各派、各家，一口吸尽西江水，为今后中西哲学之融合提供了一个兼综而有机之蓝图，值得后人本其精神，弥补缺失，严整方法，扩充体系，再将中西哲学之融合推进一步。

三、方东美的“生生哲学”要略

1. 生生哲学之意涵

方东美尝名其重要的论文集为《生生之德》。称方氏的哲学为“生生哲学”，实为最允当不过。“生生”一词本出自《易经·系辞传》所谓：“生生之谓易”。方东美之哲学可直溯至《易经》。《易经》的哲学要义，乃生生之德在时间中间创造流行之意趣，始乎易有太极，由太极而孕造两仪，两仪演为四象，四象演为八卦，八卦展为六十四卦，乃至天地定位，万物化成，而圣人体察天地创造之德，拟象通辞，行礼制器，借以显仁藏用，展现盛德大业。《易经》铺陈自然与人在时间中创造之历程，诚然为一创造之哲学。方东美以“生生”（creative creativity）名其哲学，亦取其创造之要义。喻诸西哲，则博格森之“创造进化”（évolution créatrice），怀德海之“创进”（creative advancement），差可比拟。

创造有其律动之则，对此一创造韵律加以疏解，乃哲学家之职责。诚如《易经》哲学所言，道有一阴一阳、往来消长之韵律。其始也，则易有太极；其演也，则天地万物，人文社会，大业焕然；其终也，则复归于易之神而不测，无方无体；是以能寂而不动，感而遂通；于是乎周而复始，运转无穷，诚所谓“生生而条理”。蓬勃大有创造之历程，始为乾元之发动，创造之滋始。其成也，则构成一彼是相因，交融互摄，旁通统贯之系统。其终也，则超越任何系统，而返回大有本身之空灵与不测。系统的创造，是集大成者的工夫。孟子尝赞孔子为集大成："孔子之谓集大成。集大成也者，金声而玉振之也。金声也者，始条理也；玉振之者，终条理也。"就形上学而言，蓬勃大有才是第一义的集大成；自然系统及其中所依存之社会与文化系统，皆蓬勃大有展现其创造力，以至集大成之结果。其次，完美人格则为第二义的集大成，体察大有之创造，而化成人文，制器尚象，以前民用，以赞天地之化育，与天地参。

比义于前，则方东美之生生哲学亦有其韵律。譬如江河，其始也，涓涓而流，集天上之甘霖，聚地下之清泉，汇而成渠，逍遥而行。每逢新注，其义弥坚。其成也，则皆纳众水，一并俱挟，勇往直前。其终也，则还诸于海，入莫测之水源。

道之活力与运作虽然浑而为一，自行生生，自行条理，然而自研究者观之，亦可分为三层来爬梳其理：(1) 大有创造之历程，亦即道本身流行之韵律。(2) 道在历史中流行之韵律，即大有透过时间之流行所彰显之模式与时代精神。(3) 言道者，求道勘史，以至显露大有之底蕴，昭示历史之意义，其间个人之心路历程、思想发展之韵律。第一层是形上学之探讨内容。第二层为历史哲学之内容。第三层为研究某一哲学家，见其生命与思想如何照明形上之道与历史之义，其间所展示之韵律。吾人研究方东美之生生哲学，旨在展成此第三层之意义，且透过此义，以指点于大有之道与历史之道。方东美在哲学上的传承与创造，一方面固然显示他个人求道勘史的成果与契悟，但此一个人的契悟与成果，在中国哲学思想史上亦正有其历史之意义。此一历史意义，自又昭示大有在时间中流行的消息。

大有之丰富内容是透过具体世界来彰显的。道的创造力产生了器，道即透过所产生之器，并透过器与器之间的内在条理与对比来彰显其自身。此一条理与对比，由于道的创造力在不同时代中的不同显示，而有不同的型态。道在历史中之进程也通过不同的时代之连续、变化与对比而彰显其意蕴。吾人勘察历史之枢纽，其旨在于心灵之浮显，尤其在于哲人与圣贤的心灵之成就。此种成就一方面限定大有于一己之有限中，另一方面亦宣示大有之超越不已。既然任何一种思想成就最后终究证明为有限，大有之无限丰富终必召使真人返回其内，徜徉于无限的丰富与自由之中。

大有之创造韵律是透过语言而获得明说。语言的形式与浮显，是哲学生命跃动之始。方东美的生生哲学之发端，是在艺术经验的自由与逍遥中，体验创造生命之流行。艺术体验即其哲学生命诞生时之原始经验，由这种艺术的原始体会所凝聚、所浮现的语言，乃美感之语言。语言之美足以引发艺术才情，而艺术才情更能提炼美的语言。艺术家之心灵，由于经历各种意义典型的对照，而更形坚贞。美之语言，则由于经历不同生命情调之对比与接续，而更趋明朗。此即《哲学三慧》、《生命情调与美感》等文之所为，对照希腊、近代欧洲与中国三种意义形态，以显示道在历史中之不同呈现典型。此一历史线索带领吾人进入思想的系统化阶段。透过历史与系统之交织，方东美一方面立意展示易生生而条理的逻辑，亦即道在历史中衍生的规律；另一方面亦立意展示人性与世界互摄之全体层次。由两者而构成历史与系统交织之间架。此一系统虽然尚未获得详细的铺陈，但其最成功处乃在作为理解中西哲学历史之典范。单就中国而言，则在中国哲学思想史中，道的显现亦经历种种阶段，其间之核心问题，乃永恒与变异、承袭与创造之接合无间。方东美所著《中国哲学之精神及其发展》，正展示方氏“以述为作”之精神，然其中亦处处透示他对道及历史的系统性见解。然而系统一成，哲人其萎，倏忽凋零。其成也，亦毁也，而在成与毁之间，尝有一空灵之刹那，体悟道通为一，而返归其所源自之蓬勃大有。

2. 生生哲学之特色

蓬勃大有运作其创造力而产生种种自然与人文现象，但现象之源起、结构、意义，均需凭借语言，始能获得明说，亦在明说之后，始能获得转换。语言的明说是生生而条理之始。所以哲学生命之开端，乃在于了悟、浮显并构成自家的语言，用以表现个人对于现象所感受的经验的原始性，正是直接、彻底而且不落俗套。对于同一类现象的同一种经验，许多人都可以感受到，但唯有能以语言明说者，才得以开始其哲学生命。原始的经验固然供给语言以基料，但唯有语言及其内在的逻辑性与美感性，才能使经验得以发展为情理俱足的世界。

原始经验的获得，可分为三途。一为科学经验，二为道德经验，三为艺术经验。科学经验所欲体验者厥为真，其事实之印证，无所推诿；其理路之严谨，无以逃禅。是以科学经验最易以语言明说，而其语言之理趣亦最易导入逻辑架构与系统化。所以科学经验最易构成一世界。至于伦理经验所欲体验者厥为善，其理趣首在于本具善性的卓越化与良好关系之和谐化，其次才在于道德规范与行为之相符，其要旨不在于以语言明说，而在于以实践体现；但推究其原委，则亦有可以明说之理路可寻。最后，艺术经验所体验者厥为美，其要义在于生命之自由创造，而且以所创造之作品，作为对于蓬勃大有的原始经验之直接表诠。若以言语本身为创造之素材，则可以创作为美的语言。

方东美的生生哲学一开始便要以艺术经验统摄科学经验与道德经验，以美的语言含摄科学语言与伦理道德。其意旨是要在艺术经验之中，觉察创作之自由与条理，使美感之情处处照显，借以体悟宇宙人生为一和谐圆融之“情理集团”。据此，科学与哲学始得各自成为自由创造、显情与理之事业。他说：

宇宙人生乃是一种和谐圆融的情理集团，分割不得，科学不能违情以言理，犹之哲学不能灭理以陈情。科哲合作，理情交得，然后人类思想与文化乃臻上乘，否则理彰而情乖或情胜而理屈，都觉轻重失平，两者有失一，则思想之破绽立显，文化之危机必至，人类活活泼泼之生命精神势将支离灭裂，枯索萎绝了。

情与理之世界，是源自于大有之创造力。方氏谓，“太初有指，指本无名，熏生力用，显情与理”。此处所谓太初有指，指本无名，实乃出自艺术经验中对于蓬勃大有最原始的体会。艺术经验者，以生命之自由创造，体合于大有原始之创造活动。以大有之创造力为最后依凭，艺术心灵亦奋一己之创造力，以赞天地之化育，与天地相参。如此一来，熏生力用，情与理亦随创造之力而生发。方先生在《科学哲学与人生》一书中，提出解决“科学与人生观论战”问题之症结之道，即在返回兼顾情理，合乎生命创造的艺术精神。

情与理既显，则已进入可用言语明说之地步。艺术精神乃在生命情调中孕育而成，而生命之创造则在于体合蓬勃大有流溢的创造之悦乐精神。生命的情调密合于大有创造之无限乐趣，个人才能超脱有限的时间与空间，超脱悲剧之感，洗涤我法之执，而顿入“道通为一”之境。有词曰：

春路雨添花
花动一山春色
行到小溪深处
有黄鹤千百
……
不忍残红犹在背

翻疑梦里相逢
遥怜南埭上孤蓬
夕阳流水，
红满泪痕中。

此词前半言自然之春色与妙音，后半托出词人之存在感受，其中涉及对空间与时间中呈现的景物之情怀。盖空间实为大有展现其美而条理的创造力之境域，并非仅是众小有排比会聚之场合。在美仑美奂，生动活泼的空间与时间中，处处可以悟得创造力跃动之历程。在光阴流逝，美景不再的感慨中，往往能悟得生命之有限，跃出对有限之执着，而逍遥于情意之无穷。方东美说：

诗人词客虽置身弹丸之地，亦能抒发性灵，拓展心意，以充塞无涯虚境……尝忆春日踽踽独行西湖九溪十八涧中，目染花痕，耳阒莺声，新满情愁，神滋意想，自觉穷天地之极际，亦不足以位我一人，然身在两山深处又不觉其境之狭小，盖是当时吾所寄托者，非物质之界限，乃情绪意想所行之境耳。是知中国人之空间，萦情寄意之所也，是亦一无穷矣。

蓬勃大有展其创造力于时间的进程之中，而时间者，乃由大有之丰富内涵不断延续创造，绵延而成。方东美体会易在时间中之流行，综合言之为“穷则变，变则通，通则久”的道理。他说：

时间之真性寓诸变，时间之条理会于通，时间之效能存乎久。生化无已，行健不息，谓之变，变之为言革也，革也者，丧故取新也。运转无穷，往来相接谓之通，通之为言交也，交也者，绵延赓续也。丧而复得，存存不消，谓之久，久之为言积也，积也者，更迭恒益也。……

由上文可见，方东美主张创进的时间观。从此一创进的时间观看来，时间充满了规律性、循环性及发展性，一如音律然。方东美说：

> 生命之创造，其营育成化，前后交奏，其进退得丧，更迭相酬，其动静辟翕，展转比合，其蕤痿盛衰，错综互变，皆有周期，协然中律，正若循环，穷则还本。据生命之进程以言时间，则其纪序妙肖音律，深合符节矣。是故善言天施地化及人事之纪者，必取象乎律吕。

可见，方东美的生生哲学之中，时空之妙谛，生命创造之理，皆是在一种艺术的经验、美感的体会中悟解出来的。方氏认为，此乃中国人之宇宙观的源起，大异乎希腊与近代西洋人用数学与科学所建构的宇宙观。他说，“中国人之灵性，不寄于科学理趣，而寓诸艺术神思。科学之精义，贵在几微密察，……艺术之妙机，常托之冥想，冥想行径，窅然空纵，苟有浓情，顿成深解”。

由于方东美对中国人的生命情调之体会，洞视艺术的创造精神乃中国人体察宇宙哲理之着眼点，因而与古希腊、近代欧洲对比而成三种智慧典型。希腊人以实智照理，起如实慧。其如实慧演变而为契理文化，其要旨在于援理证实。欧洲人以方便应机，生方便慧，其方便慧演变为尚能文化，其要旨在于驰情入幻。中国人以妙性知化，依如实慧，运方便巧，成平等慧。其平等慧演变而为妙性文化，其要旨在于挈幻归真。这三种智慧典型在思想史和文化史上流衍的来龙去脉，方先生皆详细加以剖解于其《生命悲剧之二重奏》、《哲学三慧》、《生命情调与美感》、《黑格尔哲学之当前难题与历史背景》

诸文之中，不再赘述。

自西学东渐以来，能一方面兼通哲学家与诗人，鞭辟入里地铺陈中国哲学的精神及其历史发展，对于西洋哲学自希腊迄至黑格尔止，对于其间思想史的脉络、文化的意趣，能有非常深刻的洞见，又能以流美之文字，予以一一点化者，唯方先生一人。研读其典雅芳菲之论文，既可严谨地体察西方思想之流衍，亦可体察中国哲学在世界历史潮流中应有之真正地位与意义。阅之令读者倍觉兴奋，私心顿除，而陶醉于一宏大之文化理想之中。

3. 生生哲学之体系

蓬勃大有之创造力，在时间中发展流衍而成历史，在历史中之各个阶段，则张罗、综合各种因素，而构成彼是相因，一贯相禅的系统。若借用当代结构主义语言学的观念以论，则存有的创造力，一方面有其“历史演变”或“贯时性”（diachronic）的一面，他方面亦有其系统结构或“共时性”（synchronic）的一面。就历史演变或贯时性一面观之，则可见其延续创造，生灭变化之赜。就其系统结构或共时性一面观之，则可见其彼是相因，兼容并蓄之理。在历史中每一成就出现的刹那，都是在成就一大系统，其中兼蓄诸小系统。而各大系统之相禅演变，则构成历史之流衍与发展。某一系统以及其前后之系统，既有承先启后的关系，则为一开放之系统，而非封闭之系统。历史既能在其各横剖面构成种种系统，则亦非纯粹之生灭变化，而是有其结构性与可理解性。历史与系统之交互辨证，即构成一有机体之历史世界。

历史变化之迹，既有其逻辑理路可循，而历史之变化，自形上学观之，又代表大易的创造变化之逻辑。由此可见，研求易之逻辑问题，亦自有其形上学之深意。此深意即在由易有太极，是生两仪，乃至八卦成列相荡，积累而成五十六，合而成六十四卦，其间的严格逻辑，表现出大易生生而条理的合理性格，此一合理性格亦即历史推衍进展规律的基础。方东美在《易之逻辑问题》一文中，发挥其逻辑天才，洞悉荀爽、虞翻、焦循等人讲解易卦之衍生问题中之逻辑难题，乃进而凭借现代逻辑，订定原始意象，列举示例，设立假定，而以严格的步骤，自易有太极而推衍出六十四卦，展出这生生生而条理的合理结构（见《生生之德》，页一—二九）此种演绎步骤，纯自逻辑上言之，固然有其限制，然此种限制，可于西洋现代逻辑之内在困难中琢磨之。这些困难，亦即方东美该文在逻辑上之限制。但细审方先生之用意，则在铺陈蓬勃大有创造力生发之合理性，可称之为“创造的逻辑”，一方面既有其严格的逻辑理路，另一方面亦有其机体的活泼生动。合两者而言，则所谓“旁通”是也。方东美借《易之逻辑问题》一文所欲阐发的，正是“旁通之理”。他说：

旁通之理：大易之用，大道之行，全在旁通，旁通一词统摄四义：一、生生条理性；二、普通相对性；三、通变不穷性；四、一贯相禅性。易大传剖析旁通之理，最得要领。

易准天地，弥纶大道，范围万化而无过，曲成万物而不遗，故曰广大悉备也。……（《哲学三慧》:《生生之德》页一五四）

由此可见，方先生的历史观是创造的、合理的、亦是有机的。其次，在系统的建构上，方东美所欲建立的系统，亦是以合乎创造、合理而有机的性格，来展示人与世界的内在关系与结构。展示层迭的宇宙观，此乃希腊哲学独特的贡献。方东美在《黑格尔哲学之当前难题与历史背景》一文中，一方面尝检讨自希腊以降，迄至康德、黑格尔的宇宙系统，进而透过“内在世界”、“外在世界”、“上界”、“周遭界”、“进入界”、“公同界”、“直透界”、“下界”、“隐秘界”、“空无界”、“当前界”等种种界系差别，来组成一宇宙大全；并铺陈由自然界、艺术界、道德界以迄至善的动态发展的宇宙蓝图；另一方面亦修改康德的心灵才能三分说，而成立一动态发展的人性结构。（参见《黑格尔哲学之当前难题与历史背景》一文，《生生之德》页二二一至二四九）其后，在《从宗教、哲学与哲学人性论看人的疏离》一文中，方东美又在更缜密的思维之后，提出了一个更为系统化的图表（见附图）。在该图表中，人性的各层高度与世界的各层结构，恰好一一对应，构成了一幅交互影响、相互提升的动态图式。此一图表，后来又在《中国哲学对未来世界的影响》的演讲中，成为拯救人性与世界，建立文化宇宙的蓝图。（参见《生生之德》页三四一，《方东美先生演讲集》页一八）

在此蓝图中，世界与人性都被分为好几层相关而不分离，发展而不静止的层次，并凭“上回向”之力而朝向越高的层次一一超升点化；并透过“下回向”，抱着拯救现象之慈悲心，向下逐一贯注力量。下者上达，而上者下注。于是，一方面世界由物理世界，而生命界，而心灵界（以上属自然层次），超升至艺术界、而道德界、而宗教界（以上属超越层次）；另一方面，人性由工匠人，而创作人，而知识人（以上属自然人），超越到艺术人、道德人、宗教人（以上属形上人）。至此，世界与人性乃于其顶峰合而为高贵之人，由此而更超升，直至达于神性，而通于深微奥妙、不可言说、玄之又玄的皇矣上帝之境。此一不可言说之神境，更为一切创造力之泉源，循下回向而逐一贯注于世界与人性之各层次。于是形成一不断发展，循环不息的宇宙整体大系统。由此可见，从系统的角度言，方东美所心仪之大系统亦是有机的。此一层环环相扣，动性发展的有机系统，亦融入了前面所言的有机历史观，合历史与系统于一有机的整体之中。

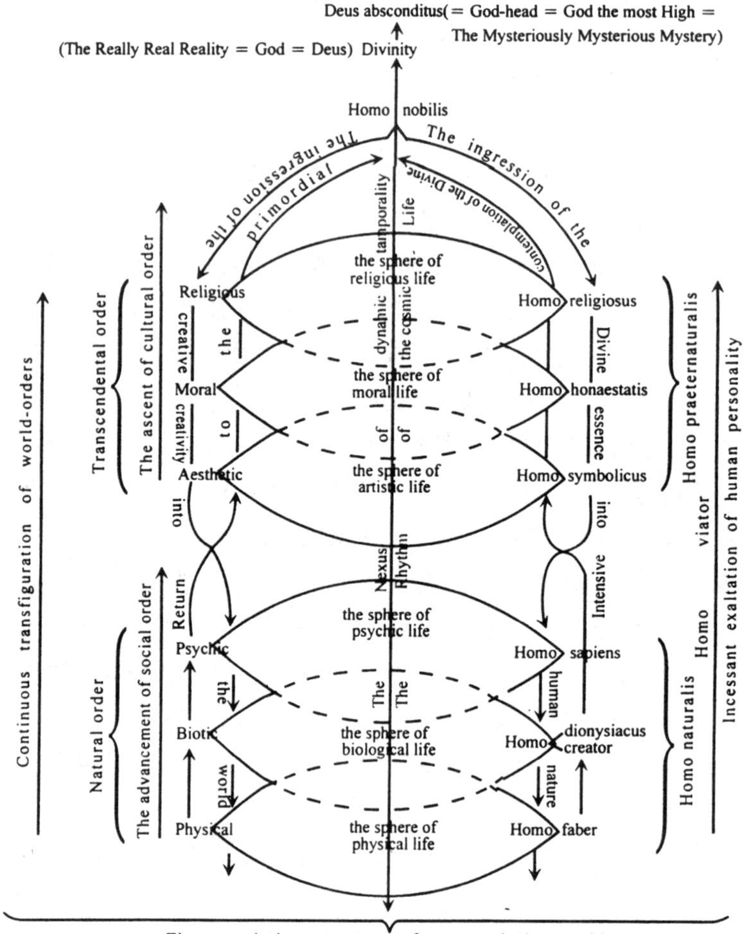

The correlative structure of man and the world

方东美的历史观既是机体的，其系统亦是机体的，且更综合历史与系统而于一有机的哲学体系中。然而，何谓机体主义？方先生尝对机体主义有以下的高论：

机体主义，作为一种思想模式而论，约有两种特色。自其消极方面而言之，(1) 否认可将人物对峙，视为绝对孤立系统；(2) 否认可将宇宙大千世界化为意蕴贫乏之机械秩序，视为纯由诸种基本元素所辐辏拼列而成者；(3) 否认可将变动不居之宇宙本身压缩为一紧密封闭之系统，视为毫无发展之余地，亦无创进不息，生生不已之可能。自其积极方面而言之，机体主义旨在：统摄万有，包举万象，而一以贯之；当其观照物也，无不自其丰富性与充实性之全貌着眼，故能"统之有宗，会之有元"，而不落于抽象与空疏。宇宙万象，赜然纷呈，然克就吾人体验所得，发现处处皆有机体统一之迹象可寻，诸如本体之统一，存在之统一，生命之统一，乃至价值之统一……等等。进而言之，此类披纷杂陈之统一体系，抑又感应交织，重重无尽，如光之相网，如水之浸润，相与浃而俱化，形成一在本质上彼是相因，交互统摄，旁通统贯之广大和谐系统。(《中国形上学之宇宙与个人》:《生生之德》，页二八)

此一有机系统之完成，乃方东美哲学所致力之处，其要义可索之于前列之蓝图，然其义理的深妙及细微处，则尚有待更为详尽的发挥。方东美本人一生的哲学著述，主要是在通过中、西哲学之精神及其发展，来指点此一系统之历史根据。此一蓝图之构设，实为方先生的全部历史著作的总综合，并为其盖顶的工夫。

四、结语

方东美尝追溯至中西哲学史的尽处，亦已拟出其哲学系统的巨构。他伟大的哲学心灵，在历此既兴奋又艰辛的路途之后，于晚年之时，心所存者，唯对学生、亲友的关怀，对民族生命与文化前途的系念，与对人类命运的叹息。及其病也，则体文殊为众生而病之意，撰诗曰："众生未病吾斯病，我病众生病亦痊，病病惟因真不病，重玄妙法洽自然。"由此为众生而病之心意，其心之慈悲可见一斑。

方东美之哲学深趣，始自在艺术经验中体察蓬勃大有创造不已之消息，成于哲学历史与哲学系统交织之机体主义。然其成也，亦即毁也，复归于易之空灵与不测。方东美一生致力于生生哲学，其最后心境可于其晚年于病榻上所写这首小诗：

我自空中来，
还向空中去；
空空何所有，
住心亦无处。

《坚白精舍诗集》页四九二

短短数语，明言其心复归易之空灵与不测之刹那。值此空灵无寄之时刻，生生哲学韵律之延续，则有待后人发其大心，于哲学慧命发端之初，继新兴之哲学思潮与社会发展，承接而发扬之。大体而言，方东美于中央大学、台湾大学、辅仁大学与国外讲学所教过之学生，多为当今哲学界之重要骨干，其人格风范、哲学思想与典雅文章，仍然继续在新的一代中继续默默发挥影响。然而，由于方东美生前不喜学术中人结党分派，亦谆谆告诫其学生切莫以门派自称，为此，当代中国哲学界虽受方东美深远影响，但并未有所谓“方门”存在，然而，“大象无形，大音希声”，此正是方东美哲学有其深远影响之处。

方东美的“生生哲学”既能萃取中西机体主义之精华，其思想类型，相近于法哲博格森与德哲狄尔泰（W. Dilthey）所提倡的生命哲学，与英美大哲怀德海（A. N. Whitehead）所提倡的“机体主义”、“默观哲学”。然而，值此世纪末，后现代主义与解构之风猖狂之际，对于历史与系统多加解构，对于生命哲学与机体主义多所贬斥，思想却转而流于肤浅与轻佻，生命缺乏值得奉献的理由。值此虚无主义盛行之际，反观方东美的生生哲学，颇能发挥生命的创进精神，昂扬美感才情，追求人生的完美，逐层提升上扬，直至深微莫测之终极真实，实含有极为丰富之意义。后人应可本其哲学精神，完备其哲学体系，使中国哲学再度成为世界文明中指引人类命运的一颗明亮之星。

参考书目

（一）方东美的著作

Thomé H. Fang：*The Chinese View of Life*, Hong Kong：The Union Press. 1956, pp.274.

Chinese Philosophy：*Its Spirit and Its Development*, Taipei：Linking Publishing Co. Ltd. u

Creativity in Man and Nature, Taipei：Linking Publishing Co. Ltd., 1980, pp.197.

《方东美演讲集》，台北，黎明，一九七八年，三三二页。

《坚白精舍诗集》，台北，黎明，一九七九年，六八四页。

《中国人生哲学》，台北，黎明，一九八〇年，二五四页。

《科学哲学与人生》，台北，黎明，一九八〇年，页。

《生生之德》，台北，黎明，一九七九年，四〇〇页。

《华严宗哲学》上册，台北，黎明，一九八一年，五〇〇页。

《华严宗哲学》下册，台北，黎明，一九八一年，五一六页。

《原始儒家道家哲学》，台北，黎明，一九八三年，二八二页。

《新儒家哲学十八讲》，台北，黎明，一九八三年，六八四页。

《中国大乘佛学》，台北，黎明，一九八四年，六八四页。

《中国哲学之精神及其发展》上册，孙智燊译，台北，成均，一九八四年，二九三页。

《人生哲学讲义》，黄振华笔记，台北，时英，一九九三年，二六二页。

(二) 其他著作

《方东美先生纪念集》，杨士毅编辑，台北，正中，一九八二年，三九四页。

《方东美先生的哲学》，国际方东美哲学研讨会执行委员会主编，台北，幼狮，一九八九年，六五二页。

唐君毅

李杜　著

目　录

一、家世

唐君毅的原籍是广东省五华县，出生籍则是四川省宜宾县。君毅的六世祖因原籍饥荒，无以为生，逃难至四川宜宾一糖厂做劳工，后即留居该地而成为四川省宜宾县人。由六世祖至高祖皆以劳工种田为业，生活穷苦，至曾祖穷苦的生活才得到改善。在生活改善后，祖父树寅乃得以进乡间书塾读书。树寅与妻卢氏结婚后不久即病逝。在树寅逝世之前，妻子卢氏已怀有身孕。树寅逝世不久，卢氏即生下遗腹子，取名叫烺。烺如他的父亲一样，亦进书塾读书。烺天资聪明，勤奋好学，年十八，应乡试，考上秀才。中秀才后，甚为乡人所看重。但烺在受当时由西方传来新思潮的影响，放弃他于书塾中所学，而批评中国传统文化、孔子思想。如“五四”鼓吹新文化的人一样，他亦以西方思想为尚。但后来他放弃了以个人主义为主导的新思潮，而回到他原来所学的中国传统文化与孔子思想上。他此一“放弃”与“回到”主要是受到他母亲逝世的影响。作为一遗腹子，烺对他的母亲有特别的感情，此感情与由西方传来以个人主义为主导的新思潮很不相应。因他由他的母亲逝世所生的哀伤，不是由个人主义为主导的新潮所能解释。因此烺乃放弃了以个人主义为主导的新思潮，而以本于人性的儒家的仁孝的道理为不可以放弃的人生哲学，此哲学不可以由以个人主义为主导的新思潮所代替。后来烺因仰慕在当时有盛名的佛教法师欧阳竟无，而往南京支那内学院拜访欧阳法师，他对佛学亦甚为重视，但终身不放弃他所信守的儒家仁孝的生命哲学。

烺别字迪风，长身美髯，望之有如侠士；性情刚直，不肯与趋时附势的人来往。他常于更深夜静时朗诵《孟子》，气壮声宏。他的邻居不以此为烦扰的事，反而对此加以赞赏。烺曾为成都《国民公报》主笔，并历任川北江油省立第二中学、成都省立第一中学、第一师范、重庆联合中学、第二女子师范等学校教员；华西大学、成都大学、四川大学中文教师。后来曾与彭云生、吴芳士、蒙文通、刘鉴泉等人创办敬业书院，讲授国学，期望于当时的新思潮之下，保存中国传统的学术文化。烺著有《孟子大义》。

烺的妻子名陈大任，字卓仙，是重庆淑行女子中学学生。卓仙与烺结婚后曾任教于重庆省立第二女子师范。卓仙性情贤淑，喜好诗学，著有《思复堂遗诗》。烺于一九三一年卒于乡，时年四十六岁，正值盛年。有二子三女，君毅为烺长子。烺逝世后，卓仙独力负荷教养儿女的责任。生活清苦。她留有记述此清苦生活的诗句："今年更比去年穷，零米升升过一冬"；"自砻麦面和麸食，清煮清蔬入碗香"。欧阳竟无法师推称卓仙为"蜀中奇女子"，并以孟母比她，谓她善于教养儿女。

二、生平

1. 大学毕业前的求学生活

君毅于一九〇九年一月十七日生于宜宾县柏溪乡。学名毅伯。幼儿时期的教育全由父母亲担任；两岁时他的母亲即教他认字；六岁时他的父亲教他念《老子》；七岁读文字学，八岁读唐诗，九岁念《说文解字》。十岁始送他到成都省立师范附属高小受新制的小学教育。十二岁入重庆市联合中学，十七岁即于联中毕业。联中是以重庆市两路口骆家花园川东书院作校址，学校礼堂仍保存有孔子的神位，尽力维护中国传统文化。而出身于清末经师廖平所办的成都国学院的蒙文通、杨叔明，于君毅就读联中时正在该校任教。君毅从他们学到不少传统中国文化与国学知识。此一所学与从他自己父亲所学的正彼此吻合，互相接应。但君毅在当时并不完全接受，而是如其他受“五四”新思潮影响的青年学生一样，或如他自己的父亲曾一度受新思潮的影响一样，反对传统的中国文化、孔子思想。于学校上课时，常对蒙文通、杨叔明所讲的存疑问，有时甚至表示他反对自己父亲维护中国传统文化、儒家思想的态度。他的父亲曾因此而训斥他，但他并不心服。他父亲无可奈何，而慨叹曰：“君毅现在不接受我的说法，但在我死后将会了解。”

联中毕业后，君毅考上了北京中俄大学。在离家往北京的轮船上，要与父亲分别时，感受到平时所无的父子离别情，而略有悟于他父亲所说的儒家仁孝的道理是出于人的天性的意思。于中俄大学读一年后，第二年转入北京大学；于北大读一年再转往南京国立中央大学的前身东南大学就读。在北京时，君毅常为“五四”的新思潮所缠绕，但他并不限于只注意鼓吹新思潮的人的说法，而亦用心于反对的人的说法；他于听胡适之的演讲之外，亦听梁启超、梁漱溟等人的演讲。他在听胡适之于演讲中对中国传统文化的贬斥而极力推称西方文化的说法，并不能完全接受。梁漱溟演讲有时要收入场券，洋银一元。君毅曾购券入场听讲。后来因同情左派学生反对梁漱溟的运动，而停止往听讲。梁漱溟不知情，以为君毅因没有钱购买门券而停止听演讲，故使人送君毅洋银五元。君毅在得知梁漱溟送钱的用意后，甚感前辈关怀青年后辈的表现，而终身不忘。

君毅于中央大学就读时，主修哲学、副修文学，为汤锡予、方东美、李证刚、宗白华、何兆清诸教授的学生。君毅对于哲学，中西哲学兼顾，但比较喜好西方哲学。熊十力于中大讲新唯识论，君毅曾前往听讲，于听讲中，因不同意熊十力的说法，而提疑问。熊十力对君毅的疑问笑而不答。君毅在当时，深感中国哲学的逻辑思辨多条理不明、含混不清，而西方哲学则条理分明，辩论清晰。故有时表示了低看中国哲学，赞扬西方哲学的态度；他不但对他的老师同学有如此的表示，对他的父亲亦是如此，因此而与父亲争论。

二十三岁时，父亲逝世。君毅因父亲逝世而哀痛不已，而表现了前所未有的思慕怀念的感情。并由此而对儒家仁孝的人生道理有新的体会，不再反对并认同了他父亲生前的说法，而应验了他父亲对他的预言。

2. 大学毕业后往香港前的教学生活

父亲逝世后次年君毅即于中大毕业。他为了分担母亲独力支撑家庭生活的艰苦，毕业后即赶返成都求职。但当时的成都人浮于事，不易找到专任的工作，由朋友的介绍，乃分别于敬业、蜀华、天府、成公诸中学兼课。但只兼课一年，次年即受母校聘为哲学系助教。七七事变抗日战争开始，君毅不想于动乱之时与母亲弟妹分离，乃离中大由南京返成都，再于成公、天府、蜀华等中学及华西大学兼课。并与友人李源澄一起创办《重光月刊》以鼓吹对日抗战。二年后，君毅接受教育部聘为特约编辑往重庆为陈立夫部长整理哲学书稿。三十一岁君毅受聘为中大哲学系专任讲师而正式成为大学教师；他亦自此时开始正式过他大学教书的生涯，直至逝世时止，前后历四十年。

任讲师仅一年君毅即晋升为副教授。在任副教授期间他与友人周辅成一起创办《理想与文化》期刊，以发扬中国仁爱文化的精神以对抗日本武士道精神为期刊的主旨。梁漱溟、熊十力、张君劢诸人皆于期刊上发表文章。一九四二年君毅三十岁，与谢廷光女士于重庆结婚，谢廷光毕业于北京城固西北师范学院教育心理学系，毕业后曾于四川成都洛碛师范任教。结婚后次年君毅晋升教授，并兼哲学系系主任职。一九四六年君毅受江南大学聘为教务长，任职一学年后次年再返中大。在任教务长期间，君毅与程兆熊、钱穆诸人策划筹备恢复鹅湖书院。此书院于南宋时曾为朱子与陆象山聚会、讲学之所在。

3. 往香港后的教学生活

一九四九年君毅受广州华侨大学聘。但到广州后，时局动荡不安，教学无法进行，当时共军已横渡长江，占据上海、南京，君毅乃与钱穆一起离广州往香港。到港后先于沙田华侨工商学院任教，后与钱穆、张丕介、崔书琴、谢幼伟、程兆熊、刘尚一诸人一起创办亚洲文商夜学院，一年后，改组夜学院为新亚书院。君毅任新亚教务长，并哲教系主任。一九五六年君毅受邀来台湾访问，次年受邀往美国访问。在美访问期间曾拜访胡适之，并劝说胡适之在讲民主自由时，不要反对中国文化，亦不要忽略自己的国家民族；于拜访美国老哲学家 William E. Hocking 时则与他讨论唯心论与唯物论对现代的意义。在拜候张君劢时，二人有多方面的学术交谈，而特别讨论了西方学人对中国传统文化的误解。二人并有意为此而联名发表《中国文化与世界》宣言。后来宣言稿由君毅起草，再与张君劢讨论后请徐复观、牟宗三一起参与讨论并修改草稿，于次年元旦公开发表。一九六〇年六大宗教了解庙发起人 Mrs. Julit Hallister 来访。于访问中特别讨论了于纽约建了解庙事，君毅对此甚为赞许，愿意尽力支持。一九六二年君毅辞新亚教务长职，成立东方人文学会。次年在香港政府支持下，新亚书院与崇基、联合二书院联合在一起成立中文大学。中大成立后君毅受聘为哲学系讲座教授，并被选为第一任文学院院长。一九六四年君毅母亲病逝于苏州，君毅因不能返去送葬，而哀痛不已。次年君毅辞新亚哲学系主任职，受聘为新亚研究所所长。一九七〇年君毅受邀前往参加由美国哥伦比亚大学狄别瑞于意大利科木（Como）主办的十七世纪中国思想会议。狄氏并以于会议上发表的论文所集成的论文集《理学之开展》献给君毅作为其一生努力研究理学的纪念。一九七三年君毅与李祖法等人创办新亚中学。次年君毅六十五岁，由中文大学退休，但继续任新亚研究所所长职。一九七七年，君毅因新亚书院于中大的改制后其原来的教育理想不能维持，而与钱穆、李祖法、吴俊升等人联名一起辞新亚董事会董事职。次年二月二日因肺癌病逝于香港九龙浸会医院。依遗愿移柩台湾，葬于台北市观音山之南。君毅只有一女名安仁，女婿王清瑞。女为美国印地安那大学文学博士，婿为同校理学博士。

4. 全神贯注于沉思，不注意日常细务

在哲学思想上君毅是一位深于玄理的哲学家。因为着意于玄理，而常有全神贯注于沉思而不注意日常生活细务的事。比如：若不是他的太太把牙膏挤在牙刷上，他即不刷牙；不给他口袋里装好手巾、钱、烟、火柴，他自己不记得带；吃饭只吃两碗，添过便不再添，并常问人“我添过饭没有？”刚吃过饭不久，也会问：“我有没有吃过饭啊？”有时出外开会或探访朋友，回家后，太太发现他身上有别人的东西，如手帕、文具、甚至手表，而他自己的东西就不在了。有一次他探访一位朋友，佣人应门，问他贵姓，他回答说“我姓熊”，原来是受访问的朋友姓熊。他坐下看书写作，往往几个钟头不动，天黑亦不晓得开灯；上课时，会将抹黑板的粉擦当手帕抹脸。洗澡时，太太为他准备好替换的衣服袜子，他还是把脱下来的脏衣服再穿上，把干净的丢到水中；一次与太太漫步市区，边行边谈，太太发觉久久不闻他的答话，回头不见他的踪影，于是折回原路找寻，见他呆立一店铺门前，原来正在沉思道德的问题。类此的事，可说不胜枚举。他的朋友与学生常以此为他的生活趣事而谈论，亦有以此与牛顿煮表、爱迪生忘记自己的姓名相比而为说的。

5. 宗教的归向与文学、艺术的喜好

君毅不是某一教派的宗教信徒，但信守中国传统的宗教信念，家中设有“天地祖宗圣贤神位”作为礼拜的对象。他有“成三祭”(祭天地、祭祖宗、祭圣贤)，建立中国传统以儒家宗教观为主导的新的倡议，并以他于家中祭祀天地祖宗圣贤作为此一倡议的具体落实表现，但他只限于此表现，而并未由此而推动实现其表现社会性的宗教性的运动或组织；他对于文学艺术亦甚关注。曾与友人学生一起组成国乐会，并开国乐音乐会。他的太太能弹奏古琴、古筝，是一国乐的爱好者。他自己亦爱好歌唱，有时并与人一起唱和，他所特别喜好唱的是《渔樵问答》、《雨霖铃》。亦爱吟诵古人的诗词，于风清月白之夜，往往与太太、女儿坐在天台上唱歌、朗诵诗文。

三、君毅早期的哲学思想

1. 小引

君毅不仅是一位现代的专业哲学教授，并能建立他自己的系统哲学。他的系统哲学并不限于一种而是前后建立了互相关连的两种系统哲学。于此两种系统哲学中表示了他对哲学的整个了解，亦表

示了他哲学思辨的发展历程，而在此之前他并经历了一段早期的对哲学的探讨。

2. 儿童及中学时期

君毅是一天资聪颖、性情仁厚而喜好哲学玄思的人。于五岁时即知沉思冥想；在想到天不知有多大时常常骇怕；于黄昏天色阴暗时，皱眉扁嘴欲哭。七岁听父亲讲小说故事，听到地球有一天将要毁灭，在毁灭之前，日光渐渐暗淡，只剩下一人与一犬相伴。君毅即追问后来那个人怎样？那只犬怎样？地球毁灭了之后会怎样？于此后每逢雨过出太阳，地面因太阳蒸晒而爆裂时，他即忧虑地球要毁灭，人类要灭亡。在入中学读书前，已能自己看神怪小说，而常常不忘神怪。并要自己写一小说去制造新的神怪。他的父亲以君毅有哲学的玄思。于读中学时君毅常向他的父亲和老师问道德、伦理、宇宙、人生、文化的问题。在受当时由西方传来的新思潮影响之后，常有反对他父亲与老师的说法的表示，有时并与他们争论，表示不同的意见。

3. 大学时期及自然主义的哲学观

君毅因喜好玄思，关心道德、伦理、宇宙人生诸问题，他的父亲又以他有常人所没有的哲学天资，故于入大学时选读了哲学系。在经过了中俄大学、北京大学两年的大学教育，听过了梁启超、胡适之、梁漱溟等人有关中西文化与哲学的演讲，并经过了自己用心地阅读中西哲学著作，和在中央大学哲学系接受了方东美、汤锡予、李证刚、宗白华、何兆清等教授哲学教育之后，君毅即开始去写哲学的文章以表达他自己对哲学的了解，此一做法与他以前由读别人所写的神怪小说之后，而自己亦要写神怪小说以制造更多新的神怪有相似之处。但以前的要写和现在的写并不相同，前者仅是一种幻想式的造作，后者则不是如此，而是在受过了哲学的训练之后，要依理性思辨的了解去作哲学理论的探讨。此探讨以玄思想像与逻辑规律、思想方法互相配合而运作。亦即君毅在经过了哲学的教育，受过了逻辑、思想方法等的训练后，他童年和少年时期所表现的玄思的天资即与哲学的理解相结合，而不是再如前时一样只有玄想、想象，并为此而恐惧了。

君毅于中大毕业后，正是生命力的旺盛时期，有一股强烈要表达自己哲学见解的意愿，因此乃依他所了解的写了一系列有关中西哲学与文化的论文，如：《中国文化的根本精神》；《中国哲学中自然宇宙的特质》；《如何了解中国哲学上天人合一的根本观念》；《中国的艺术》；《中国哲学与文艺关系》；《中国哲学的特质》；《中西哲学的不同》；《中西哲学本体观念的变迁》；《中西哲学中关于道德基础的问题》；《庄子与黑格尔形而上学的比较》等。后来将此等论文集成一书出版，名《中西哲学思想之比较论文集》。收于此集的诸文所涉及的问题包括了形而上学、天道论、道德哲学、文化哲学、艺术哲学、专家哲学、比较哲学等，但皆依自然主义的思辨观点以论述。由此而把中国传统上的天仅了解为“自然生命现象之全，或一切变化流行之全”。从人与自然不离，“心体本虚”，“能知直达所知”，“情志与外境交融为一”，心所依的“身体的功用超形骸而与万物相感通”，“在一气中互相流通”等去说天人合一；并以此天人合一作为中心观念以比较论述中西哲学思想与文化的不同。

前面所说君毅对哲学的了解，若以之与他的天生的性情相配合而为说，则可说他此一了解只是他聪颖的天资应用于他所学的哲学知识上，特别是他所学于西方的哲学知识上而有的早期对哲学的了解，此一了解尚未与他的仁厚性情相配合。故此他对为他父亲所信守的儒家的仁孝的人生哲学未能注意，对他自己与父亲生离死别时所发于他的本性的不容已止的伤痛感受亦无相应的解释。若以智心的震荡以说他由聪颖的天资而来的思辨的了解，道德心的显现去说他由仁厚的性情而来的表现，则此时他的智心与他的道德心只有分别的表现，而二者尚未结合在一起。

四、道德的理想主义系统哲学的建立

1. 小引

君毅智心与道德心的分别表现，只由前者以探讨哲学而建立他的自然主义的哲学了解，主要是依思辨的理性的运用而为说。他此一“了解”本可一生持守而不移，如中西过去某些自然主义哲学家一样，但君毅对此“了解”并不能长期持守一生为此用力而不变，而是很快有所转变，而走上他第二阶段的哲学了解——道德的理想主义系统哲学的建立。此一转变与他由自然主义思辨的了解，而进于康德、菲希特、席林、黑格尔的了解，并以此了解以了解中国传统儒家哲学有关，亦与他逐步见到他所持的自然主义说法的“多似是而非”，“所持以论文化之中心观念”多不清楚，或是错误的了解有关。由此而见到了父亲在世时所说的儒家仁孝之道有非纯由理性思辨以了解的哲学可代替的意义。由于有了如此不同的了解与见到，君毅乃于《中西哲学思想之比较论文集》出版后不久即另写了一本《道德自我之建立》的新著，以表达他的新了解；并由此进而建立了他的道德的理想主义的系统哲学。于此系统哲学中，以哲学不仅是依智心而有的理性思辨了解的事，亦不仅是以自然宇宙、社会人生只为现象性表现的事；相应于前者而说，智心的表现应另有所归本。此所归的本不假外求即为与智心并存而彼此关连的道德心；既是并存而彼此关连，为什么以道德心为本，而不是以智心为本呢？对此一问题的回答：不仅因为康德、德国的唯心论者、中国的儒家传统是如此说，由个人自己的反省上说，人的生命在不为其他的问题所干扰而能自觉到人的究极的生命价值归向时，亦是以道德心为主，智心只是一种作用，智心是依道德心而表现。但此二者亦只有主随的不同，而并不是截然分立为二。并且智心有时亦可不顺从道德心而表现，如君毅在早年从事哲学思辨时所表现的。但君毅在觉悟到智心要归本到道德心之后，二者即常依主从的关系而表现，于哲学的了解上如此，于现实的生活上亦是如此。就自然宇宙、社会人生不仅只为现象性的表现的事而说，是以现象性之后有其本体性。此一了解不仅君毅于其新建立的系统哲学上如此，中西传统哲学亦多是如此了解。君毅于他对自然主义的哲学探讨中，亦表现了此一意义。但在道德的理想主义的系统哲学中则对此表示了新的说法。此即所说的现象性是相对于道德心而为说，亦即相对于他新写的《道德自我之建立》一书所说的道德自我而为说，而不是相对于中西传统哲学所说的本体性或自然本体而为说。由此而说，从心说，智心要归本于道德心——道德自我，从自然宇宙、人生社会上说，其所表现的诸现象亦要归本于道德心——道德自我，而作系统性的说明。

2. 道德自我的肯定

君毅的道德的理想主义，以“道德自我”为中心，哲学的问题皆归本于此中心而为说，为此道德自我的分别表现。在论述“道德自我”时，君毅作了如下三方面的说明：

(一) 由道德自觉和实践以说道德生命的意义

君毅注意到人对道德的问题可以有不同的了解。但他个人以为道德生命应是一种自律、自制、自我安排的生命表现。道德生命不是一种顺应自然，只由自然世界、物质生活所支配的生命，亦不是一种只由人的生理欲望、心理情绪所控制的生命，而是一种能支配、控制人的物质性的身体，及由此身体所生的种种欲望的生命表现。

他更特别说明作为支配、安排、控制人的自然生命、人的生理欲望、心理情绪的意志不是由人的物质性的身体而来，亦不是现代行为主义心理学家所说的人的心理活动表现。此意志是超越人的物质性的身体、人的生理情绪和心理欲望的。由此而说，此意志的表现者不是别的，而即是人的道德自我。人的道德生活，道德生命亦即是表现人的道德自我的生活和生命。由此而说，人即有实践道德的自由，此自由既不为生于人的物质性的身体的生理欲望、心理情绪所限，亦不为外在自然环境所限。

君毅并不否认人可有不同的生命表现，但他以为人生的主要目的在能实践人的道德生命，在能完成由人的道德生命所揭橥的理念，在能顺应由人的道德自我而表现的自由意志而生活。

君毅以为人于道德生命的活动中，表现了一种人人所同有的特质。此特质在人依人的道德自我而生活时，既在每一个人之中，亦超越于每一个人之上；人由此一特质可以更了解到人的道德生命是一种自律、自制、自作安排的生命。此生命超越物质性的世界。所说的超越涵有人由物质性的生命束缚中而自我解脱的意义。君毅有时亦称道德自我为形而上自我，为传统儒家所说的本心、本性。

(二)由接受现实世界以肯定道德心灵

君毅提出了“世界是怎样的?”的问题。之所以提此一问题，并不是如自然主义的哲学家一样，要由此而寻求对世界作自然经验性的了解，而是要另有所了解。此另有所了解是由他所注意到一般人以及不少的哲学家皆有以世界为幻象，为充满了凶恶、残酷而说的。我们所在的世界是否即是如此的世界呢?由所说的一般人和不少的哲学家的了解去说是如此的。由此一如此的而表示了他们对世界的疑惑：前者以为我们所在的世界不是真实的世界；后者以我们所在的世界不是好的世界。君毅并不要对由所说的“疑惑”而说我们所在的世界为何有所肯定或否定。为他所特别注意的是由此以显示的人的道德心。此如何说呢?君毅以为人之所以有所说的对世界的疑惑：以世界为幻象，以世界充满了凶恶、残酷，正是由于人有一道德心。此“疑惑”是源于人由人的道德心而来的不忍见到如此的世界而有。为什么此“疑惑”是源于人的道德心，而不是出于人的智解心，如笛卡儿所说的“我思故我在”(I think, therefore I am.)所表示的呢?此主要是由于笛卡儿的智解心（思想的我）是由人的智解的思想活动而表现，至于君毅的道德心（道德的自我）则不是由智解的思想活动而表现，而是由人的道德感觉去说，由此而表现了人的不能忍受一充满幻象、凶恶、残酷的世界。人的道德感觉是源于人的道德心灵。由道德心灵而说道德的自我，人有道德的自我。人在道德的自我的介引下而不断地追求实现人世间的良善。

君毅于肯定了人的道德的自我之后，进而说明此道德的自我是永恒的。此一说明主要是由道德自我—道德心灵与为此心灵所寓的人的身体的关系而为说。依君毅的了解，人的身体为人的道德心灵所借以表现人的道德生命的寓所；为道德心灵所寄寓的身体是有限的，道德心灵则是无限的。呈现于人的道德心灵之前的物质世界、社会事象是危殆不安、变化无端、生灭无常的，但人的道德心灵自身则是恒常不变的。人保存其身体的目的在于使人的道德心灵有所表现，身体是被动的，心灵则是自动的。

（三）人的精神表现

君毅在论述人的精神表现时特别指出：我们若外在地去看人，所见的是人物质性的身体；此物质性的身体要为时空所限。但若内在地了解人，所见的将是人的精神活动。此活动超越时空，而不为时空所局限。人物质性的身体一定要在一定的时间里、一定的空间中存在。故此身体要为时空所局限。至于人的精神，可超越任何特定的时空而表现，故其即不为时空所局限。人的身体与现实的社会、现实的事务相交织，但人的精神则可不如此，故人的精神可不为任何的现实社会、现实的事务所局限。

人的身体要藉物质性的滋养而维持，但人的精神可超越人所在的物质世界，故人的精神活动不是源于人的身体，而是源于超出人的身体的精神。

真正的人性是由人的精神活动而表现。此表现不是由人的身体机能而生，而是超于人的身体机能而有的表现。由此而说，人性是本善的；由此而说，人的精神活动不仅为善的价值表现，亦为真的和美的价值表现；由此而说，人性不仅是善的，亦是真的和美的。

人性既善，恶从何来呢？君毅对此问题的回答是来于人一念的陷溺。人一念的陷溺即为恶，人能自正其陷溺之念即为善。故善与恶互相对立。我们要去除恶念存养善念。不但如此，于去除恶念存养善念之后，并要实践善念。如何存善念、去恶念、而实践善念呢？君毅的回答不离传统儒家所说的诚意、正心、修身而为说；并以儒家此一说法有其永恒的意义，而不为时代所限。

3.“道德自我”的分别表现

君毅于以《道德自我之建立》一书以论述“道德自我”以表达他要建立的道德的理想主义的系统哲学的中心观念之外，另写了《文化意识与道德理性》一书，以说明“道德自我”的分别表现，由此而说明人类的文化活动皆当依于人的道德理性，亦即依于人的道德自我而表现，以完成他的道德的理想主义的系统的说法。君毅对此一说法，分别为后面八个项目以论述。

(一)家庭

西哲亚里士多德以家庭只是人类政治生命的一阶段表现。但君毅不如此了解。他不以家庭是人的政治生命的一阶段表现，而是人的生命的一目的所在，亦即家庭是道德自我的一分别表现。道德自我藉家庭而表现人的生活目的。君毅以家庭是由青年男女双方的爱情依于道德理性的介引而构成。家庭的中心是爱。为爱所表示的家庭生活本身即为目的而不是以之以完成人的政治生命的一阶段。祖父母、父母、兄弟、姊妹、儿女都是家庭的一分子。敬重祖父母、父母，关怀兄弟、姊妹，照顾儿女皆本乎爱。

(二)经济

君毅了解到经济的事，如生产、交换、消费等可独立于道德之外，但他以为所有经济活动应依于人的道德理性的自觉介引而表现，而不应离此而独自表现，亦即经济活动不应仅发自人的自然欲望，并为此欲望所控制，依此了解，君毅即以人的每一经济活动都不应违背人的道德理想，而要依于此一理性的了解而表现。

(三)政治

君毅认识到人有追求权力的欲望，及人追求权力的欲望对政治的影响。但他不以为权力欲望即为政治之得以构成的基本要素。他以为人的社会应本人的道德理性而建立。国家亦是如此。他以为依道德理性而建立的社会人与人会彼此关怀，彼此相爱，依道德理性而建立的国家国与国会彼此尊重，大家一起为维护和谐的国际秩序而用力；此用力最终的期待和最后的向往即在建立合于道德理性的世界家庭。

(四)哲学与科学

君毅注意到人对纯知识的追求与道德实践的不同。前者可独立于后者之外。但他以为在人建立了各类知识，如经验科学、形式科学，或应用科学知识和历史知识之后，人即应依于人的道德理性以运用此等知识，而不要违背人的道德理性去运用为人所建立的知识。君毅并以为人在追求所说的知识的历程中所表示正当而合理的心灵活动，即为人的道德理性活动的表现。

(五)文学与艺术

君毅以为文学与艺术皆为人求美的活动表现，此一求美活动与人求真的活动有所不同。由此而说美的涵义与真的涵义亦不同。但人在求美时亦表示了人要实现道德价值的意向。公正而不自私的道德心灵正在人的求美中显现，此显现表示了美与道德理性的结合；此为美最高层序的表现。

(六)宗教

君毅以为宗教不离人的宗教自觉而表现；人的宗教自觉源于人的超越自我的纯粹要求。因此，宗教自觉超越人的经验自我。若问，上帝与超越自我的关系为何？答案是上帝是超越自我的客观化表现；上帝与经验自我的不同何在？上帝是超越经验自我的绝对存在。人的超越活动源自何处？人的超越活动源于人的道德理性。

(七)道德

人的道德生命是人的道德意识的表现。君毅以自我意识皆为道德意识所涵摄。后者是所有文化活动的基石，前者则超越后者而涵抱后者。

（八）体育、军队、法律、一般教育

君毅只简单说及此等问题，而以其为人类文化活动的各别的表现。此表现皆应受道德理性的规范，以实现人的不同的道德价值。

君毅不仅以自己所建立的道德的理想主义的系统哲学为他个人的系统哲学，亦由此而说中国的传统哲学。他到香港后，与钱穆、徐复观、牟宗三等人一起鼓吹人文主义；人文主义不离所说的系统哲学而为说。君毅与牟宗三分别于香港和台湾成立了人文学会，与青年同学一起讨论人文主义。后来君毅并为此而写了《人文精神之重建》与《中国人文精神之发展》二书，他在鼓吹人文主义时并不仅以人文主义只为一种哲学理论，只作纯学术性的讨论，而是要以此去反对中国共产党人的辩证唯物论。他正如由道德的理想主义以说中国传统哲学一样，亦由人文主义以说中国传统哲学，并由此而反对中国共产党人由辩证唯物论的说法去否定中国传统的哲学；他于反对辩证唯物论外，亦反对泛科学主义或泛自然主义。他在任香港新亚书院教务长时并与钱穆院长一起标举人文主义为新亚的教育理念。

五、中国传统哲学的探讨、解释

在经历了二十多年的时间以从事道德的理想主义系统哲学的建立，及对人文主义的探讨与鼓吹之后，君毅转而从事探讨、解释中国传统哲学的工作。此一探讨、解释一方面要不违背历史事实，另一方面亦希望由此而使他所建立的哲学与中国传统的哲学更为相配合。故他以此为他所要做的另一件大的工作。他在经过了另一十多年之后，而写成了四大本中国哲学原论专著。现谨简介该等专著于后。

1.《中国哲学原论——导论篇》

君毅于此书中先论述“理”的六种不同的涵义：(1) 文理，(2) 名理，(3) 空理，(4) 性理，(5) 事理，(6) 物理。依君毅的了解，先秦时期思想所特重者为文理，魏晋玄学所特重者为名理，隋唐佛学为空理，宋明理学为性理，清代学者为事理，现代中国人在受西方思想影响之下所特重者则为物理。其次论述“心”的意义，此是仅由孟子、墨子、庄子与荀子对心的不同了解而论述：(1) 孟子的性情心或德性心；(2) 墨子的知识心或理智心；(3) 庄子的灵台心或虚灵明觉心；(4) 荀子的理智的统摄心或统类心。其三论述“名”与“辩”。前者主要在论述荀子正名与先秦名学三宗的不同涵义；后者则主要在分析《墨子·小取》论“辩”的不同意义。其四论述“言”与“默”和“辩”与“默”。此主要是对中国哲学有关语意问题的探讨，由此而说明中国传统思想除了由“言”与“辩”所表示的意义外，另有不为此“言”与“辩”而为“默”所不表示的意义。其五论述致知格物，此是以《大学》致知格物说为中心所作的论述。其六论述道。此只对老子所说的道作六种不同涵义的说明：(1) 虚理之道；(2) 形上道体；(3) 道相之道；(4) 同德之道；(5) 修德之道；(6) 其他生活之道，事物及心境人格状态之道。其七论述太极。此是以太极一观念为主导以论述宋明理学中无极、太极、理、气、阴阳、五行等诸观念的意义，及其与西方哲学中的上帝、心灵、理型、形式、质料等观念的异同。其八论述命。此是探讨由《诗》《书》时期直至清代末年于中国哲学思想中命一观念的各别涵义。

2.《中国哲学原论——原性篇》

此书是专就中国传统哲学思想中有关人性而有的论述。由中国人性观的方面开始，而按历史次序论述春秋时代、先秦诸子、秦汉学者、魏晋学人、隋唐佛学家、宋明儒者以及清代学者对人性的说法。并总论性的各种涵义、论性的不同观点，与中国性说思想的发展。于所说的论述中，君毅特别注意了中国传统哲学思想有关性的涵义与他所肯定作为他的道德的理想主义的系统哲学的中心观念——“道德自我”的涵义的不同。相对于传统对人性的涵义去说，他所肯定的“道德自我”只为有关人性的“性”字所表示的“忄”，亦即道德心的一面。于此外尚有为“生”所表示的一面。以传统所说的仁、义、礼、智皆为性所涵去说，“道德自我”只是有关仁的说法，于此外尚有义、礼、智的意义。

3.《中国哲学原论——原道篇》

此书是对中国传统中最基本和综摄性最广、关连性最大的道的观念作系统性的论述。论述由古代开始而下及于唐代各家对道的了解。此分为四大阶段：第一阶段为周秦诸子的道。于此一阶段的论述中，君毅先论述孔子仁道的涵义；其次论述墨子由义以说道；其三论述孟子的自下而上的纵通之道及自近而远的顺通之道；其四论述道家说道的三形态：(1) 慎到、田骈、彭蒙的顺物之势以外通的道；(2) 老子的由外通而内通的道。(3) 庄子的成真人、至人、圣人之道。其五论述荀子的人文统类的道，或礼义的道。第二阶段为两汉经子的道。于此一阶段中君毅论述阴阳家由晚周经秦至汉所发展出的顺天应时的道；其次为论述成就学术的类别与节度的道；其三为法天地以设官分职的道，和对人不同品类的才性的分类，以及对人物的品鉴的道；其四为道教的炼养精气神的道；其五为春秋学中褒善贬恶的道；其六为汉代易学象数的道。第三阶段为论述魏晋至六朝的玄学与文艺的道。其一为论述王弼融通《易经》与《老子》的玄学的道；其二为郭象于《庄子注》中所表达的玄学的道；其三为陆机与刘勰所表现的文学的道；其四为阮籍与嵇康、宗炳的艺术的道。第四阶段论述隋唐佛学的道。其一为论述成实论辨假实空有与中论的异同；其二为般若三论宗的二谛义与吉藏的中道义及佛性的各别主义；其三为智顗的判教的道；其四为法相唯识宗的佛学道路；其五为大乘起信论的佛学道路；其六为华严宗的判教的道；其七为宗密论神与禅宗的道；其八为湛然以后的天台宗的佛道与他宗佛道的交涉等。

4.《中国哲学原论——原教篇》

此书是《原道篇》的续篇。君毅本《中庸》“修道之谓教”说而名之为《原教篇》，而不以原道续篇命名。于书中除了论述宋明儒者对道的不同说法外，亦论述了宋明儒学的发展。其论述的次序分别为：邵康节的易学与心学；周濂溪由立人极以说太极；张横渠由明人道以合天道；程明道由无内外、彻上下以见天人不二；程伊川于一心中分性情、别理气；及以敬以直内，并以格物穷理以应外；朱子与陆象山论学圣人的方法；王阳明的致良知；阳明后学对良知的争论，及王学的派别；罗念庵的主静知止以感通；罗近溪的即生即身以说仁；东林学派的止于至善论；刘蕺山由诚意、静存、以立人极；王船山的天道、性命、人性、人道和人文化成论；事势的理在中国思想中的地位；三百年来中国哲学中“道”一观念的流行。

六、心通九境论的系统哲学

1. 小引

前节所说君毅对中国传统哲学的探讨、解释于不违背历史事实之外，亦有要使他所建立的道德的理想主义的系统哲学与中国传统哲学更为配合，以表达他所建立的系统哲学不仅是他个人了解的事，而亦合于中国传统哲学的意思。但他此一“亦有要”并未能如他原来所想的一样做到，相反地，在他探讨、解释中国传统哲学的过程中，尤其在写第二本书《中国哲学原论——原性篇》时，如前节所曾说及的，他发现到中国传统哲学人性说对“性”字的了解并不是如他借以建立他的道德的理想主义系统哲学的基本观念——“道德的自我”的了解一样。他的此一“发现到”使他严肃地再思考他所已建立的系统哲学与中国传统哲学及整个哲学问题。

中国传统哲学人性说所说“性”字的涵义与君毅所肯定的“道德自我”的不同，如前节所已说的主要在于中国传统哲学所说人性的“性”字并不能纯以之为表示人的道德心或“道德自我”，人的道德心的活动亦非全离人的自然生命的活动而表现，而是要与之结合在一起。又由哲学的了解去说，人可以由人的道德活动而肯定一“道德自我”，人亦可以由其他的不同活动以肯定其他的不同自我，而此不同的自我皆有活动。中国传统哲学虽特别重视道德，但不能以其只是人的“道德自我”的表现，而应以其为整个人性的表现，亦即整个人的生命存在的表现。不但中国传统的哲学如此，西方、印度以及整个人类的学术思想亦是如此。

君毅由于对中国传统哲学人性说的新了解，及对整个哲学的更进一步的了解，而即不再要以他所已建立的道德的理想主义的基本概念——道德自我去说哲学、去说中国哲学，而改由人性去说哲学、去说中国哲学，亦即由人性而说人的“生命存在”，由人的“生命存在”而说哲学。如他在晚年（临死前）所出版的《生命存在与心灵境界》一书所表达的。此是如何说的呢？此即以人的“生命存在”为先在，为哲学的基本概念，由此而说人的种种不同的心灵活动。于不同的心灵活动中分别出不同的观法。此即横观、顺观与纵观。又相应于不同的观法以说不同的所观。此即为心灵所观的对象。此所观或对象可或为体或为相或为用的不同表现。此不同的体、相、用并可为心灵所对的客观的存在事物，亦可为心灵自身的主观活动，亦可为超主客境界的心灵的向往。因此以不同的体、相、用三观相应于客、主与超主客三界即发展出心灵活动的九境：（1）万物散殊境，（2）依类成化境，（3）功能序运境，（4）感觉互摄境，（5）观照凌虚境，（6）道德实践境，（7）归向一神境，（8）我法二空境，（9）天德流行境。此九境由心灵依不同的观照而显，故皆为心灵所涵摄。九境中的前三境即为客观境。万物散殊境为心灵相应于客观事物的体所形成的境；依类成化境为心灵相应于客观事物的相所成的境；功能序运境为心灵相应于客观事物的用所成的境。其次三境为主观境。感觉互摄境为心灵自己反省主观的感觉活动所成的境；观照凌虚境为心灵自己反省主观的相的呈现所成的境；道德实践境为心灵自己反省主观的用的活动所成的境。最后三境为超主客观境。归向一神境为心灵超主客的有关体的向往所成的境；我法二空境为心灵超主客的有关相的向往所成的境；天德流行境为心灵超主客有关用的向往所成的境。

以上为对君毅“心通九境论”的系统哲学作扼要的说明。于后面我将再分别就所说的九境作各别的介述，借以展现君毅此一系统哲学较详细的说法。

2. 客观境界中的万物散殊境

客观境界是指为人的心灵所观照的一切客观对象。此对象可为散殊不相隶属独立存在的各别的个体。此各别的个体为我们经验了解的对象，亦即为人的心灵观照的对象。我们对此各别的对象可以有种种不同的了解或不同的观照以建立依此而成的知识。但不管我们怎样的了解与观照，我们都是以所了解或观照的为散殊而不相隶属的个体。有关它们的知识亦是散殊而不相隶属的知识。故称为万物散殊境。

在讨论万物散殊境中，君毅对万物散殊的名称加以解释。此名先见于《礼记·乐记》所说“天高地下，万物散殊，而礼制行矣”。因此“万物散殊”即指于天地间各别地存在着的众多个体物。此众多个体物为我们经验了解的对象。从常识的观点上说，我们可直从经验的领纳上去肯定各个体的存在。但在哲学上有关个体的意义为何，或个体如何建立，则有种种不同的理论。故君毅在论述了从常识中去了解个体的意义，并由此以述说一般的史地意识与史地知识之后，即进而疏论西方由柏拉图开始直至近代的哲学家对个体意义的不同说法。

依君毅的解释，柏拉图、亚里士多德、圣多玛斯（Thomas

Aquinas)、邓士各塔（Duns Scotus）等人对个体的了解皆是一种外观的了解。他们所建立的个体理论虽彼此不同，但皆以个体为一外在的了解对象而加以确定。此如柏拉图了解个体为理型与接受理型的特殊物的结合的表现，亚里士多德了解个体为形式与质料的结合的表现等。此一由外观而对个体的意义加以确定的取向，亦为中古时期的唯名论及近世以霍布斯（Hobbes）为首的唯物论所接受，并影响了后代如怀海特（Whitehead）所说的科学唯物论者——牛顿（Newton）——的观念。牛顿对物质的了解不尽同于柏、亚二氏，但仍以物质为个体所建立的依据。但此一由外观以建立个体的理论，并不完全为近代西方的哲学家所接受，莱布尼兹（Liebniz）对此一观点即表示了不同的意见。他以个体不能由外观而建立，因上述由外观而说的个体依他的了解皆不是真正的个体，即不是个体的究竟意义。究竟意义的个体是不可以分割的，而上述的个体皆是可分割的。不可分割而存在的东西只有单子是如此，故只有单子是究竟的个体，而此单子则不是由外观而得，而只能由人的内心的思辨上见。故君毅以莱氏由人的内心上以见单子为究竟的个体观为内观的理论。于外观与内观之外，君毅以由菲希特（Fichte），席林（Schelling）、黑格尔（Hegel）发展出来的英美唯心主义的柏拉得来（Bradley）、鲍桑奎（Bosanquet）以一般的个体非究竟的实在，而只是究竟的实在或上帝的一内容表现，只有上帝是绝对的自身，是真实的唯一个体的理论，为将相对的各别个体收摄于唯一的上帝的上观个体的理论。与此一上观个体相对抗的理论为下观个体说。此即为罗素（Russel）与怀海特所主由对心物的分析而去除传统的心之体与物之体的观念，而只存有事件，而即以此事件为最后真实的说法。事件不断在流变。故下观个体说以不断流变的事件为个体的究竟所在。

如上面所介述，对何谓个体西方哲学有不同的理论，但没有人真正要否认为人所了解的对象有为散殊不相隶属的个体存在。此个体可以为人观照或了解而建立有关的知识。君毅于评述前面所说各人的不同意见后，即进而论述“常在的个体物所合成之万物散殊之建立”。此主要是依于我们所见的“恒常之性相之相继呈现”以肯定“常在的个体物”的存在。由个体物的存在的肯定，君毅再进而论述我们如何可以由对个体的认知以建立一经验的自我，与经验的自我与超越的自我的不同，及由个体观以建立个体主义的哲学意义，及个体主义在知识上的意义与在道德上的价值及其限度所在等。

3. 客观境界中的依类成化境

客观的对象可以被了解为分殊不相隶属的个体，亦可以了解为相结成类的群体。此群体由个体相结合，但其被了解时人所关注的不再是个体的殊异性，而是个体与个体间的共相。各个体以它的共相而相结成类。

于各别个体之外是否另有在个体之上的共相独立地存在作为类的依据，在西方传统的哲学上曾引起了大的争论。各哲学家对类如何建立的问题亦有不同的意见。但存在事物可了解为依类而存在，人对存在事物的思想活动可依类概念而进行，人所用的语言亦可以有类的词语，人的生活依一定的习惯而过某一类的生活，都是明显而可为我们了解的事实。故世界万物除了被了解为散殊不相隶属的个体外，实亦可被了解为依类而呈现，依类而活动，依类而变化的群体，各群体又彼此关连而共成一依类成化的境界。

在讨论依类成化境中，君毅即依上述的观点先说明类与个体的不同。个体是就各别事物所呈现的不同性相，而以此不同的性相为事物所分别具有而成其不同的个体；类则不由各别物所呈现的不同性相上说各物的彼此不同，而是由一物的性相与其他物的性相相同处，而依此而了解凡具有此相同的性相的个体为类。故由类的观点去看世上万物，万物皆在类的贯串中，皆依类而存在。世界上没有任何的东西可离类而存在而可不归到类中。人的存在亦为一类的存在。人并依类而生活，依类而思想，用类的概念、名词去表达他所了解的事物。故自然宇宙与人类文化皆在一依类成化的情境中。但依君毅的了解，类亦有它的极限。此极限可分为上极与下极。上极为超越任何类的贯串的心灵活动，下极则为在万物散殊的世界中的一一个体。（心灵活动亦可以被类化而为类的一种表现，但它亦可为超越一切类的存在而类只为它了解的对象；相结成类的个体就它仅为个体去了解时，它即在类概念之外而为构成类的一始点。）

从类概念形成的程序上说，我们选取为我们所经验的对象所具有的不同性质而即以此为准则去建立不同的类的了解。但此为我们选取为准则的性质到底是什么，我们应对其有如何的了解，在哲学上则成为一争论的问题。故君毅在说明类的意义及其极限后，再进而讨论西方哲学由柏拉图起至中古基督教时止的实在论者对类的了解。依柏拉图的了解，作为类的准则的即为理型。故理型为个体物所依而成类的根据。此根据为先于个体物而存在，有层级的序系。亚里士多德对柏拉图的说法不完全同意，但亦承认有团聚个体而成类的客观存有。但此存有不能独立于个体之外而自成一界。唯有上帝是在一切个体之上而观照其自已的纯形式或纯现实。故依照柏、亚二氏的说法，作为类的准则的都有其客观实在的意义。中古基督教的哲学受柏、亚二氏的影响，以世界为上帝依照其神智中所存有的不同类型而创造，故受造物依类而存在，“各从其类”。故类亦有客观性。受基督教思想影响的中古时期的实在论者即继承此一传统，以类为依事物的客观性而建立。此客观性相有在各别个体之上的独自存在的实在意义。并以世界为由上帝所创造依类而变化的世界。

中古的西方哲学除实在论之外有唯名论。唯名论者对类的了解不同于实在论者。他们了解到类的重要，人要依类以了解世界。但他们不以为类的建立是依于在个体事物以上的性相。因他们不以为于个体事物之外另有作为类的根据的性相。依他们的了解，类只有名言的意义，没有客观实在的意义。类为依个体事物的相似处而建立。我们除了由不同的个体以了解各个体的相似处而建立类的了解之外，不能于各个体之外另说有作为类名依据的相似者。

于中古的哲学中，除了实在论与唯名论之外，另有概念论。概念论者对类的了解既不同于实在论亦不同于唯名论。他们反对在个体事物之外有普遍的实在作为类的根据。纯从此一观点上说，他们的见解与唯名论者相同。但他们不似唯名论者一样全以类为没有个体之外的根据而只是一种名称。他们以为类是由我们抽取众个体中的共同的性质而成。类不仅是一种名称，而是一种概念。概念不是个体之外的共相，于个体之外没有离个体而自存的共相。概念只是由各别个体的共同性抽象而成。

实在论、唯名论与概念论对此一有关类的依据的争论由中古发展至近世。大致上说，理性主义者对此问题的了解偏向于实在论的观点；经验主义者的见解则偏向于唯名论的观点。英国的经验主义者如霍布斯、巴克莱（Berkeley）、休谟（Hume）等人皆主类为一种名称，唯有洛克（Locke）的思想近似概念论。但君毅在此要分辨的不是所说三派对类的了解的是非得失，而在于指出：不管我们对类的建立的依据的了解如何不同，依类以观世界，以建立知识的事实皆不能否认。故我们有一依类以成化的世界。

于上述讨论之外，君毅亦介述近代西方进化论对类的了解。进化论者对此一问题的主要见解是否认生物种类永定不变的说法。现在我们所见的自然界的生物的种别，乃经历长时间的演化，即由原始生物逐步进化而来的结果，而不是一开始时即有一预先决定的类性永远不变地世代相传直至今日。

于介述进化论否认于生物界上有永远不变的种类说之外，君毅亦讨论现代的逻辑对类的问题的了解。依逻辑观点上说，类可自由构造。于构造时由于所选择的标准不同而可以有不同的类概念。由类的不同而形成类的层级。君毅由类的层级说再进而对现代逻辑数学类型论的基本涵义、数的原始意义、以类言数、及类概念与数概念的效限及其与感觉经验事物的关系等加以论述。于此后又再进而论述存在事物的存在意义及生物的出入于类与超类的问题，以及生命的依类成化与依类通达的思想生活，而归结于对“思想与生活之依类成化及知类通达，与依类知类而不相通达之思想与生活”的分辨。所谓思想与生活之依类成化及知类通达，即人依其思想的能力以建立类的概念，依此而思想而不为妄见所阻塞，而能见类与特殊事物的关系，类与类之间的关系，类的极限为何，作用何在等，即为知类通达的思想；相应于此思想而生活，即为知类通达的生活。至于依类知类而不相通达的思想与生活，即人本其心知的了解虽知类的意义为何，但常囿于其所知的一类中，而即以此去了解天下事物，其生活亦限于一定的方式之中以成其习惯，而不能通达于外，即为依类知类而不相通达的思想与生活。

从类去了解世界，世界在类的网罗中，人亦在此网罗中无可逃避。但依君毅的意思，我们若了解此网罗为何，即可帮助我们依此而成化，而过一种知类通达的生活。

4. 客观境界中的功能序运境

我们对客观的对象除了了解为散殊不相隶属的个体与因各个体所具有的共同性相而了解为类外，亦可由个体与个体间的关系或相互间的影响而了解它们的功能作用或因果关系。由后一观点去了解世界所见的即不是各别地独立而分殊存在的各个体，亦不是依各种不同的性相相结成群的类，而是众个体在一因果串系中，各依其特殊性而表现出各别不同的功能，与由此所显出来的功能序运的世界。

君毅以为世界事物受因果律所支配，依因果关系而存在，是常识上所能了解的事。我们不但以自然界为因果律所支配，亦以人生中的日常活动有一定的因果关系。人并常视“果”为人生所要得到的目的；“因”为达到此一目的的手段。人亦常从事于用某一手段以达某一目的的活动；亦从事探求在自然界或人生界中的因果关系。并常以探求所得的知识作为满足由手段以达目的的活动。因此，我们即可断定客观的自然事物与主观的人生活动皆表现了因果的功用。

从常识上说世界是一因果关连的世界是容易了解的。但从哲学上说，因果的涵义到底为何，则不是如此容易得到一定的结论的事。君毅在讨论功能序运境中除了依常识的观点去说明如何了解因果的关系或目的与手段的意义外，即进而介述西方、印度与中国传统思想对因果关系的不同了解，并依此以论述因果关系的意义，及由因果关系或目的与手段的观点所发展出来的功利主义的意义。

在西方哲学思想上首先明显地提出因果问题来讨论的是亚里士多德。他以为世界是依四因——质料因、形式因、动力因、目的因——而存在。故现实世界可以用四因去解释。四因又可归并为二因，即质料因与形式因。归并后的形式因具有了动力因与目的因的涵义。故世界依四因而存在，亦即依二因而存在，而可为二因所解释。二因一为形式一为质料，故为二因所解释的世界一方面是形式的，另一方面是质料的。依亚氏的意思，形式与质料并存，而不是后者归并到前者上去。亚氏的上帝并不创造质料，而是质料与上帝同为永存。此一思想发展至中古时期，圣多玛斯接受了亚氏的四因说，但改变了他以形式因等同于上帝的说法。因为圣多玛斯不但以上帝为形成世界的形式因，而更是一位创造世界的创造者。上帝既是世界的创造者，从因果观点上说，上帝既为世界的最后因，即世界依上帝而有。但上帝一经创造后即不任意加以干预，而是要它依自然律则，亦即依因果关系而存在。因此，因果观念由亚氏发展至圣多玛斯出现了两层涵义：一为宗教形而上的涵义；一为自然义或形而下的物理的涵义。君毅称前者为上观因果说，后者为下观因果说。在中古宗教思想盛行时所说的上观与下观皆受重视。但由中古至近代即有上帝与自然世界无关的说法。因上帝既然于创造世界后任由世界依自然律则而存在而不加以任意的干预，则以上帝为世界存在的最后因的说法即只有形而上的究竟意义，而对现实世界的解释为多余。近代思想所注意的为对现实世界的解释。故近代人所重视的即为所说的下因而不是上因。要由下因去充分发展出如君毅所说前观因果（由果以求因）与后观因果（由因以推果）的意义。哥白尼（Copernicus）、牛顿与莱布尼兹即皆为重视前观因果与后观因果的哲学家。他们并相信自然物质本身即具有彼此影响以成因果关系的能力。故因果关系不是于自然物之外另有所探求，而是即由自然物的本身上求了解。但此一观念为英国经验论者休谟所扬弃。休谟本他的纯经验主义的观点，否认人可以求得所说的能力的观念。他以为因果关系不能依对物的了解而客观地建立，而只可以有依于人的心理习惯而来的主观上的解释。休谟此说并不是要否认世界事物依因果关系而呈现。他所要否认的只是因果律则可以完全依照我们对客观事物的了解而建立，亦即他怀疑因果律有理性上或逻辑上的必然涵义。他以为我们只可以有依经验事实所得到的概然意义，而不能于有关事物中建立必然关系的因果知识。但康德不满意于休谟的说法，而要由人的先验概念上去肯定因果的必然关系。康德以后的德国唯心论者发展康德的先验说。黑格尔于发展中进而建立了绝对的唯心论。由绝对的唯心论的观念上说，因果关系为绝对心灵与其所表现的实在世界的一种关系。并以为此一关系可以得到理性上的充分说明。但此一以因果关系可以有合乎理性或逻辑的解释的见解为英国的新唯心论者柏拉得来所反对。他以为因果说不可以有理性上满意的解释。因为果所涵的内容与因的内容不同。理性对此不同不能有适当的答案。我们若强要对此不同求理性上的说明，必会产生种种违理的诡辩与矛盾。因此，于柏拉得来之后现代的哲学家如罗素与怀海特等人皆放弃纯由理性以解释因果关系的尝试，而遵循休谟的见解，以因果关系的问题为属于由经验事实上所确定的问题，而不能给与理性上的充分说明。

印度的哲学思想对因果关系的问题，依君毅的了解，亦有以此为一宗教形而上的问题的。此如吠檀多的宗教哲学即以梵天为世界事物之因，世界事物为梵天所生之果；亦有以自性或神我为世界的因，而可以给与理性上或逻辑上的解释的，此如数论；亦有以因果问题不可以有理性的解释而只有事实上的相承与相继的关系的，此如佛学由般若经发展为三论宗的说法。

至于中国传统思想对因果的问题则没有如西方或印度的思想一样有种种不同的争论。大致上说，中国古人皆以因果关系为一前后相承相继的关系，涵有自类相生的意义。此一关系或意义即为“因”“果”二字所涵的意义。依君毅的说法，中国古人对因果关系的了解为既合理性而又为经验所能证成的。

君毅于讨论西方、印度与中国思想对因果的了解后，进而疏论因果关系的涵义。他的疏论关连甚广，我于此不能细为介述。现只将其纲目列于后以见其大概：“因能生果之功能的消极的意义的理解与积极的理解的不同”；“前因为开导因之意义，及思想之存在中之逻辑意义与因果意义”；“一般事物之因果关系之逻辑性的意义，与经验事实的意义”；“建立形而上之功能，为现实存在事物之因，其存在意义，贯通统一意义，及与现实存在事物，互为因果义”；“因果关系中之可能、必然、与或然、概然，并总评东西思想之因果理论，以归向中国思想中以乾坤阴阳言因果之义”；“所谓物理学上之必然的因果关系与概然”；“物理学中之一刹速度，吸引力，与原子能等于光速中之平方之理解”；“因化果生之意义与乾坤之道及因果关系与目的手段关系”。

君毅由因果关系或目的与手段的意义，以论述“功利主义之人生态度及其限度”的要旨，在指出功利主义的人生态度为由重事物的功用的观点发展而来。持有此一态度的人对事物的了解皆就事物所表现的功用上说，而不是从事物所表现的性相为何或为何类的事物上说。由功用的观点影响而成的彻底的功利主义者所关心的只是事物所能表现的功用，以此为手段而求达到其所要求的目的，而所达到的目的亦可以再为手段以达另一目的，而至于永无已止的功利追逐，并以此为人生的目的。

君毅以为求功是人所不能避免的事。但人应了解到人的求功利的心有两个不同的方向：一为求己功的表现，以自己为中心的方向。人既以自己为中心而求功，即不可避免地要与他人相争，并视此相争亦为一功用的表现。若相争得胜，即增加了自己在社会上的名誉与地位，亦增加了自己的功能作用，以增进自己进一步相争的能力。因此君毅以为以自己为中心的求功方向必引致人对自己的名誉、地位、或社会政治的权力的无尽追求，以求更大的成功，以引起人与人间的更大的冲突与斗争。另一为求社会大众的功，以整个人类的福利之得以表现为中心的方向。人既以大众的功为功，他即不在成就个人的功名，他所存心的亦不是个人的成就的功名心，而是要成就大众的福利的功德心。君毅以为此即英国的功利主义者边沁（Bentham）与穆勒（Mill）所主的功利主义的方向，亦中国墨子兼爱说的方向。此一以大众的功利为主的方向，它要求达到的是大众的功利，但他之所以要求此功利则不是由功利而来，而是由关怀大众的福利的道德心而来。但此道德心的活动只在肯定人人应得到共同的福利的表现上。至于有关如何成就功利的问题，则仍是由功利的观点上说。故由重事物的功用而发展成以大众的福利为主的功利主义，它所见的世界与所用心的仍是一切能序运的世界。但它能于了解如此的功能世界外肯定一在菜单现之上的道德心灵的活动。此一肯定超出了以世界为一因果关系的世界之外。故此一肯定亦显示了功利主义的人生态度的限度。

5. 主观境界中的感觉互摄境

主观境界是指人由反省上所见及的一切内心活动的现象。此现象在人的反省中亦如前面所说的客观境界中的对象一样呈现于人的心灵之前，成为人的了解的对象。人的反省活动亦是一种心灵活动。心灵有种种不同的活动。在此处所说的心灵的反省活动所了解的不是如前面所说的客观对象，而是收摄了前述的客观对象于其中的主观心灵现象。

由主观境界所见的人的心灵活动有种种不同的现象。我们可对各种现象作反省的了解，以显示心灵活动的不同表现。在“主观境界”中首先为君毅所论述的是心灵的感觉活动，即感觉互摄境。所谓感觉互摄境即人依感官而成的种种活动所表现的境界。于此种种活动中人将一切为感觉所见的对象收摄于感觉的心灵之内，而为感觉的心灵所统摄。此为某一人的感觉心灵所统摄的对象亦可为其他的人的感觉心灵所统摄，而心灵与心灵之间亦可以互相统摄。故由人的心灵的感觉活动去了解世界，世界即成为一感觉互摄的世界。

从常识的观点上说，人有感觉心灵的活动，人的感觉观念皆由此而来，此等观念包括所有的感觉对象，别人的心灵活动亦成为所说的对象之一是没有问题的。但此一常识的了解是一种未经批判的了解。感觉的心灵活动经过了进一步批判的了解之后，即产生了有关感觉心灵活动的哲学上的问题。故君毅于对感觉心灵的活动作了一般性的说明之后，即进而讨论感觉心灵的活动的哲学问题。

第一个有关感觉活动的哲学问题是事物与感觉的关系的问题。事物的存在需依靠人的感觉而呈现。我们说有某事物，该事物必为能呈现于我们的感觉经验中，作为我们所说的依据。若该事物永远不能为我们所感觉到，则即无从说有该事物。由此一观点上说，所有可感觉的经验事物，应皆在我们所可感觉的经验中。我们不能说有于感觉经验以外的事物。此即英国经验论者巴克莱（Berkeley）所说“存在即被知觉”（To be is to be perceived），于知觉之外不能有存在的主要论据。此一说法在巴氏之后曾引起很大的争论。摩尔（G. E. Moore）曾由常识的观点去维护实在论的立场。他反对巴氏“存在即被知觉”的说法，而主张于感觉之外有事物。事物可离主观观念而客观地独立存在。但摩尔以后的史蒂斯（W. T. Stace）又纯从逻辑的观点上去维护观念论而驳斥摩尔实在论的说法。他以为我们说有不为人所知的存在是逻辑上自相矛盾的。因既“不为人所知”如何能说存在呢？君毅对此一问题的见解稍为偏于巴氏的观点，但不限于主观观念论的说法。他先接受“所感觉”不能离“能感觉”的观点。故凡被知的事物皆由知上说。至于有关实在论者有不被知的事物的说法，君毅的答复是如所说不被知的事物是原则上可知的，则其仍在知的范围内，如说其为一潜有而不为人知，则知事物之能知亦应有一潜有以知此未被知的潜有。故所有事物皆应在人的知中，亦即在人已有或可有的感觉统摄中。

西方近代哲学曾由主观观念论发展出唯我论。唯我论的要旨是：我们所知的既只是个人的主观观念，于此外无所知，则我应只知我的存在，只知有我而不知有其他，因为如我们不能离开感觉观念而说事物的存在，而我所感觉的只是我的观念，则我只能肯定我自己的存在而成唯我论的说法。但君毅对此一说法不能接受。他反对的主要论据是：事物不是由人的心灵所创造的，而只是随心灵的感觉而呈现。故它们虽不能说外在于人的感觉，但不是由人的感觉而生；既不是由人的感觉而生，故它们为外于人而只为人的心灵所感觉的对象。又为人所感觉的外在对象不仅是物而亦有他人的心。对“他心”的肯定在哲学上亦曾有种种争论。但君毅只采用为一般人所接受的模拟推理说去肯定他心的存在。我由对我的身体的种种活动而反省有我的心灵的存在，故我可以用模拟推理的方式由他人的身体所表现的种种同类活动以推定他人的心灵存在。

除了上述有关感觉互摄世界的问题的讨论之外，君毅再进而讨论下列较为专门的问题：(1)“感觉与机体之活动及身心问题”，此是有关感觉如何在有机的生命上表现，及如何从有机的活动上去分辨身心的问题。(2)“心身与感觉之生起之关系”，此是有关感觉活动既是生命的活动，其与身体与心灵的关系属于怎样的一种关系的问题。(3)“体相之别”，此是有关感觉是对物有所感觉，但为我们所感觉的物除了呈现于我们感官之前的形相之外，是否另有物之体的问题。此诸问题在西方的哲学上皆有很专门的讨论，君毅由此等讨论而来的引申论述更为繁复。故除了对（3）略加以讨论作为后面所要说及的问题的接引外，对（1）与（2）不拟作详细的介述。

在西方古希腊与中古时期“体相之别”问题为哲学上的一个重要的问题。当时的哲学家或神学家对所有存在（being）皆要从事一种“体相”的分辨。但此一对存有的了解经中古至近代则有了大的改变。近代的理性主义者曾由理性的了解上对体相的问题作进一步的发挥，但经验主义者则由经验知识的观点上去否认有一完全无经验依据的本体观。康德继承二者的说法另提出了物自身（thing-in-itself）的说法。大致上说，康德以后，西方的哲学多已扬弃了传统的本体观。君毅所说的“体相之别”不是要再肯定西方传统的本体观，亦不是要采用康德或康德以后任何一家的说法，而只是要指出：我们所感觉到的任何一物的种种形相皆由一“统一之中心”发出的事实。此“统一之中心”不是西方传统哲学所说的“物之体”，但它既是发出种种形相的中心，它即可以被了解为种种形相的依据所在。此依据所在与由之而发出的种种形相即有一体相的关系。因形相必有所依据然后有所发出，各形相既皆发于一“统一之中心”，则此中心即应被了解为发出此各形相之体。但君毅虽以为“物之体”可以由一“统一之中心”上说，但他亦注意到由此中心发出来的各形相彼此不同。各形相既彼此不同，此不同的形相如何可以由一共同的“体”上发出来呢？此即成为一问题。由对此一问题的探讨，君毅乃有在不同的情景之下“能观体”与“所观体”所显现的形相的相对性的论述。（有关此一问题的论述亦较为专门，故于此亦不多作介述。）

由种种形相皆由一“统一之中心”发出的事实，而以“形相”与“中心”相对即有“体相之别”的问题，但我们若不由二者相对上说，而注意所有形相皆表现于时空之中，则有时空的意义为何的问题。

有关时空的问题在西方哲学上亦有不同的理论。牛顿以时空为绝对的，所有事物皆在此绝对的时空上展现。但莱布尼兹反对牛顿的说法而以为我们不能于事物之外说时空，时空即由事物的关系上说而成其相对的时空说。康德不同意牛顿的观点，亦不采取莱氏的说法，而另从直觉上说时空，以时空为直觉的形式。君毅以时空为属于感觉互摄境内的事，由感觉去说时空，其说近似康德。但他不采取直觉形式的说法，而是改由人的能感的心灵的连续表现上说时间，心灵于无感时所显的虚位上，或人伸展人的感觉于物体之外而显一与物并存的虚空处说空间。

空间由感觉上说，广义的感觉不限于人才有。因此君毅乃进而说“广义之感觉与空间性为一切存在之物所同具”，以证成他所说的“感觉互摄”的观点：“人首自觉其感觉所对之万物散殊之世界，乃为此能自觉其感觉之心所统摄，而更视一切客观的万物，亦各为一感觉主体，能互相感觉以相摄，而相互呈现者。”但物虽有广义的感觉与空间性，人与物的感觉并不全同，而是有等级的分别。人知有三度空间，物则不能知。此一等级的感觉之知为人不同于物的一重要所在。君毅对“时间三相与空间三相之对应”、“时间之一度与空间三度之必然关系”即依人物此一不同的感觉之知而说。于此外又将时空关连到“个体、性相、类、及数”的问题去讨论，并申论“功能、因果关系与时空中之次序关系”和“由个体、性相、类、数、及功能、因果关系、与三度空间之必然关联”等问题，并“总述时空之性相之依于感觉与自觉反观中之虚位而立，而属于此感觉互摄境”，而以“感觉互摄之行为与生活”作为归结。有关此诸问题的详细内容，我在此亦不拟再多介述，要稍多说几句以结束所介述的是有关“感觉互摄之行为与生活”的意义问题。

依君毅的了解，感觉互摄的行为是人的自然欲望的表现，人并且可以不自觉地模仿此表现而成风俗以规范人的生活。除人的感觉互摄外，如前面所已指出，物亦相互感摄，“广义之感觉与空间性为一切存在之物所同具”。但亦如前面所已指出，人与物虽皆有感摄，二者所能有的感觉的知则不同。物的感摄乃物质性的自发表现，不具有任何自觉的目的，而只是一种求存在的自然适应的表现。人则除了由自然生命的感通而互相适应以过群体的生活之外（亦即人类社会除了依于无生物，与其他生物同有的与境相感摄模仿而行，以使人类社会生活成为一自然生活之外），人更可以由感觉之知而开展上面所说的知识，并可以有自觉的道德生活，人可自觉地形成道德人格而不为自然的感摄所限。但道德的问题虽不能离感觉而有，亦不全是属于依感觉互摄而表现的生活，而是要有下面所介述的由“观照凌虚境”所显示的道德理想，和由道德实践的理性而来的具体表现，然后才有道德的生活。纯就感觉互摄的意义上说，由感觉而来的生活只为如前所说的一种依自然生命的感通而与人互相适应的和谐生活。

6. 主观境界中的观照凌虚境

于论述由心灵的感觉活动而见的感觉互摄境之外，其次为君毅所讨论的为心灵的理解活动，由理解活动而见的观照凌虚境。

由理解活动所见的为人的纯粹的知识或纯粹的学术文化的意义。此意义为依于人的理性的表现而来的纯概念活动，而可不指涉经验事物。因其不指涉经验事物故其不是对客观对象的个体事物或类或功能的了解，如前面由第一至第三境所说的有关客观境界的了解，而是对由人的主观心灵的内在活动所表现的概念的了解。故其与感觉互摄境同为属于主观境界。其与感觉互摄境的不同，在于它不是由对感觉活动而来的了解，而是由对理解活动而来的了解。此了解可遍及于人类学术的各方面，但君毅在此篇所论述的只限于语言文字、文学、艺术、数学、几何学、逻辑与哲学等的意义。由对此等意义的了解以展示一依理解而显现的纯意义境界，并以此去说明观照的人生态度。在后面我将对此诸义依次加以介述。

有关语言文字为理解活动的对象的讨论，君毅首先说明的为语言文字表示各种不同意义的功能；其次指出人初用语言文字只是以它们为表达人的思想活动的媒介。但当人的思想藉语言文字表达出来之后，此所借以表达的思想即可以客观化而外在于个人，而为所有人所了解的对象。因此其有独立于个人之外而具有普遍而客观的意义。此一意义即为人的理解的对象，而属于观照凌虚境内的事。

语言文字如何可以表义，在西方的语言哲学上曾有疑难。但没有人要否认人有用语言文字以表义的事实。对于“如何”表义一问题，君毅以为表义是出于人的自由赋予和约定的活动。人借此以表达他的内心所想的事。故语言文字只有媒介或桥梁的作用。其所表的意义可以不断地增加，与不断地改进，而有生长与发展的活动表现。为语言文字所表达的意义只是藉语言文字而显现，而不即是语言文字本身。但人必须由对语言文字的了解才可见到它们所表示的意义可在语言文字之外，而为人所观照若凌虚而自存。

语言文字可表各种不同的意义，故它们有不同的功用。例如文学的语言与科学的语言的功用的不同，或说理的语言与表情的语言的不同等。文学旨在烘托一意境而不在论述事物的本质为何。故文学语言的功用不在从事判断以辨真假，而在抒发感受以显示意境。意境不涉及实际的事物为何，故没有科学所要了解的客观意义，但它有自己的意义而为文学的心灵所观照。艺术可以与文学分开而自成一科，但与文学同为表现意境的事，而不是要求了解事物的真相为何。由艺术所显示的意义亦可超越于艺术作品之上，故它亦可以离具体的艺术品而存在而为观照的对象。如艺术为音乐，音乐的意义亦可超出声音之上而另有可为人的艺术心灵所观照的意义。

数学之所以亦为属于观照凌虚的事，因为数学亦为人理解的对象。数学中数的观念可了解为始于人对具体事物的认识。人由对具体事物的认识而有观念。但只有此观念不即是数。由观念转成为数需要人的心灵依照一定的理解规则去形成。例如对自然数的形成，以及由此而发展出负数、分数、小数、乘方数、开方数、虚数、代数、函数、无理数等。人本理性的活动构造成一数学系统后，在此系统中数的关系为必然的关系；此关系超出人在实际经验上所了解的事物之外，而只为人的理性了解的对象。

数既只为人的理性了解的对象，故我们不可以说它为依于客观的现实事物而存在，亦不必说它为超现实而自存，或说它纯为由人的主观建构而成。此等说法皆有不易克服的理论纠缠。为了去除此不必要的纠缠，而只就心灵的了解上说其性质为何，数实为人依理性的活动而建立，为人理解的对象。当一数学系统被建立后，即内在地存有必然性，而不可任意改变。就此一系统建立的过程上说，它有理性的综合活动的表现，但就建立成为某一系统的内容上说，它是理的连结，亦即它的关系为必然关系。故对数的了解为一种分析的理解。

几何学为有关形量之学。不同个体的特殊形量为经验感觉的对象，依散殊的个体而显现，各别地占一定的空间位置，并在一定的时间上呈现。但人对呈现于一定的时空上的不同形量亦可将它们与任何特定的时空以及具体的事物分离，而成为抽象的概念，而超越于任何特定的事物与特定的时空之中。人亦可以纯依于人的理性的了解而构造出纯粹的形量概念，如点、线、面、立体、三角形、圆形、方形、球形、立方体等，并进而设定公理、开展命题，展示其相互间的关系，以建立几何学的系统。当一系统被建立后，它亦如数学的系统一样有相应于其自己而成的内在的必然关系。此关系不是人原先所能完全了解，亦脱离客观的经验现实与人的主观的知觉而独自存在，而成为人的观照的理性所对，属于观照凌虚境内的事。故就几何学的建立过程上说，亦如数学一样，有理性的综合活动的表现。但就它所已建立的系统上说，系统中的关系为必然的关系。此关系为人的观照的心灵所对，而只可以作分析的理解。

逻辑为一形式的科学。就逻辑所依以建立的概念上说，可以与经验事物有关。但就概念是由对经验事物的抽象了解，再外在化为名词而成为建立逻辑命题的成分上说，它即脱离了它的经验依据，而成为逻辑学上的一成素。由名词或概念而建立的命题更可与经验事实无关，而成为一可指涉经验事物但亦可为无指涉而只表名词与名词、或概念与概念之间的关系的陈述。由命题的主谓词的两项关系，或关系词间的各项关系开展成的项的演算系统，或由命题与命题之间的关系而开展成的命题演算系统更可与经验事物无关，而成为纯形式的关系。它所表示的意义亦为逻辑上的形式意义。如数学与几何学一样，它可被用以解释经验世界，但它本身为超感觉经验事实而存在，而为人的理性依照一定的规律及所已接受的概念而建立。当它被建立了之后，它亦相应于所建的系统而形成了系统内在的必然关系，而为可以依一定的规则以从事推理的形式科学。此科学亦只为人理性了解的对象。故它亦为属于观照凌虚境内的事。

有关逻辑真理是一种怎样的真理的问题，在西方哲学上曾有不同的意见。莱布尼兹曾以此为一超越的普遍真理，对一切可能的世界都有效。罗素早年亦持此一意见，但后来则放弃了此一见解，而大致地接受了休谟的说法。休谟以形式科学（包括逻辑与数学）只是表示观念与观念间的关系，而不是表示一超经验的客观真实。因它只是表现观念与观念间的关系而与现实事物无关，故为非事实的；亦因它只表现观念与观念间的关系，故不能离此关系而另说超越的存在。现代西方哲学家对逻辑的了解，大致上说，即受休谟的影响而以逻辑真理只是对逻辑概念、名词的规定，对若干公理与推理规则的设定而展示的形式关系，而不能同意莱布尼兹所说超越的真实的见解。

就一已建立的逻辑系统所表现的必然关系的意义上说，我们对此意义的了解是分析的。因由对一主谓式命题的主词或谓词的了解可以必然地推定其相互间的涵义为何，由一关系式命题的一项的了解，亦可必然地推定其他项的涵义为何；由一推理式的前提的肯定更可必然地推定它的结论为何，故此为分析的了解。但正如对数学与几何学的了解一样，若就逻辑的建立上说，则它是人依理性而来的综合活动的表现。

以哲学为属于观照凌虚境内的事是就它所表现为抽象的了解上说的。此一说法并不涵有以哲学只属于观照的事而与实践无关。就君毅的《生命存在与心灵境界》一书的中心观念上说，哲学的最后归向正在实践。

以哲学为一种观照的学问，首先可以从它与其他专门的科学的不同上去了解。各专门科学皆有特定的对象。它们所探求的是在其范围以内的专门知识。但哲学的了解则不限于任何特定的对象之内，而是依据一些基本的普遍概念以从事对整个宇宙和人生的了解。于此了解中融贯了人由专门的研究而来的知识，使其成为观照之用。

所说的基本的普遍概念不是由现实的存在事物而来，而是由人的理性的抽象的了解而建立。因此人的理性的抽象了解如不同，所建立的基本的普遍概念亦不同，由人的理性所建立基本的普遍概念既不同，依此而建立的哲学系统亦不同。由此一观点上说，我们可以有多种哲学系统，而系统与系统之间可以彼此相对立。各系统与现实的存在无必然的关系。

人的经验知识是依于一定的方式而建立；人的思想活动亦遵守一定的理性法则。此依一定的方式而建立的经验知识与遵守一定的理性法则而成的思想活动被收摄到依于不同的基本的普遍概念而建立的不同的哲学系统中去时，它们即随所在的系统而表现了不同的意义，但各不同的意义同为人的哲学的心灵所了解而成为观照的对象。

对有关所说的“哲学系统的意义”应如何了解，在西方的哲学中曾有不同的意见。有人以为哲学的真理是独立自存的，但亦有人以为我们不能离开现实的世界而说自存的哲学真理。从观照凌虚境的了解上说，哲学的真理并非离开现实的世界而自存，而只是超越经验事实而被了解或被观照。所说的超越是就其为抽象的了解对象上说，而不是说我们可以有在观照心灵以外而独自存在的哲学真理。

有关哲学系统的内涵与建立的经过问题，其与前面所说的数学系统或逻辑系统有相似之处。即就它已建立成为一系统而求对其了解上说，此了解是分析的。但就哲学的观念是属于存在界而亦始终为要对存在界作解释，并常与经验事物相连结上说，则它并不是如数学、几何学或逻辑的系统一样，有纯形式的表现。至于就哲学的建立的经过及它要继续不断地开展以求对经验事物作解释上说，则它是一种综合的表现。

观照的人生态度是依于人的观照心灵而说的。人的观照心灵可对前面所说的语言文字、文学艺术、数学、几何学、逻辑、哲学等从事观照的了解，亦可以观照的态度去看人生而过一种观照式的生活。观照的了解是一种超越的了解。它超越现实的事物，而只用心于抽象的概念，以观照其间的相互关系。观照的生活不着意于现实的生活，超脱为一般人所遵守的生活方式，而反观冥想为其所向往的生活境界。人不能没有观照的了解以成就观照的知识，而出入于纯理论之中，而与真善美的意义世界相契合。而所谓观照的生活亦在此契合中显现。在人类的历史中有不少的人生活在所说的意义的世界中，亦即生活在观照的境界中。西方的柏拉图由对理型纯意义的了解进而使此了解与生活结合，即为最能将观照的知识表现于生活上而成其观照的人生的人。在中国哲学家中最能显示一观照的生活态度的人为庄子。庄子所展示的“逍遥”“齐物”的意境不同于柏拉图的理型说，但他对“逍遥”与“齐物”所作纯意义的了解，并使此了解与生活结合，同为最能将观照的知识生活化而引导人由现实而入于超越的人。

7. 主观境界中的道德实践境

于论述由心灵感觉活动而见的感觉互摄境，与由心灵的理解活动而见的观照凌虚境之外，另一为君毅所讨论的为由心灵的道德实践活动而显现的道德实践境。感觉互摄境、观照凌虚境与道德实践境同为主观境界。后者与前二者的不同主要在于彼此的依据不同。感觉互摄境的主要依据是人的心灵的感官活动，观照凌虚境的主要依据是人的心灵的理解活动，道德实践境的主要依据则是人的心灵的道德理性的活动。

道德是人依道德理性而表现的生活，是人的道德心灵的一种创造活动。在客观的世界中没有道德。客观的世界只是人表现道德的所在，而不是道德。道德既不是世上现存的事实，人要成就道德即要本人的道德理性的要求在现实的世界中有所行为。此行为不是如感觉活动一样要对现实世界有所感知，亦不是如理解或观照的活动一样要对现实的世界作抽象而纯意义的了解，而是自行立法，显示作为道德生活的规则，使客观现实的世界在人的生活活动上顺从人的道德理性的要求而展现一在现实世界之上的道德世界。因此，道德心灵的展现常与现实世界处于对峙的地位，即常见到现实世界或自己的生活有欠缺，而要求改进，而不是如感觉的心灵或如观照的心灵一样，不管现实的世界为何，自己的生活为何，皆要有所感知，或皆作一观照的了解。由于道德心灵所见到的现实世界与自己的生活常有欠缺，而要求改进，故道德生活为一种主动的实践生活，而不是被动的感知或静态的观照的生活。因此人从事道德的生活即永远在改过迁善之中。

道德生活是不断地要使善得以呈现的生活。善与现实的世界相对峙，故道德生活亦与现实世界相对峙。作为道德生活的依据的为道德理性，与现实世界相连结的为人的欲望。故道德生活与现实世界的相对峙即成为道德理性与欲望的相对峙。此即中国传统思想上所说的天理与人欲的对立。此为道德生活上不可避免的二元对立。此对立用宗教的语言去表达则为上帝与魔鬼的对立。

以上是就心灵的道德实践活动以说明道德生活的意义。至于有关道德生活的困难问题，君毅有“道德生活之成就中之障碍”的论述。所谓道德生活的障碍，实即是在前面所已说及的“现实世界”或“人欲”与“道德理性”或“天理”的相对立而来的对道德生活的实践的妨碍。此妨碍与生俱来。故人要对其细为分辨。此分辨从个人上说为天理人欲之辨与义利之辨，从国家的政治措施上说为王霸之辨。天理人欲之辨为个人道德生活之始，亦为去除障碍之所依。但除了圣人之外，我们并不能完全由此而去除所有道德上的障碍，过纯粹的道德生活。此障碍与现实的生活相结合产生种种的困难；人的欲望更有各种形式的表现妨碍道德生活的实践。因此人要胜过此障碍而过道德的生活即要不断地以理胜欲，亦即对欲望常有所克制。故儒家要人时常“克己复礼”，常要以其“大体”去主宰“小体”。

妨碍道德生活的实践有种种不同的障碍，去除此障碍亦有种种方法。但为君毅所特别注意到而加以讨论的一种障碍为人的自我封闭于某一类生活之中，并以种种理由去维护此一封闭的生活而来的障碍。此一以理自封的障碍更不限于某一形式。依君毅的了解，前面所述各境中所展示的自我意识、类的观念、因果关系、手段与目的的观念、感觉世界中的时空观念、观照世界中的文字、数学、几何学、逻辑与哲学等皆各可为人所执持而自我封闭于其中，而成为道德实践生活中的障碍。

去除各种障碍以成就道德生活的方法可因各特殊的障碍的不同而不同。但作为每一方法的根本依据的即为自觉地提撕其道德心或良心，然后再本此心的合理要求以讲求去除障碍的方法。人有道德心或良心，此道德心或良心并发出合理的要求，是不可否认的事实。人有道德的生活亦是一事实。人的道德生活是由此道德的要求而来的表现，社会的秩序、国家的法纪亦是依此而建立。我们不能说人只有道德心而忽视了人的其他心理活动，但人亦不能否认人性中有善，人有道德理性的活动与道德生活的要求。但君毅论克服道德生活中的障碍则不只由个人的道德心或良心的要求上说，而更从他人有共同的道德要求与人格世界的存在上说。

于我之外的其他人如何说有道德要求是哲学上一争论的问题。但在常识上则可为人所承认。我们亦可以依前面所曾说及肯定“他心”的方式而肯定他人的道德要求。君毅对此一问题的说法，即接近常识。他由“人与人之同情共感互助”以肯定他人之存在与他人有道德生活与合理的要求，又由他人有道德的要求以说个人的道德生活之得以扩充，及由个人的道德生活为个人的道德心灵的活动表现，而推论他人的道德生活亦为他人的道德心灵的活动表现，由此以肯定一人与我以及所有的人的心灵世界，并由各不同的心灵所成就的道德生活、道德人格，而说“道德世界”、“人格世界”及“真实的客观存在之世界”。

人在本人的道德理性的要求而生活时，即表现了人的道德人格。但高尚的道德人格常与障碍不离。故要树立更高的人格必须克服更多与更大的障碍。君毅在论述前面所说道德人格世界之形成后即本此一意义而再论述“道德人格之树立历程中之艰难”。

从理论上说，“道德人格之树立历程中之艰难”与前面所说的道德生活中之障碍是同类的事。故为君毅所申述有关的艰难亦即或为道德心灵为习俗所限，或为欲望所拘等障碍上，对此等障碍的克服亦在于人的道德心灵之自觉与由自觉中而感到种种不合道德的事之可“愧耻”，由此而再肯定自己，建立自信心，以求道德人格的建立上。但人格的建立不是一时可以完成，而道德生活常在迁善改过中。因此“道德人格之树立历程中之艰难”即有层次上及性质上的不同。

人只顺从欲望而生活而不理会道德良心的要求是不道德的事；人有小善即囿于其中而矜持傲慢亦为道德的障碍。故道德生活不能麻木，不能封闭自限，亦不能僵化。不麻木故要常警省，不封闭自限故在理论上要有所汇通，不僵化故要使所信守的能与自己的生活相配合。但此等只是在道德人格树立的历程中所要经历的事，而不是最后的阶段。因此等不是在道德理论自身上有冲突而有不可解答的障碍。但人在道德生活上所遇到的障碍，除了在理论上可得到解答之外，亦有在理论上得不到完满解答的。如忠孝不能两全、仁义不能兼顾等即是如此。人在遇到所说的不能“两全”与不能“兼顾”的问题时，除了自我牺牲之外，没有其他解答的方法。此牺牲可能要舍弃生命，要由对生命的牺牲中去树立更大的道德人格。孟子称此为“所欲有甚于生者”或“舍生取义”的牺牲。此为树立道德人格所面临最艰难的事，亦是道德人格最后的完成。

论道德生活的意义、道德障碍的去除，与道德人格的完成是展示道德实践境的理论的主要意义所在。其他的问题皆配合此等意义上说。但君毅在从事上述论述之后，再回转来讨论“道德生活之无外在目的与功利心习之辩证发展”，“道德生活中之必然、实然与常然”，“或然、假然、偶然、实然、定然、必然诸观念之根原，及逻辑理性、知识理性、与道德理性之合一，及当然与实然之合一”。此一回转的讨论对道德生活的本质，现实生活的可道德化，及逻辑理性、知识理性、与道德理性应有合一的表现作了补充的说明，但大旨不出前面所已讨论的涵义之外，故于此不再多作介述。

8. 超主客境界中的归向一神境

客观境界是人的心灵相对于客观的对象时所显的或为散殊的个体，或为类的表现，或为个体与个体之间的因果关系；主观境界则是人的心灵反省其自己的活动时所见的或为感觉互摄，或为观照凌虚，或为道德实践；至于现在所要介述的超主客观境界则既不是由客观的对象所呈现，亦不是依于主观的活动而形成。此境界不系属于主客、不在主客之中，而是超主客的向往，在主客之上要求一统一主客于其下的绝对境界。此境界没有感觉经验或理性思辨上的确定证据，但有心灵内在的真切要求，而为人不能安于主、客观所展示的前述诸境界中而来的不可不有的表现。东西方的哲学与宗教思想皆曾依此一表现而有不同的观念，而给与不同的名称，如天、帝、上帝、涅槃、梵天、真如、太一、绝对、完全、无限、永恒者等。此诸名称所具有的意义不完全相同，但同表现了人的超越的要求。此要求既是超越的，故不可以有实指，亦不可以有确定的理解，但可以有种种想象与譬喻式的烘托与描述。由烘托与描述中去呈现一由宗教皈依或道德实践或哲学的探求上所显示的超越境界。

归向一神境是由西方人顺着他们心灵的超越的向往所逐步发展与显示出来的境界。此一发展可分别追溯至古希腊与希伯莱。希腊文化与希伯莱文化本很不相同；但二者分别地或由哲学思辨上或由宗教信仰上形成了一超越的上帝观。希腊思辨的上帝观可追源到早期的宙斯神、命运说、自然宇宙论的实体观、太一说等，但在思想上发展成为一完全思辨的上帝观，则要到柏拉图与亚里士多德才完成。至蒲鲁泰纳斯（Plotinus）而有神秘主义的上帝观出现。至中古时期此上帝观与希伯莱的宗教信仰的上帝观结合，而成为西方人超越向往的所在。

希伯莱的宗教信仰的上帝观则可追溯至犹太人早期的民族英雄耶和华。耶和华本为一善战的英雄，死后成为战神。旧约时代演变为犹太人的氏族神。新约时代，耶和华与耶稣及圣灵被信奉为三位一体的上帝。至中古时期，希腊思想与希伯莱思想互相结合，宗教信仰的上帝亦与希腊思辨的上帝观结合。因此，在当时人的观念中上帝不但为宗教崇拜的神灵，亦为哲学了解的对象。上帝既结合了宗教信仰与哲学思辨的内容，祂即成为真、善、美、神圣、全知、全能、公义、正直、聪明、智慧、威严、慈爱等诸观念的总表现，而为西方人的希望与期待所在，亦为西方人的最后皈依所在。

君毅对上述上帝观的发展情形没有详加讨论。他所特别注意的是西方传统哲学对上帝存在的论证问题。他要由对上帝存在的论证的讨论以说明我们如何能顺西方人的说法以达到一归向一神的超越向往。因此他对西方传统上有关上帝存在的本体论论证、宇宙论论证、目的论论证、康德由实践理性对上帝存在的设定，以及由斯宾诺塞（Spinoza）经莱布尼兹（Leibniz）至康德（Kant）、菲希特（Fichte）等人对上帝存在的讨论等皆加以评述，而结之以“对归向一神境之真实理解”。在后面我即依次介述此诸评述的情形及归结的大要。

如在前面所已说及，在古希腊哲学中对上帝的问题有各种思辨上的理解，但在希伯莱的宗教传统中，上帝不是理解的对象而是信仰的对象。但当希腊哲学与犹太宗教结合后，原为犹太人所信仰的上帝即成为宗教神学家所要理解的对象。他们要由希腊哲学的进路上去从事上帝存在的证明。奥古斯丁（Augustine）曾提出有关上帝存在的普遍认可的论证与永恒与必然知识的依据的论证等。但影响后代最大的不是奥氏的论证，而是在奥氏以后的安瑟姆（Anselm）的本体论的论证。君毅所要批评的本体论的论证即安氏此一论证。此论证的大要如下：如果一观念是不可以更大的思想对象，或一观念是绝对的完全，则此观念即涵有存在。因它若不包涵存在，则它即不是不可以更大的思想对象，或不是绝对的完全。因包涵存在的观念将比它更大，或比它更完全。故如一观念确是不可以更大的思想对象，或确是绝对地完全，则必逻辑地包涵存在于其内。如此观念是上帝，则上帝必然存在。此一论证被后世批评为无效，因它只是对一已接受的观念作分析的了解，而重复肯定其所接受的，故为一对存在无所指涉或与存在无关的陈述。但君毅对此一论证的主要批评不是循上述无效的观点上说，而是由此一论证的建立的路向上说。他以为本体论论证之所以要证明上帝是完全的，是由于在希腊思想中所肯定的个体事物的有缺陷与不完全而来的补缺求全的表现。故个体物若无不完全即没有不存在的问题。因此，人若对不完全的个体物从事不断的补足而至一无不完全的完全，即可获得一超越的完全，亦即上帝，而此上帝即必然涵有存在。因为此完全的上帝是由对具有存在本质的个体物的不完全的补足与超升而成，故可无存在为外加于完全之上而成的传统的本体论论证之弊。至于纯由思想上对世间的存在个体物扩大其涵义，补足其缺陷而至一完全者，而以此为上帝是否只是思想上的事，现实上有缺陷的个体物的存在意义是否可以随思想的增加活动而成为完全者的问题，则他未作分辨，而只以依安氏的论证所肯定的存在是可以由理性上加减的，故提出了所说的论证方式。

又君毅所说本体论论证是原于对个体物要求完全而来的说法是否符合史实亦可能有问题。从思想史的发展上说，安瑟姆之所以提出本体论的论证可能是由于他要以希腊传统的理性思辨的方式，去证明原为犹太人宗教信仰上的上帝，不仅是宗教情感上的事，或是迷信的对象，而是合乎人的理性的了解的。因为当时的人深信合理的即是真实。上帝既是合理的，故即是存在的。在安瑟姆的时代尚未能分辨存在与合理可以分立，合乎理性的肯定可以不存在。

有关宇宙论的论证君毅亦以为有同样路向上的问题。他以圣多玛斯（Thomas Aquinas）的必然存在的论证为例去说明。必然存在的论证的大要是说：世界上的事物都是有时存在有时不存在的。因此所有事物都是可以不存在而只是偶然存在的。因此于偶然存在的所有世间事物之后必有一必然存在以为偶然存在事物之所以存在的依据。此作为偶然存在事物的依据的必然存在即是上帝。此论证之所以被后世批评为无效，主要在于我们只可以依因果原则由我们所经验的事物如何以推定另一可经验的事物如何，而不可以由所经验的事物以推证一超经验的上帝。但君毅的主要批评亦不是循此一观点上说，而是以为此一论证若能以事物之所以为偶然存在是由于其为不完全的存在之故，则我们可以由物的不完全而补其缺陷而至于“非不完全的完全者”，则物之不完全的偶然存在即可由对其缺陷的完全补足而可以有一完全存在的上帝。因此我们即可以不必有所说的由偶然存在以肯定一必然存在的上帝的迂回的宇宙论的论证。至于由物之不完全存在的偶然而至经思想补足后的必然存在的上帝是否亦仅是思想上的事而不能有真正存在的指涉的涵义，君毅亦未作分辨。

传统上目的论的论证的大要是说：世上的无机物常表现一目的的动向。此目的不能由无机物的自身而来，因其是无知的。因此，必有一具有智慧与意向的存有使一切无机物朝向一定的目的。此具有智慧与意向的存有即上帝。此论证的无效在于先假定无机物不能具有目的的活动。其次是由物的有目的的活动我们最多只能推定一使物动的计划者或目的者，而不能有一超一切物之神灵或上帝的肯定。但君毅对此论证的主要批评亦不是从所说的观点上说，而是以为我们应就物的目的的表现而肯定其不完全的目的。其目的既不完全故有缺陷。我们若能对物的缺陷加以补足即可升进至无缺陷而达于完全合乎最大的目的的上帝。至于对此由思想上升进合乎最大的目的的上帝是否即必然存在亦存有上述二论证的问题，他亦未加以分辨。

君毅于评述上述西方传统上有关上帝的存在的三种论证之后，即进而讨论康德由实践的理性上以肯定上帝存在的说法。大致上说，他承认我们可以由康德的思路上以肯定上帝的存在。但他不以为康德的说法为完全没有问题的。其中的一个疑问是：是否一定要设定有上帝才能使福德合一呢？答案若是否定的，则由人的道德理性对福德合一的要求以设定上帝的说法即有问题。又上帝存在是依于人道德理性的要求而说的，人若没有此要求，上帝即可不存在了。故人是否可以于道德生活之外，另从其他方面去肯定上帝的存在，应是一问题。但康德对此一问题，未加以考虑。君毅亦以此为康德不足之处。但康德虽然有此不足，由道德心灵的要求上，以肯定上帝的存在仍是君毅所重视的。但他并不是直由此一方向去讨论归向上帝的道路为何，而是回转过来再介述斯宾诺塞与莱布尼兹有关上帝存在的见解，再由此二人的见解去论述由康德至菲希特的说法，然后归结到"对归向一神境之真实的理解"。

君毅对斯宾诺塞的上帝观的了解，不采纯理性主义的进路，即不先由人的理性的自明上以肯定本体、属性、模式、上帝等观念，再由此而说上帝为理性上自明的观念，依此而开展泛神一元论。他是由斯氏"先肯定诸自然物之存在、整个自然之存在，而更观其完全与无限，以直接对自然而形成一完全者或上帝之观念"。并由此而说此一了解与他自己所说由个体物的不完全而补其缺陷使其达于完全的思想相近。并申论完全存在的意义是指一存在物在不同的时间与不同的情况之下表现相反与矛盾的性质，故其包涵可扩充至无限大。并说此包涵应了解为超越的包涵。此超越的包涵可"使此相反矛盾相消而相泯，以成一非有之有，或无中之有，或虚灵化的有"。此"有"既超越地涵有无限的性质，故其即必然地包涵存在。

君毅以莱布尼兹由着重个体性的肯定而建立单子的多元论，由单子的彼此封闭而肯定有一在众单子之上的上帝为它们预设一和谐的表现，为西方人对上帝问题了解的另一进路。他亦以莱氏由永恒而必然的真理不能依于事实的偶然连结，而必须依于必然的存有，而此必然的存有即为上帝的说法，亦为对上帝的不同了解。他并以为此两论证皆为西方人由世间的存在物以上升于上帝的肯定的表现：或为依感觉互摄境对个体的了解而上升至对上帝的肯定（如前一论证），或为由观照凌虚境对抽象的义理的了解而进于对上帝的肯定（如后一论证）。此两论证或不能避免如康德对传统哲学有关上帝存在的批评的问题，但皆充分表现了西方人超越归向上帝的心灵活动。

康德由对人的纯粹理性的批判而彰显了人的纯理的限度，及知识构成的要素。故由纯粹理性批判的了解可以显示西方传统哲学有关上帝存在的论证为无效。由人的纯粹理性上或由知识的进路上既不能证明上帝的存在，上帝即不是纯理思辨的或知识的对象。上帝既不是纯理思辨的或知识的对象，故康德以此为有关实践理性所要肯定的问题，而由人的道德要求上去设定上帝。如前面所已提及的，君毅不以康德此一说法为完全可接受的，但重视他由道德的要求上以论述上帝的涵义。

菲希特曾由自我与非我的辩论以显示一普遍的客观自我，而即以此为上帝。此一说法与康德的见解不同，但菲氏的上帝亦是特重德性的，故自我要置定非我为成就道德的所在。

君毅在“对归向一神境之真实理解”中，以前面所介述有关上帝存在的论证，皆是由哲学的理解上以肯定上帝存在的说法。但此等说法皆有问题。因由哲学思辨上所能肯定的只是一抽象的概念，而不是真正的上帝。因此我们应于哲学理解之外对上帝另有探求。如在前面所已指出的，西方中古以后的上帝观为宗教与哲学的结合表现。因此，我们如不能由哲学思辨上去把握上帝，另一把握上帝的道路即为宗教信仰的道路了。依基督教的见解，真正的上帝唯有由信仰上见到。但君毅以为宗教信仰上的上帝亦不是绝对而完全的，因祂与信仰者相对，既相对即不是绝对与完全。

上帝如不能由哲学的理解上把握，亦不能由宗教信仰上把握，上帝似是完全外在于人永不能为人所把握了。但依君毅的了解，除了上述所说的对上帝的探求之外，我们仍可以有另一探求，并以此另一探求是真正能归向一神的探求。此即由超升人的道德精神而与在人和天地万物之上的上帝相契合。此一由超升人的道德精神而相契会的上帝因为是由道德精神所显示，故其不是概念思辨的对象，亦不是信仰的对象，而只是发展人的道德精神至一最高境界之后而来的体认。此一体认为最高的，故亦为完全而绝对的。于此体认中人与上帝合一，去除思辨上或信仰上的相对，而呈现一无限的道德精神，涵容天地万物于其中，而为无外的绝对。因此，人欲有会于绝对的上帝，只有从道德精神的最后发展上，以契合一超越人神相对，主客对立的上帝。于此契会中人的心灵与上帝完全合一而归向一无内外、无隔阂的神灵。

9. 超主客境界中的我法二空境

我法二空境是源于印度的佛学思想。此是顺从人心灵的超越向往而破我执与法执，如实观法界诸法，证诸法的空性，众生的佛性而展示的境界，佛学之所以有此一向往，是由于创立佛教的释迦牟尼与佛教徒对生命与世界的不同看法。人对生命与世界可以有种种看法，看法不同，对生命的要求与世界的了解亦不同。于前面所说的西方人，他们对生命的看法是积极地肯定我们现实的生命，对世界的看法是以我们所在的世界是一真实的世界。但在现实的生命与世界之上则有可以为人所归向的永恒而无限的上帝。但释迦牟尼与佛教徒对生命与世界的看法则不同于所说的西方的观点。他们不以现实的生命与世界为真实的生命与真实的世界，而是以之为虚妄。我们的痛苦与烦恼皆由执着此一虚妄的现实的生命与世界而来。因此，我们必须去除现实生命与世界的执着，然后能见此外的生命境界。

佛家既以现实的生命与世界为虚妄的，真正的生命境界由去除对现实的生命与世界的执着上说，人生的意义即不在对现实的生命的积极表现上，而在消极的去除上。人唯有由痛苦与烦恼的去除中，现实生活的解脱中，才可以得到人生的真正意义。在此意义上才能见到生命的本质。由对生命的了解而见到人生的究极意义，亦即见到清净无染的涅槃境界的意义。

佛教对生命与世界的了解与一般的了解很不相同。由一般的了解上说，痛苦与烦恼为个体自然生命得不到满足时而有的现象。去除痛苦与烦恼的方法，即在使个体自然生命的欲望得到满足。但佛家不采取此一想法。他们以为欲望是永远得不到满足的。欲望既永远得不到满足，痛苦与烦恼即永远得不到去除。因此，他们以为去除痛苦与烦恼之道即不能由对自然生命欲望的满足上说，而须由去除此自然生命的欲望要求上说。

由去除自然生命的欲望要求以去除痛苦与烦恼为佛家的一基本要义。但我们对此一要义必须善为了解。佛家并不是要由此而否定整个生命，而只是去除那不是属于生命的本质性的东西。依佛家的说法，生命的本质不是由自然生命而来的种种欲望，而是去除此等欲望所显示的清净境界。清净境界与欲望纷扰相对，纷扰为随自然生命的欲望而来，故为要得到清净的境界即要去除纷扰，亦即要去除产生纷扰的欲望。

去除由欲望而来的纷扰以获得清净的境界为佛家显示人的生命的本质的要义所在。但我们如何能去除欲望的纷扰呢？佛家去除欲望纷扰的理论不限于一端，而是知解与修行并重。但我们在此暂不谈修行的问题，而只就知解上说。依佛家的观点，我们必须由知解上了解生命与世界的本质为何。了解此本质后，我们即见生命与世界为空，见生命与世界为空，我们即能去除由我执与法执而生的痛苦与烦恼，亦即能去除由欲望而来的纷扰而见清净的涅槃境界。

我执是对个体生命的执着而以为有一不变的自我；法执是对现实世界的执着而以为有一不变的世界。人由于执着一不变的自我，故凡现实生命上种种的不满皆以之为此自我的痛苦；人由执着一不变的世界，即以世界诸事物对此自我有必然不可改变的关系，而产生种种的烦恼。故人如能对现实生命与世界有真正的了解而去除我执与法执，即可以超脱由我执与法执而来的痛苦与烦恼，而不为贪、嗔、痴、慢等妄情所困扰。

对生命与世界要有真正的了解以去除我法二执为佛家重要的观念。但我们如何可以有此真正的了解呢？依佛家的说法，我们必须用因缘法以分辨生命与世界的本质为何，然后能有此真正的了解。佛家对因缘法有细密的说明。君毅曾介述大乘般若宗的破斥因果说以明因缘的涵义。

依大乘般若宗的了解，“自”与“他”皆不能为生果之因。因此我们不能执着因果说。但我们亦不能因此而说无因果而执着无因果说，而是“诸法不自生，亦不从他生，不共（非自他共生）不无因，是故说无生”。此是说一切法不是由自因或他因所生，但亦非无因而生。因为一果虽不自因而生，却可依因而生，一切法不自因而生，而是依因而生，即一切法不是由一定之因而生，而是因与缘会合而生。一切法既是因缘会合而生，而不是由一定之因而生，故生无必然。生既无必然，即是空。故《中论》说，“众因缘生法，我说即是空”。

由“因缘生”以证“空”为《中论》的主要观点，为要申述此一观点，《中论》有：不生、不灭、不常、不断、不一、不异、不来、不去等说法，以破人对生、灭、常、断、一、异、来、去等执着，以显般若慧。所谓不生，是说一法不能由其自己生，亦不能由他法生。一法不能由其自己生，因为一法既是自己，即无所谓生；一法不能由他法生，因为一法既为其自己的一法，则其即不能由异于其自己者生。故说不生。所谓不灭，是说一法是其自己，即是其自己，而不可说自己灭自己；一法亦不能由他法使其灭，因一法只是其自己，他法不是其自己即亦不能使其灭。故说不灭。但一法虽不生不灭，却非不依因缘而能常有，故不常；亦非无因缘以使之相继有，故不断。又相继有者前后不一，故不一；前后亦不相离，故不异。诸法之因缘不常不一，现有之此法不从他法来，故不来；诸法之因缘不断不异，现有之此法不往他法去，故不去。

佛教由因缘法以说空，由我法皆空以去除我法二执，由我法二执之去除以去除人的痛苦与烦恼，以显现一清净的涅槃境界。因此，因缘法在佛教中的地位颇似“上帝存在的论证”在归向一神境中的地位一样。因为上帝的存在必先被肯定，然后有一可为人所归向的上帝。在佛教的观点上说，必有一可说明我法皆空的因缘法，然后可显现出一在我法之外的涅槃境界。故三法印必先明“诸行无常，诸法无我”，然后显“涅槃清净”。但我们是否能有效地建立因缘法以遮拨现实的世界，以显示一佛教所向往的超现实世界的涅槃境界呢？此一问题的不确定，亦正如对上帝存在的论证有问题一样。但西方人不因对上帝存在的论证有问题而否定有一位为人所归向的上帝，佛教亦不以因缘法之是否有效，而放弃一为佛教徒所向往的清净涅槃境界。因上帝与涅槃皆表示一超越的最高向往，而为人的理性与经验所不能直接加以证明的。又人用理性或经验去述说有关此一超越的上帝的存在，或清净的涅槃境界时，其初意亦只在指向此一各别不同的最高境界，而不是要在理性与经验的层次上有所证明。因此，我们可不因为我们在理性与经验上不能有所证明而妨碍人对上帝或涅槃境界的向往。

除大乘般若宗破斥因果说以明因缘法外，法相唯识宗亦建立万法唯识的理论以明“诸行无常，诸法无我”，皆由识变的说法。唯识论此一破我法二执以明诸法皆空的说法与大乘般若宗的意旨相同，但它所借以说明此意旨的理论则不同。它不限于由知识的分辨上去说明，而是要给与“我法皆空”的佛教信念一形而上的理论根据。

依唯识论的说法，我与法，亦即现实世界的一切，皆依识而有，“皆依识所转变，而假设施”。我与法既皆依识而有，则此有即非实有。但我们却执此有为实有，而产生种种痛苦与烦恼。唯识论的目的即在要明我与法皆空而去此执着，由去执着上以解除人因执着而来的痛苦与烦恼。

为现实世界所依而成“假设施”的识有八，可分为三类，即(1)第八识，(2)第七识，与(3)眼、耳、鼻、舌、身、意等前六识。此三类识的功能彼此不同。第八识又名阿赖耶识或藏识或种子识，它藏有世间与出世间诸法的种子。种子分为有漏种子与无漏种子，有漏种子为世间诸法的因，无漏种子为出世间诸法的因。前面所说现实世界所依而成的“假设施”即依有漏种子的转变而成。至于无漏种子则为人由去除世间的痛苦与烦恼而得解脱之后所至的涅槃境界所依以呈现的根据。

世间诸法，亦即现实世界一切事物，皆由第八识的有漏种子转变而成，本非实有，但第七识却执之以为实有，而产生种种虚妄，如“愚于我相，迷无我理”的“无明”我痴，“于非我法，妄计为我”的我执，“恃所执我，令心高举”的我慢，“于所执我，深生耽着”的我贪等四根本烦恼。此为第七识执着以为实有的“依识所转变，而假设施”的现实世界即成为前六识的了别对象。故前六识的功能在了别而名“能了境”识。但此所说的了别只依第七识的执着上了别，而不能于执着之外另有了别。六识中的前五识需众缘和合才有所了别。但意识则常现，对人来说只有睡眠或闷绝时他的意识才不起。

因此，依唯识论的说法，为我们眼、耳、鼻、舌、身五识所了别的对象，及为意识所了别的意念皆为虚而不实，其本性为空，为识所转变。但我们由于不了解其为空而执为实有，故产生种种烦恼与痛苦。烦恼与痛苦既为依执而生，去除之道即在破执显空，以使人对此无所执着而得以解脱。

但我们如何可以破此执着呢？依唯识的说法，我们要破此执着即要知道所执着的是空，亦即知道由识所转变成的我与法皆非实有而是空。人若有此知，他的知即不是前面所说的“了别”之知或执“假设施”为实有之知，而是了别所说的了别对象，或“假设施”皆为由识转变而成的知。此知唯识宗不叫做知，而叫做智。此了别的整个过程即为“转识成智”的过程。但依唯识宗的说法，此一转识成智的过程不是一种纯知解思辨上的事，而须有修行的功夫。此修行功夫有五阶段，即所谓五位：(1) 资粮位，(2) 加行位，(3) 通达位，(4) 修习位，(5) 究竟位。我们必须经此修行的五位，然后可以使八识皆转为智，亦即使藏识中的有漏种子皆成为无漏，而达于由此无漏种子所显而为人最后向往的清净涅槃境界，亦即为佛陀所居的另一世界。

10. 超主客境界中的天德流行境

天德流行境是中国儒家思想依人的道德实践生活所展现的超越境界。儒家之所以能展现出此一境界，由于中国文化一早亦如西方或印度文化一样开启了一超越的向往。此一向往，初亦为一宗教神话式的向往。但在中国文化中并没有发展出一独立的宗教。故亦没有形成一纯宗教式的超越向往，如西方的基督教或印度的佛教一样，而是由人的道德实践上展现出一超越的境界。此即天人合一的境界。此一境界从人说是人尽心知性以知天的表现，从天说则是天命下贯与天德流行的自行彰显。此表现是在人的道德生活中完成，但它不是属于道德层次上的事。因为道德是有关人在现实生活上自己如何对自己，如何对人，及如何对国家社会或对世界人类的事，而没有知天与天合一的事。人由道德生活而上达于天、知天、与天合一，是人由道德而至于超道德的向往，于此向往中展示出一超出人由他的理性与经验所能完全了解的境界。此在基督教为上帝的境界，在佛教为涅槃境界，在中国思想而为儒家所展示的即为天人合一或天德流行的境界。

此一由人的道德生活上所展现的天德流行的境界，从历史的渊源上说，可追溯至诗书时期。在此一时期中，中国古人逐步形成了一统摄万有而又在万有之上的天帝观。此一天帝在周初原只为周人所崇拜的氏族神。但后来发展成为一在诸神之上的最高神，天地万物的主宰者，地上众民（烝民）皆由天所生。并且在“天生烝民”时赋予人一定的本质（有物有则），使人本此本质而上与天通。诗书时期此一带有宗教性的天人关系说，即为孔子所继承。孔子赞《诗·烝民》为“其知道乎”的诗。他深信自己的德性为天所赋予，“天生德于予”。但孔子不是一个宗教家。他并不由《诗》《书》的天帝观发展出一套宗教神学，而说人如何由宗教信仰上，或神秘直觉上而归向天帝，或否定现实世界的真实性要人由现实生活中求解脱，而向往于一清净的涅槃境界。他是肯定了当下的人生，以为人性中具有天德，人可以由现实生活中所经历的种种困难以磨练自己，以养成他的道德人格，以彰显天德，使天德在他的现实生活上流行，使人即在现实的生活中见到超现实的意义，自觉自己的生命与天合一，而为天理的自己彰显。此是入世的，亦是出世的。故孔子说：“吾十有五，而志于学。三十而立，四十而不惑，五十而知天命，六十而耳顺，七十而从心所欲，不踰矩。”又说：“不怨天，不尤人，下学而上达，知我者，其天乎。”此即是孔子自述其成德的经过，亦为他由道德实践以上达于天的表现。在此一经过与表现上开展一以中国传统文化为依据的超越向往，而为人提供了另一上达于由人的理性与经验所不能到达的境界的道路。

孔子以后的儒家最能了解此一意义的为孟子。孟子继承《烝民》与孔子的天赋人性说进而更明显地发展出由心性上以上达于天的说法。人性既是天赋的，人心是人性着形的表现。故人心与人性与天即本质上相连结。既有此连结，人即可以由心性上以上达于天。故“孟子曰：尽其心者，知其性也；知其性，则知天矣。存其心，养其性，所以事天也”。

此一由人的心性以上达于天的说法经孟子明显地发展之后，人由现实的道德生活上以上达于一超越的天的道路在中国儒家思想上即更为确定。此一道路如在前面所已指出，不同于西方基督教的归向一神的道路，亦不同于印度佛教的涅槃境的道路。因此一超越向往的完成不是由归向上帝或对现实人生的否认而出世上说，而是即在对现实的人生的完成的历程上随处彰显。故顺从此一思想道路的孔子、孟子以及孟子以后的儒者对人现实生活的了解，皆不只视之为现实的、有限的，而是在现实有限的生活现象中同时见到一超此现象，而要借此现象以表现的另一价值的意义。故儒者不但要由人欲中见天理，而道德价值、意义世界、圣贤人格皆在现实有限的生活中呈现，亦即在人人所借以过日的伦制的生活中呈现。故尽伦尽制的圣王与众人同类。他们与人的不同不在由天所赋予的人性上，亦不在人人所依以生活的伦制上，而是在对此伦制的表现上，亦即尽伦尽制上。于此表现或“两尽”中即表现了所借以生活的事象以上的道德价值，而显示一意义世界，而完成了圣贤的人格。此价值、意义与人格为人尽心知性的表现，亦为天德自己在流行。故其意义内在于人的现实生活之中，亦超越于人所了解的现实事象之上。此一种思想方式与生活形态为中国文化以儒家为主所显示的一种安身立命之道。

在前面论述归向一神境与我法二空境时曾分别指出二者所遇到的困难。归向一神境所遇到的困难在于要对此所归向的一神的存在的证明。西方人之所以要有此一证明，因为他们想要借此证明以显示上帝是合理而又真实的。但超越的上帝既是超越的，他的存在即不可以为人的理性与经验所证明。但我们对上帝的存在虽不可以有理性上或经验上的证明，此并不妨碍我们对上帝有超越向往。因超越的向往是不问人是否有现实经验与理性上的了解的。故西方人不因上帝的存在的证明有问题，而放弃其归向一神的向往。我法二空境所遇到的困难是佛教徒要否定与他们所向往的涅槃境界相对立的现实世界。佛家所借以否定现实世界的方法为因缘法，由因缘法去证明我法皆空，由我法皆空以说由我执与法执所生的痛苦与烦恼亦为空。痛苦与烦恼既空，人能了解此空即得以解脱而达于涅槃境界。佛家曾有种种破斥因果关系的理论以说明我与法皆因缘会合而生。但我与法是否能纯由此等破斥而成为皆空仍是一问题。但虽有问题，佛教徒并不因因缘法之不能建立而放弃其对涅槃境界的向往。因缘法只是对现实世界的遮拨，以使人见此外的涅槃境界，而涅槃境界并不建立在因缘法上。为中国文化所开启而为儒家所展现的天德流行境亦遇到了前述二境所遇到的同类困难。此即如何在现实生活中去从事尽心以知性，尽性以知天的困难。依一般的了解，现实生活为属于现世的。但儒者却要由此而上达于超越，以超越即内在于现实生活之中，而不即是现实生活。因此对超越与现实二者必须有分辨。传统儒者称此为天理与人欲的分辨。我们如何区别人欲于天理之外，于现实生活中自觉依天理而行以成己成物而上达于天呢？儒家对此一“如何”的回答是由人的良心或良知去分辨。宋明以后，良知与天理连词，以天理与良知为我们成就道德生活的依据所在，亦为上达于天的依据所在。但对天理与良知的意义究竟应如何了解，良知如何能不为私欲所蔽，人如何可以由尽心知性以知天，而上达于纯理的境界，仍是不容易了解的事。我们于反省直觉中可以对孟子与宋明儒有关良知的指点，如孝亲敬长之心、仁民爱物之念、四端之心等，有所领会，但当由反省直觉进而从事尽心知性的工夫时，我们并不能确定地见到此一工夫的程序为何，亦即我们并不能清楚地见到如何由主观地对良知的直觉了解而进于客观地从事道德实践的工夫。但即使我们承认“己所不欲，勿施于人”，“己欲立，而立人；己欲达，而达人”的说法可以作为我们道德行为的准则，或接受康德为人所提出的道德理性的表现法则，我们如何能由此一准则或法则而行而至于尽心的阶段，再由尽心而知性而知天，仍是不易了解的事，又孟子所谓天，如用宋明理学家的名词去了解，除了是理外，亦是气。人的“耳目之官”与“心之官”皆为“天之所与我者”。故其不特为“立乎其大者”以成就德行的本源所在，亦是“物交物，则引之而已矣”的情欲根源。故尽心以知性、尽性以知天的事，亦不是对人的心理欲望与生理本能完全从事抑制的事。

我们如何可以就自然欲望的要求以从事尽心知性、尽性以知天的事，而于此事中同时能既有价值的表现，道德人格的完成，亦有自然生命的发扬，或说既有现实的生活，而同时亦有超越的向往，而上达于一天人合一的境界，或一尽性立命的天德流行的境界呢？此仍是不能由一般的生活经验的反省与理性思辨的了解上而可以有完全的了解的。但虽然如此，历代中国人并不因此而放弃由尽心知性以知天所显示的超越境界的向往，以及依此而过道德的生活，以形成一以天命人性为中心的文化。（君毅有以“成三祭”——祭天地、祭祖宗、祭圣贤以具体落实天德流行境的说法，但他所能做到的只限于自己的家中祭祀天地祖宗圣贤的表现，而并未能于此表现之外另有所建立。）

七、君毅哲学思想对现代的影响

君毅在生时其学在国内外皆受到重视，国际哲学界公认他为现代中国新儒学的一位重要代表人物。美国哲学家墨子刻教授（Thomas A. Metzger）于他所著的“*Escape from predicament: Neo-Confucianism and China's Evolving Culture*”一书中有专章评介君毅的哲学思想。狄别瑞教授（William Theodore De Bary）于他所主编的“*The Unfolding of Neo-Confucianism*”的专集中收有君毅的‘Liu Teung-Chou's Doctrine of Moral Mind and Practice and His Critique of Wong Yang Ming’（《刘宗周道德心之学说与实践及其对于王阳明的批评》）；并以该专集献给君毅以赞赏他对宋明理学的研究。于此外，另有不少评述、介绍他的哲学思想的书和文章；亦有专以对他的哲学的探讨为硕士、博士论文的。逝世十周年，君毅在香港的门生弟子举行了“唐君毅哲学国际研讨会”以纪念君毅，与会者包括香港、台湾、大陆及国外学者；于会中宣读有关君毅哲学思想的研究论文。其后于香港继续有类似的研讨会。一九九四年八月于大陆四川联合大学、宜宾市举办了君毅哲学思想研讨会。同年九月于武汉大学亦举办了同样的会议。一九九〇年和九二年于台湾举办的“当代新儒学国际研讨会”中亦有学者宣读有关君毅哲学思想的论文。但此二次会议皆以牟宗三的哲学思想为主。牟宗三于君毅逝世时，在悼念君毅的文章中，曾推尊君毅为“文化意识中的巨人”。此一推尊常为后来介述君毅哲学思想的人所引用。但不知因何原故，于九〇年大会的主讲词中，牟宗三竟一反其前时的说法，而公开低贬君毅，谓君毅的客观了解不够，其思想停留于二三十岁期间。在此之前，牟宗三于他的《中国哲学十九讲》的第十八讲中亦有类似的低贬的说法。

牟宗三为什么会有如此前后不一致的表现？不容易了解。但（1）有人以为他是因为不满国内外学术界以他的学术成就在君毅之下；不但国内外的学术界如此，他的门生弟子亦如此；不但君毅在生时如此，死后亦如此。故有所说的表现。至于为什么他不在君毅生时即有所表现，而要在君毅死后，先推称之，而后低贬之，而表示了如此不一致的做法，则是因为他怕在君毅生时若如此做，将会与君毅反目，亦怕君毅将会为此而辩白；君毅死后，则不会有反目的事，君毅亦不能为此而辨白。他并以为国内外的学术界不会有人了解到他非议君毅的说法会有问题，亦不会注意他前后不一致的说法。至于君毅的门弟子，他则以为他们对此不敢有所辩白，亦不知如何去辩白。又他推称君毅为“文化意识中的巨人”，细看过他的悼文的人会见到，他并不是在推称君毅，而是“夫子自道”，以此去表达他自己。故他乃尝试要以所说的表现去改变国内外学术界，尤其他的门弟子一直以来以他在君毅之下的看法。此本可以由他的门弟子去做，但他的门弟子并未能体会他此一心意，他们并对君毅多有尊敬之意。故只好自己去做。自己去“吹捧”自己，向学术界，特别是向他的门弟子宣示他自己的成就在君毅之上。（2）另有人以为此是牟宗三模仿陆象山的排斥朱子而有的表现。（3）亦有人以为此是一种周郎临死前（天生瑜，何生亮）的慨叹！只是他提早作如此的慨叹而已。（国内外学术界有不少人以牟宗三与唐君毅有瑜亮情结，并以前者对后者实有无可奈何之感。）对于牟宗三到底为何有如此前后不一致的说法，他的说法是否涉及诚实的问题？实不易说。若没有诚实的问题，他是否陷入了仁、智不能兼备的两难困境？亦不易回答。但依我的所知而说，牟宗三的“道德的形而上学”的系统哲学与君毅的道德的理想主义的系统哲学是同一模式的哲学。牟宗三并是受了所说君毅的系统哲学的影响然后有他的建立。牟宗三对君毅由道德的理想主义的说法发展为晚年所建立的“心通九境论”的说法，并不能接受，亦不能有相应的了解。他既不能接受亦不能有相应的了解，纯从学术的观点上说，本应由哲学理论上去探讨此一问题，由此而表示他之所以不能接受君毅晚年的说法，和不能对此一说法有相应的了解的原因。但他不如此做，而是不经讨论，而竟以一些在学术理论上没有根据的语言，而亦不可以为对哲学有了解的人所接受的说法去非议君毅，而要以此去向学术界，尤其他的门生弟子表示其哲学成就在君毅之上。此一做法即使不说他前后不一致的问题，亦是很有问题的。此亦太过轻视当今的学术界及其门弟子对哲学的了解了吧？事实上，牟宗三的“道德的形而上学”或“无限心论”本身所涵有（不能解答）的问题多于君毅的道德的理想主义。但君毅后来有了新的了解之后即改变其前说而另建立新的说法。牟宗三则不能如此，或不肯如此，而封闭于其已建立的系统哲学中，并要其门弟子与他一起封闭于其中。我曾一再听人说君毅是一仁者，牟宗三则不是一仁者，而是一智者。此即是智者的表现吗？

前面说到君毅被国内外学术界公认为现代中国的新儒学的重要代表人物。此一“公认为”特别为现今的学术界所重视。台湾和海外学术界如此，中国大陆的学术界亦如此。如我个人所注意及的，现代新儒学之所以兴起，关连到现代中国哲学去说，可以从五方面去了解：(1) 反对自二十世纪以来中国现代学术界过分强调泛科学主义和泛自然主义的说法；(2) 发展传统儒学使其能与现代中国社会政治相配合；(3) 如过去儒者使佛学与中国哲学结合而中国化一样，尽力吸收西方哲学于儒学内而使其儒学化；(4) 从理论性与系统性上去改造传统儒学使其可以反抗为中国共产党人所接纳为中国大陆官方哲学的辩证唯物论；(5) 用儒家的人性观为中心观念去建立新的系统哲学。

于十九世纪末及本世纪初由严复所译介的达尔文的《物种原始》、《人的由来》；和所译介的赫胥黎的《天演论》及其他类似的著作，及由胡适所介引的杜威的实验主义，对现代中国学术界和社会知识阶层产生了大的影响和引起了大的震动。此影响和震动的结果是中国学术界和社会知识阶层充满了泛科学主义和泛自然主义的说法。没有人会反对介绍西方的科学知识到中国来，亦没有人会否认所说的介绍对中国的学术社会有积极正面的意义；将杜威的哲学介绍到中国来亦为一些中国学人所接受。但将其所译介或介引的鼓吹成为泛科学主义说或泛自然主义说如严复胡适所曾表示的，则不能为受传统儒学或佛学教育的学人所接受；特别是从人生观、道德问题的了解上说时是如此。所说受传统儒学或佛学教育的人由于不能接受所说的说法，并不能忍受由所说的鼓吹所产生对中国学术社会的影响和震动，乃出而表达他们反对的说法。梁漱溟、熊十力是他们中的著名代表者。梁、熊二人所主要表达反泛科学主义、泛自然主义说的观点即是：人生的问题不能仅由科学主义或自然主义去了解，而应由依于仁、义而为说的儒家的道德理论或佛教的慈悲关怀心去说。

梁漱溟和熊十力对泛科学主义、泛自然主义所表达的反对看法为其后的一些现代中国哲学家所继承并于继承中表现了新的发展的解释。冯友兰、贺麟、唐君毅、牟宗三都是如此。但于此只以唐君毅为例去说，君毅的反对看法亦主要是诉诸儒家的伦理道德观，如梁、熊一样，他所归宗的亦为儒学，对于佛学则表示了高度的尊重。他所表现的发展性的解释，主要在对有关的问题的分辨，能进一步清楚地指出泛科学主义、泛自然主义的限度；亦即他指出科学知识和实验的了解只限于经验世界的了解中；道德的问题不能全由科学观点或实验的了解去说。

于道德问题之外，君毅亦指出形而上学的问题不能只由经验知识的观点去解释，更不能依此解释而排斥形而上学。因形而上学有超越经验的所在。哲学的问题更不是如鼓吹泛科学主义和泛自然主义所说的一样只基于科学知识。君毅认识到科学知识的重要，于他所建立的系统哲学的了解中，科学为他所要用力探讨的问题。于对泛科学主义与泛自然主义的反对外，君毅亦表反对作为中华人民共和国的官方哲学辩证唯物论。由于他重新解释和重新建立传统的儒学，并反对泛科学主义、泛自然主义，并反对辩证唯物论，他乃被国内外学术界推称为现代的新儒者。他对儒学重新解释和重新建立在他早期的"道德的理想主义"中见到，在他的中国传统哲学的探讨、解释中见到，于晚年所建立的"心通九境论"的系统哲学亦见到。

参考书目

(一)书

《唐君毅全集》，唐君毅全集编辑委员会编，台北，学生书局，一九九一年九月。君毅的所有著作皆收于此全集中，共三十大卷，其分目如后：

甲编　人生体验（第一卷至第三卷）
第一卷　人生之体验　道德自我之建立
第二卷　心物与人生　爱情之福音　青年与学问
第三卷　人生之体验续编　智慧与道德　病里乾坤　人生随笔
乙编　文化理想（第四卷至第十卷）
第四卷　中国文化之精神价值　中国文化与世界
第五卷　人文精神之重建
第六卷　中国人文精神之发展
第七卷　中华人文与当今世界（上）
第八卷　中华人文与当今世界（下）
第九卷　中华人文与当今世界补编（上）
第十卷　中华人文与当今世界补编（下）
丙编　哲学研究（第十一卷至第十九卷）
第十一卷　中西哲学思想之比较论文集
第十二卷　中国哲学原论导论篇
第十三卷　中国哲学原论原性篇
第十四卷　中国哲学原论原道篇（一）
第十五卷　中国哲学原论原道篇（二）
第十六卷　中国哲学原论原道篇（三）
第十七卷　中国哲学原论原教篇
第十八卷　哲学论集
第十九卷　英文论著汇编
丁编　思想体系（第二十卷至第廿四卷）
第二十卷　文化意识与道德理性
第廿一卷　哲学概论（上）
第廿二卷　哲学概论（下）
第廿三卷　生命存在与心灵境界（上）

第廿四卷　生命存在与心灵境界（下）
戊编　书简、日记（第廿五卷至第廿八卷）
第廿五卷　致廷光书
第廿六卷　书简
第廿七卷　日记（上）
第廿八卷　日记（下）
附篇　年谱、纪念集（第廿九卷至第三十卷）
第廿九卷　年谱　著述年表　先人著述
第三十卷　纪念集　编后记
《唐君毅先生纪念集》，冯爱群编，台北，学生书局，一九七九年五月。
《唐君毅思想国际会议论文集》I、II、III、IV，霍韬晦编，香港，法住出版社，一九九二年一月。
《文化意识宇宙的探索——唐君毅新儒学论著辑要》，张祥浩编，北京，中国广播电视出版社出版发行，一九九二年五月。
《唐君毅先生的哲学》，李杜著，台北，学生书局，一九八二年四月初版，一九八九年十月第三次印行。

（二）论文

李杜：《唐君毅传》，收于《国史拟传》第四辑，台北县新店市，国史馆，一九九三年六月。
李杜：《唐君毅传》，收于《华冈文科学报》第十九期，台北市阳明山，华冈，中国文化大学文学院，一九九三年七月。此是重印前列“国史馆”拟传文，但有一些为“国史馆”拟传文所未刊出者。
李杜：《现代的新儒学述评》，收于李杜著《二十世纪的中国哲学》，台北，蓝灯文化事业公司，一九九五年九月。
李杜：《由牟宗三先生的“客观的了解与中国文化的再造”而评及他的道德的形而上学》，收于李杜著《中国古代的天道思想论》，台北，蓝灯文化事业公司，一九九二年九月。
唐端正：《唐君毅先生年谱》，收于唐君毅编辑委员会编《唐君毅全集》，台北，学生书局，一九九一年九月。该年谱写成于一九八二年六月。
唐端正：《唐君毅先生传略》，《晋阳学刊》，一九八八年第四期。
陈特：《唐君毅先生的文化哲学与泛道德主义》，收于《鹅湖丛刊（10）：当代新儒学论文集·总论篇》，台北，文津出版社，一九九一年五月。
余英时：《钱穆与新儒家》，收于余英时著《犹记风吹水上鳞》，台北，三民书局，一九九一年十月。
刘国强：《唐君毅的政治哲学》，收于《鹅湖丛刊（12）：当代新儒学论文集·外王》，台北，文津出版社，一九九一年五月。
蔡仁厚：《中国哲学原论：原教篇义旨综述》，收于学生书局编辑部编《唐君毅先生纪念论文集》，台北，学生书局，一九八三年二月。
李震：《唐君毅的人本主义》，收于李震著《人与上帝》卷三，台北，辅仁大学出版社，一九九〇年三月。
李宗桂：《唐君毅的文化心态及其中国文化观》，收于方克立、李锦全主编《现代新儒学研究论集》(一)，北京，中国社会科学出版社，一九八九年四月。
李宗桂：《海外现代新儒家唐君毅文化思想简论》，《社会科学辑刊》，一九八八年第四期。
李宗桂：《评唐君毅的文化价值论与文化重构观》，《哲学研究》，一九八九年第三期。
冷德熙：《“弘大而辟，深闳而肆”——唐君毅中西文化观述要》，收于方克立、李锦全主编《现代新儒学研究论集》(一)，北京，中国社会科学院出版社，一九八九年四月。

郑家栋：《唐君毅〈生命存在与心灵境界〉评述》，收于郑家栋著《现代新儒学概论》，广西南宁，广西人民出版社，一九九〇年四月。

郑家栋：《新儒家第三代：牟宗三、唐君毅、徐复观》，收于郑家栋著《现代新儒学概论》，广西南宁，广西人民出版社，一九九〇年四月。

景海峰：《唐君毅之生平与著作述略》，《深圳大学学报》，一九八九年第二期。

景海峰：《宗教化的新儒学——略论唐君毅中国人文精神的取向》，收于《现代新儒学研究论集》(二)，北京，中国社会科学出版社，一九九一年十二月。

萧箑父：《唐君毅之哲学史观及其对船山哲学之阐释——读〈中国哲学原论〉》，《哲学研究》，一九八九年第七期。

方克立：《中国哲学原论评介》，《中国哲学史研究》，一九八九年第三期。

张祥浩：《唐君毅中国哲学研究方法述评》，收于《现代新儒学研究论集》(二)，北京，中国社会科学出版社，一九九一年十二月。

黄海德：《唐君毅对老、庄哲学思想的研究与涵摄》，收于《现代新儒学研究论集》(二)，北京，中国社会科学出版社，一九九一年十二月。

牟宗三

蔡仁厚　著

目　录

一、学行传略

1. 家世与少年

牟宗三（公元一九〇九—一九九五年），字离中。民国前三年夏历四月二十五日，生于山东省栖霞县城南四十华里一个农家村庄。这个村庄名叫牟家疃，是栖霞牟氏初迁的祖居。牟氏于明太祖洪武年间从湖北迁来，经过几百年的繁衍，成为县内最大的姓族。在族系中，牟宗三属于老八支中的第四支，世代耕读相续，到祖父一代，家道非常衰微贫窘。他父亲初承祖业，经营一间骡马店，后又改营纩织业以副助农耕，克勤克俭，始稍足温饱。其父名荫清，上过私塾，喜读《曾文正公家书》。在牟宗三的记忆里，他父亲夜间讽诵古文的声调韵节，稳健而从容。而为人尤其刚毅持正，有令誉于乡里。他的父亲和他的老师（熊十力），是牟宗三心目之中道德意识最强的两位老人。对他一生的影响之深，无与伦比。他母亲杜氏，有懿德，生子三人，长宗和，次宗德，宗三排行第三。

栖霞县位于山东半岛，北通烟台，南接莱阳，这是一个多山的地区，四季气候分明，风物朴美。牟宗三和一般的农村子弟一样，都是在混沌中自然成长。在他的《五十自述》里，曾说到下面几点意思。首先是他对村后牟氏祖茔的神秘感。那是一区范围很大的墓园，白杨萧萧，松柏常青，丰碑华表，绿草如茵，苔痕点点，寒鸦长鸣。每逢清明扫墓，族人长幼有序地排列祭拜。这时候，人的生命是不隔的，通着祖先，通着神明，通着天地。乡间人，过清明，过寒食，甚至过任何节日，总是那样顺时即事凑风光，如是如是尽人事，牵古通今谐情趣。所以总是那么嘉祥、喜气，轻松、和乐。

其次，他又说到乡村的春光清美，以及那落寞而不落寞的少年心情。村前一道宽阔的干河，下大雨时山洪暴发，河水涨满，不几日也就清浅了。两岸平沙细软，杨柳依依，绿桑成行，布穀声催。养蚕时节，伴着兄弟姊妹去采桑，有时在沙滩上翻筋斗，或横卧着，阳光普照，万里无云。仰视天空飞鸟，喜不自胜。那是生命最敞亮最开放的时节。在自然风光中呼吸天地之气，舒展混沌的生命，无所谓拘束不拘束，无所谓礼法不礼法，就是这样在混沌敞亮中的一个混沌的男孩。这敞亮，这开放，这自然的混沌，不是平时所亲所习的人世，而是另一世界，因此不免有点落寞。但这落寞并不可伤，更不可怕，甚且不觉其生疏，不觉其不亲，所以又不落寞。这是一个混沌中的落寞而不落寞。是在亲与不亲、疏与不疏以外的落寞而不落寞。这就是他的少年情怀。

再次，他又提到他少年时期另一种生命的情态。他说他适应环境的本事很差，乖巧对应的聪明一点也没有。但对于独自运思，亲手制造（譬如一个秋千架），却有一种独立自足的兴趣。这是一种内在的构造兴趣，没有任何指使或暗示，自己从头到尾终始条理地去运作一个东西或一件事，有莫名其妙的喜悦。那时候，既洒脱，又凝聚。这完全是一种自足的内在兴趣，是一种形构的美学兴趣。这从头到尾、独立自足地一步一步作去而趋向于成形，在他是有衷心的实感和喜悦的。这步步经历的实感只有他自己知道，所以在形构的过程中常因内在的贯注神往，而对别的事物便视而不见、听而不闻。

此外，他还说到他对骡马店的感觉。南来北往运货的骡马，在斜阳残照里，一群一群吆喝而来，那马蹄杂沓之声，又有气，又有势，而也有一份急忙归槽求安息的苍茫意味。人生总是在西风、古道、瘦马，总是在野店里求安息。这安息虽是一时的，也是永恒的。当他看见那些为生活而忙迫的赶马者，进了野店，坐着吃酒，简单的菜肴，闲适的意味，说着天南地北，也好像是得着了永恒的安息。他认为，所谓天路历程，也不过是如此。

由于他父亲经营得法，家境渐好。大哥二哥随父亲管家做事，便安排他走读书的路。先读了二三年私塾，再改入新制小学。对于读书，他也很认真。但他不喜欢教书先生的酸气、寒伧气，总觉得他们不充沛，不够酣畅淋漓，反倒对农夫的朴实稳健、赶马者的飞扬风采，更有好感。后来到县城读中学，便进到生命之“离其自己”的发展阶段。农村的生活是“在其自己”的。很熨贴，很自在。如今到城市读书，他觉得各种功课，各种事物，都是一套机括，要进入这套机括，都得费力。要把自己混沌的生命，一层一层离其自己地往机括里套。这种感觉，在他的生命史上留下很深的印象。他回忆说，进到中学，无论各门功课，以及作文、说话、看小说，都得费力地学习。一切所有的，都是费力学来的，都是通过意识用生命贯注到了的。正因为这样，所以他的学、问、思、辨、行，都是靠意识所及，生命贯注，而凸显，而成就的。

2. 大学阶段

十九岁，牟宗三进入国立北京大学，那正是国民党北伐成功的年月。那时候的党人，要极端，要激烈，要冒险犯难。同志之间，以忠诚坦白相号召，使人有“忘我”的感觉。在一个客观的现实的集团面前，在一个客观的超越的理想面前，献身，客观化一个人的生命，这感觉给予牟宗三很深的印象。这是他从前混沌的自然生活中所没有的。而今在这一道风里忽然有了这感觉。一个献身于党的革命斗士是有点圣人的影子，从这一面说，那一阵风不纯是外在的政治的，而实能打进人的生命而予以内在的锤炼。不过，后来察觉出那种内在的忘我的志气锤炼，实际上是在泛滥浪漫的生活情调下进行的，在东倒西歪一切不在乎的气氛下进行的，这是一种绝对的粗犷的放纵恣肆，是唯物论（因联俄容共而夹杂进来）所促成的放纵恣肆。牟宗三了解了那神魔混杂的貌似圣人的境界，那里面的向上、开扩、解放，其实是生命向下坠的向上，是封闭的开扩，是窒闷的解放，最后是一个全体的物化。当然，一个人可以为其所信的客观理想而献身，但这必须发自内在的不容已的心愿，这就不能是唯物论促成的放纵恣肆。必须从个人自己内在生命处护住道德意识，然后再说献身忘我。那才是真正的道德，圣贤的心肠。

牟宗三回忆，在大学预科一年级时，他也沾染了那泛滥浪漫的精神，粗野放荡，几乎不可收拾，文字荒谬，不避肮脏。有一次，他父亲看见了，大为震怒，责斥何以如此？宗三答以外面风气如此。他父亲说：“择其善者而从之，其不善者而改之。外面一时的风气算得了什么？你怎可如此不知好歹！”宗三闻言，悚然警觉，顿时从漆黑一团的混沌中超拔出来。外面那些风姿光彩，那些波澜壮阔，立时收煞、降伏、止息。他不禁心中暗暗惊叹：“大哉父言！有本有根，终始条理”。他深深感到，中国文化那些义理教训，在他父亲身上是生了根的，在他治家谋生的事业中生了根，在他习以为常的民间生活、自然地理、风俗习惯的谐和中生了根。所以，他的信念贞常坚定，而不摇动。牟宗三认为，一切的政治家、事业家、思想家，都应该到农村看看什么是生根的生命，什么是文化真理的见证者，仔细印证一番，从头想想，大家重新做一个有本有根的人。这样，中国才算上了路。

在北大预科时，牟宗三即已决定学哲学，这是那企向于混沌的气质、对于落寞而不落寞的欣趣、强度的直觉力，所天然决定的。泛滥浪漫阶段过去了，便收摄精神，从事读书。他是一个穷学生，当然买不起书，只能上图书馆去读。每天带一壶开水，二个馒头，一早进馆，黄昏出馆。书是一本一本读，勿忘勿助，真积力久，渐渐地就进入学问的堂奥了。

他预科二年级时，因读《朱子语类》而引发想象式的直觉的解悟，对于抽象玄远的义理，特别具有慧解。而当时流行的西方观念系统，如像博格森的创化论，杜里舒的生机哲学，杜威的实用主义，达尔文的进化论，也都引起他的注意，而能助长他想象的兴会。不过，这些系统的内容，却不是他所喜欢的。

一九二九年，他正式升入哲学系本科。一方面随着课程而接上罗素哲学、数理逻辑、新实在论等；一方面自辟蹊径，遍读易书以及英国哲学家怀悌海的著作。易学方面，他是大规模地读，一边读，一边整理，先整理汉代的象数易，进一步再由晋易、宋易而下及清代胡煦的《周易函书》与焦循的易学三书（《易图略》、《易通释》、《易章句》）。在大学毕业之前，便完成了《周易研究》一书的初稿。至于怀悌海方面，则由他早年的《自然知识之原则》、《自然之概念》，进而读《科学与近代世界》以及他的新巨著《历程与真实》。牟宗三以美的欣趣与直觉解悟契接怀氏哲学，所以能够引发丰富的想象，而义理方面的解悟，也斐然可观。

在大学三年级时，熊十力自杭州返北京大学讲学。牟宗三因读熊氏新出的《新唯识论》文言本，由系上教授引介，初谒熊十力于北海中央公园茶轩，自此从游，深受感发。宗三回忆平生，认为他遇见熊先生，乃是他生命中的大事。从此以后，他的学思工夫便形成双线并行的历程：一是从美的欣趣和想象式的直觉解悟，转入“为何、如何”的架构之思辨；以后撰著《逻辑典范》与《认识心之批判》，都是顺此线索而发展。二是从外在化提升一步，而内转以正视生命，契入儒圣之学，这一线是熊十力的启迪之功。

一九三三年，大学毕业。先在山东寿张乡村师范教了一年书。次年，赴天津，住社会科学研究所，与张东荪、罗隆基二氏相过从，并以张东荪之介，加入国家社会党。这时，连写三文讨论逻辑与唯物辩证法，并为《再生杂志》撰写时论文字多篇。一九三五年，周易哲学书在天津出版。秋天南下广州，任教私立学海书院（时，谢幼伟也同校任教）。次年北返，过山东邹平乡村建设研究院访见梁漱溟氏，二人言语不契，乃返家乡小住，然后赴北平。

3. 抗战前后

一九三六年，牟宗三在北平主编《再生杂志》。第二年七月七日，卢沟桥事变，全国抗日，他从北平过天津，走南京，再至长沙。当时，北大清华二校合为临时大学，经长沙至衡山。宗三应张遵骝（张之洞曾孙，时就读北大，是宗三最早的知己挚友）之约，游南岳，与诸生晤谈，畅发抗战大义，提揭建国意识，以向上一机激悟青年。而校中教授如冯友兰等，竟示意诸生勿与牟宗三接触，宗三甚感义愤，由张遵骝资助路费，乃由湘衡走桂林，先后任教于梧州、南宁两中学。一九三八年秋天，再从广西经贵州转赴云南。在昆明一年，生活无着，赖张遵骝之资助度日，在困顿中发愤撰著《逻辑典范》。那时候，熊十力在重庆，特函昆明西南联大汤用彤氏云："宗三出自北大，北大自有哲系以来，唯此一人为可造，汝何得无一言，不留之母校，而任其漂流失所乎？"汤氏回信，说是胡（适之）先生处通不过云云。

一九三九年秋，熊十力应马一浮之邀，共主讲于四川乐山"复性书院"。熊氏荐宗三以都讲名义住书院。及抵重庆，而熊十力已与马一浮相处不谐而离去。宗三乃转赴璧山来凤驿拜谒熊氏，谈到人情之险，不禁相与感泣。自璧山返重庆，与张君劢氏相见，虽颇有扞格，但毕竟在故旧情谊的牵系中再度主编《再生杂志》。这时候，才有机会与任职教育部的知友唐君毅晤面。在言谈中发觉唐君毅讲黑格尔哲学时，颇费吞吐之力，有强度的心力往外喷，于是他确知唐君毅是一个哲学的气质，有玄思的心力。从此，二人成为学问上最大的知音。是年冬腊，张君劢氏创办民族文化书院于云南大理，宗三以讲师名义住书院，仍埋头写他的逻辑著作。一九四一年九月，《逻辑典范》在香港商务印书馆出版。同年腊月，民族文化书院因故停办，他回转重庆，住“勉仁书院”依熊十力。

一九四二年秋，应成都华西大学之聘，任教于哲史系，是为他独立讲学之始。这个时候的牟宗三，客观悲情特显昂扬。他拨开一切现实的牵连，直接就民族生命和文化生命的大流说话。凡是违反国家民族，文化生命，以及夷夏、人禽、义利之辨的，必断然反对之。这种客观的悲情，不只是情，也是智，也是仁，也是勇。他之所以终于和张东荪、梁漱溟两人决裂，以及他日后创办《历史与文化月刊》，都是这客观悲情的贯彻和落实。

一九四五年夏秋，牟宗三应聘到重庆国立中央大学任哲学系教授。这时候，抗日圣战胜利，举国欢腾。但人心一时的兴奋，随即转为涣散与放肆，而八年来对外的抗敌意识也转而为对内的斗争。朝野上下看不见一点凝聚与开朗的气象，也没有“直接从华族文化生命立大信”的器识。有一天，他和唐君毅谈到国族前途，深以为忧。于是开始有意要写一部历史哲学，以申述国史精神的本质及其发展的新途径。

一九四六年，随中央大学从重庆迁回南京。他懔于国运的屯艰和文运的否塞，乃独力创办《历史与文化月刊》，以儒家三辨（人禽、义利、夷夏）昭示于世，并从头疏导华族生命与学术的命脉，以期唤醒士心，昭苏国魂。当时，梁漱溟来函订阅《历史与文化月刊》，宗三乃顺机作一长函，致望于梁氏能正视时代的艰难，警惕中共，秉公诚以谋求国族的前途。同时，也就梁氏从事政治活动的意态，提出严正的规谏，可惜梁氏既无明辨事势的器识，又缺乏察纳忠言的真心，竟率尔就宗三信函径加批答而寄还。宗三正气昂扬，岂能受此贬屈！即将梁氏批语一一剪下，装入信封挂号寄回，表示与梁氏决绝。三十多年以后，旅美教授杜维明访问大陆，在北平晤见梁氏，言谈之间涉及宗三，梁氏说：当年他把我写的字，一片一片剪下寄还给我，脾气真大！稍间，又怃然落寞地说：没想到他如今以哲学家名于世矣。于此可见，梁漱溟对于熊十力特为赏识的牟宗三，始终不能相契相知。

在南京三年，牟宗三同时任教中央、金陵两大学，又自力创办杂志，并继续撰著《认识心之批判》。这时，程兆熊主持江西信江农专（后改农学院），地在鹅湖书院故址。程氏有意邀请师友到鹅湖论学会讲，以苏活朱子陆象山的学脉。宗三特撰《重振鹅湖书院缘起》，指出自孔孟荀到董仲舒为儒学第一期，宋明儒为第二期，民国时代进入第三期。而第三期儒学的文化使命，应该是三统并建：一是重开生命的学问以光大“道统”；二是完成民主政体建国以继续“政统”；三是开出科学知识以建立“学统”（指知识之学，由希腊传统而来）。这一篇缘起，是牟宗三对当代儒家的文化使命，最早最明确的披露。

4. 在台时期

一九四八年秋天，牟宗三应国立浙江大学之约，任教哲学系（时，熊十力已先应浙大哲学系主任谢幼伟之请，住校讲学）。当时，局势已逆转，一切都在风雨飘摇中。次年，共军渡长江，浙江大学停课，宗三与谢幼伟离杭州转上海乘轮船到广州。五月，拜谒熊十力于市郊黄氏观海楼。夏秋之间，便只身渡海到台湾。当时，唐君毅暂任教于广州华侨大学，随即赴香港，与钱穆、张丕介诸人筹设新亚书院。徐复观则继《学原》杂志之后，创办《民主评论》半月刊于香港，并设分社于台北。宗三初抵台，即暂住民主评论台北分社。

宗三回忆，他从广州来台湾，当时有三个原则默存于胸：一是文化反共，把中共所坚持的马列意识形态视为中国文化的头号敌人。二是孔子立场。凡尊重孔子者皆可合作而相与为善，凡贬抑孔子诟诋孔子者，必反击之。三是支持“中华民国”*。对于“国民政府”，则盼望其有为，乐观其有成。愿作善意的督责，而不取“讦以为直”的批评。

一九五〇年，应台湾师范学院（师大前身）之聘，主授理则学、哲学概论、先秦诸子、中国哲学史。教课之外，又主持“人文友会”进行课外讲学。数十次聚会的讲词（人文讲习录）大部分发表于香港《人生杂志》。二年后，《历史哲学》完稿，而连年相续发表的其他论文，后来辑为《道德的理想主义》。另外，为《中央日报》和《新生报》写过五篇专栏，其中一篇《要求一个严肃的文化运动》，很得老“总统”的赏识，特由张其昀氏转托谢幼伟向宗三示意要安排召见的日期，他大概“不想被‘总统’召见”，就婉谢了。而三十二年之后，“行政院”遴选宗三为“国家文化奖章”的受奖人，他却接受了蒋经国“总统”的“邀晤”。可见一个崖岸自高的学者，他可以受邀晤而不愿被召见。这对新世代的知识分子而言，应该具有教育的意义。

一九五六年，牟宗三应台中东海大学之聘为人文学科主任。那

* 简体版编者注：以下“中华民国”等相关处加以引号。

一年的九月，历时十年而完成的巨著《认识心之批判》终于在几经迁延之后，由香港友联出版社出版。四十七年元旦，又与唐君毅、徐复观、张君劢诸先生联名发表《为中国文化敬告世界人士宣言》（简称《中国文化与世界宣言》），由《民主评论》与《再生杂志》同时刊出。四月，人文友会应《人生杂志》之约，主编文化问题专号，一来是和文化宣言作一呼应，二来是为牟老师祝贺五十哲诞（撰文者，陈拱、王淮、蔡仁厚、韦政通、周群振、唐亦男）。这一期专号，深受好评，一位老诗人特别投诗于《人生杂志》，有“忽讶老树发新枝”之句。

一九五九年春，《政道与治道》完稿，至此，新儒家外王三书（介述见后）全部完稿。这是牟宗三面对中华文化之巨变所作的从根大反省。他认为秦汉以后，真正能够上承孔子孟子的内圣外王之教，以从事实学，要求开济事功的儒家人物，宋明儒之后，就只有晚明顾、黄、王三大儒接得上。宋明儒者是通过佛教的对照，以豁醒其内圣一面；叶水心、陈同甫以及顾、黄、王诸大儒，是在遭逢华夏之沦于夷狄，而豁醒其外王一面。而牟宗三的外王新书，则是经过满清的歪曲，面对共党的澌灭，而作进一步的豁醒与建立。上文所说的文化宣言，其中的思想骨干，也多半是牟宗三提揭出来的观念。所以宣言的执笔者唐君毅，在四人联名发表的位序安排上，就是由牟宗三领衔的。

5. 香港讲学

一九六〇年十月，牟宗三离台赴港，应香港大学之聘主授中国哲学，到了一九六八年春，又应唐君毅之约，由香港大学转中文大学研究院及新亚书院哲学系任教。先后主授魏晋玄学、南北朝隋唐佛学、宋明理学、康德哲学、知识论等课程。

在香港两间大学正式任教的岁月，共计十五年。初到港大，发觉学生听讲的反应，和台湾的大学生完全不同。香港毕竟是英国殖民地，人处其中，不易显发文化意识，所以在香港不宜以舍我其谁的使命感来讲文化，而只能客观地讲学术。宗三警觉到这一点，便马上归于学究式的研究，以八年的心血写成《心体与性体》三大册。（这时，他正好六十岁。）他函告在台门人，说这部书耗费了他一半的生命力，算是他著作生涯的高峰，以后恐怕很难有气力写这样的大书了。

但经过大半年的休养调适，体气渐次复元。教课之余，便又开始从事双线的著译工作。一是表述南北朝隋唐时期的佛学，写成他平生甚为得意的著作《佛性与般若》。二是对于康德批判哲学的译解。首先，他认为康德判人类无有智的直觉，是受了西方哲学和宗教传统的限制，如以中土儒释道三教为准，则人自应有智的直觉。于是在六十一岁那年，写成《智的直觉与中国哲学》，这是对中西哲学具有开创性意义的一部书。但此书出版之后，他又觉得书中还有未尽之义，正好中文大学研究院的学生要求开知识论一课，而宗三也深感师门的新唯识论，只有“境论”而无“量论”（即知识论），于是乃因着讲课的机缘，将平素所思作一系统的陈述，一面口讲，一面笔写，前后八个月而完成《现象与物自身》一书。这是他写得最快的一部书，但却是四十多年的学思工夫蕴积而成。

一九七四年，中文大学新亚书院两根擎天柱：唐君毅、牟宗三两位大师级的教授，同时届龄退休。唐君毅留在香港，牟宗三则应华冈教授之聘，先返台在中国文化大学哲学研究所主讲康德哲学。并先后在台北师大、台南成功大学、台中中兴大学作学术演讲，发挥儒释道三教大义。又应约在佛光山佛学院，讲弘扬宗教的态度。这时候，清华大学筹设文科研究所，拟设置语言学、史学、哲学三讲座，校长徐贤修氏面邀牟宗三任哲学讲座，后因筹设未成，遂不果。这三个月的返台讲学，为台湾人文学界留下春雷震大地一般的激荡。而此后二十年，牟宗三也几乎年年港台来回，两地宣讲。

6. 港台来回

一九七四年冬，新亚研究所得教育部之支助，正式独立，由唐君毅主持所务，牟宗三为哲学组导师（另有文学组、史学组）。一九七五年，《现象与物自身》在台北出版，而《佛性与般若》也在这一年订改完稿。一九七六年九月，应教育部客座教授之聘，于十一月返台在台大哲学研究所主讲"宋明理学"、"南北朝隋唐佛学"两课程。台北各大学师生来听讲者，每堂皆达百余人，真有风行草偃之象。两年前，宗三写信给在台门人，说到"新亚退休之后，当略师孔子归鲁之意，返台作数年讲学，以培养青年，留下一个线索，于愿足矣。"而此番返台讲学，和孔子自卫归鲁之年，都是六十八岁。这虽然是偶然的巧合，而也是历史的美谈。（此后数年讲学，每学期前半在港，后半在台，成为定例。）

一九七七年，中华民国哲学会改组复会，牟宗三、唐君毅皆以最高票当选为常务理事，但哲学会流品复杂，会员之学术意识也多薄弱，宗三意欲团聚纯正学人，另谋哲学研究之正常发展，而形格势禁，难申宏愿。五月，应台大哲学学社之请，讲"中国哲学的未来"，宗三恳切指出，中国哲学是否有未来，除了挺显它自身的义理纲维之外，还要看现代的中国人能否像当初之消化佛教而也能消化西方哲学。能消化即有未来的发展，否则，就没有未来之可言。凡消化，必须从消化其高峰着手。西方哲学的高峰是康德。消化西方哲学必须从消化康德入手。在西方，也只有康德才是通中西文化之邮的最佳桥梁。西方哲学有三大支：柏拉图代表一支，莱布尼兹以及罗素代表一支，康德代表一支。柏拉图一支和莱布尼兹的形上学一面已消化于康德，唯莱氏与罗素的逻辑分析一套，则康德未及消化，因此，这一步的消化必须由中国人自己来完成。《认识心之批判》一书，正是基于此一用心而撰成。再进一步，便是消化康德。《现象与物自身》一书，即在勉尽此责。但这不是一人之事，必须学界分工合作，共同勉励。

同年六月，《佛性与般若》上下两册，由学生书局出版。而台大也特意敦邀继续客座一年，主讲“魏晋玄学”、“天台宗与华严宗”两课程。一九七八年二月，唐君毅病逝香港，宗三在悼念文中特别揭举“文化意识宇宙”一词，认为这个文化意识宇宙，是中国文化传统所独创所独显，它是夏商周的文质损益，再经孔孟内圣外王成德之教而开出来。宋明儒者是这个宇宙中的巨人，顾、黄、王也是这个宇宙中的巨人，而唐君毅则是现时代这个宇宙中的巨人。（这个宇宙，在价值层位上，高于哲学宇宙和科学宇宙；在内涵意义上，也比哲学宇宙和科学宇宙更为深广。）

一九七八年四月，为宗三七十哲诞之辰，在台门人特设宴祝寿，并编印祝寿文集，书名是《牟宗三先生的哲学与著作》，开端一文为总述，由蔡仁厚执笔，分五阶段以综述牟宗三的学思历程与著作。其余诸文，类分为三组：（1）关于历史文化者，由陈拱、周群振、朱维焕、郑力为、陈癸淼等撰文。（2）关于中国传统哲学者，由苏新鋈、廖钟庆、蔡仁厚、戴琏璋、杨祖汉等撰文。（3）关于中西哲学会通者，由刘述先、冼景炬、李天命、陈荣灼、李瑞全、邝锦伦、谢仲明等撰文。全书九六〇页，由台北学生书局出版。

同年十一月，宗三应教育部之聘，第三年讲学于台大，主讲“中国哲学及其所涵蕴之问题”、“天台宗研究”两课程。十二月，“中美”“断交”，宗三于十八日上课时，特就此问题谈话三小时（讲词发表于《鹅湖月刊》四十五期）。二十五日又以《从索忍尼辛批评美国说起》为题，在台大作公开演讲，记词发表于台北《联合报》，并由联经出版公司以中英文对照本出版发行。

一九七九年七月，返台连续三年之讲学暂告结束。宗三自认，这是他最富兴会最为圆熟的讲学阶段。是年，东海大学成立哲学系，特敦聘他为荣誉讲座。七月，在东海主办的中国文化研讨会主讲“儒家学术之发展及其使命”以及“中国文化的现代意义”。八月，《从陆象山到刘蕺山》由学生书局出版。

一九八〇年五月，应台大之聘，返台指导论文。同时在东海大学讲《三十年来大陆知识分子想些什么》，在台大讲《说民国以来大学的哲学系》。七月，应韩国退溪学会之邀，赴汉城主持学术座谈会，并访问成均馆、陶山书院。八月，应《联合报》之邀，以《中国文化的断续问题》为题，作公开演讲，然后回港。

一九八一年五月，应《联合报》与东海大学之联合邀请，返台作短期讲学。七月，由《联合报》安排，作两次公开演讲，总题为《文化建设的道路》，十三日讲第一子题《历史的回顾》，极为轰动，十六日《联合报》刊出讲词后，反应尤为热烈。十七日讲第二子题《现时代文化建设的意义》时，行政院孙运璇院长与文建会筹委会陈奇禄主委，也特别相偕前来听讲。

一九八二年四月，徐复观病逝台北，宗三在港闻讯，特为文悼念，并嘱在台门人致送挽联云：“崇圣尊儒，精诚相感，巨著自流徽，辣手文章辨义利；辟邪显正，忧患同经，谠言真警世，通身肝胆照天人。”十一月，在各方企盼敦促之下自港返台，在台大哲研所主讲“中国哲学之契入”、“中西哲学会通之分际与限度”两课程。而晚年所译注的《康德的道德哲学》、《康德纯粹理性之批判》，也在此时先后由学生书局出版。七十二年五月，公开演讲中国文化大动脉中的《现实关心问题》与《终极关心问题》。这两篇讲词，由中华电视台“华视新闻杂志”制为单元节目，分周播映。

一九八四年，“行政院”遴选牟宗三为“国家文化奖章”受奖人。三月十三日他返台受奖，二十一日在东海大学讲《哲学研究之途径》，二十三日回港。时，有关方面意欲在“中央研究院”成立哲学研究所，邀请宗三主持，宗三以为不可。他函复在台门人有云：“若政府觉吾人之所思，于文化方面与国家命脉尚有扶成之作用，则请量力而助之，使能在社会上起一点作用。若无能为力，则亦无所谓。若勉强牵合，既不合多元原则，亦不合统筹原则。”于是，此事不得要领而作罢。另外，国科会则拟以三年期之讲座教授名义，敦请宗三返台讲学。但头绪纷繁，迟不能定。

一九八五年四月，宗三返台校对《圆善论》，并分别在台北师大讲《研究中国哲学的文献途径》，在东海大学讲《圆善论大旨》，在文化研讨会讲《理解与行动》，然后回港。九月，应国科会讲座教授之聘，假师大为讲坛，为各大学研究生讲授《中国哲学专题研究》，每周四小时。此后三年，仍仿数年前在台大讲学之例，每学期前半在港，后半在台。三年之间，讲孟子，讲老庄，讲佛学，讲康德第三批判，皆精辟圆熟，通透无碍。

一九八七年四月，香港大学为了对牟宗三的学术成就表示崇敬，特颁赠荣誉文学博士学位。港大哲学系授教摩尔（F. C. T. Moore）博士所作的推介辞，对牟宗三卓越的学术贡献备极崇赞。次年夏天，国科会三年讲座期满，而宗三也正好八十岁。对于这位老哲学家的八十大寿，台北各报都有访问报导，而三家电视台也同时作访问录像播放。门人设寿宴于彭园，席间中央大学余校长与师大梁校长，特联合致送荣誉讲座聘书，敦请牟宗三在体力条件许可的情形下，随时由港来台作重点式的不定期讲学。同时，东方人文学术研究基金会，也成立“中国哲学研究中心”，有意请他返台定居。他响应的方式，还是港台频频来回，一方面指导新亚研究所的学生，一方面来台作谈话式的讲学。而鹅湖讲堂就成为牟宗三耄耋之年的讲学之所了。

7. 最后六七年

八十以后的牟宗三，讲学、研究、著作的活动，仍然非常旺盛。八十一岁出版三十年前即已完成的《五十自述》，在序文里，他说到五十以后，集中心力于古学的表述，和对康德学的融摄消化，而陆续完成十部左右的专著出版，所以不再作生活的忆述。

在他译注康德《纯粹理性之批判》、《实践理性之批判》之后，又写了《现象与物自身》和《圆善论》，他觉得问题处理得差不多了，自己的年岁也老了，所以不想再译第三批判《判断力之批判》。但因为讲述康德课程，又引发出许多新意，他觉得还要再写一部《真善美的分别说与合一说》。于是又选择性地翻译第三批判的若干章节，天天持之以恒，一段一段译下去，到八十三岁时，一部大书又译注完毕。自从康德之书问世以来，以一人之力翻译全套三大批判出版的，牟宗三是二百年来世界第一人。尤其以硕学耆年，成此学术大事，更是人类学术史上空前未有的佳话。

八十二岁，《中西哲学之会通十四讲》继《中国哲学十九讲》之后出版。这年十一月，台北召开"全国文化会议"，宗三有书面致词。（发表于《联合报》副刊）十二月，第一届"当代新儒学国际会议"在台北召开，宗三为名誉会长，并在大会作主题演讲。他指出民国以来，三五前辈硕儒虽然"有志气、有性情、有智慧"，但"无学以实之"，所以客观的成就皆有所不足。他顺这个意思，郑重提示"客观理解"的重要。所谓"学"，也正是客观理解的意思。（讲词发表于《鹅湖月刊》一九一期）

八十四岁，应东海大学哲研所之邀，主持"康德第三批判的思路与限制"座谈会，并以"真美善的分别说与合一说"为题作公开演讲。中部各大学师生皆来听讲，大讲堂上不但座无虚席，就是后廊与走道也塞满了。这一年十月，山东大学主办“牟宗三与新儒家学术会议”，与会的学者，觉得山东这块地方，古时有孔孟，今天有牟宗三，人分今昔，道无新旧，正所谓前圣今贤，其揆一也。十二月，第二届“当代新儒学国际会议”在台北召开，宗三仍以名誉会长身份作主题演讲，题目是《中国文化发展中的大综和与中西传统的融会》。讲词发表于二十日、二十一日《联合报》副刊。会议完毕，觉得有点累。二十二日去作身体检查，发现心脏有扩大现象，心跳不规律，肺部也发炎，乃于二十三日住中华医院诊治，二十四日渐趋稳定。二十六日，转台大医院继续疗养。

八十五岁新春，《康德判断力之批判》译注本下册出版。宗三在病榻作题词云：“此书之译，功不下于玄奘、罗什之译《唯识》与《智度》，超凡入圣，岂可量哉，岂可量哉！然真正仲尼临终不免叹口气，人又岂可妄哉，岂可妄哉！”这次生病，实在很危险。由于医疗调养得宜，于三月一日出院，返永和家宅疗养，每周仍到台大医院诊断取药。近月之间，体质气色大为好转，并可上下楼梯，沿街散步。六月，应邀至第二届“国际东西哲学比较研讨会”作主题演讲，题目为《超越的分解与辩证的综和》(讲词编入《会议论文集》)。会议闭幕式正与宗三八旬晋五哲诞同时，主事者要求闭幕晚宴与祝寿宴合并举行，宾朋满座，人人尽欢。冬天，宗三系念香港新亚研究所诸同学的学业，特于十月由学生陪护回港（遵医嘱，时间以两月为期)，每周二次为诸生讲授。十二月中旬，由门人陪送返台。

八十六岁，以中国哲学研究中心讲座的身份，在鹅湖文化讲堂，主持每周一次的学术讲座，主讲哲学基本问题。四月，又回港一次，与新亚诸生作告别式之讲学。六月，正式辞谢新亚研究所导师之聘，于十九日返抵台北。鹅湖讲堂的哲学讲座，仍然持续进行。九月，发表《四因说演讲录》(共二十讲）于《鹅湖月刊》。这是前几年在新亚所讲，主要是从亚里士多德的“四因说”，以对显儒释道三家哲学的要义和精彩，这也是他针对中西哲学的会通，再一次提出深刻的思考。

秋冬以后，宗三感到全身无力，于十二月住进台大医院疗养。次年一月，一度出院，三月十三日再度入台大医院，延至四月十二日，终于回天乏术，一代大哲，与世长辞。享寿八十七岁。

二、思想评析

牟宗三是性情高狂而学思精敏的思想家。他的哲学思考，从大学开始就一直持续进行，从来没有间断过。他很重视经典文献，也郑重于文献的疏解，但他的思想不是从文献中来，而是对应哲学问题、文化问题与时代问题而来。所以他做学问的态度，不同于经学家、汉学家，他所表现的是思想家的深锐，所成就的是哲学家的风范。

关于牟宗三思想的评析，蔡仁厚所撰《牟宗三先生学思年谱》（台北学生书局）乙篇，以一百一十余页的篇幅，分六阶段详述牟氏的学思历程，可供参阅。

1. 灵感与直觉（生命向外照）

上文曾经提到，牟宗三在大学预科时，曾沾染时风中泛滥浪漫的精神，那是生命向外膨胀，向外扑，也表示一种直觉力。但那直觉力是生命的膨胀所带出来的，是一个清一色的（同质的）物质性的混沌。那个阶段很快过去，接下来便收摄精神，从事读书。读书仍然是生命向外，但因为生命收摄了，精神凝聚了，所以灵觉浮上来，原始的生命沉下去。这时是灵觉用事，不是生命用事。灵觉用事的形态便不是直接向外扑，而是直接向外照。这就是所谓“直觉的解悟”。

他的直觉解悟，主要表现在三个落点上。首先是预科二年级时天天上图书馆读《朱子语类》。他当时的感觉是读得很有味，却又不知它说些什么。但还是天天读，过了一个月，忽然开了，摸到了朱子说话的层面，也看出他讲道理的线索，看他说着这一句，常能知道下一句是什么。这表示自己也能主动地顺着朱子的线索走。这种直觉解悟所达到的超旷，是灵感光辉之源，也是一切理想主义之源。这时候，他的想象非常丰富，慧解也非常强。常觉驰骋纵横，游刃有余。对于当时西方流行的观念系统，如创化论、生机哲学、实用主义、进化论，也引起他的注意，但这些思想的内容，却无法吸引住他。

其次，是读《易经》。宗三之读《易》是大规模的。他一面读着经典文献，一面直想着伏羲画八卦是在宇宙洪荒原始混沌中灵光的爆破。那是一种生命的光辉和智及的风姿。而全部《系辞传》乃是智慧的光辉，也是灵感的周流。那光辉又润泽，又嘉祥；那灵感又清洁，又晶莹。这种没有烟火气的光辉与风姿，和他那青年生命的单纯，想象力的开扩，原始混沌中的觉照，以及向四面八方涌现的直觉解悟，正相投契。当时虽也想到“文王囚羑里而演周易”、“作易者其有忧患乎”，但一个青年对这方面并无深切的悱恻之感，而只是欣悦那“鼓万物而不与圣人同忧”的坦然明白，与“天地无心而成化”的自然洒脱。所以大学时期牟宗三所表现的直觉解悟，是在“智及”的风姿中呈现，而不是在“仁守”的悱恻中呈现。

再来，他的直觉解悟是表现于读英哲怀悌海的著作。怀氏美感欣趣强，直觉解悟也强，直觉的，灵感的，都是直说而中。他的文字表达是描述的，而“为何、如何”的逻辑技巧与严格思辨，则不太能显现。牟宗三读怀氏的书，是以美的欣趣与直觉的解悟和他接遇，所以能随读随消化，随消化随感发，而想象丰富，义解斐然。但他对怀氏的系统，心中渐渐感到有所不能安，但又无法确知它的不足在那里。于是心中起了惶惑，逼到自己要从美的欣趣与想象式的解悟，作进一步的凝敛，以转入“为何、如何”之架构的思辨。

2. 架构的思辨（逻辑系列的吸收与消化，敲开认识主体之门）

牟宗三对逻辑发生兴趣，是由于当时讲唯物辩证法的人对形式逻辑大肆攻击，尤其集中于攻击思想律（同一律、矛盾律、排中律）。他们就事物的变动与关联而说话，事物的变动与关联，是事实，他们说的似乎很有理。但思想律本身也很有理，因为事物尽管有变动、有关联，而人的思想言论必须自身同一，不能有矛盾，这也是天经地义的。然则，两方面都有理，这是什么意思呢？这是一个困惑。不过，这个困惑很快就想通了。他首先划开了“思想律”与所谓“事物的变动与关联”这两个领域的不同，而反显了逻辑之不可反驳性。（纵然你主张唯物辩证法，也必须自身同一地主张，必须不矛盾地主张；然则，你反对思想律，有何意义？）这件事，是他独立用思的第一步。在这里，开启了“为何、如何”的思辨，引发了对逻辑的兴趣。大学毕业的第二年，他撰写三篇文章：《逻辑与辩证逻辑》、《辩证唯物论的制限》、《唯物史观与经济结构》。

（由张东荪编入《唯物辩证法论战》一书）这是牟宗三逻辑思维的初步发露。

他治逻辑，是直接从罗素和怀悌海合著的《数学原理》入手，这是堂堂大路。先读第一卷的第一部：数理逻辑。这是有名的“真值函蕴系统”之所在，是一个典型的正宗系统。他一方面抄写演算，一方面体会它的意义。罗素《数学原理》的思想系统，是以“还原公理、相乘公理、无穷公理”来贯彻。这三个公理是一线相穿，都是在存在方面有所肯定，所以又总名为“存在公理”。此即罗素的实在论的数学论。它一方面透示了一个多元的形上学，逻辑原子论的多元论；一方面奠定了数学的存在方面的基础，使数学归于一个多元的形上学，而建基于原子论上。牟宗三弄明白这些意思之后，随即开始有了怀疑，由怀疑而有了转向。他同意维根斯坦断定罗素是“实在论的数学论”，但进一步指出它也是“双线的数学论”：一线是逻辑的，一线是存在的。但是：(1) 讲数学，为什么要双线进行呢？(2) 数学要靠三个假定，既然建基于一个由假定而形成的形上学上，然则，数学本身自足独立的必然性又何在呢？由于这两个疑问，使得他必须扭转罗素的数学论。

经过一步步审识的结果，发现一个表达逻辑自己的推演系统，并不表示任何东西，它只是“纯理自己”，是纯理自己的展现。“纯理自己”一词的提出，一方面保住了逻辑的自足独立性，一方面保住了逻辑的必然性与超越性。同时，又积极地 (1) 从认识逻辑中的命题架子起，(2) 进而了解造成命题架子的基本概念（或规律）有定然性与先验性，(3) 再进而重新确定思想三律根本是“肯定否定之对偶性”这个原则的直接展现。即，由对偶性原则直接开出排中律、同一律、矛盾律。如此一步一步予以厘定，“纯理自己之展现”说，便极成了。

讲唯物辩证法的人攻击思想律，固无是处；布鲁维取消排中律，以及罗素用“逻辑的相应说”救住排中律，也都是不中肯而歧出的。（一九四二年，宗三撰有评罗素新著《意义与真理》一长文，便是针对罗素论排中律与逻辑之构造而发。）讲唯物辩证法的人，从事物的变动与关联方面反对思想律，是为领域的混淆。而逻辑专家们，则以形式主义约定主义动摇逻辑的命根，共相潜存说与逻辑原子论，则又使逻辑依托于一个外在的形上学之假定上。这都是义理不透，未识大常，所以群言淆乱，使定然者成为不定，必然者成为不必然。这正是时代虚脱飘荡之象。

恢复逻辑之大常，审识逻辑之定然，归宿于“知性主体”而见“超越的逻辑我”，至此，罗素的“实在论的数学论”才可得而扭转：数学与几何，皆基于纯理，而不基于逻辑原子论。罗素的高足维根斯坦的数学论也只停在技术处理的形式主义上，而未达通透之境。其余，杜威的运用论，布鲁维的直觉主义的数学论，希尔伯的形式主义的数学论，牟宗三也一一加以评析。这些都是属于逻辑数学的提炼与扭转。关于理论性的讨论，大体已见于《逻辑典范》。（一九四一年香港商务版）但此书“开荒之意重，雕琢之工少”。而逻辑内部系统的讲述，则以一九五四年台北正中书局出版的《理则学》较为翔实。

由于扭转对逻辑数学的解析，直敲“知性主体”之门，建立超越的逻辑我，使自己真正进入哲学的领域，而得到了在哲学上独立说话的思辨之路。此时，在牟宗三自己生命中，已确然涌现了“安排名数、说明知识、进窥形上学”的全部哲学系统的架构。在这步工作上，不但接受了康德，还要进而了解康德，以学习他那套架构的思辨。

康德的《纯理批判》以及罗素与怀悌海合著的《数学原理》，是西方近世学问的两大骨干。牟宗三常自庆幸能够出入其中，得以认识人类“智力”的最高成就，得以窥见他们的庙堂之富。《数学原理》的内在结构与技巧，由于中国的学术传统没有这一套，一时还产生不出这样的伟构。宗三也自叹有所不及，但在哲学器识上则自觉并无多让，所以能以究竟了义为依归，而扭转罗素的歧出。而《纯理批判》，是由西方纯哲学传统而发展出来的高峰，它的工巧的架构思辨，极其难能而可贵。这是西方哲学的宝库，学力不够，根器尘下，将终生接不上。器识学力都够了，还要有那架构思辨的工巧方式，也即由“为何”而“如何”的方式，这是必须长期学习的。一个学哲学的人，在青年阶段总是表现他的直觉颖悟（如果他有的话），也总是先顺着经验、携带他的智力直接外用以趋于物，所以容易先欣趣于浪漫的理想主义，如生命哲学一类；也容易先接受经验主义、实在论、唯物论、唯用论那类的思想。但那只是哲学的初步，还不算进入哲学的堂奥。就是罗素那种逻辑分析，也仍有一间未达。要想进入哲学的堂奥，就不能停在逻辑的分析上，而必须进到“超越的分解”。因为逻辑分析只停在已经呈现的东西之“是什么”上，这大体还是科学的层面。必须进一步就此“是什么”而由“为何、如何”以探本溯源，才能见出先验的原理。康德所谓“批判的”，便是落在这里说话。

继《逻辑典范》之后，牟宗三接着经营《认识心之批判》，此书从构思到完稿，长达十年之久。这部书最具匠心的部分，是修改了康德“时空与数学之关系”的主张。宗三确认数学与几何皆是纯理自己的外在化，这是数学与几何之第一义。再经由“时空之超越决定”，而说数学与几何之第二义。他不从“超越感性”上论数学，而是打断“时空”与“数学第一义”上的关联，冲破了康德对于时空所作的“超越解析”。这样，一方面扭转了罗素的实在论的数学论，一方面复活而修正了康德的批判哲学。二十多年之后，宗三仍然锲而不舍，对《认识心之批判》书中之所说，又作了一步推进，先后写成《智的直觉与中国哲学》、《现象与物自身》二书，证成了康德自己未能证成的义理，因而也融摄了康德，升进了康德。（等到西方思想界对东方智慧有了相应理解之时，他们将可发现二件事，一是康德的不平凡与不足够，二是牟宗三才是康德最大的诤友和功臣。）

3. 大的情感与大的理解（外王学的新开展）

从事抽象的，纯理智的架构思辨，这是存在主义所谓“非存在的”。虽然在“非存在的”领域中，却因正视存在的现实而常常被打落到“存在的”领域。由于对时代不断的感受和默识，渐渐体会了时代的风气、学术的风气、知识分子的劣性、家国天下的多难，以及历史文化的绝续。这一切，都引发了牟宗三客观的悲悯之情。由这“客观的悲情”而引进到架构思辨以外的、另一线的义理。

接触这一线义理的机缘，是大学三年级时遇见熊十力。在熊先生那里，他立刻嗅到了学问与生命的意味，而照察出一般名流教授“随风气、趋时式、恭维青年、笑脸相迎”那种标格之庸俗卑陋，也显示了一个自己未曾企及而须待企及的前途。熊十力那原始生命的光辉与风姿，家国天下族类之感的强烈，以及直通“华族文化生命观念方向所开辟的人生宇宙之大原”而抒发义理与情感的风范，给予他极大极强的感发。十多年的熏炙，而开启了一种慧命。这种慧命，就是耶稣所说的“我就是生命”的生命，“我就是道路”的道路，而中土圣哲，则愿叫做“慧命”。

从抗战到战后，政治、学术、社会、人心，一切都向下趋，朝野上下，见不到有任何凝聚与开朗之象，也没有直立于华族文化生命上立大信的器识。这时，牟宗三随中央大学自重庆回南京，乃独力创办《历史与文化杂志》，以“人禽、义利、华夷”三辨昭告于世，并从头疏导华族的文化生命与学术命脉。但因经费无着落，只出四期而止。

三十八年来台之后，深感国家民族与历史文化的前途，已经到了最后彻底反省之时。这时候，客观悲情之所感，转而为“具体的解悟”，借以疏导华族文化生命的本性、发展、与缺点，以及今后“所当是”的形态，以决定民族生命的途径。这是由“大的情感”之凝敛，转而为“大的理解”之发用。其结果，就是《历史哲学》、《道德的理想主义》、《政道与治道》三书之写成。这三部书有一个共同的基本用心，是即“本于中国的内圣之学，以解决外王事功的问题”。

把历史看做一个民族的实践过程，以通观时代精神的发展，进而表白精神本身表现的途径，并指出精神实体表现的各种形态，于此而疏导出中国文化不出现科学民主的所以然之故，以及如何顺华族文化生命而转出“科学”与“民主”，这就是宗三撰写《历史哲学》的基本用心。而荡涤民国以来迷惑人心的唯物史观（历史的经济决定论），进而完成一个“历史的精神发展观”，以恢复人类的光明，显立人类的常道。是即《历史哲学》的归结。

《政道与治道》一书，有两个中心问题：一是政道与治道的问题（政权转移的轨道，谓之政道；治权运行的轨道，谓之治道），而尤其着重于政道如何开出。二是事功的问题，也即如何开出外王的问题。这两个问题是中国文化生命中的症结所在。二者相连而生，所以也相连而解。在《历史哲学》书中，已层层逼显这两个问题的重要，并已提供了解决的线索。《政道与治道》一书则进而展开地畅发了这一面的义理。（至于《道德的理想主义》，则是依于“怵惕恻隐之仁”这一个中心观念之衍展，而通向人文世界的一部导论式的通论之书。）

中国政道之不立，事功之萎缩，实在是因为中国文化生命偏于理性的“运用表现”与“内容表现”（科学知识之停滞于原始阶段而不前，也系因于此）。而要转出政道，开济事功，成立科学知识，则必须转出理性的“架构表现”与“外延表现”。如何从运用表现与内容表现转出架构表现与外延表现，以开出各个层面的价值内容（如科学、民主等），并使各层面价值的独立性获得贞定？又如何能将架构表现统摄于运用表现，以使观解（思辨）理性上通于道德理性以得其本源？这其中的贯通开合之道，都在书中作了层层的义理疏导，而有了明确的解答。

儒家的内圣之学（心性之学）与外王之学（开物成务、利用厚生），原本就是本末一贯的。但五四以来，知识界普遍反传统，“内圣外王”这一类的古词语，无人理会。牟宗三提出“三统并建”的主张，实在非常勇敢而睿智。“道统、学统、政统”的开显，也正好就是儒家内圣外王学的充实和开扩。内圣是道统之所系，这是安身立命的问题，属于“终极关怀”，这一系的义理具有普遍而永恒的价值，必须永续永继，光大发皇。此之谓“道统的肯定”（肯定道德宗教的价值，以护住孔孟所开辟的人生宇宙的本源）。外王方面，以往只以仁政王道的方式通向政治，在今天必须同时通向知识。通向知识是科学的问题，中国需要科学，所以必须从民族文化生命中透显“知性主体”以融摄希腊传统。此之谓“学统的开出”（学统专指知识之学，也即科学，这必须由自己的文化生命开显出来）。而外王通向政治，不能只停在仁政王道的方式，必须认识政体发展的意义（由贵族政治形态发展到君主政治形态，再到民主政治形态），以肯定民主政治的必然性。此之谓“政统的继续”（由民本、民贵、选贤与能的思想，到民主政治的建立，乃是一个相顺的发展）。这“三统并建”的诠释和说明，无论对文化、对学术、对时代，都能言之顺适自然，顺理成章。即此可知，儒家思想的时宜性，是非常明显而充分的。

4. 中土哲学智慧的重建（表述儒、释、道）

牟宗三认为，晚周诸子是中国文化学术发展而成的原始模型，其中以儒家为正宗。从此以后，或引申，或吸收，皆不能不受此原始模型之笼罩：譬如魏晋玄学与宋明理学的引申，固然受到原始模型的规范；就是佛教吸收进来，也不能脱离这个原始模型的笼罩，更不能取代儒家正宗的地位。秦以法家之术统一六国，不旋踵间也随六国而亡。西汉是继承儒家而发展的第一阶段，到东汉则因理想性发扬不出而转衰。下及魏晋，道家复兴。而这时有印度佛教传入，所以道家的玄理，一方面是自身获得充分的弘扬，另一方面却又作了契接佛教的最佳桥梁。佛教传入中国，历南北朝隋唐五六百年而执掌中国思想界的牛耳。

如今，西方文化冲激中国，中国文化又进入一个大开大合的阶段。这个阶段的文化使命，当以解决外王问题为其最中心的重点。牟宗三既已本于内圣之学撰著三书以解决外王问题，则其所本的内圣之学的心性义理，当然也不能不重新给予全部的展露。魏晋玄学是道家老庄思想的再现，南北朝隋唐的佛学代表中国人对印度佛教的吸收与消化，宋明理学是先秦儒学的复兴。这三个阶段的学术，构成中国哲学史的基本骨干。然而有几个人能把玄学、佛学、理学的义理脉络、思想纲维、系统分合、异同关节，恰当相应地一一表述出来？专家学者们可以讲他所专长的某部分、某阶段，但要通贯地讲述三教就难乎其人了。而牟宗三不但能通贯地讲述，而且分别写成三部专门著作，对这三阶段的学术作了通盘而深入的评析、相应而中肯的表述。用一句古话来说，他是真的“使三教义理，焕然复明于世”了。

*　　　　*　　　　*

牟宗三以《才性与玄理》表述魏晋玄学。此书比汤用彤的《魏晋玄学论稿》更完整，更深切，可算是这方面的经典之作，而文字之美，也超乎读者想象之外。他首先以东汉王充的性命论为中心，上接告子、荀子、董仲舒，而下开魏初刘劭《人物志》的才性，以疏导这一系的原委。《人物志》所代表的"才性名理"，是从美学的观点来对才性或情性的各种姿态，作一种品鉴的论述。顺才性的品鉴，可以开出人格上的美学原理与艺术境界，也可开出心智领域与智悟的境界。但却开不出"德性领域"和"道德宗教上的境界"。魏晋人重自然而轻名教，而形成自然与名教（自由与道德）的矛盾。他们虽然想要会通老庄与周孔，结果也成徒劳。因为这步工作本来就不是玄学名理所能担当。必须到宋儒开显超越领域，构成"德性、美趣、智悟"（相当于真善美）三者立体的统一，才能解消这个矛盾。

不过，魏晋人能顺中国固有的学术发展而开出智悟境界，也很了不起。依牟宗三的分别，中国的道统在儒家，科学之统在羲和之官。而哲学之统则当上溯名家、道家，而继之以魏晋名理。魏晋的名理，可以分为"才性名理"和"玄学名理"。刘劭《人物志》以及论才性之"同、异、合、离"的傅嘏、李丰、钟会、王广，都以才性问题为主，皆属"才性名理系"。这一系的人比较实际、校练，不似后来之虚浮，也不称为名士。而"玄学名理系"的人，则称为"名士"，比较玄远而有高致。名士所谈论的以易与老庄为主。其言谈为清言清谈，其智思为玄智玄思，其理为玄理，其学为玄学。对于这一系玄理的主要内容，如王弼玄理之易学、王弼之老学、向秀郭象之庄学、阮籍之庄学与乐论、嵇康之名理等，在《才性与玄理》书中，都有专章加以评析和表述。

魏晋人顺智解的路数，以表现种种玄解玄悟，而却忘掉了文化大流中的“于穆不已”的仁体，所以无法了彻圣人的大德敦化本就是由仁体而来。把仁体抽掉而只在外面说有无、体用、不即不离；这种形式的陈述，只表示有主观的境界而并无客观的实体，只能尽境界形态而不能达到主客观性的统一。真能深入儒圣教义的内在精蕴而把握住仁体的，乃是宋明儒。

*　　　　*　　　　*

牟宗三以《心体与性体》来表述宋明儒学，实在煞费工夫。先摆开文献材料，找出其中的线索，勾出各家的眉目，比观对照，不存成见，反复再三，才渐渐见出义理的必然归趋。最后，确定北宋的周濂溪、张横渠、程明道、程伊川，南宋的胡五峰、朱子、陆象山，明代的王阳明、刘蕺山等九人，乃是宋明儒学的纲柱。这九人前后互相勾连，在义理问题的发展上，是相衔接、相呼应的。

北宋诸儒，上承儒家经典本有之义，以开展他们的义理思想，其步步开展的理路，是由《中庸》《易传》之讲天道诚体，回归到《论语》《孟子》之讲仁与心性，最后才落在《大学》讲格物穷理。所以他们的义理系统的开展，实系于对道体性体的体悟。周濂溪首先“默契道妙”（吴草庐语）；张横渠进而贯通天道性命，直就道体说性体，而且对《论语》的仁与《孟子》的心性，也已有了相应的了解；到了程明道，以他圆融的智慧，盛发“一本”之论，客观面的天道诚体与主观面的仁与心性，皆充实饱满而无虚歉，两面直下通而为一，即心即性即天，而完成了内圣圆教的模型。濂溪、横渠、明道，这北宋前三家所体悟的道体、性体、仁体、心体，皆静态地为本体论的“实有”，动态地为宇宙论的生化之理，同时也是道德创造的创造实体。它是理，同时也是心，也是神，是“寂然不动，感而遂通”的活灵之体，所以是“即存有即活动”的。（存有，指理或实体而言。活动，是就其能引发气之生生、有创生性而言。）

明道卒后，其弟程伊川有二十年独立讲学的时间，乃依其质实的直线思考的方式，把道体性体皆体会为“只是理”。既然只是理，它便不是心，不是神，也不能在此说寂感。道体的“神”义与“寂感”义既已脱落下来，则道体便成为“只存有”而“不活动”的理。讲道体如此，讲性体亦然。伊川又把孟子“本心即性”析而为心性情三分，性只是形上之理，心与情则属于实然的形下之气。理上不能说活动，活动义落在气（心、情）上说，于是性体也成为“只存有而不活动”。由于对道体性体的体会有偏差，乃形成义理的转向。但此一转向，在伊川是不自觉的，二程门人也没有顺伊川的转向而趋，南宋初年的胡五峰且能上承北宋前三家的理路而发展，开出“以心着性，尽心成性”的义理间架。到此为止，伊川的转向还只是一条伏线。但朱子出来，因为他的心态同于程伊川，四十岁以后便自觉地顺成了伊川的转向，而另开一系义理。接下来陆象山直承孟子而与朱子相抗，于是朱子、象山，加上五峰的湖湘学，乃形成三系的义理。到了明代，王阳明呼应象山，刘蕺山呼应五峰，宋明儒学的义理系统，乃全部透出而完成。简括而言：

北宋前三家，濂溪、横渠、明道为一组，此时未分系。此下，伊川朱子为一系（心性为二），象山阳明为一系（心性为一），五峰蕺山为一系（以心着性）。

这个分判，并非先有预定，而是在层层的厘清中，一步步逼显而至的。而其厘清逼显的重要关键，是在二程和朱子。对于二程遗书的鉴别，牟宗三费了大工夫，再三抄录，反复对勘，然后将二程语录各类编为八篇。明道清楚了，伊川也随之而清楚。朱子的文献最多，他思想的成熟和他真正用功的重点，是中和问题，继之而有“仁说”，这都是在他自己苦参以及和五峰门人论辩的过程中，逐步明朗出来。但七八百年以来，二程与朱子的思想从未有恰当的讲述，而《宋元学案》中明道、伊川、晦翁三大学案也编得最不好，根本无法据之而明彻三家的义理。牟宗三厘清二程文献，判析朱子思想，其功绩之大，前无古人。而疏导五峰蕺山“以心着性”这一系的义理间架，也是空前未有的慧见。他以八年的心血精诚撰著《心体与性体》，不但讲明了宋明六百年的儒学，先秦儒学经典中的义理纲维也因此而显豁出来。而他对于传统儒家的表述，其实也就是儒家智慧的赓续和儒家哲学的重建。

*　　　　　　*　　　　　　*

至于中国对印度佛教的吸收和消化，牟宗三是从中国哲学史的立场，来疏导佛教传入中国以后的发展，并从义理上审识比对，认为天台圆教可以代表最后的消化。依天台的判教，再回头看那些相关的经论，乃确然看出其中实有不同的分际和关节。顺着判教释义的眉目，而了解佛教传入中国以后的义理发展，把其中既不相同而又互相关联的关节展示出来，这就是他撰著《佛性与般若》的旨趣所在。（汤用彤的《汉魏两晋南北朝佛教史》，重在考订，又属前一段，而且也不是中国哲学史的立场。）

佛教的教义系统，大致分为“般若学”与“唯识学”。唯识学又分为“真心系：如来藏缘起”与“妄心系：阿赖耶缘起”。中国吸收佛教是从般若学开始。般若学的真精神，自鸠摩罗什来华而大白于世。但般若是共法，所以般若学的思想并不决定义理的系统。决定系统的关键，在于对一切法能提供根源性的说明，是即阿赖耶缘起或如来藏缘起。牟宗三以佛教传入中国的先后为准，认为地论师与摄论师可以统称为：前期唯识学。后来玄奘重译摄大乘论，力复印度之旧，是即一般所说的唯识宗，可以称为后期唯识学。前期唯识学的如来藏缘起是超越的分解；顺分解的路往前进，经大乘起信论到华严宗已走到尽头，成为顺唯识学而发展的最高峰。后期唯识学的阿赖耶缘起，是经验的分解或心理学意义的分解；此系自玄奘以下，二三代即在中土失传，直到清末，唯识文献才从日本传回中国。

从鸠摩罗什入长安（四〇一年），到天台智者的时代，已逾一个半世纪，般若思想与佛性观念也该融通起来了，对“观法、解脱、佛果”也必须有确切的说明。于是而有天台宗的判教。判者，分判义，也即安排之意（大小经论，不容相斥，皆须安排）。判教的目的，一是厘清种种教说的分际，二是彻底明了最后的宗趣。所以判教是属于消化的工作。随时学习，随时消化，以免拘蔽和遗失。对于天台的判教，牟宗三曾以百页的篇幅详加疏通而有所调整。他借用华严宗“始教、终教”之名，判阿赖耶缘起为“始别教”，判如来藏缘起为“终别教”。这是以天台化法四教“藏教、通教、别教、圆教”为模型，再吸纳华严五教“小乘教、大乘始教、大乘终教、顿教、圆教”中“始教、终教”的分法，而融成比原来更具综括性和恰当性的分判：(1) 藏教（小乘教），(2) 通教（引小入大），(3) 别教（含始别教、终别教），(4) 圆教。“圆教”是指天台圆教。它根据《法华经》“开权显实，发迹显本，以明佛意，以畅佛之本怀”的思路，第一、它决了藏教与通教而畅通之，使之不滞于六识和界内。第二、它决了始别教阿赖耶而畅通之，而不分解地讲说阿赖耶缘起（妄心系统）。第三、它决了终别教如来藏自性清净心而畅通之，而不分解地讲说如来藏缘起（真心系统）。这是决了一切分别说的权教（有诤法），而成为圆教（圆妙、圆满、圆足、圆顿、圆实）。圆教自是就佛而说。但“佛”仍然可以有三藏佛、通教佛、别教佛之不同；而只有相应于法华圆实佛而说的，才是真正无诤的圆实教。（以圆实无诤为经，以般若无诤为纬，交织相融而为一，是即天台圆实之教。）

华严宗承广义的唯识学中之真常心系，而建立的“性起系统”。（性起之性，指如来藏自性清净心而说，此即所谓“偏指清净真如”或“唯真心”。）天台宗是承般若实相学而进一步，通过“如来藏恒沙佛法佛性”一观念，依据《法华》开权显实，而建立的“性具系统”。（性具之性，是就“一念无明法性心”而说。念具即智具，无明具即法性具。无明具可以说缘起，法性具则不可以说缘起，以法性是空如理或中道实相理，而非心法、无所谓起与不起故。因此，只说性具，不说性起。）而禅宗即是“性生系统”。（性生，是顺六祖惠能“何期自性能生万法”而说。“生”乃含具义、成就义，不宜解为生起。在佛教的智能系统里，实无所谓本体论的生起论。）

平常所谓禅门“一花开五叶”，那是就六祖南禅而说。就整体的禅宗而言，牟宗三顺着圭峰宗密的三宗之判而再作调整：第一、四祖道信下牛头法融一脉，弘法于江东，此一地区受玄学与般若三论的影响，侧重非心非佛，故圭峰判为“泯绝无寄宗”。第二、五祖弘忍下神秀，化行京洛，多承《楞伽》旧义，主“清净自心现流，渐而非顿”，故圭峰判为“息妄修心宗”。第三、六祖惠能下之神会，唱顿禅于京洛，以“立知见”直显心性（灵知真性）为主，圭峰是他的四传法裔，自判为“直显心性宗”。但直显心性的南禅正统，并不在神会一系，而在于湘赣中心兴起的新禅风。六祖说：“若欲作佛，即心是佛。若欲会道（会悟成佛之道），无心为道”。这才是融会真常唯心与般若性空的新禅风。

至于南禅所谓“如来禅”与“祖师禅”之分，则义指不甚明确，历来也说不明白。依牟宗三的疏解，此中关键只在对“即心是佛”一语如何解释。《历代法宝记》说到神会每月作坛场为人说法，“破清净禅，立如来禅”，破神秀看心看净的渐教禅，立顿悟如来藏性清净真心的顿教禅。而六祖下的青原、南岳二系，则直承六祖，专重在“无心为道”一语之拨弄（诸如：即心是佛。非心非佛。佛之一字，我不喜闻。不是心，不是物，不是佛。说似一物即不中。凡此等等的语句，皆是顺“作用见性”而来的不舍不着之表示。）这是不同于神会的、另一类的“直显心性”之南禅正宗。所以自称“祖师禅”。（祖师禅之祖师，自是指六祖而言；而如来禅之如来，却非指如来佛，而是就如来藏自性清净心而言。）经过这步疏判，可使圭峰宗密所谓“禅教合一”得到更完整的配称：

（1）以教方面的空宗，配“牛头禅”；

（2）以教方面的唯识宗，配神秀的“渐教禅”；

（3）以教方面起信论华严宗，配神会的“如来禅”；

（4）以教方面的天台宗，配南禅的“祖师禅”。

如此配称，显得很顺适，而禅教合一与明代以后所谓的禅净双修，也可以达于自然和谐之境。

*　　　　*　　　　*

这三个阶段（魏晋玄学、南北朝隋唐佛教、宋明理学）的学术思想既已疏解清楚，中国全部学术的网脉也随之而通体朗现，而儒释道三教的义理价值，中国哲学史演进发展的关节脉络，也可据之而获得相应的了解和通贯的讲述。后来又有《中国哲学十九讲》一书，简述中国各阶段的哲学思想及其所涵蕴的问题，对于中国哲学固有义理的性格，以及中国哲学未来发展的轨辙，皆有明彻通达的提示和说明。而依于哲学的共同性与客观性，遂使中国的哲学思想，得以真正进入世界哲学之林。

5. 判教与融通（一心开二门，两层存有论）

在《佛性与般若》尚未着笔之前，牟宗三因读海德格的《康德与形上学问题》、《形上学引论》二书，发现海德格建立存有论的路并不通透，对形上学的层面也有误置，因而引发了撰著《智的直觉与中国哲学》的动机。此书一方面是上接《认识心之批判》而进一步疏解康德的原义；另一方面是作为《心体与性体》综论部讨论康德道德哲学的补充。

四十岁以前的牟宗三，对于康德哲学向形上学方面伸展的一套，尚未真切注意。这也是由于康德自己不承认人可有智的直觉，把“物自身”只看做消极意义的限制概念，故别人也多加忽视。二十年后，宗三觉得这里不容轻忽。康德虽不承认人有智的直觉，但他的书中却处处以智的直觉与感触直觉对比而言，可见智的直觉有重大的意义和作用。只是由于西方传统的限制（宗教上判定人有原罪，哲学上又无“天命之谓性”的思想），所以虽以康德的智思也无法觉其可能。但如果人真的不能有智的直觉，不但全部中国哲学发生动摇（儒家的仁、心性、良知；道家的道心、玄智；佛教的佛性、般若；皆将不能讲述），就是康德本人所讲的全部道德哲学也将成为空话。这个影响太大，非人心所能安。然则如何可能呢？牟宗三认为，必须依中国的哲学传统来建立。正以此故，特名其书为《智的直觉与中国哲学》。

他征引儒、道、佛三家的文献，就（1）儒家的“本心仁体之诚明、明觉、良知，或虚明照鉴”（德性之知），（2）道家的“道心之虚寂圆照”（玄智），（3）佛家的“观照即空即假即中之实相般若”及其展示一圆教之典型，以诠表中国三大教的“智的直觉”义。牟宗三认为，智的直觉不但在理论上必须肯定，而且是实际地必能呈现。如此，则中国哲学可以“哲学地”建立起来，而且康德自己所未能真实建立的，也因此而可以客观而真实地建立起来。

牟宗三由康德的批判工作接上中国哲学，进而开出建立“基本存有论”的门路，从本心、道心、真常心处建立。（1）本心、道心、真常心，是“实有体”，（2）实践而证现这实有体，是“实有用”（本于实有体而起用），（3）成圣、成真人、成佛以取得实有性（即无限性），这便是“实有果”（本于实有体起实有用而成的果）。这“体、用、果”便是基本存有论的全部内容。

数年后，牟宗三又完成《现象与物自身》一书，此书的内容，是以康德的“现象”与“物自身”之分为中心，而以中国的传统哲学为说明这个问题的标准。康德认为，人所知的只是现象，而不是物自身；现象是感触直觉之对象，物自身是智的直觉之对象，而智的直觉只属于上帝所有。康德又说，上帝只创造物自身，而不创造现象。康德此一点示，当然有一种洞见在内。牟宗三以为，在西方传统的限制中而能有如此的洞见，已属非常卓越。洞见之发，是他个人灵光之闪烁，而一旦发出来，它就成为一个“客观的义理问题”。宗三依于中国的哲学传统，肯定“人虽有限而可无限”、“人可以有智的直觉”。由中国哲学传统与康德哲学之会合，而激出一个浪花，以见出中国哲学传统的意义和价值，以及康德哲学的不足，因而写成《现象与物自身》这部书，借以陈述其完整而通透的系统。

牟宗三顺依中国哲学传统的智慧，先由人的道德意识，显露“自由无限心”，由此说“智的直觉”。自由无限心是道德的实体，由此而开“道德界”；它又是形上的实体，由此而开“存在界”。(1)先由自由无限心开存在界，而成立一个“本体界的存有论”（无执的存有论）。在此，是以儒家的正盈教，会通佛老的偏盈和西方的离教，建立上达天德之路，以成圣、成佛、成真人。(2) 再由自由无限心（知体明觉）之自我坎陷而开出“知性”（认知心），由“知性之执”（识心之执）而执成现象，而成立一个“现象界的存有论”（执的存有论）。在此，是以佛家“执”的观念来融摄康德所说的现象界，并以康德之学（纯理批判之分解部）充实这个“执”，来突显知性主体（识心、有限心），以开出科学知识。

依牟宗三之疏导，现象与物自身，只是一物之两面，只是两种不同的表现而已。人的行动，是现象，也可以是物自身。但康德一说到行动，就把行动归属于现象；而忘怀行动本身除了现象的身份，同时也有物自身的身份。康德说得太快，一下子就滑到现象界，因此，他的哲学体系只能说是“一心开一门”，他只开感触界的生灭门，而未能开出智思界的真如清净门。而依于中国的哲学传统（儒道佛），则可以肯定人类心灵可以开出两层存有论；又借取佛教（大乘起信论）："一心开二门"之架构，来综括两层存有论。他融摄儒释道三教的精髓，打通中西哲学的隔阂，再以创辟性的诠释，赋予"一心开二门"以新的意义和功能。此步工作，实已为中西哲学开显一条交会融通的坦途。而他八十二岁出版的《中西哲学之会通十四讲》，更为中西文化之融和，提供系统之解答；而另一讲录《四因说演讲录》，则是再一次对中西哲学之会通提出深刻的思考。

6. 安顿真善美（对康德学的译注融摄与证成）

牟宗三一贯认为，通中西文化之郮，以使双方相资相益，康德实为最佳之桥梁；故虽老年而犹然锲而不舍，以一人之力，将康德三大批判全部汉译出版。他指出文化学术的吸收消化，不只是综述而已，更需要有精准的翻译。中国如果不能像当初吸收佛教一样，也能依独立的汉文译本来读康德，即说不上吸收康德，而中国人也将没有福分参与康德之学。所以宗三从六十二岁开始，便陆陆续续翻译康德之书。在翻译的过程中，也同时撰写其他著作，有如六十三岁出版《智的直觉与中国哲学》，六十七岁出版《现象与物自身》，六十九岁出版《佛性与般若》，七十一岁出版《从陆象山到刘蕺山》（《心体与性体》之第四册）。到七十四岁时，《康德的道德哲学》（即第二批判《实践理性之批判》）先行出版，次年，第一批判《康德纯粹理性之批判》出版。第三批判则隔了十年，到八十四、八十五岁，才全数印行。总计前后共计二十余年。他曾表示：翻译之事，最适于老年。此时学思较成熟，识见较明透，加之心情松闲，从容舒坦，边读边译，随译随解，字斟句酌，煞有味也。

康德的《纯理批判》，号称难读。严格而言，每句皆须讲解。

而懂康德实非容易。一要学力，二要识见。直接继承康德的菲希特、谢林、黑格尔，对康德虽皆有所弘扬，但不必真能相应康德的问题而前进。二十世纪的新康德学派，也并非内在于康德本身而予以重新的消化和重铸。而英美学者则大抵很难相应地了解康德。康德学的专家们，常常流于琐碎而欠缺通识，结果是趋于考据而远于哲学。依牟宗三的衡断，内在于康德学本身予以重新消化与重铸，而得以成为康德学的善绍者，将在中国出现。因为康德学虽在基督教的制约下完成，但它最后的总归向却近于儒家，扩大而言，也可以说是近于中国儒释道三教传统所昭显的格范。

哲学名理中的批判之解答，是要指证思辨理性中的虚妄，而康德的三大设准“灵魂之不灭，上帝之存在，意志之自由”，必须归于实践理性乃能得到证验。思辨理性有虚，实践理性归实。虚实之辨，正是康德学的精髓。虚有其所以为虚，实则有异层异说。“知识层”之实，在《纯理批判》分解部言之已甚详备。“实践层”之实，则见于《实践理性之批判》。牟宗三指出，通过康德《纯理批判》辩证部的翻译，可以看出中国智慧方向之所以多趋实而少蹈虚，正因为中国哲学从开始即着重实践理性之故。陆象山说“千虚不博一实”，旨深哉，斯言也。中国名理虽于“哲学名理”不甚足够，但它在实践理性下的“教下名理”之趋实无虚，却甚能充其极，而可以使康德的实践理性批判，百尺竿头更进一步。

康德讲实践理性，一是成素论，一是方法学。其中方法学所提示的道德训练之工夫，可以和先秦儒家在孔子的方向下所开启的，有如孟子的存养扩充，《大学》《中庸》的慎独，再下届宋明儒所讲的工夫，相比观，而一一比对其中的异同。牟宗三指出，严复论译事，有所谓“信达雅”。其实，句法无误，句意自顺。无误则“信”，意顺则“达”，信而达则“雅”矣。哲学的概念语言不能要弄巧花样，也无须如像做文章时的夸饰。康德之书都是概念语言的学术文，只有严格的语体文方能曲尽概念语言的结构。所以汉译康德，除哲学训练外，还须谨严地咬文嚼字。故译事之难，有虚有实；实者是学力，虚者是文字。他译康德，虽然从容而为，实亦勤力以赴。渐磨渐熟练，故能信而有征，曲而能达，能信能达，便可以与于学术的雅正了。

他译《实践理性批判》，比译《纯理批判》时，作了更多更详细的案语和译注。有的案语洋洋数千言。通过这些案语，我们才知道他说康德学最后的总归向近于儒家，儒家可以提升康德以使之百尺竿头更进一步。凡此衡断之语，皆属实见实言。因此，若说牟宗三是康德最大的知音，也非过当之论。

第三批判《判断力之批判》，意在沟通道德（自由）界与自然界。但以儒学来衡量，康德想借美学来沟通两界，此一路数，实无必要。所以牟宗三本来也不想译此第三批判。但本乎他绵穆深挚的学术意识，最后还是译出来了。而且从容修改，结果此一译文又比第一第二批判的译文为佳。但译文虽明畅可读，仍不容易了解。所以又就审美判断之超越的原则，即"合目的性之原则"，作一详细的疏导与商榷，是即此书上册卷首的《商榷》长文。此文共九大段。第九段又分九小节，最后三节论真善美的分别说、合一说，以及分别说的真善美与合一说的真善美之关系。

人类的文化学术，大概不出"真、善、美"三大领域，而康德的三大批判，正是分别地讲论"真、善、美"者。分别说的"真"，指科学知识说；分别说的"善"，指道德说；分别说的"美"，指自然之美与艺术说。三者皆有它的独立性，而各自成一领域。此三者皆由人的特殊能力所凸现。陆象山有所谓"平地起土堆"的说法，而真善美三者，实都是经由人的特殊能力在平地之上所起的土堆：(1)"真"是人的感性、知性以及知解的理性所起的"现象界之知识"的土堆；(2)"善"是由人的纯粹意志所起的依定然命令而行的“道德行为”的土堆；(3)“美”则是由人的妙慧之静观直感所起的无任何利害关心，也不依靠于任何概念的“对于气化之光彩与美术作品之品鉴”的土堆。

至于真美善的“合一说”，并不是康德所说的“以美学判断沟通自由与自然之两界合而为和谐统一的完整系统”之合一，乃是于同一事而“即真即美即善”的合一（三“即”字，犹今语“同时是”之意），这种“合一”的妙境非西哲智慧所能及。牟宗三以为，美学判断担负不了康德所想的那个责任，所以他所说的“合目的性”之原则全不切合；而审美之事既属妙慧心（诗有别才，非关学问），故美的对象固非内含地决定于理性，也非外离地遥依于神智。像康德那样硬牵合以说合目的性之原则，并最后说“美是善的象征”，这是说不通的，故有种种的窒碍与不顺适。因此，我们继分别说，再进而作合一说，然后再看分别说中的真美善与合一说中的真美善之间的关系为如何。如此方可顺适而调畅。真美善三者虽各有其独立性，然而导致“即真即美即善”的合一之境者，乃在善方面的道德的心，即实践理性之心。此即表示说，道德实践的心仍然是主导者，仍然是建体立极的纲维。

分别说的真美善既各有独立的意义，是三种各依人的主体能力而凸显的土堆，故三者可各不相干。美既非一认知对象之属性，与现象之知识无关，则现象之知识也无求于美，与美也无关。真，属于“自然”，善，属于“自由”，真无求于善，善也无求于真。美，无与于善之确立，善也无与于美之对象或美之景色之呈现。是则三者可各不相干而各行其是，虽不必相冲突，也不必相涵。同时，美既然是气化之多余的光彩，而又无关于理性，因此我们不能通过“合目的性之原则”硬说“美是善的象征”。我们只能说，分别说的美是合一说的美之象征，分别说的真是合一说的真之象征，分别说的善是合一说的善之象征。(象征者，具体地有相可见之意。)

《易·系辞传》有云："天垂象见吉凶，圣人则之。"牟宗三指出，"天垂象见吉凶"正可概括真美善三领域而言。于"真"的"现象的存在"处，显一"认知的我"乃至"逻辑的我"；于"善"的"道德的存有"处，显一"道德的我"；于"美"的"审美品味"处，显一"美感的我"。这都是"圣人则之"中所立的事，也是"开物成务"中所成的事。人以藐然之身，混然中处于天地之间，他所能尽的不过是通彻于真美善之道以立己立人，并开物成务以顺适人的生命而已。而张横渠所谓"为天地立心，为生民立命，为往圣继绝学，为万世开太平"的弘愿，也尽在于此。

7. 哲学系统的究极完成（古今中外的大统合）

牟宗三自己说过，《智的直觉与中国哲学》是过渡的思想，还不算成熟之作。到《现象与物自身》一书写成，再反观《认识心之批判》，乃真可见出他前后期思想的差异。再进到《圆善论》，则既可以知"消化康德、融摄康德"之道，同时也可以知"中西哲学会通"之道。

《圆善论》的撰著，是由讲天台圆教而引发。当时，在台大哲学研究所讲授天台宗，由于讲天台圆教而提到道德与幸福一致的问题，因而表示：《现象与物自身》书中的讲法，还有未尽之义，必须再写一书，方为圆满。同时，哲学系统的究极完成，也必须讲到圆教与圆善，才可以说是成始而成终。

将圆满的善（德福一致）看做一个问题，是来自西方，而正式提出解答，则始自康德。但康德的解答是依于基督教的传统而做成。即，由肯定一个人格神的上帝，再由上帝对惩罚与酬报之平均分配，来保证宇宙之公道（德福一致）。但此一解答不能算是圆满而真实的解决。用佛家词语来说，康德的解答只是别教中的解决。牟宗三依于圆教的义理，以天台判教的智慧为准，首先疏通向秀、郭象注《庄》而确立道家之圆教。其次，疏通儒家发展到王学之四有四无，再回归程明道之一本论，与胡五峰之同体异用，而确立儒家之圆教。圆教确立，用于圆善，则可获得“圆善问题”之圆满而真实的解决。

《圆善论》书中的讲说，是牟宗三经过学思工夫的长途跋涉、披荆斩棘，而依于义理的必然性而达到的。其中主要是经过《才性与玄理》、《佛性与般若》、《心体与性体》、《从陆象山到刘蕺山》各书对儒道佛的诠表，而用来与康德哲学作比对，才能够达到这一步义理必然的消融。

在《圆善论》的自序中，牟宗三说到他虽不能如像康德那样“四无依傍，独立运思，直就理性的建构性以抒发其批判哲学”，但他“诵数古人已有的慧解，思索以通之”；由于持续数十年积学运思的学知工夫，也不期然而能达到“消融康德”的境地，而使康德“百尺竿头，更进一步”。于此可知，经由“概念的分解、逻辑的建构”；与通过古人文献“诵数以贯之，思索以通之”（荀子语）；这两种“绝异”的途径，实在也可以趋于一种“自然的谐和”。

当然，在学思的过程中，必须时时有批判，有抉择，乃能使每一概念得其正位。以此之故，牟宗三在八十之年，又感觉康德第三批判的问题并未得到恰当的解决，而宣称他还要写一部《真美善的分别说与合一说》之书，以提供妥善的处理。但毕竟年岁太大，精力不继，结果是以一篇长文的方式，置于《康德判断力之批判》书首出版。近一百页的长文，也等于是一本小书。而事实上，有关消纳康德学的基本旨趣，在他三大批判的《译者之言》、《译注、案语》以及这篇《商榷》长文里，都已经讲到了。

综观牟宗三对“儒、道、佛”三教智能系统的诠释表述，对儒家“外王学”的充实开扩，对中国哲学史上诸多问题的省察，对中西文化会通之道的疏导，对西方哲学主流的核心著作之汉译融摄，凡此等等，皆可看出他纵贯古今、融通中西的思想规模。这样，才真正是“古今中外、内圣外王”的大统合。

三、著作介述

以上各节，皆涉及著作，也随文有所解说。《牟宗三全集》现正筹备编印中，在此先就个人之所知所见，不拘出版之序，而作一分类标目式的介绍。

1. 易理与哲思

(一)《周易的自然哲学与道德涵义》

此书在作者大学毕业之前即已完稿。书分五部：一为汉易之整理，二为晋宋易，三为清胡煦的生成哲学，四为清焦循的易学，五为律历数之综和。一九三五年，以《从周易方面研究中国之玄学及道德哲学》为书名自印出版（天津《大公报》承印）。一九八八年四月，改为今名，编入《鹅湖学术丛刊》之七，由台北文津出版社重印，计四二〇页。书前有《重印志言》，对此书之撰写、出版与重印之机缘，有原原本本的说明。

2. 逻辑、知性、名理

(二)《逻辑典范》

此书写于八年抗战前期之流离岁月中。一九四一年九月，由香港商务印书馆出版，计六一二页。书分四卷：一为逻辑哲学，二为真理值系统，三为质量系统，四为逻辑数学与纯理。此书出版于抗战时期，又未再版，故知之者少。(今将编入全集)

作者后来觉得此书“开荒之意重，而雕琢之工少”，许多消极性与积极性的义理，尚有不够明晰处。而较为确定而透彻的陈述，见于后来所撰的《理则学》与《认识心之批判》两书。

(三)《理则学》

此书应教育部之约而写，作为大学教科书之用，故只就逻辑系统作内部的讲述，而不牵涉理论的讨论。书分三部：第一部讲传统逻辑，分为八章。第二部讲符号逻辑，分为三章。第三部为方法学，讲归纳法、辩证法。一九五五年十一月，由国立编译馆出版，台北正中书局印行，二九八页。

(四)《认识心之批判》

此书分四卷。第一卷、心觉总论，分三章。第二卷、对于理解(知性)之超越的分解，分两部，一部论纯理，一部论格度与范畴，共七章。第三卷、超越的决定与超越的运用，分两部，一部为顺时空格度而来的超越之决定，一部为顺思解三格度而来的超越之运用，共五章。第四卷、认识心向超越方面之逻辑构造，分两章，一为本体论的构造，二为宇宙论的构造。

此书完稿于大陆时期。一九四九年来台之后，各大书局皆未能出版此一学术巨著，直到四十五年九月，始由香港友联出版社印行。一九八四年，台北师大美术社影印流通，一九九〇年，台北学生书局重印出版。

(五)《维根斯坦“名理论”》(译)

为了配合《认识心之批判》重印出版，乃特别先译维根斯坦的《名理论》(据皮亚斯 Pierce 之英译本而译成)，于一九八七年八月，由台北学生书局出版，含序目正文，共一五九页。

维氏乃罗素之高足，他这本小书，是以《数学原理》为基础以探究逻辑的本性。但此书之所以吸引人，却在它关于哲学方面的一些妙论与论断。本世纪的逻辑实证论即由此而开出。此汉译本有《译者之言》，代表译者对维氏此书之评判。

3. 儒家新外王

(六)《道德的理想主义》

此书可视为作者新外王三书的导论。书中诸文，又实与《历史哲学》同时并进，写历史哲学是专其心，随机撰文是畅其志。此书前三文先于一九五〇年以《理性的理想主义》为书名，由香港民主评论社印为小册。而全书则于一九五九年十一月，始由东海大学出版，二百六十余页。一九七八年八月，台北学生书局重印此书，并增入作者纪念唐君毅之二文。

(七)《历史哲学》

此书完稿于一九五二年，至一九五五年夏月，始由高雄琼森出版社印行。书分五部，每部三章。第一部论夏商周，第二部讲春秋战国秦，第三部讲楚汉相争：综论天才时代，第四部论西汉，第五部论东汉。(魏晋以后，转而论学术。故《历史哲学》只写到东汉而止。)一九六二年三月，香港人生出版社增订印行。一九七四年，台北学生书局重印出版，全书四百一十余页。

(八)《政道与治道》

此书分十章，前三章（《政道与治道》、《论中国的治道》、《理性的运用表现与架构表现》）发表于民国四十三年。其余各章，写于任教东海大学之时，于一九五八年起陆续发表，全书于一九六一年二月，由台北广文书局出版，计二六九页。一九八〇年四月，台北学生书局重印出版，作者特加新版自序三十一页。

4. 玄学、佛学、理学

(九)《才性与玄理》

此书表述魏晋阶段的玄学，开始撰著于作者赴香港讲学之前，至港之次年（一九六一年）全书完稿。一九六二年，东海大学首先辑印六篇文字，名为《魏晋玄学》，由台中中央书局印行。全书于一九六三年九月，列为《东方人文学会丛书》，由香港人生出版社印行。一九七四年再由台北学生书局重印发行。

书分十章：(1) 王充之性命论，(2)《人物志》之系统的解析，(3) 魏晋名士及其玄学名理，(4) 王弼玄理之易学，(5) 王弼之老学，(6) 向郭之注《庄》，(7) 魏晋名理正名，(8) 阮籍之庄学与乐论，(9) 嵇康之名理，(10) 自然与名教。共计三百八十余页。

(十)《佛性与般若》

此书表述南北朝隋唐阶段的佛学，开始撰著于一九六九年、作者周甲还历之岁，一九七五年全书完稿，一九七六年六月，由台北学生书局出版，共一千二百余页。

书分三部：第一部综述纲领，共四章。第二部，分六章以论述前后期之唯识学，以及起信论与华严宗。第三部为下册，专讲天台宗，分为二分，第一分为天台圆教义理系统之陈述，共四章。第二分为天台宗之故事，共五章。（附识：此第二分之第一章第二节，以三十二页之篇幅，判释禅宗。）

（十一）《心体与性体》

此书表述宋明阶段的儒学（理学）。自一九六一年开始着笔，到一九六八年完稿，历时八年之久。全书一百三十万言，分三册，由台北正中书局于六八年五月、十月，六九年六月，陆续出版。作者自谓，这是他耗费生命力最多最大的一部书。

第一册六百五十余页，首列综论部，分为五章。综论最后写成，全书的基本义旨，大体具备于此。其次为分论第一部，分两章讲述周濂溪与张横渠之学。第二册为分论第二部，五百四十余页，分三章以疏导程明道、程伊川、胡五峰三家之学，第三册为分论第三部，五百五十余页，分九章详论朱子之学。

（十二）《从陆象山到刘蕺山》

关于陆王之学，作者早有《王阳明致良知教》一小册，于一九五四年在台北出版，一九五六年又发表《陆王一系的心性之学》、《王龙溪的顿教：先天之学》、《刘蕺山的诚意之学》三文于香港《自由学人》季刊。到《心体与性体》出版之后，觉得前述书文尚有未尽谛当之处，乃先后撰著《王学之分化与发展》、《致知议辩疏解》、《江右王学》，此三章皆讲王学，再前加《陆象山之心即理》、《象山与朱子争辩》，后加《刘蕺山的慎独之学》，六章合成一书，列为《心体与性体》第四册。

此书与前三册时隔十年，又改由学生书局出版，故更换书名为《从陆象山到刘蕺山》。全书五四〇页。

5. 译注康德三大批判

（十三）《康德纯粹理性之批判》（译注）

此书分上下两册，于一九八三年三月、七月，由台北学生书局出版。“引论”、“超越的感性论（摄物学）”，以及“超越的逻辑（辨物学）”之第一分“分解部”为上册，五四三页。辨物学之第二分“辩证部”，为下册，四九〇页。

此译系以肯·士密斯（Norman Kemp Smith）之英译本为据，同时也比对其他两种英译本。若仍见疑难则由友生协助查质德文原本。此书之译，前后连续十年，随时比对，随时查核，其精诚卓识，实已重现晋唐高僧翻译佛经之风范。

（十四）《康德的道德哲学》（译注）

此书于一九八二年九月，由台北学生书局出版。康德的道德哲学，以《道德底形上学之基本原则》及《实践理性之批判》为代表作，今合此二书名曰《康德的道德哲学》，共计四五三页。

此二书皆依阿保特（T. K. Abbott）之英译本而译成，前者分三大节，各节之小标题本不完整，今由译者补足。后者分两大部：第一部为成素论（卷一为分析部，卷二为辩证部），第二部为方法学，并将康德论道德情感与良心之文献，一并译出为附录。又，作者译此书时，其随文所作之案语，最见融摄会通之精意。

（十五）《康德判断力之批判》（译注）

此书分上下册。上册讲“美”与“崇高庄严伟大”（此六字乃一整词）。卷首有译者《商榷》之长文。下册讲“自然的目的论”。两册各有《译者之言》。一九九二年十月，台北学生书局出版上册，计四三〇页。次年一月出版下册，计二四六页。时，译者已八五高龄矣。

此译系根据麦芮狄士（Meredith）之英译本而译成。遇疑难则以三英译对勘，并对质德文原本。译者自谓，就译文而言，此译较前两书为佳。

6. 融摄与圆成

(十六)《智的直觉与中国哲学》

此书于一九七一年三月，由台北商务印书馆出版，全书分二十二章，计三八三页。

康德作《形上学序论》，海德格改作《形上学引论》，作者此书则仍归于康德，并顺其“超绝形上学”的领域，而开出康德所向往而却未能建立的“道德的形上学”。此一方向，值得当代（西方）哲学界借镜、审识、慎取。

(十七)《现象与物自身》

此书于一九七五年八月，由台北学生书局印行，全书合序目将近五百页。

此书之内容以康德的“现象”与“物自身”之区分为中心，而以中国的传统哲学为说明此问题之标准。书分七章：(1) 问题的提出，(2) 德行的优先性，(3) 展露本体界的实体之道路，(4) 由知性明觉开知性，(5) 对“识心之执”之超越的分解，(6) 知性的形式簇聚之“存有论的概念”之超越的分解（附录：经验的实在论与超越的观念论释义），(7)“执相”与“无执相”之对照。

(十八)《圆善论》

此书于一九八五年七月，由台北学生书局出版。全书三四〇页，分为六章：(1) 基本的义理，(2) 心性与天与命，(3) 所欲、所乐与所性，(4) 康德论善与圆满的善，(5) 康德论圆满的善所以可能之条件。(6) 圆教与圆善（分五节，分别讨论佛教、道家、儒家之圆教与圆善）。

圆满的善（德福一致）由西方提出，康德想要作解答而有一间未达。故作者特依东方传统之智能，提供解决之道。中西文化之会通融摄，到此庶几可达于圆成。

7. 疏通中国哲学史

(十九)《名家与荀子》

此书乃合一九五三年十二月由“中央文物供应社”出版之《荀学大略》，与一九六二年所撰之《惠施与辩者之徒的怪说》以及次年发表之《公孙龙之名理》与《公孙龙子》一书之疏解，合为一册，书名《名家与荀子》，于一九七九年三月，由台北学生书局出版，计二七〇页。(此书是中国文化发展中“重智”一面之疏导。)

(二十)《中国哲学的特质》

一九六二年，作者应香港大学校外课程部之约，分十二次主讲中国哲学之特质。其讲录（王煜记录）于一九六三年由人生出版社印为单行本，计一〇一页。一九七四年，台北学生书局重印出版，作者再版自序指出，此讲录太简，书中如有不尽不谛或有疏阔之处，请以《心体与性体》之综论部为准，以求谛当。

一九七八年，汉城发行韩文译本（宋恒龙译）。又，近闻此书即将有英译本问世。因为这十二讲虽不免简略，但实在讲得清新明透，非常精彩，而且影响广远，在中国哲学慧命的豁醒复苏中，占有重要的地位。

(二一)《中国哲学十九讲》

此书是一九七八年，作者在台湾大学哲学研究所开课，讲授《中国哲学之简述及其所涵蕴的问题》，由研究生陈博政、胡以娴、何淑静、尤惠贞、吴登台、李明辉等，根据录音整理而成十九讲。各讲所厘清的哲学问题，不但可以如实了解二千多年的中国哲学思想，而对于中国哲学今后的发展，也具有重大的启发性。

一九八五年，汉城发行韩文译本（郑仁在译）。

8. 会通中西哲学

(二二)《中西哲学之会通十四讲》

此书于一九九〇年三月，由台北学生书局出版，计二五二页。作者短序有云：此讲词是十年前在台大继《中国哲学十九讲》后而续讲者。十九讲早已出版，而此讲词则因当时诸研究生俱已出国深造，无人由录音带笔录为文，遂成蹉跎。后由旅日林清臣医师独任笔录，连贯整理，共十四讲。这是中国学界第一本有系统的讲论中西哲学之会通的著作。

(二三)《四因说演讲录》

此乃作者于一九九一年在香港新亚研究所之授课讲录。由卢雪昆整理成稿，于一九九四年九月起，连载于《鹅湖月刊》，一九九七年三月，由鹅湖出版社印行，计二三二页。

此讲录主要是从亚里士多德的“四因说”，以对显儒释道三家哲学之要义与精彩。这是作者针对中西哲学之会通，再一次提出深刻的思考和透辟的讲论。

9. 时代与感受

(二四)《人文讲习录》

此讲录乃作者早年任教台湾师大时，发起“人文友会”，隔周聚会一次所作之讲录。聚会之人，无分校内校外，自由参加。凡有志趣者，皆敞开胸怀，以礼相见。自一九五四年八月十四日起，连续聚会五十一次。讲文献之会次无纪录，现存讲录实为三十五篇，由蔡仁厚辑录成《人文讲习录》，于一九九六年二月，由台北学生书局出版，计一八八页。

(二五)《生命的学问》

此书由孙守立编辑，收文二十一篇，于一九七〇年九月，由台北三民书局出版，计二三六页。

书中文字，实以作者新外王三书所表示的观念为背景，其中心旨趣在提高人的历史文化意识，点醒人的真实生命，开启人的真实理想，而理想的步步落实，即是生命的学问之全体大用。

(二六)《中国文化的省察》

此书乃一九八〇年八月起，应《联合报》文化基金会之邀请，作公开演讲之讲录。一九八三年十二月，由台北联经出版公司印行，计一三一页。内容含有：中国文化的断续问题，文化建设的道路（上下），汉宋知识分子之规格与现时代知识分子立身处世之道，中国文化大动脉中的现实关心问题，及其终极关心问题。

(二七)《时代与感受》

此书大部分为作者七十岁以后之讲录，共二十四篇。一九八四年三月，由台北鹅湖出版社印行，计四二九页。作者自序指出：一个人处于非理性的时代，就不能不理会此非理性的时代何由而来。此中所含之问题乃人类价值的标准问题，人类文化的方向问题。作者自谓，他的一生，可以说即是"为人类价值之标准与文化之方向而奋斗以申展理性"之经过。而此书所讲，即是他奋斗过程的实录。

(二八)《时代的感受续编》（编印中）

作者一生的最后十年，仍然强烈关怀时代问题、文化问题、学术问题而多有讲论。今拟辑为《时代与感受》之续编，编入全集。

(二九)《牟宗三早期论著集》（编印中）

作者四十岁以前，在大陆时期发表之论文，将辑为《早期论著集》。（编入全集）

(三〇)《牟宗三晚期论著集》（编印中）

作者四十岁来台以后的散篇论著，将汇编为《晚期论著集》。

（编入全集）

10. 自述与年谱

（三一）《五十自述》

此书乃作者五十岁时之自述。三十年后，一九八九年一月，始由台北鹅湖出版社印行，计一八八页。

书分六章：(1)《在混沌中成长》，(2)《生命之离其自己的发展》，(3)《直觉的解悟》，(4)《架构的思辨》，(5)《客观的悲情》，(6)《文殊问疾》（此章又分八节：①孔子的指点，②文殊问疾，③“病至于死”，④沉沦之途，⑤内容真理之存在的体悟，⑥悲情三昧，⑦释迦佛之存在的证悟，⑧耶稣之“证所不证能，泯能而归所”）。

※《牟宗三先生学思年谱》

牟宗三七十寿庆之时，门弟子蔡仁厚撰述《牟宗三先生的学思历程与著作》四万余言，送请牟氏过目，颇获首肯，随即编入祝寿论文集之卷首。十年后，又撰《学思的圆成》一文以介述牟氏七十以后的学思与著作，发表于《鹅湖月刊》一六七、一六八期。同时，并发表编年式的《牟宗三先生学行著述纪要》于《鹅湖》一六五至一六七期，以恭祝牟氏八十大寿。及牟氏寿登八五，再续撰八十一岁至八十五岁之学行纪要，发表于《鹅湖》二一一期。

牟氏谢世之后，仁厚实时修订增补，合《学行纪要》六卷、《学思历程》六阶段，与《著作出版年次表》为一册，并以《学行事略、丧纪、全集编目初拟》为附录，于民国八十五年二月，由台北学生书局出版，计二三九页。

*　　　　*　　　　*

综上所述，可以看出牟宗三的著作，具有三大特色：

第一、他的著作，就是他的学思。他每一本书，或针对一个问题（如政道与治道的问题、圆善与圆教的问题、中西哲学会通的问题，等等），或针对一门专学（如《易经》、逻辑、四因说、康德学等等），或针对一个阶段的学术思想（如先秦名家之学、魏晋之玄学、南北朝隋唐之佛、宋明之理学、当前的文化问题等等），皆能提出深入透辟的讲述与切中肯要的解答。

第二、他的著作，无论深度、广度、强度，都能达到第一等的层级。他对中土儒、释、道三教义理系统的诠释疏解，对康德三大批判的消化融摄，所已达到的深度，皆不作第二人想。在广度方面，中国方面的三教、儒家的内圣外王、中西文化的会通，他不但皆有专书讲述，而且所讨论的幅度，比之一般学者之所讲，皆较普遍而周延。而他对各家各派种种哲学问题的疏导与诠释，也都显示强度的力量，那不是言词态度上的，而是“本乎理性、基于学理、发乎真诚”而自然显发出来的强势。

第三、他的著作方式，不但和汉学家、经学家有所不同，和西哲之专擅概念分析者也不一样。他有绵绵穆穆的文化意识，他能坚持理性的原则，强烈关怀国族与历史文化之存亡绝续。他的新外王三书以及《时代与感受》诸书之撰写，都是一般学者所不能及的。

尤其可贵的，是他从大学开始六十多年的学术生命，一直在运转，一直在深入，一直在开扩。一般学者的学问，四五十岁以后，通常只有量的增加，很少再有质的提升。而牟宗三则年年有进步，时时开新机。临终前数月，他写示门人，自谓“一生著作，古今无两”。这并非狂言，而是以平常心说出来的老实话。在《学思年谱》八十六岁下，仁厚曾有记述，也有说明，尚请参看。

四、学术贡献与文化影响

学者的学术成就及其贡献，一般而言，都是“点”的，有些是“线”的，但极少是“面”的。而牟宗三六十多年的学术工作，却使他取得了通盘而纵贯的成就；他的贡献，不但是面的，而且可以说是立体的了。从上文的著作介绍，已可看出他的确是纵贯古今，融通中西。以下将分为五点，以说明他的学术贡献和文化影响。

1. 表述心性义理——使三教智能系统，焕然复明于世

心性之学是中土三教的基本特色。牟宗三以《才性与玄理》表述魏晋阶段的玄学，属于道家的智慧。以《佛性与般若》表述南北朝隋唐阶段的佛学，属于佛教的智慧。以《心体与性体》表述宋明阶段的理学，属于儒家的智慧和义理。

自古以来，学者的讲论，都偏于某家某派，是局部的，从未有人正正式式以专书通贯地讲论三教者。而牟宗三这三部大著作，无论系统纲维的确立，思想脉络的疏解，义理分际的厘清，都已达到前所未有的精透明彻。真正可以说，已使三教的智能系统，“焕然复明于世”。（而如何存心养性、尽心尽性，以完成立己以立人，成己而成物，则是实践之事，人人有责。）

2. 发挥外王新义——解答中国文化中政道与事功的问题

儒家一贯地要求由内圣通外王，要求修德爱民，推行仁政王道。这个道理当然很对很好。但“天下为公”的理想，却始终只靠圣贤来倡导，而未能真正体制化；“选贤与能”的原则，也只限于治权方面的科举，而未能扩及于政权方面设计出君王的选举制度。所以，如何开出客观化的外王事功，正是中国文化生命的症结所在，也是当代新儒家所面对的时代课题。

面对这个大症结而深入思考，并直接提出解决之道的，首推牟宗三的新外王三书：《道德的理想主义》、《历史哲学》、《政道与治道》。这三部书有一共同的主旨，就是“本于内圣之学以解决外王事功之问题”。归总而言之，也即所谓“三统并建”之说。承认在“道统”之外，还有“学统”（发展出科学）、政统（落实于民主）的问题。道统的肯定是内圣之学的承续光大。学统的开出和政统的继续，则表示儒家外王学一步新的充实和开扩。五四以来所谓新旧文化的矛盾冲突，到此已可化解，而中国文化的事功精神也可获得充实和开扩。

3. 疏导中国哲学——畅通中国哲学史演进发展的关节

中国有五千年的历史文化，有儒释道三教的智能系统。但五四以来，国人的文化自信，几几乎荡然无存。而中国哲学所涵蕴的观念思想与哲学问题，也从未有人作过通盘的省察和深入的探析。

牟宗三除了以三部大著讲述儒释道三教的“玄理、空理、性理”之外，也疏导名家的名理之学，晚年又以《中国哲学十九讲》综述各时期思想的内在义理，以及它所启发出来的哲学问题。由于这十九讲的讲述和疏导，使中国哲学得以真正进入世界哲学之林。从此以后，中国哲学固有义理的性格，以及它未来发展的轨辙，都已不再隐晦；而继往开来的道路，也已确立指标而有所持循。

4. 消纳西方哲学——译注三大批判，融摄康德哲学

德国大哲康德，以三大批判讲论人类文化中的“真、善、美”。书出之后，各国皆翻译，但以一人之力全译三大批判的，牟宗三是二百年来世界第一人。他不但翻译，而且融贯中西，加写详确的译注。这份成绩，功不下于当年玄奘、罗什之译《唯识论》与《大智度论》。

尤有进者，牟宗三不但译注三批判，他还随译随消化，分别撰著专书以融摄康德之学：(1) 以《智的直觉与中国哲学》、《现象与物自身》二书，消化融摄第一批判《纯粹理性之批判》。(2) 以《圆善论》消化融摄第二批判《实践理性之批判》。(3) 以专论长文《真美善之分别说与合一说》消化融摄第三批判《判断力之批判》。他这几部书的主旨，是要抉发中国传统哲学的要义来融摄康德，同时又借资康德哲学来充实中国文化。他所开显的文化思想的通路，在中国，在世界，都是空前的。

5. 会通中西哲学——疏导中西哲学会通的道路

文化必须交流，思想应求会通。但数十年来有关中西会通的种种言论，多半都是一些零散的意见，很少具有系统性的学术价值。牟宗三继《中国哲学十九讲》之后，又在台大哲学研究所讲述《中

西哲学会通的分际与限度》，对中西哲学的种种问题，提出层层的比对和深入的疏解，并借取佛家“一心开二门”作为中西双方共同的哲学间架。这一个思路，必将对人类文化的融合，开示一条常态的康庄的大道。

他谢世前一年，又发表《四因说演讲录》（共二十讲），主旨是从亚里士多德的“四因说”，以对显出儒释道三家哲学的要义及其精彩。这是牟宗三针对中西哲学之会通，再一次提出他深刻的思考。（此一讲录，已由台北鹅湖出版社印行。）

* * *

以上五点简要的说明，大体可以代表牟宗三对文化学术的贡献。而数十年中，闻风兴起，接续志业者，也遍及海内外。八十年代以来，在世界各地举办的国际学术会议，凡是讨论中国文化与中国哲学，牟宗三的思想与著作，一定成为最大的焦点，而且几乎每次都有专文研讨他的论点和主张。近几年来的大陆学界，不但有牟宗三的论著选辑出版，而且有研究牟宗三思想的专书发行。一九九二年十月，山东大学并举办“牟宗三与新儒家学术思想研讨会”，专门讨论牟宗三的思想。至于台港地区，自一九九〇年起，每二年召开一次“当代新儒学国际会议”，前两次在台北，第三次在香港，牟宗三皆为大会名誉会长，并发表主题演讲。（每次会议，皆有会议论文集发行。）他谢世之后，此项学术会议，仍将由鹅湖月刊社与东方人文学术研究基金会合作，继续举办。而牟宗三所开显的文化生命之路向与学术研究之途径，也必将有后学继踵，而光大发皇。牟宗三逝世之后，治丧委员会致送挽词云：

光尼山之道统　　弘黄冈之慧命
扩前哲之器识　　发儒圣之光辉

此四句挽词，写得很得体而中肯。尼山指孔子，黄冈指熊十力。孔子上承尧舜禹汤文武周公而凝成内圣外王之教，这是中华文化的中心骨干，也是常理常道之所存。可惜明亡之后，学风转为考据，文化慧命渐次窒息，至于五四，更有打倒孔家店与全盘西化之论。在此存亡绝续之关头，幸赖三数硕儒护持文化命脉，而熊十力更以其深心之悲愿，生命之大慧，及其原始之光热，独能穿透历史之烟雾，畅通文化生命之大流，以光显古今圣哲之慧命。所以自然成为当代新儒家开宗之代表人物。牟宗三乃熊门嫡传弟子，他力振孔孟之学，以挺显内圣外王之宏规，确能光显尼山之道统，弘大黄冈之慧命。至于开扩前哲器识一句，则通指中西方先哲而言。由于牟宗三之奋斗，不但中国哲学得以充实开扩而真正进入世界哲学之林，而康德所代表的西方哲学，也可以获得中国哲学智慧的融通提升，而百尺竿头更进一步。如此而后，中正圆通广大精微的儒圣之道，乃真可以达于“光昭日月，大满八极”之境。

参考书目

《牟宗三全集》（编印中），书目约三十种，已见上文《三、著作介述》。全集将由台北联经出版事业公司出版发行。

《牟宗三先生的哲学与著作》（七十祝寿集），蔡仁厚主编，一九七八年九月，台北，学生书局出版，九六〇页。此书之内容，上文《一、学行传略》第六节，曾有简要之介绍，可参看。
《整合与重铸：当代大儒牟宗三先生思想研究》，颜炳罡撰，一九九五年二月，台北，学生书局出版，四〇一页。作者系山东大学哲学系副主任，为大陆青年学者。此书稿经牟宗三亲自过目，唯为尊重作者之见解，并未作任何修改。
《牟宗三先生学思年谱》，蔡仁厚撰，一九九六年二月，台北，学生书局出版，二四〇页。
《牟宗三传》，蔡仁厚撰，一九九六年六月，编入“国史馆”《“国史”拟传》第六辑，页四一至六〇。
《牟宗三新儒学论著辑要》（《现代新儒学辑要》第一辑），郑家栋选编，一九九二年，北京，中国广播电视出版社印行，六六〇页。
《牟宗三集》（《当代新儒学八大家集》之七），黄克剑选编，一九九三年，北京，群言出版社印行，六三二页。
《当代新儒学论文集》（总论篇），《第一届当代新儒学国际会议论文集》之一（《鹅湖学术丛刊》之十），一九九一年五月，台北，文津出版社印行，四七九页。
《当代新儒学论文集》（内圣篇），《第一届当代新儒学国际会议论文集》之二（《鹅湖学术丛刊》之十一），一九九一年五月，台北，文津出版社印行，三五〇页。
《当代新儒学论文集》（外王篇），《第一届当代新儒学国际会议论文集》之三（《鹅湖学术丛刊》之十二），一九九一年五月，台北，文津出版社印行，四八七页。
《当代新儒家人物论》，《第二届当代新儒学国际会议论文集》之一（《鹅湖学术丛刊》之二十三），李明辉主编，一九九四年二月，台北，文津出版社印行，三九八页。
《儒学与当今世界》，《第二届当代新儒学国际会议论文集》之二（《鹅湖学术丛刊》之二十四）杨祖汉主编，一九九四年二月，台北，文津出版社印行，二九五页。
《中西哲学的会面与对话》，《第二届当代新儒学国际会议论文集》之三（《鹅湖学术丛刊》之二十五），江日新主编，一九九四年二月，台北，文津出版社印行，二九二页。
《传统儒学的现代诠释》，《第二届当代新儒学国际会议论文集》之四（《鹅湖学术丛刊》之二十六），周博裕主编，一九九四年二月，台北，文津出版社印行，二三五页。
《现代新儒学人物与著作》，方克立、郑家栋主编，一九九五年二月，天津，南开大学出版社印行，四〇〇页。此书分别介述下列十六位学者之传略与著作：梁漱溟、张君劢、熊十力、马一浮、冯友兰、贺麟、钱穆、方东美、唐君毅、牟宗三、徐复观、杜维明、刘述先、蔡仁厚、成中英、余英时。页二六四至二九三牟宗三部分，由颜炳罡执笔。
《牟宗三先生纪念集》，内容含有“遗照遗墨”、“学行事略”、“‘总统’褒扬令”、“祭文”、“哀挽”、“悼念文”等。蔡仁厚、杨祖汉主编，一九九六年十二月，由台北，东方人文学术研究基金印行，计六〇二页。
《牟宗三与中国哲学之重建》，蔡仁厚等著，李明辉主编，一九九六年十二月，台北，文津出版社印行，四一二页。
《当代儒学的关怀与超越》，《第三届当代新儒学国际会议论文集》之一。《鹅湖学术丛刊》之二十九，陈德和主编，一九九七年十二月，台北，文津出版社印行，三八一页。

图书在版编目（CIP）数据

中国历代思想家．现代．3 / 中华文化总会，王寿南主编；郑大华等著．—北京：九州出版社，2011.3
ISBN 978-7-5108-0858-6

Ⅰ．①中… Ⅱ．①中… ②王… ③郑… Ⅲ．①思想家—评传—中国—现代 Ⅳ．①B2

中国版本图书馆CIP数据核字(2011)第026383号

中国历代思想家．现代．3

作　　者　中华文化总会　王寿南 主编　郑大华等 著
出版发行　九州出版社
出 版 人　徐尚定
地　　址　北京市西城区阜外大街甲35号（100037）
发行电话　(010)68992190/2/3/5/6
网　　址　www.jiuzhoupress.com
电子信箱　jiuzhou@jiuzhoupress.com
印　　刷　涿州市星河印刷有限公司
开　　本　880毫米×1230毫米　32开
印　　张　16.625
字　　数　414千字
版　　次　2011年5月第1版
印　　次　2011年5月第1次印刷
书　　号　ISBN 978-7-5108-0858-6
定　　价　38.00元